国家出版基金项目
NATIONAL PUBLICATION FOUNDATION

國家出版基金項目

教育部哲學社會科學研究重大課題攻關項目

「十一五」「十二五」「十三五」
國家重點圖書出版規劃項目・重大工程出版規劃

「十四五」
國家重點出版物出版专項規劃項目・古籍出版規劃

國家社會科學基金重大項目
北京大學「九八五工程」重點項目

儒藏

精華編一八九册上

子部儒學類

儒藏

北京大學《儒藏》編纂與研究中心

《儒藏》精華編第一八九册

首席總編纂　季羡林

項目首席專家　湯一介

總　編　纂　湯一介　龐　樸　孫欽善　安平秋（按年齡排序）

本册主編　嚴佐之

《儒藏》精華編凡例

一、中國傳統文化以儒家思想爲中心。《儒藏》爲儒家經典和反映儒家思想、體現儒家經世做人原則的典籍的叢編。收書時限自先秦至清代結束。

二、《儒藏》精華編爲《儒藏》的一部分，選收《儒藏》中的精要書籍。

三、《儒藏》精華編所收書籍，包括傳世文獻和出土文獻。傳世文獻按《四庫全書總目》經史子集四部分類法分類，大類、小類基本參照《中國叢書綜録》和《中國古籍善本書目》，於個別處略作調整。凡單書已收入入選的個人叢書或全集者，僅存目録，並注明互見。出土文獻單列爲一個部類，原件以古文字書寫者一律收其釋文文本。韓國、日本、越南儒學者用漢文寫作的儒學著作，編爲海外文獻部類。

四、所收書籍的篇目卷次，一仍底本原貌，不選編，不改編，保持原書的完整性和獨立性。

五、對入選書籍進行簡要校勘。以對校爲主，確定内容完足、精確率高的版本爲底本，精選有校勘價值的版本爲校本。出校堅持少而精，以校正誤爲主，酌校異同。校記力求規範、精煉。

六、根據現行標點符號用法，結合古籍標點通例，進行規範化標點。專名號除書名號用角號（《》）外，其他一律省略。

七、對較長的篇章，根據文字内容，適當劃分段落。正文原已分段者，不作改動。千字以内的短文一般不分段。

八、各書卷端由整理者撰寫《校點説明》，簡要介紹作者生平、該書成書背景、主要内容及影響，以及整理時所確定的底本、校本（舉全稱後括注簡稱）及其他有關情況。重複出現的作者，其生平事蹟按出現順序前詳後略。

九、本書用繁體漢字豎排，小注一律排爲單行。

《儒藏》精華編第一八九册

子部儒學類

性理之屬

《儒藏》精華編第一八九册

子部儒學類

性理之屬

上册

朱子語類卷第八十二計三板

孝經

因説《孝經》是後人綴緝，問：此與《尚書》同出孔壁？曰：自古如此説。且要理會道理是與不是。適有問重卦并《彖》、《象》者，某答以且理會重卦之理，不必問此是誰作，彼是誰作。因言學者却好聚《語》、《孟》、《禮》、《書》言孝處附之於後。○士毅。

問：《孝經》一書，文字不多，先生何故不爲理會過？曰：此亦難説。據此書，只是前面一段是當時曾子聞於孔子者，後面皆是後人綴緝而成。問：如「天地之性，❶人爲貴。人之行，莫大於孝」，恐非聖人不能言此。曰：此兩句固好。如下面説「孝莫大於嚴父，嚴父莫大於配天」，則豈不害理！儻如此，則須是如武王、周公方能盡孝道，尋常人都無分盡孝道也，豈不啓人僭亂之心！其中煞有《左傳》及《國語》中言語。或問：莫是《左氏》引《孝經》中言語否？曰：不然。其言在《左氏傳》、《國語》中，即上下句文理相接，在《孝經》中却不成文理。見程沙隨説，向時汪端明亦嘗疑此書是後人僞爲者。廣。

古文《孝經》亦有可疑處。自《天子》章到「孝無終始，而患不及者，未之有也」，便是合下與曾子説底通爲一段。只逐章除了後人所添前面「子曰」及後面引《詩》，便有

❶「性」，原作「姓」，今據朝鮮本、《孝經》卷五改。

首尾，一段文義都活。自此後，却似不曉事人寫出來，多是《左傳》中語。如「以順則逆，民無則焉。不在於善，而皆在於凶德」，是季文子之辭。却云「雖得之，君子所不貴」，不知論孝却得箇甚底，全無交涉！如「言斯可道，行斯可樂」一段，是北宫文子論令尹之威儀，在《左傳》中自有首尾，載入《孝經》都不接續，全無意思。只是雜史傳中胡亂寫出來，全無義理。疑是戰國時人鬭湊出者。又曰：胡氏疑是樂正子春所作。樂正子春自細膩，却不如此説。𣈶。

古文《孝經》却有不似今文順者。如「父母生之，續莫大焉」，又着一箇「子曰」字，方説「不愛其親而愛他人者，謂之悖德」。兼上更有箇「子曰」，亦覺無意思。此本是一段，以「子曰」分爲三，恐不是。温公《家範》以父子、兄弟、夫婦等分門，却成一箇文字，但其間有欠商量未通行者耳。本作一段聯寫去，今印者分作小段，無意思。伯恭《閫範》無倫序，其所編書多是如此。賀孫。

《孝經》疑非聖人之言。且如「先王有至德要道」，此是説得好處。然下面都不曾説得切要處着，但説得孝之效如此。如《論語》中説孝，皆親切有味，都不如此。《士庶人》章説得更好，只是下面都不親切。賜。

問：向見先生説「孝莫大於嚴父，嚴父莫大於配天」非聖人之言，必若此而後可以爲孝，豈不啓人僭亂之心！而《中庸》説舜、武王之孝，亦以「尊爲天子，富有四海之内」言之，如何？曰：《中庸》是著舜、武王言之，何害？若汎言人之孝，而必以此爲説，則不可。廣。

器之問「嚴父配天」。曰：「嚴父」，只

是周公於文王如此稱纔是，成王便是祖。此等處，儘有理會不得處。大約必是郊時是后稷配天，明堂則以文王配帝。《孝經》亦是湊合之書，不可盡信。但以義起，亦是如此。因説：《孝經》只有前一段，後皆云「廣至德」、「廣要道」，都是湊合來，演説前意，但其文多不全。只是《諫諍》、《五刑》、《喪親》三篇，稍是全文。如「配天」等説，亦不是聖人説孝來歷，豈有人人皆可以配天！豈有必配天斯可以爲孝！如《禮記》煞有好處，可附於《孝經》。賀孫問：恐後人湊合成《孝經》時，亦未必見《禮記》。如《曲禮》、《少儀》之類，猶是説禮節。若《祭義》後面許多説孝處，説得極好，豈不可爲《孝經》？曰：然。今看《孝經》中有得一段似這箇否？賀孫。

問：「郊祀后稷以配天，宗祀文王於明堂以配上帝」，此説如何？曰：此自是周公創立一箇法如此，將文王配明堂，永爲定例。以后稷郊推之，自可見。後來妄將「嚴父」之説亂了。賜。

問：配天、配上帝，帝只是天，天只是帝，却分祭，何也？曰：爲壇而祭，故謂之天；祭於屋下而以神祇祭之，故謂之帝。寓。

「明」、「察」，是彰著之義。能事父孝，則事天之理自然明；能事母孝，則事地之理自然察。道夫。

朱子語類卷第八十三 計二十八板

春秋

綱領

《春秋》煞有不可曉處。泳。

人道《春秋》難曉，據某理會來，無難曉處。只是據他有這箇事在，據他載得恁地。但是看今年有甚麽事，明年有甚麽事，禮樂征伐不知是自天子出、自諸侯出、自大夫出，只是恁地。而今却要去一字半字上理會褒貶，却要去求聖人之意，你如何知得他肚裏事？義剛。

《春秋》大旨，其可見者，誅亂臣、討賊子、内中國、外夷狄、貴王賤伯而已。未必如先儒所言，字字有義也。想孔子當時只是要備二三百年之事，故取史文寫在這裏，何嘗云某事用某法，甚事用某例邪？❶且如書會盟侵伐，大意不過見諸侯擅興自肆耳。書郊禘，大意不過見魯僭禮耳。至如三卜四卜，牛傷牛死，是失禮之中又失禮也。如「不郊，猶三望」，是不必望而猶望也。如書「仲遂卒，猶繹」，是不必繹而猶繹也。如此等義，却自分明。近世如蘇子由、呂居仁却看得平。閎祖。

《春秋》只是直載當時之事，要見當時治亂興衰，非是於一字上定褒貶。初間王政不行，天下都無統屬；及五伯出來扶持，

❶「甚」，萬曆本作「某」。

方有統屬，「禮樂征伐，自諸侯出」。到後來五伯又衰，政自大夫出。到孔子時，皇帝、王伯之道掃地，故孔子作《春秋》，據他事實寫在那裏，教人見得當時事是如此，安知用舊史與不用舊史？今硬説那箇字是孔子文，那箇字是舊史文，如何驗得？更聖人所書，好惡自易見。如葵丘之會，召陵之師，踐土之盟，自是好，本末自是别。及後來五伯既衰，溴梁之盟，大夫亦出與諸侯之會，這箇自是差異不好。今要去一字、兩字上討意思，甚至以日月、爵氏、名字上皆寓褒貶，如「王人子突救衛」，自是衛當救。當時是有箇子突，孔子因存他名字。今諸公解却道王人本不書字，緣其救衛，故書字。孟子説：「臣弒其君者有之，子弒其父者有之。孔子懼，作《春秋》。」説得極是了。又曰：「春秋無義戰，彼善於此則有之矣。」此等皆看得地步闊。聖人之意，只是如此，不解恁地細碎。淳。○義剛録云：某不敢似諸公道聖人是於一字半字上定去取。聖人只是存得那事在，要見當時治亂興衰；見得其初王政不行，天下皆無統屬，及五伯出來如此扶持，方有統屬。恁地便見得天王都做主不起。後同。

問《春秋》。曰：此是聖人據魯史以書其事，使人自觀之，以爲鑒戒爾。其事則齊威、晉文有足稱，其義則誅亂臣賊子。若欲推求一字之間，以爲聖人褒善貶惡專在於是，切恐不是聖人之意。如書即位者，是魯君行即位之禮；繼故不書即位者，是不行即位之禮。若威公之書即位，則是威公自正其即位之禮耳。其他崩、薨、卒、葬，亦無意義。人傑。

《春秋》有書「天王」者，有書「王」者，此皆難曉。或以爲王不稱「天」，貶之。某謂若書「天王」，其罪自見。宰咺以爲冢宰，亦未敢信。其他如莒去疾、莒展輿、齊陽生，恐只據舊史文。若謂添一箇字、減一箇字，便是褒貶，某不敢信。威公不書秋冬，史闕文也。或謂貶天王之失刑，不成議論，可謂亂道。夫子平時稱顏子「不遷怒，不貳過」，至作《春秋》，却因惡魯威而及天子，可謂「桑樹着刀，穀樹汁出」者！魯威之弒，天王之不能討，罪惡自著，何待於去秋冬而後見乎！又如貶滕稱「子」，而滕遂至於終春秋稱「子」，豈有此理！今朝廷立法，降官者猶經赦叙復，豈有因滕子之朝威，遂併其子孫而降爵乎？人傑。

《春秋》所書，如某人爲某事，本據魯史舊文筆削而成。今人看《春秋》，必要謂某字譏某人。如此，則是孔子專任私意，妄爲褒貶。孔子但據直書而善惡自著。今若必要如此推説，須是得魯史舊文，參校筆削異同，然後爲可見，而亦豈復可得也？謨。

書「人」，恐只是微者。然朝非微者之禮，而有書「人」者，此類亦不可曉。閎祖。

或有解《春秋》者，專以日月爲褒貶，書時月則以爲貶，書日則以爲褒，穿鑿得全無義理。若胡文定公所解，乃是以義理穿鑿，故可觀。人傑。

世間人解經，多是杜撰。且如《春秋》只據赴告而書之，孔子只因舊史而作《春秋》，非有許多曲折。且如書鄭忽與突事，才書「忽」，又書「鄭忽」，又書「鄭伯突」，胡文定便要説突有君國之德，須要因「鄭伯」兩字上求他是處，似此皆是杜撰。大概自成、哀已前，舊史不全，有舛逸，故所記各有不同。若昭、哀已後，皆聖人親見其事，故記得其實，不至於有遺處。如何却説聖人予其爵，削其爵，賞其功，罰其罪？是甚説話！祖道問：孟子説：「《春秋》，天子之事。」如何？曰：只是被孔子寫取在此，人見者自有所畏懼耳。若要説孔子去褒貶他，去其爵，與其爵，賞其功，罰其罪，豈不是謬也！其爵之有無與人之有功、有罪，孔子也予奪他不得。祖道。○人傑録云：蘇子由解《春秋》，謂其從赴告，此説亦是。既書「鄭伯突」，又書「鄭世子忽」，據史文而書耳。定、哀之時，聖人親見，據實而書。隱、威之世，時既遠，史册亦有簡略處，夫子亦但據史册而寫出耳。

或説：沈卿説《春秋》云：「不當以褒貶看，聖人只備録是非，使人自見。如『克段』之書，而兄弟之義自見；如蔑之書，而私盟之罪自見；來賵仲子，便自見得以天王之尊下賵諸侯之妾。聖人以公平正大之心，何嘗規規於褒貶？」曰：只是中間不可以一例説，自有曉不得處。公且道如「翬帥帥」之類，❶是如何？曰：未賜族，如挾、柔、無駭之類。無駭，魯卿，隱二年書「無駭」，九年書「挾卒」，莊十一年書「柔」，皆未命也。到莊以後，却不待賜，而諸侯自予之。曰：便是這般所在，那裏見得這箇是賜，那箇是未賜？三傳唯《左氏》近之。或云左氏是楚左史倚相之後，故載楚事較詳。《國語》與《左傳》似出一手，然《國語》使人厭看，如齊、楚、吴、越諸處又精采。如紀周、魯自是無可説，將虚文敷衍，如説藉田等處，令人厭看。左氏必不解是丘明，如聖人所稱，煞是正直底人。如《左傳》之文，自有縱横意思。《史記》却説「左丘失明，厥有《國語》」。或云：左丘明，左丘其姓也。

❶ 下「帥」字，萬曆本作「師」。

《左傳》自是左姓人作。又如秦始有臘祭，而《左氏》謂「虞不臘矣」，是秦時文字分明。賀孫。

《春秋傳》例多不可信。聖人記事，安有許多義例？如書伐國，惡諸侯之擅興；書山崩、地震、螽蝗之類，知災異有所自致也。德明。

或論及《春秋》之凡例。先生曰：《春秋》之有例，固矣，奈何非夫子之爲也。昔嘗有人言及命格，予曰：「命格，誰之所爲乎？」曰：「善談五行者爲之也。」予曰：「然則何貴？設若自天而降，具言其爲美爲惡，則誠可信矣。今特出於人爲，烏可信也？」知此，則知《春秋》之例矣。又曰：「季子來歸」，以爲季子之在魯，不過有立僖之私恩耳，初何有大功於魯！又况通於成風，與慶父之徒何異？❶然則其歸也，何足喜？蓋以啓季氏之事而書之乎！壯祖。

或人論《春秋》，以爲多有變例，所以前後所書之法多有不同。曰：此烏可信？聖人作《春秋》，正欲褒善貶惡，示萬世不易之法。今乃忽用此説以誅人，未幾又用此説以賞人，使天下後世皆求之而莫識其意，是乃後世弄法舞文之吏之所爲也，曾謂大中至正之道而如此乎！壯祖。

張元德問《春秋》、《周禮》疑難。曰：此等皆無佐證，强説不得。若穿鑿説出來，便是侮聖言。不如且研窮義理，義理明，則皆可遍通矣。因曰：看文字，且先看明白易曉者。此語是某發出來，諸公可記取。時舉。○以下看《春秋》法。

問：《春秋》當如何看？曰：只如看史

❶「徒」，原作「從」，今據朝鮮本改。

樣看。曰：程子所謂「以傳考經之事迹，以經别傳之真僞」，如何？曰：便是亦有不可考處。曰：其間不知是聖人果有褒貶否？曰：也見不得。如許世子止嘗藥之類，如何？曰：聖人亦只因國史所載而録之耳。聖人光明正大，不應以一二字加褒貶於人。若如此屑屑求之，恐非聖人之本意。時舉。

看《春秋》，且須看得一部《左傳》首尾意思通貫，方能略見聖人筆削，與當時事之大意。道夫。

叔器問讀《左傳》法。曰：也只是平心看那事理、事情、事勢。春秋十二公時各不同。如隱、威之時，王室新東遷，號令不行，天下都星散無主。莊、僖之時，威、文迭伯，政自諸侯出，天下始有統一。宣公之時，楚莊王盛强，夷狄主盟，中國諸侯服齊者亦皆朝楚，服晉者亦皆朝楚。及成公之世，悼公出來整頓一番，楚始退去；繼而吴、越又强入來争伯。定、哀之時，政皆自大夫出，魯有三家，晉有六卿，齊有田氏，宋有華向，被他肆意做，終春秋之世，更没奈何。但是某嘗説，春秋之末，與初年大不同。然是時諸侯征戰，只如戲樣，亦無甚大殺戮。及戰國七國争雄，那時便多是胡相殺。如鴈門斬首四萬，不知怎生殺了許多；長平之戰，四十萬人坑死，不知如何有許多人。後來項羽也坑十五萬，不知他如何地掘那坑後，那死底都不知，當時不知如何地對副許多人。安卿曰：恐非掘坑。曰：是掘坑。嘗見鄧艾伐蜀，坑許多人，載説是掘坑。義剛。

《春秋》之書，且據《左氏》。當時天下大亂，聖人且據實而書之，其是非得失付諸後世公論，蓋有言外之意。若必於一字一辭之間求褒貶所在，竊恐不然。齊桓、晉文所以有功於王室者，蓋當時楚最强大，時復加兵于鄭，鄭則在王畿之内；又伐陸渾之戎，觀兵周疆，其勢與六國不同。蓋六國勢均力敵，不敢先動。楚在春秋時，他國皆不及其强，向非威、文有以遏之，則周室爲其所并矣。又諸侯不朝聘于周，而周反下聘於列國，是甚道理！廣。○以下論《左氏》。

左氏之病，是以成敗論是非，而不本於義理之正。嘗謂左氏是箇猾頭熟事、趨炎附勢之人。

元城説，左氏不識大體，只是時時見得小可底事，便以爲是。義剛。

因舉陳君舉説《左傳》，曰：左氏是一箇審利害之幾、善避就底人，所以其書有貶死節等事。其間議論有極不是處，如周、鄭交質之類，是何議論！其曰「宋宣公可謂知人矣，立穆公，其子饗之，命以義夫」，只知有利害，不知有義理。此段不如《穀梁》説「君子大居正」，却是儒者議論。某平生不敢説《春秋》。若説時，只是將胡文定説扶持説去。畢竟去聖人千百年後，如何知得聖人之心？且如先蔑奔秦，書則是貶先蔑；不書時，又不見得此事。若如今人説，教聖人如何書則是？吕伯恭愛教人看《左傳》，某謂不如教人看《論》、《孟》。伯恭云，恐人去外面走。某謂：看《論》、《孟》，未走得三步；看《左傳》底，已走十百步了。人若讀得《左傳》熟，直是會趨利避害。然世間利害，如何被人趨避了！君子只看道理合如何，可則行，不可則止，禍福自有天命。且如一箇善擇利害底人，有一事，自謂擇得十分利處了，畢竟也須帶二三分害來，自没奈何。仲舒云：「仁人正其義不謀其利，明其道不計其功。」一部《左傳》，無此一句。若人人擇利害後，到得臨難死節底事，更有誰做？其間有爲國殺身底人，只是枉死了，始得。因舉「可憐石頭城，寧爲袁粲死，不作褚淵生」，蓋「民之秉彝」，又自有不可埋没，自然發出來處。璘。○可學録云：天下事，不可顧利害。凡人做事，多要趍利避害。不知纔有利，必有害，吾雖處得十分利，有害適在背後，不如且就理上求之。孟子曰：「如以利，則枉尋直尺而利，亦可爲歟？」且如臨難致死，義也。若不明其理而顧利害，則見危致命者反不如偷生苟免之人。「可憐石頭城，寧爲袁粲死，不作褚淵生！」「民之秉彝」，不可磨滅如此，豈不是自然！

林黄中謂：《左傳》「君子曰」，是劉歆之辭。胡先生謂《周禮》是劉歆所作，不知是如何？「《左傳》『君子曰』最無意思。」因舉「芟夷蘊崇之」一段：是關上文甚事？賀孫。

左氏見識甚卑，如言趙盾弑君之事，却云：「孔子聞之，曰：『惜哉！越境乃免。』」如此，則專是回避占便宜者得計，聖人豈有是意！聖人「作《春秋》而亂臣賊子懼」，豈反爲之解免耶？端蒙。

問：《左傳》載卜筮，有能先知數世後事，有此理否？曰：此恐不然。只當時子孫欲僭竊，故爲此以欺上罔下爾。如漢高帝蛇，也只是脱空。陳勝王凡六月，便只是他做不成，故人以爲非；高帝做得成，故人以爲符瑞。

《左傳》、《國語》，惟是周室一種，士大夫説得道理大故細密。這便是文、武、周、召在王國立學校，教得人恁地。惟是周室人會恁地説。且如《烝民》詩大故説得好，「人受天地之中以生」之類，大故説得細密。義剛。○兼論《國語》。

《左氏》所傳《春秋》事，恐八九分是。

《公》、《穀》專解經，事則多出揣度。必大。○以下三傳。

《春秋》制度大綱，《左傳》較可據，《公》、《穀》較難憑。胡文定義理正當，然此樣處多是臆度説。

李丈問：《左傳》如何？曰：《左傳》一部，載許多事，未知是與不是。但道理亦是如此，今且把來參攷。問：《公》、《穀》如何？曰：據他説亦是有那道理，但恐聖人當初無此等意。如孫明復、趙啖、陸淳、胡文定，皆説得好，道理皆是如此。但後世因《春秋》去考時，當如此區處，若論聖人當初作《春秋》時，其意不解有許多説話。擇之説：文定説得理太多，盡堆在裏面。曰：不是如此底，亦壓從這理上來。淳。○義剛録少異。

《左氏傳》是箇博記人做，只是以世俗見識斷當它事，皆功利之説。《公》、《穀》雖陋，亦有是處，但皆得於傳聞，多訛謬。德明。

國秀問三傳優劣。曰：左氏曾見國史，考事頗精，只是不知大義，專去小處理會，往往不曾講學。《公》、《穀》考事甚疏，然義理却精。二人乃是經生，傳得許多説話，往往都不曾見國史。時舉。

《左傳》是後來人做，爲見陳氏有齊，所以言「八世之後，莫之與京」；見三家分晉，所以言「公侯子孫，必復其始」。以三傳言之，《左氏》是史學，《公》、《穀》是經學。史學者，記得事却詳，於道理上便差；經學者，於義理上有功，然記事多悮。如遷、固之史，大概只是計較利害。范曄更低，只主張做賊底，後來他自做却敗。温公《通鑑》，凡涉智數險詐底事，往往不載，却不見得當時風俗。如陳平説高祖間楚事，亦不載上一段；不若全載了，可以見當時事情，却於其下論破，乃佳。又如亞夫得劇孟事，《通鑑》亦節去，意謂得劇孟不足道；不知當時風俗事勢，劇孟輩亦係輕重。如周休且能一夜得三萬人，只緣吴王敗後各自散去，其事無成。温公於此事却不知不覺載之，蓋以周休名不甚顯，不若劇孟耳。想温公平日尀耐劇孟，不知温公爲將，設遇此人，奈得它何否？又如論唐太宗事，亦殊未是。吕氏《大事記》周赧後便繫秦，亦未當。當如記楚、漢事，並書之；項籍死後，方可專書漢也。僩。

孔子作《春秋》，當時亦須與門人講説，所以《公》、《穀》、《左氏》得一箇源流，只是漸漸訛舛。當初若是全無傳授，如何鑿空撰得？問：今欲看《春秋》，且將胡文定説爲正，如何？曰：便是他亦有太過處。蘇子由教人只讀《左傳》，只是他《春秋》亦自分曉。且如「公與夫人如齊」，必竟是理會甚事，自可見。又如季氏逐昭公，畢竟因甚如此？今理會得一箇義理後，將他事來處置，合於義理者爲是，不合於義理者爲非。亦有喚做是而未盡善者，亦有謂之不是而彼善於此者。且如讀《史記》，便見得秦之所以亡，漢之所以興；及至後來劉、項事，又知劉之所以得、項之所以失，不難判斷。只是《春秋》却精細，也都不説破，教後人自將義理去折衷。文蔚。

問：《公》、《穀》傳，大概皆同？曰：所以林黄中説，只是一人，只是看他文字疑若非一手者。或曰：疑當時皆有所傳授，其後門人弟子始筆之於書爾。曰：想得皆是齊、魯間儒，其所著之書，恐有所傳授，但皆雜以己意，所以多差舛。其有合道理者，疑是聖人之舊。僩。○以下《公》、《穀》。

《春秋》難理會。《公》、《穀》甚不好，然又有甚好處。如序隱公遜國，宣公遜其姪處，甚好。何休《注》甚謬。

《公羊》説得宏大，如「君子大居正」之類。《穀梁》雖精細，但有些鄒搜狹窄。畜。

《公羊》是箇村樸秀才，《穀梁》又較黠得些。振。

《春秋》難看，三家皆非親見孔子。或以「左丘明恥之」，是姓左丘；左氏乃楚左史倚相之後，故載楚事極詳。吕舍人《春秋》不甚主張胡氏，要是此書難看。如劉原父《春秋》亦好。可學云：文定解「宋災故」一段，乃是原父説。曰：林黄中《春秋》又怪異，云隱公篡威公。可學云：黄中説歸仲子之賵，乃是周王以此爲正其分。曰：要正分，更有多少般，却如此不契勘！可學云：杜預每到不通處，多云告辭略。《經》、《傳》互異，不云《傳》誤，云《經》誤。曰：可怪！是何識見！可學。○以下諸家解《春秋》。

問：《春秋傳序》引夫子答顔子爲邦之語，爲顔子嘗聞《春秋》大法，何也？曰：此不是孔子將《春秋》大法向顔子説。蓋三代制作極備矣，孔子更不可復作，故告以四代禮樂，只是集百王不易之大法。其作《春秋》，善者則取之，惡者則誅之，意亦只是如此，故伊川引以爲據耳。淳。

程子所謂「《春秋》大義數十，炳如日星」者，如「成宋亂」、「宋災故」之類，乃是聖人直著誅貶，自是分明。如胡氏謂書「晉侯」爲以常情待晉襄，書「秦人」爲以王事責秦穆處，却恐未必如此。須是己之心果與聖人之心神交心契，始可斷它所書之旨；可不然，則未易言也。程子所謂「微辭隱義，時措從宜者爲難知耳」。人傑。

或問伊川《春秋序》後條。曰：四代之禮樂，此是經世之大法也。《春秋》之書，亦經世之大法也。然四代之禮樂，是以善者爲法，《春秋》是以不善者爲戒。又問：孔子有取乎五霸，豈非時措從宜？曰：是。又曰：觀其予五霸，其中便有一箇「奪」底意思。賀孫。

《春秋序》云：「雖德非湯、武，亦可以法三王之治。」如是，則無本者亦可以措之治乎？語有欠。因云：伊川甚麽樣子細，尚如此。難！難！揚。

今日得程《春秋解》，中間有説好處；如難理會處，他亦不爲決然之論。向見沙隨《春秋解》，只有説滕子來朝一處最好。隱十一年方書「滕侯、薛侯來朝」，如何桓二年便書「滕子來朝」？先輩爲説甚多，或以爲時王所黜，故降而書「子」，不知是時時王已不能行黜陟之典；就使能黜陟諸侯，當時亦不止一滕之可黜。或以《春秋》惡其朝桓，特削而書「子」；自此之後，滕一向書「子」，豈《春秋》惡其朝桓，而并後代子孫削之乎？或以爲當喪未君，前又不見滕侯卒。皆不通之論。沙隨謂此見得春秋時小國事大國，其朝聘貢賦之多寡，隨其爵之崇卑。滕子之事魯，以侯禮見則所供者多；故自貶降而以子禮見，庶得貢賦省少易供。此説却恐是。何故？緣後面鄭朝晉云：「鄭伯，男也，而使從公侯之賦。」見得鄭本是男爵，後襲用侯伯之禮，以交於大國，初焉不覺其貢賦之難辦，後來益困於此，方説出此等話。非獨是鄭伯，當時小國多是如此。今程公《春秋》亦如此説滕子。程是紹興以前文字。不知沙隨見此而爲之説，還是自見得此意？賀孫。

問：諸家《春秋》解如何？曰：某盡信不及。如胡文定《春秋》，某也信不及，知得聖人意裏是如此説否？今只眼前朝報差除，尚未知朝廷意思如何。况生乎千百載之下，欲逆推乎千百載上聖人之心！况自家之心，又未如得聖人，如何知得聖人肚裏事？某所以都不敢信諸家解，除非是得孔子還魂親説出，不知如何。僩。

胡文定《春秋》非不好，却不合。這件事聖人意是如何下字，那件事聖人意又如何下字。要之，聖人只是直筆據見在而書，豈有許多忉怛！友仁。

問：胡《春秋》如何？曰：胡《春秋》大義正，但《春秋》自難理會。如《左氏》尤有淺陋處，如「君子曰」之類，病處甚多。林黄中嘗疑之，却見得是。時舉。

胡《春秋傳》有牽强處。然議論有開合精神。閎祖。

問胡《春秋》。曰：亦有過當處。文蔚。

問：胡文定據《孟子》「《春秋》，天子之事」一句作骨。如此，則是聖人有意誅賞？曰：文定是如此説，道理也是恁地。但聖人只是書放那裏，使後世因此去考見道理如何便爲是，如何便爲不是。若説道聖人當時之意，説他當如此，我便書這一字，淳録云：以褒之。他當如彼，我便書那一字，淳録云：以貶之。○別本云：如此便爲予，如彼便爲奪。則恐聖人不解恁地。聖人當初只直寫那事在上面，如説張三打李四，李四打張三，未嘗斷他罪，某人杖六十，某人杖八十。如孟子便是説得那地步闊。聖人之意，只是如此，不解恁地細碎。且如「季子來歸」，諸公説得恁地好。據某看來，季友之罪與慶父也不争多。但是他歸來後，會平了難，魯人歸之，故如此説。况他世執魯之大權，人自是怕他。史官書得恁地，孔子因而存此，蓋以見他執權之漸耳。義剛。○淳録略。

《春秋》今來大綱是從胡文定説，但中間也自有難穩處。如叔孫婼「祈死」事，把他做死節，本自無據；後却將「至自晉」一項説，又因「穀梁公孫舍」云云。他若是到歸來，也須問我屋裏人，如何同去弑君？也須誅討斯得。自死是如何？《春秋》難説。若只消輕看過，不知是如何。如孟子説道：「春秋無義戰，彼善於此。」只將這意看如何。左氏是三晉之後，不知是甚麽人。看他説魏畢萬之後必大，如説陳氏代齊之類，皆是後來設爲豫定之言。《春秋》分明處，只是如「晉士匄侵齊，至穀，聞齊侯卒，乃還」，這分明是與他。賀孫。

問：胡氏《傳》春秋盟誓處，以爲《春秋》皆惡之，楊龜山亦嘗議之矣。自今觀之，豈不可因其言盟之能守與否而褒貶之乎？今民「泯泯棼棼，罔中于信，以覆詛盟」之時，而遽責以未施信而民信之事，恐非化俗以漸之意。曰：不然。盟詛，必竟非君子之所爲，故曰「君子屢盟，亂是用長」。將欲變之，非去盟崇信，俗不可得而善也。故伊川有言：「凡委靡隨俗者，不能隨時；惟剛毅特立，乃所以隨時。」斯言可見矣。問洽：尋常如何理會是「自命」？曰：嘗考之矣。當從劉侍讀之説。自王命不行，則諸侯上僭之事由階而升。然必與勢力之不相上下者池録作：如歷階而升，以至於極。蓋既無王命，必擇勢力之相敵者。共爲之，所以布於衆而成其僭也。齊、衛當時勢敵，故齊僖自以爲小伯，而黎人責衛以方伯之事。當時王不敢命伯，而欲自爲伯，故於此彼此相命以成其私也。及其久也，則力之能爲者專之矣，故威公遂自稱伯。以至戰國諸侯各有稱王之意，不敢獨稱於國，必與勢力之相侔者共約而爲之，齊、魏會于苴澤以相王是也。其後七國皆王，秦人思有以勝之，於是使人致帝于齊，約共稱帝，豈非相帝？自相命而至於相王，自相王而至於相帝，僭竊之漸，勢必至此，池録云：《春秋》於此，蓋紀王命不行而諸侯僭竊之端也。豈非其明證乎？曰：然則《左傳》所謂「胥命于弭」，何也？曰：此以納王之事相遜相先也。曰：說亦有理。洽。○池録少異。

問：《春秋》，胡文定之說如何？曰：尋常亦不滿於胡說。且如解經，不使道理明白，却就其中多使故事，大與做時文答策相似。近見一相知說，傳守見某說云，固是好，但其中無一故事可用。某作此書，又豈欲多使事也？問：先生既不解《春秋》，合亦作一篇文字，略說大意，使後學知所指歸。曰：也不消如此。但聖人作經，直述其事，固是有所抑揚；然亦非故意增減一二字，使後人就一二字上推尋，以爲吾意旨之所在也。問：胡文定說「元」字，某不能無疑。元者，始也，正所謂「辭之所謂『太』也」。今胡乃訓「元」爲「仁」，訓「仁」爲「心」，得無太支離乎？曰：楊龜山亦嘗以此議之。胡氏說經，大抵有此病。

胡文定說《春秋》，高而不曉事情。說「元年」不要年號。且如今中興以來更七箇元年，若無號，則契劵能無欺弊者乎？淳。

吕居仁《春秋》亦甚明白，正如某《詩傳》相似。道夫。

東萊有《左氏説》，亦好。是人記録他語言。義剛。

薛常州解《春秋》，不知如何率意如此，只是幾日成此文字？如何説諸侯無史？《内則》尚有「閭史」。又如趙盾事，初靈公要殺盾，盾所以走出，趙穿便弑公，想是他本意如此，這箇罪首合是誰做？賀孫。

薛士龍曰：「魯隱初僭史。」殊不知《周官》所謂「外史合四方之志」，便是四方諸侯皆有史。諸侯若無史，外史何所稽考而爲史？如古人生子，則閭史書之。且二十五家爲閭，閭尚有史，况一國乎！學蒙。

昔楚相作燕相書，其燭暗而不明。楚相曰：「舉燭。」書者不察，遂書「舉燭」字于書中。燕相得之，曰：「舉燭者，欲我之明於舉賢也。」於是舉賢退不肖，而燕國大治。故曰：「不是郢書，乃成燕説。」今之説《春秋》者，正此類也。人傑。○揚録少異。

學《春秋》者多鑿説。《後漢·五行志注》載，漢末有發范明友奴冢，❶奴猶活。明友，霍光女壻。説光家事及廢立之際，多與《漢書》相應。某嘗説與學《春秋》者曰：今如此穿鑿説亦不妨，只恐一旦有於地中得夫子家奴出來，説夫子當時之意不如此爾！廣。

經傳附

問：「春王正月」，是用周正，用夏正？曰：兩邊都有證據，將何從？義剛録云：這箇難稽考，莫去理會這箇。某向來只管理會此，不放下，竟擔閣了。吾友讀書不多，不見得此

❶「冢」，原作「家」，今據《後漢書·五行志五》注改。

等處。某讀書多後，有時此字也不敢喚做此字。如《家語》周公祝成王冠辭：「近爾民，遠爾年，嗇爾時，惠爾財，親賢任能。」「近爾民」，言得民之親愛也；「遠爾年」，言壽也。「年」與「民」叶，音紉。「能」與「財」叶，囊來反，與「時」叶，音尼，「財」音慈。義剛録云：「能」字通得三音，若作十五灰韻，則與「才」字叶，與「時」字又不叶。今更不可理會。據今叩「時」字，❶則當作「尼」字讀。○淳。

某親見文定公家說，文定《春秋》說夫子以夏時冠月，以周正紀事。謂如「公即位」，依舊是十一月，只是孔子改正作「春正月」。某便不敢信。恁地時，二百四十二年，夫子只證得箇「行夏之時」四箇字。據今《周禮》有正月，有正歲，則周實是元改作「春正月」。夫子所謂「行夏之時」，只是爲他不順，欲改從建寅。如孟子說「七八月之間旱」，這斷然是五六月；「十一月徒杠成，十二月輿梁成」，這分明是九月、十月。若真是十一月、十二月時，寒自過了，何用更造橋梁？古人只是寒時造橋度人，若暖時又只是教他自從水裏過。看來古時橋也只是小橋子，不似如今石橋、浮橋恁地好。義剛。

《春秋傳》言：「元者，仁也；仁，人心也。」固有此理，然不知仁如何却喚做「元」？如程子曰：「天下之理，原其所自，未有不善。」《易傳》曰：「成而後有敗，敗非先成者也；得而後有失，非得何以有失也？」便說得有根源。閎祖。

胡文定說《春秋》「公即位」，終是不通。且踰年即位，凶服如何入廟？胡文定却說

❶「叩」，四庫本作「叶」。

是冢宰攝行。他事可攝，即位豈可攝？且如「十一月乙丑，伊尹以冕服奉嗣王」，「惟十有三祀」，却是除服了。《康王之誥》，東坡道是召公失禮處。想古時是這般大事，必有箇權宜，如借吉之例。或問：《金縢》，前輩謂非全書。曰：周公以身代武王之説，只縁人看錯了。此乃周公誠意篤切，以庶幾其萬一。「丕子之責于天」，只是以武王受事天之責任，如今人説話，他要箇人來服事。周公便説是他不能服事天，不似我多才多藝，自能服事天。賀孫。

《春秋》一發首不書即位，即君臣之事也；書仲子嫡庶之分，即夫婦之事也；書及邾盟，朋友之事也；書「鄭伯克段」，即兄弟之事也。一開首，人倫便盡在。

惠公仲子，恐是惠公之妾。僖公成風，却是僖公之母。不可一例看，不必如孫明復之説。閎祖。○孫明復云：文九年冬，秦人來歸僖公成風之襚，與此不稱夫人義同，譏其不及事，而又兼之貶也。

義剛曰：莊公見潁考叔而告之悔，此是他天理已漸漸明了。考叔當時聞莊公之事而欲見之，此是欲撥動他機。及其既動，却好開明義理之説，使其心豁然知有天倫之親。今却教恁地做，則母子全恩，依舊不出於真理。此其母子之間雖能如此，而其私欲固未能瑩然消釋。其所以略能保全而不復開其隙者，特幸耳。曰：恁地看得細碎，不消如此。某便是不喜伯恭博議時，他便都是這般議論。恁地忒細碎，不濟得事。且如這樣，他是且欲全他母子之恩。以他重那盟誓，未肯變，故且教他恁地做。這且得他全得大義，未暇計較這箇，又何必如此去論他。義剛。

陳仲蔚問：東萊論潁考叔之説，是否？曰：古人也是重那盟誓。又問：《左傳》於釋經處但略過，如何？曰：他釋經也有好處。如説「段不弟，故不言弟。稱鄭伯，譏失教也」。這樣處，説得也好，蓋説得闊。又問：「宋宣公可謂知人矣，立穆公，其子享之」，這也不可謂知人。曰：這樣處，却説得無巴鼻。如《公羊》説，宣公却是宋之罪腦。左氏有一箇大病，是他好以成敗論人，遇他做得來好時，便説他好；做得來不好時，便説他不是，却都不折之以理之是非，這是他大病。敘事時，左氏却多是，《公》、《穀》却都是胡撰。他去聖人遠了，只是想象胡説。或問：左氏果丘明否？曰：左氏敘至韓、魏、趙殺智伯事，去孔子六七十年，決非丘明。義剛。

「夫人子氏薨」，只是仲子。左氏「豫凶事」之説，亦有此理。「考仲子之宮」是別立廟。人傑。○二年。

問：石碏諫得已自好了，如何更要那「將立州吁」四句？曰：也是要得不殺那桓公。又問：如何不禁其子與州吁遊？曰：次第是石碏老後，奈兒子不何。又問：殺之，如何要引他從陳去？忽然陳不殺，却如何？曰：如喫飯樣，不成説道喫不得後，便不喫，也只得喫。義剛。○二年。

陳仲蔚説「公矢魚于棠」，云：或謂「矢」，如「皐陶矢厥謨」之「矢」。❶曰：便是亂説。今據《傳》曰「則君不射」，則「矢魚」是將弓矢去射之，如漢武帝親射江中蛟之類。何以見得？夫子作《春秋》，征只書征，伐只書伐，不曾恁地下一字。如何平白

❶「皐」，原作「皇」，今據朝鮮本改。

無事，陳魚不只寫作「陳」字，却要下箇「矢」字則麽？「遂往陳魚而觀之」這幾句，却是左氏自說。據他上文，則無此意。義剛。○五年。

「鄭人來渝平」，渝，變也。蓋魯先與宋好，鄭人却來渝平，謂變渝舊盟，以從新好也。《公》、《穀》作「輸平」。胡文定謂以物而求平也，恐不然。但言「輸」，則渝之義自在其中。如秦《詛楚文》云「變輸盟刺」，若字義則是如此，其文意則只是「渝」字也。銖。○六年。

因言「勇而無剛」，曰：剛與勇不同，勇只是敢爲，剛有堅强之意。閎祖。○九年。

桓公有兩年不書秋冬，説者謂以喻時王不能賞罰。若如是，孔子亦可謂大迂闊矣。某嘗謂：説《春秋》者只好獨自說，不可與人論難。蓋自説，則横説豎説皆可；論難着，便説不行。必大。○桓四年、七年。

《春秋》書「蔡人殺陳佗」，此是夫子據魯史書之。佗之弒君，初不見於經者，亦是魯史無之耳。廣。○六年。

問：書蔡威侯，文定以爲蔡季之賢，知請謚，如何？曰：此只是文誤。人傑。○十七年。

問：魯桓公爲齊襄公所殺，其子莊公與桓公會而不復讎，先儒謂《春秋》不譏，是否？曰：他當初只是據事如此寫在，如何見他譏與不譏？當桓公被殺之初，便合與他理會。使上有明天子，下有賢方伯，便合上告天子，下告方伯，興復讎之師。只緣周家衰弱，無赴愬處，莊公又無理會，便自與之主婚，以王姬嫁齊。及到桓公時，又自隔一重了。况到此事體又别。桓公率諸侯以尊周室，莊公安得不去？若是不去，却不是叛齊，乃是叛周。曰：使莊公當初自能舉兵殺了襄公，還可更赴桓公之會否？曰：他若是能殺襄公，他却自會做霸主，不用去隨桓公。若是如此，便是這事結絶了。文蔚。○僩録詳見本朝六。

荆楚初書國，後進稱人、稱爵，乃自是他初間不敢驟交於中國，故從卑稱。後漸大，故稱爵。賀孫。○莊十年。

成風事季友，與敬嬴事襄仲一般，《春秋》何故褒季友？如書「季子來歸」是也。人傑謂：季子既歸，而閔公被弒，慶父出奔。季子不能討賊，是其意在於立僖公也。先生曰：縱失慶父之罪小，而季子自有大惡。今《春秋》不貶之，而反褒之，殆不可曉。蓋如高子、仲孫之徒，只是舊史書之，聖人因其文而不革。所以書之者，欲見當時事迹，付諸後人之公議耳。若謂季子爲命大夫，則叔孫婼嘗受命服，何爲書名乎？人傑。○閔元年。

《春秋》書「季子來歸」，恐只是因舊史之文書之，如此寬看尚可。若謂《春秋》謹嚴，便没理會。或只是魯亂已甚，後來季友立得僖公，再整頓得箇社稷起，有此大功，故取之，與取管仲意同。然季子罪惡與慶父一般，《春秋》若褒之，則此一經乃淪三綱、斁九法之書爾。當時公子牙無罪，又用藥毒殺了。季子賜族，此亦只是時君恩意，如秦呼吕不韋作「尚父」耳。正淳曰：季子雖來歸，亦有放走慶父之罪。曰：放走慶父罪小，它自身上罪大，亦治慶父不得。必大。○營録云：《春秋》書「季子來歸」，不知夫子何故取季友，恐只是如取管仲之意，但以其後來有功社稷，所以更不論其已前罪過。正淳曰：說者謂是國人喜季子之來，望其討慶父之罪，故《春秋》因如此書之。及後來不能治慶父，則季子之可貶者亦可見矣。曰：季子之罪，不在放走了慶父，先已自有罪過了。

問季友之爲人。曰：此人亦多可疑。諸家多言季友來歸，爲聖人美之之辭。據某看，此一句正是聖人著季氏所以專國爲禍之基。又「成風聞季氏之繇，乃事之」。左氏記此數句，亦有説話。成風没巴鼻，事他則甚？據某看，此等人皆魯國之賊耳。又問子家子。曰：它却是忠於昭公。只是也無計畫，不過只欲勸昭公且泯默含垢受辱，因季氏之來請而歸魯耳。昭公所以不歸，必是要逐季氏而後歸也。當時列國之大夫，如晉之欒、魯之季氏、鄭之伯有之徒，國國皆然。二百四十二年，真所謂五濁惡世，不成世界！孔子説：「有用我者，吾其爲東周乎！」不知如何地做？從何處做起？某實曉不得。或曰：相魯可見。曰：他合下只説得季威子透，威子事事信之，所以做得。及後來被公斂處父一説破了，威子便不信之，孔子遂做不得矣。孟子説五年、七年可「爲政於天下」，不知如何做，孔子不甚説出來。孟子自擔負不淺，不知怎生做也。僩。

「季子來歸」，如「高子來盟」、「齊仲孫來」之類。當時魯國内亂，得一季子歸國，則國人皆有慰望之意，故魯史喜而書之。夫子直書史家之辭，其實季子無狀，觀於成風事之可見。一書「季子來歸」，而季氏得政，權去公室之漸，皆由此起矣。問：魯君弑而書「薨」，如何？曰：如晉史書趙盾弑君，齊史書崔杼弑君，魯却不然，蓋恐是周公之垂法，史書之舊章。韓宣子所謂周禮在魯者，亦其一事也。問諸侯書「卒」。曰：劉道原嘗言之，此固當書「卒」。問：魯君書「薨」，而諸侯書「卒」，内大夫卒，而略外大夫，只是别内外之辭。曰：固是。且如今虜主死，其國必來告哀，史官必書虜主之死。若虜中宰相大臣，彼亦不告，此亦必不書之也。但書「王猛」，又書「王子猛」，皆不可曉。所謂天子未除喪，曰「予小子」，生名之，死亦名之，此乃據《春秋》例以爲之説耳。人傑。

齊桓公較正當，只得一番出伐。管仲亦不見出，有事時只是遣人出整頓。《春秋》每稱「齊人」。《左傳》上全不曾載許多事，却載之於《國語》，及出《孟子》。吕丈言：《左傳》不欲見桓公許多不美處，要爲桓公、管仲全之。《孟子》所載桓公，亦自犯了，故皆不載。曰：《左氏》有許多意思時，却是《春秋》。《左氏》亦不如此回互，只是有便載，無便不載。説得意思回互如此，豈不教壞了人！晉文公詭譎，如侵曹、伐衛，皆是當時出時不禮之私，却只名謂「治其從楚」。如書「晉侯伐衛」，辭意可見。又書「楚人救衛」，如書「救」，皆是美意。中國之諸侯，晉以私伐之，乃反使楚人來救。如「晉侯侵曹」、「晉侯伐衛」、「楚人救衛」，其辭皆聖人筆削，要來此處看義理。今人作《春秋》義，都只是論利害。晉侯侵伐皆自出。楊。○僖四年。

問：齊侯侵蔡，亦以私，如何？曰：齊謀伐楚已在前。本是伐楚，特因以侵蔡耳，非素謀也。問：《國語》、《左傳》皆是左氏編，何故載齊桓公於《國語》，而不載於《左傳》？曰：不知二書作之先後。温公言先作《國語》，次作《傳》。又有一相識言先《左傳》，次《國語》，《國語》較老如《左傳》。後看之，似然。楊。

昔嘗聞長上言，齊威公伐楚，不責以僭王之罪者，蓋威公每事持重，不是一箇卒然不思後手者。當時楚甚强大，僭王已非一日。威公若以此問之，只宜楚即服罪，不然齊豈遽保其必勝楚哉？及聞先生言及，亦以爲然。壯祖。

《春秋》書「會王世子」，與齊威公也。廣。○五年。

晉里克事，只以《春秋》所書，未見其是非。《國語》載驪姬陰託里克之妻，其後里克守不定，遂有中立之説。他當時只難里克，里克若不變，太子可安。由是觀之，里克之罪明矣。後來殺奚齊、卓子，亦自快國人之意，且與申生伸冤。如《春秋》所書，多有不可曉。如里克等事，只當時人已自不知孰是孰非，况後世乎？如蔡人殺陳佗，都不曾有陳佗弑君蹤跡。「會王世子」，却是威公做得好。賀孫。○九年。

或問：《春秋》書「晉殺其大夫荀息」，是取他否？曰：荀息亦未見有可取者，但始終一節，死君之難，亦可取耳。後又書「晉殺其大夫里克」者，不以弑君之罪討之也。然克之罪則在中立，今《左傳》中却不見其事，《國語》中所載甚詳。廣。○十年。

問：里克、丕鄭、荀息三人，當初晉獻公欲廢太子申生，立奚齊，荀息便謂：「君命立之，臣安敢貳？」略不能諫君以義。此大段不是。里克、丕鄭謂「從君之義，不從君之惑」，所見甚正，只是後來却做不徹。曰：他倒了處，便在那中立上。天下無中立之事，自家若排得他退，便用排退他；若奈何他不得，便用自死。今驪姬一許他中立，他事便了，便是他只要求生避禍。正如隋高祖篡周，韋孝寬初甚不能平，一見衆人被殺，便去降他，反教他添做幾件不好底事。看史到此，使人氣悶。或曰：看荀息亦有不是處。曰：全然不是，豈止有不是處？只是辦得一死，亦是難事。文蔚曰：里克當獻公在時，不能極力理會；及獻公死後，却殺奚齊，此亦未是。曰：這般事便是難說。獻公在日，與他說不聽，又怎生奈何得他？後來亦用理會，只是不合殺了他。文蔚。

吳、楚盟會不書王，恐是吳、楚當時雖自稱王於其國，至與諸侯盟會，則未必稱也。閎祖。○二十一年。

諸侯滅國，未嘗書名。「衛侯燬滅邢」，說者以爲滅同姓之故。今經文只隔「夏四月癸酉」一句，便書「衛侯燬卒」，恐是因而傳寫之誤，亦未可知。又曰：魯君書「薨」，外諸侯書「卒」。劉原父答温公書，謂「薨」者，臣子之詞。温公亦以爲然。以「卒」爲貶詞者，恐亦非是。人傑。○二十五年。

臧文仲廢六關，若以爲不知利害而輕廢，則但可言不知。所以言「不仁」者，必有私意害民之事。但古事既遠，不可攷耳。有言：臧文仲知征之爲害而去之，遂并無以識察姦僞，故先生云然。○方子。○文二年。

僖公成風與東晉簡文帝鄭太后一也，皆所以著妾母之義。至本朝真宗既崩，始以三后並配。當時群臣亦嘗争之，爲其創見也。後來遂以爲常，此禮於是乎紊矣。人傑。○四年。

胡氏《春秋》文八年記公孫敖事云：「色出於性，淫出於氣。」其說原於上蔡，此殊分得不是。大凡出於人身上道理，固皆是性。色固性也，然不能節之以禮，制之以義，便是惡。故孟子於此只云「君子不謂性也」，其語便自無病。又曰：李先生嘗論公孫敖事，只「如京師，不至而復」，便是大不恭。魯亦不再使人往，便是罪。如此解之，於經文甚當，蓋經初無從己氏之説。㽦。○人傑録云：胡氏只貶他從己氏之過。經文元不及此事。○八年。

「遂以夫人姜氏至自齊」，恐是當時史官所書如此。蓋爲如今魯史不存，無以知何者是舊文，何者是聖人筆削，怎見得聖人之意？閎祖。○宣元年。

晉「驪姬之亂，詛無畜群公子，自是晉無公族」，而以卿爲公室大夫，這箇便是六卿分晉之漸。始驪姬謀逐群公子，欲立奚齊、卓子爾。後來遂以爲例，則疑六卿之陰謀也。然亦不可曉。僩。○三年。❶

植因舉楚人「卒偏之兩」，乃一百七十五人。曰：一廣有百七十五人，二廣計三百五十。楚分爲左、右廣，前後更番。植。○十二年。

宣公十五年，「公孫歸父會楚子于宋。夏五月，宋人及楚人平」。《春秋》之責宋、鄭，正以其叛中國而從夷狄爾。中間諱言此事，故學者不敢正言，今猶守之而不變，此不知時務之過也。罪其貳霸，亦非是。《春秋》豈率天下諸侯以從三王之罪人哉？特罪其叛中國爾。此章，先生親批章甫縣學課簿。❷○道夫。

先生問人傑：記《左傳》分謗事否？人傑以韓獻子將殺人，郤獻子馳救不及，使速以徇對。先生曰：近世士大夫多是如此，只要徇人情。如荀林父邲之役，先穀違

❶「三」，按《左傳》當作「二」。

❷「批」，萬曆本作「具」。

命而濟，乃謂「與其專罪，六人同之」，是何等見識！當時爲林父者，只合按兵不動，召先穀而誅之。人傑曰：若如此，豈止全軍，雖進而救鄭可也。因問：韓厥殺人事，在郤克只得如此。曰：既欲馳救，則殺之未得爲是。然這事却且莫管。因云：當時楚孫叔敖不欲戰，伍參争之。若事有合争處，須當力争，不可苟徇人情也。人傑。○成二年。

問：「民受天地之中以生」，中是氣否？曰：中是理，理便是仁義禮智，曷常有形象來？凡無形者謂之理，若氣則謂之生也。清者是氣，濁者是形。氣是魂，謂之精；血是魄，謂之質。所謂「精氣爲物」，須是此兩箇相交感，便能成物。「遊魂爲變」，所禀之氣至此已盡，魂升于天，魄降于地。陽者，氣也，魂也，歸于天；陰者，質也，魄也，降于地：謂之死也。知生則便知死，只是此理。夫子告子路，非是拒之，是先後節次如此也。因説：鬼神者，造化之迹。且如起風做雨，震雷閃電，花生花結，非有神而何？自不察耳。才見説鬼事，便以爲怪。世間自有箇道理如此，不可謂無，特非造化之正耳。此得陰陽不正之氣，不須驚惑，所以夫子「不語怪」，以其明有此事，特不語耳。南軒説無，便不是了。明作。○成十三年。

胡解「晉弑其君州蒲」一段，意不分明，似是爲欒書出脱。曾問胡伯逢，伯逢曰：「厲公無道，但當廢之。」閎祖。○十八年。

因問：胡氏《傳》欒書弑晉厲公事，其意若許欒書之弑，何也？曰：舊亦嘗疑之，後見文定之甥范伯達而問焉。伯達曰：「文定之意，蓋以爲欒書執國之政，而厲公無道如此，亦不得坐視。爲書之計，厲公可廢而不可殺也。」洽言：《傳》中全不見此意。曰：文定既以爲當如此作傳，雖不可明言，豈不可微示其意乎？今累數百言，而其意絶不可曉，是亦拙於傳經者也。洽。

楊至之問晉悼公。曰：甚次第。他才大段高，觀當初人去周迎他時，只十四歲，他説幾句話便乖，便有操有縱。才歸晉，做得便別。當時厲公恁地弄得狼當，被人攛掇，胡亂殺了，晉室大段費力。及悼公歸來，不知如何便被他做得恁地好。恰如久雨積陰，忽遇天晴，光景便別，赫然爲之一新。又問：勝威、文否？曰：儘勝。但威、文是白地做起來，悼公是見成基址。某嘗謂，晉悼公、宇文周武帝、周世宗，三人之才一般，都做得事，都是一做便成，及才成又便死了，不知怎生地。義剛。

楊至之問：《左傳》「元者體之長」等句，是左氏引孔子語，抑古有此語？曰：或是古已有此語，孔子引他，也未可知。《左傳》又云「克己復禮，仁也」。「克己復禮」四字，亦是古已有此語。淳。○九年。

子上問：鄭伯以女樂賂晉悼公，如何有歌鍾二肆？曰：鄭、衛之音，與先王之樂，其器同，止是其音異。璘。○十一年。

問：《左氏》駒支之辯，劉侍讀以爲無是事。曰：某亦疑之。既曰「言語衣服，不與華同」，又却能賦《青蠅》，何也？又太子申生伐東山皐落氏，攛掇申生之死，乃數公也。申生以閔二年十二月出師，衣之偏衣，佩之金玦，數公議論如此，獻公更舉事不得，便有「逆詐」、「億不信」底意思。《左氏》一部書，都是這意思，文章浮艶，更無事實。

蓋周衰時，自有這一等迂闊人。觀《國語》之文，可見周之衰也。某嘗讀宣王欲籍千畝事，便心煩。及戰國時人，却尚事實，觀太史公《史記》可見。公子成與趙武靈王争胡服，甘龍與衛鞅争變法，其他如蘇、張之辯，莫不皆然。衛鞅之在魏，其相公孫座勸魏君用之，不然，須殺之。魏君不從，則又與鞅明言之。鞅以爲不能用我，焉能殺我？及秦孝公下令，鞅西入秦。然觀孝公下令數語，如此氣勢，乃是吞六國規模。鞅之初見孝公，説以帝道、王道，想見好笑，其實乃是霸道。鞅之如此，所以堅孝公之心，後來迂闊之説，更不能入。使當時無衛鞅，必須别有人出來。觀孝公之意，定是不用孟子。《史記》所載事實，《左氏》安得有此？人傑。○十四年。

季札辭國，不爲盡是。揚。

問：季札，胡文定公言其辭國以生亂，温公又言其明君臣之大分。曰：可以受，可以無受。燾。

問：季札觀樂，如何知得如此之審？曰：此是左氏粧點出來，亦自難信。如聞齊樂而曰「國未可量」，然一再傳而爲田氏，烏在其爲未可量也？此處皆是難信處。時舉。○二十九年。

或問：子産相鄭，鑄《刑書》、作丘賦，時人不以爲然。是他不達「爲國以禮」底道理，徒恃法制以爲國，故鄭國日以衰削。曰：是他力量只到得這裏。觀他與韓宣子争時，似守得定。及到伯有、子皙之徒撓他時，則度其可治者治之；若治他不得，便只含糊過。亦緣當時列國世卿，每國須有三兩族强大，根株盤互，勢力相依倚，卒急動他不得。不比如今大臣，才被人論，便可逐去。故當時自有一般議論，如韓獻子「分謗」之説，只是要大家含糊過，不要見得我是、你不是。又如魯以相忍爲國，意思都如此。後來張文潛深取之，故其所著雖連篇累牘，不過只是這一意。廣。○昭六年。

《左傳》「形民之力，而無醉飽之心」，杜預煞費力去解。後王肅只解作「刑罰」之「刑」，甚易曉，便是杜預不及他。李百藥也有兩處説，皆作「刑罰」字説。義剛。○十二年。

「形民之力，而無醉飽之心」，《左傳》作「形」字解者，胡説。今《家語》作「刑民」，注云「傷也」，極分曉。蓋言傷民之力以爲養，而無饜足之心也。又如《禮記》中説「耆慾將至，有開必先」，《家語》作「有物將至，其兆必先」爲是。蓋「有」字似「耆」字，「物」字似「慾」字，「其」字似「有」字，「兆」字篆文似「開」字之「門」，必誤無疑。今欲作「有開」解亦可，但無意思爾。王肅所引證，也有好處。後漢鄭玄與王肅之學互相詆訾，王肅固多非是，然亦有考援得好處。僩。

齊田氏之事，晏平仲言「惟禮可以已之」，不知他當時所謂禮，如何可以已之？想他必有一主張。燾。○二十六年。

春秋權臣得政者，皆是厚施於民。故晏子對景公之辭曰：「在禮，家施不及國。」乃先王防閑之意。人傑。

或問：申包胥如秦乞師，哀公爲之賦《無衣》，不知是作此詩，還只是歌此詩？曰：賦詩，在他書無所見，只是《國語》與《左傳》説，皆出左氏一手，不知如何。《左傳》前面説許穆夫人賦《載馳》，高克賦《清人》，皆是説作此詩。到晉文公賦《河水》以後，如賦《鹿鳴》、《四牡》之類，皆只是歌誦其詩，不知如何。因言：左氏説多難信。如晉范宣子責姜戎不與會，姜戎曰：「我諸戎贄幣不通，言語不同，不與於會，亦無瞢焉。」賦《青蠅》而退。既説言語不同，又却會恁地説，又會誦詩，此不可曉。胡泳。○定四年。

問：夾谷之會，孔子數語，何以能却萊人之兵？曰：畢竟齊常常欺魯，魯常常不能與之争，却忽然被一箇人來以禮問他，他如何不動？如藺相如，秦王擊缶，亦是秦常欺得趙過，忽然被一箇人恁地硬振，他如何不動？燾。○十年。

聖人隳三都，亦是因季氏，厭其强也。正似唐末五代羅紹威，其兵强於諸鎮者，以牙兵五千人也。然此牙兵又不馴於其主，羅甚惡之，一日盡殺之，其鎮遂弱，爲鄰鎮所欺，乃方大悔。楊。○十二年。

《春秋》獲麟，某不敢指定是書成感麟，亦不敢指定是感麟作。大概出非其時，被人殺了，是不祥。淳。

陳仲亨問：晉三卿爲諸侯，司馬、胡氏之説，孰正？曰：胡氏説也是如此。但他也只從《春秋》中間説起，這却不特如此。蓋自平王以來便恁地無理會了。緣是如此日降一日，到下梢自是没奈他何。而今看春秋初時，天王尚略略有戰伐之屬，到後來都無事。及到定、哀之後，更不敢説着他。然其初只是諸侯出來抗衡，到後來諸侯才不奈何，便又被大夫出來做。及大夫稍做得没奈何，又被陪臣出來做。這便似唐之藩鎮樣，其初是節度抗衡，後來牙將、孔目官、虞候之屬，皆殺了節度使後出來做。當時被他出來握天下之權，恣意恁地做後，更没奈他何，這箇自是其勢必如此。如夫子說「禮樂征伐自天子出」一段，這箇說得極分曉。義剛。○附此。

問：「自陝以東，周公主之；自陝以西，召公主之。」周、召既爲左右相，如何又主二伯事？曰：此《春秋》說所未詳，如《顧命》說召公率西方諸侯入應門左，畢公率東方諸侯入應門右，所可見者，其略如此。《公羊》隱五年。

《春秋》傳毁廟之道，改塗易檐，言不是盡除，只改其灰節，易其屋簷而已。義剛。

天子之廟，「復廟重檐」。檐，音簷。又曰：「毁廟之制，改塗可也，易檐可也。」銖。

問：《穀梁》釋「夫人孫于齊」，其文義如何？曰：「始人之也」，猶言始以人道治莊公也。命，猶名也，猶曰「若於道」、「若於言」，天人皆以爲然，則是吾受是名也。「臣子大受命」，謹其所受命之名而已。大抵齊、魯之儒多質實，當時或傳誦師說，見理不明，故其言多不倫。《禮記》中亦然，如云「仁者右也，義者左也」，道他不是，不得。人傑。○《穀梁》莊元年。

林問：先生論《春秋》一經，本是明道正誼、權衡萬世典刑之書。如朝聘、會盟、侵伐等事，皆是因人心之敬肆爲之詳略；或書字，或書名，皆就其事而爲之義理；最是斟酌豪忽不差。後之學《春秋》，多是較量齊、魯長短。自此以後，如宋襄、晉悼等事，皆是論伯事業。不知當時爲王道作邪？爲伯者作邪？若是爲伯者作，則此書豈足爲義理之書？曰：大率本爲王道正其紀綱。看已前《春秋》文字雖粗，尚知有聖人明道正誼道理，尚可看。近來止說得霸業權譎底意思，更開眼不得。此義不可不知。寓。○論治經之弊。

《春秋》本是明道正誼之書，今人只較齊、晉伯業優劣，反成謀利，大義都晦了。今人做義，且做得齊威、晉文優劣論。淳。

《春秋》之作，不爲晉國伯業之盛衰。此篇大意失之，亦近歲言《春秋》者之通病也。正誼不謀利，明道不計功；尊王，賤霸；内諸夏，外夷狄，此《春秋》之大指，不可不知也。此亦先生親筆。○道夫。

問：今科舉習《春秋》學，只將伯者事業纏在心胸；則《春秋》，先儒謂尊王之書，其然邪？曰：公莫道這箇物事，是取士弊如此，免不得應之。今將六經做時文，最説得無道理是《易》與《春秋》。他經猶自可。容。

今之治《春秋》者，都只將許多權謀變詐爲説，氣象局促，不識聖人之意，不論王道之得失，而言伯業之盛衰，失其旨遠矣！「公即位」，要必當時别有即位禮數，不書即位者，此禮不備故也。今不可考，其義難見。諸家之説，所以紛紛。「晉侯侵曹」，「晉侯伐衛」，皆是文公譎處，考之《左氏》可見，皆所以致楚師也。謨。

今之做《春秋》義，都是一般巧説，專是計較利害，將聖人之經做一箇權謀機變之書。如此，不是聖經，却成一箇百將傳。因説：前輩做《春秋》義，言辭雖麄率，却説得聖人大意出。年來一味巧曲，但將《孟子》「何以利吾國」句，説盡一部《春秋》。這文字不是今時方恁地。自秦師垣主和議，一時去趨媚他，《春秋》義才出會夷狄處。此最是《春秋》誅絶底事，人却都做好説。看來此書自將來做文字不得，才説出，便有忌諱。常勸人不必做此經，他經皆可做，何必去做《春秋》？這處也是世變。如二程未出時，便有胡安定、孫泰山、石徂徠，他門説經雖是甚有疏略處，觀其推明治道，直是凛凛然可畏。《春秋》本是嚴底文字，聖人此書之作，遏人欲於横流，遂以二百四十二年行事寓其褒貶。恰如大辟罪人，事在款司，極是嚴緊，一字不敢胡亂下。使聖人作經，有今人巧曲意思，聖人亦不解作得。因問文定《春秋》。曰：某相識中多有不取其説者。正其義不謀其利，明其道不計其功，《春秋》大法正是如此。今人却不正其義而謀其利，不明其道而計其功。不知聖人將死，作一部書如此，感麟涕泣，雨淚沾襟，這般意思是豈徒然！　問：《春秋繁露》如何？曰：尤延之以此書爲僞，某看來不是董子書。又言：吕舍人《春秋》却好，白直説去，卷首與末梢又好，中間不似。伯恭以爲此書只粧點爲説。寓。○道夫録云：近時言《春秋》者皆是計較利害，大義却不曾見。如唐之陸淳，本朝孫明復之徒，他雖未能深於聖經，然觀其推言治道，凛凛然可畏，終是得聖人箇意思。《春秋》之作，蓋以當時人欲横流，遂以二百四十二年行事寓其褒貶。恰如今之事送在法司相似，極是嚴緊，一字不輕易。若如今之説，只是箇權謀智略、兵機譎詐之書爾。聖人晚年痛哭流涕，筆爲此書，豈肯恁地纖巧！豈至恁地不濟事！

《春秋》固是尊諸夏、外夷狄。然聖人當初作經，豈是要率天下諸侯而尊齊、晉！自秦檜和戎之後，士人諱言内外，而《春秋》大義晦矣。淳。

問：《春秋》一經，夫子親筆，先生不可使此一經不明於天下後世。曰：某實看不得。問：以先生之高明，看如何難？曰：劈頭一箇「王正月」，便説不去。劉曰：六經無建子月，惟是《禮記·雜記》中有箇「正月日至，可以有事于上帝；七月日至，可以有事于先王」，其他不見説建子月。曰：惟是孟子出來作鬧，「七、八月之間旱，則苗槁矣」，便是而今五、六月，此句又可鶻突。「歲十一月徒杠成，十二月輿梁成」，是而今九月、十月。若作今十一月、十二月，此去天氣較煖，便可涉過，唯是九月、十月不可涉過。止有此處説，其他便不可説。劉云：若看《春秋》，要信《傳》不可。曰：如何見得？曰：「天王使宰咺來歸仲子之賵」，《傳》謂「預凶事」，此非人情。天王歸賵於魯，正要得牢籠魯。這人未死，却歸之賵，正所以怒魯也。曰：天王正以此厚魯。古人却不諱死。舉漢梁王事，云云。又「季武子成寢，杜氏之葬在西階之下，請合葬焉」一段。先生舉此大笑，云：以一箇人家，一火人扛箇棺櫬入來哭，豈不可笑！古者大夫入國，以棺隨其後，使人擡扛箇棺櫬隨行，死便要用，看古人不諱凶事。砥。○寓録略。○以下自言不解《春秋》。

《春秋》，某煞有不可曉處，不知是聖人真箇説底話否。泳。

問：先生於二《禮》、《書》、《春秋》未有説，何也？曰：《春秋》是當時實事，孔子書在册子上。後世諸儒學未至，而各以己意猜傳，正横渠所謂「非理明義精而治之，故其説多鑿」是也。唯伊川以爲「經世之大法」，得其旨矣。然其間極有無定當、難處置處，今不若且存取胡文定本子與後來看，縱未能盡得之，然不中不遠矣。《書》中間亦極有難考處，只如《禹貢》説三江及荆、揚間地理，是吾輩親目見者，皆有疑；至北方即無疑，此無他，是不曾見耳。《康誥》以下三篇，更難理會。如《酒誥》却是戒飲酒，乃曰「肇牽車牛遠服賈」，何也？《梓材》又自是臣告君之辭，更不可曉。其他諸篇亦多可疑處。解將去固易，豈免有疑？《禮經》要須編成門類，如冠、昏、喪、祭，及他雜碎禮數，皆須分門類編出，考其異同，而訂其當否，方見得。然今精力已不逮矣，姑存與後人。趙幾道又問：《禮》合如何修？曰：《禮》非全書，而《禮記》尤雜。今合取《儀禮》爲正，然後取《禮記》諸書之説，以類相從，更取諸儒剖擊之説各附其下，庶便搜閲。又曰：前此三《禮》同爲一經，故有三《禮》學究。王介甫廢了《儀禮》，取《禮記》，某以此知其無識。大雅。

《春秋》難看，此生不敢問。如鄭伯髡頑之事，傳家甚異。可學。

朱子語類卷第八十四 計二十八板

禮一

論考禮綱領

禮樂廢壞二千餘年，若以大數觀之，亦未爲遠，然已都無稽考處。後來須有一箇大大底人出來，盡數拆洗一番，但未知遠近在幾時。今世變日下，恐必有箇碩果不食之理。必大。

禮學多不可考，蓋爲其書不全，考來考去考得更没下梢，故學禮者多迂闊。一緣讀書不廣，兼亦無書可讀。如《周禮》「仲春教振旅，如戰之陳」，只此一句，其間有多少事？其陳是如何安排，皆無處可考究。其他禮制皆然。大抵存於今者，只是箇題目在爾。必大。

古禮繁縟，後人於禮日益疏略。然居今而欲行古禮，亦恐情文不相稱，不若只就今人所行禮中删修，令有節文、制數、等威足矣。古樂亦難遽復，且於今樂中去其噍殺、促數之音，并攷其律吕，令得其正；更令掌詞命之官製撰樂章，其間略述教化訓戒及賓主相與之情，及如人主待臣下恩意之類，令人歌之，亦足以養人心之和平。《周禮》歲時屬民讀法，其當時所讀者，不知云何。今若將孝悌、忠信等事撰一文字，或半歲、或三月一次，或於城市、或於鄉村，聚民而讀之，就爲解説，令其通曉，及所在立粉壁書寫，亦須有益。必大。

古禮於今實難行。嘗謂後世有大聖人者作，與他整理一番，令人甦醒，必不一一盡如古人之繁，但放古之大意。義剛。

古禮難行。後世苟有作者，必須酌古今之宜。若是古人如此繁縟，如何教今人要行得！古人上下習熟，不待家至户曉，皆如飢食而渴飲，略不見其爲難。本朝陸農師之徒，大抵説禮都要先求其義。豈知古人所以講明其義者，蓋緣其儀皆在，其具並存，耳聞目見，無非是禮，所謂「三千三百」者，較然可知，故於此論説其義，皆有據依。若是如今古禮散失，百無一二存者，如何懸空於上面説義！是説得甚麽義？須是且將散失諸禮錯綜參考，令節文度數一一着實，方可推明其義。若錯綜得實，其義亦不待説而自明矣。賀孫。

胡兄問禮。曰：禮，時爲大。有聖人者作，必將因今之禮而裁酌其中，取其簡易易曉而可行，必不至復取古人繁縟之禮而施之於今也。古禮如此零碎繁冗，今豈可行！亦且得隨時裁損爾，孔子從先進，恐已有此意。或曰：禮之所以亡，正以其太繁而難行耳。曰：然。蘇子由《古史》説忠、質、文處，亦有此意，只是發揮不出，首尾不相照應，不知文字何故如此。其説云「自夏、商、周以來，人情日趨於文」，其終却云「今須復行夏、商之質，乃可」。夫人情既日趨於文矣，安能復行夏、商之質乎？其意本欲如先進之説，但辭不足以達之耳。僩。

凶服古而吉服今，不相抵接。釋奠惟三獻法服，其餘皆今服。至録云：文、質之變相生。百世以下有聖賢出，必不踏舊本子，必須斬新別做。如《周禮》如此繁密，必不可行。且以《明堂位》觀之，周人每事皆添四重虞黻，不過是一水檜相似。夏火、殷藻、周龍章，皆重添去。若聖賢有作，必須簡易疏通，使見之而易知，推之而易行。蓋文、質相生，秦、漢初已自趣於質了。❶太史公、董仲舒每欲改用夏之忠，不知其初蓋已是質也。國朝文德殿正衙常朝，升朝官已上皆排班，宰相押班，再拜而出。時歸班官甚苦之，其後遂廢，致王樂道以此攻魏公，蓋以人情趨於簡便故也。方子。

聖人有作，古禮未必盡用。須別有箇措置，視許多瑣細制度皆若具文，且是要理會大本大原。曾子臨死丁寧説：「君子所貴乎道者三：動容貌，斯遠暴慢矣；正顔色，斯近信矣；出辭氣，斯遠鄙倍矣。籩豆之事，則有司存。」上許多正是大本大原。如今所理會許多，正是籩豆之事。曾子臨死，教人不要去理會這箇。「夫子焉不學，而亦何常師之有？」非是孔子如何盡做這事？到孟子已是不説到細碎上，只説「諸侯之禮，吾未之學也。吾嘗聞之矣，三年之喪，齊疏之服，飦粥之食，自天子達於庶人」。這三項便是大原大本。又如説井田，也不曾見《周禮》，只據《詩》裏説「雨我公田，遂及我私」，「由此觀之，雖周亦助也」，只用《詩》意帶將去。後面却説「鄉田同井，出入相友，守望相助，疾病相扶持」，「八家皆私百畝，同養公田」。只説這幾句，是多少好！這也是大原大本處。看孟子不去理會許多細碎，只理會許多大原大本。又曰：理會《周禮》，非位至宰相，不能行其事。自一介論之，更自遠在，且要就切實理

❶「了」，原作「子」，今據朝鮮本改。

會受用處。若做到宰相，亦須上遇文、武之君，始可得行其志。又曰：且如孫、吴專説用兵，如他説也有箇本原。如説「一曰道：道者，與上同意，可與之死，可與之生。有道之主，將用其民，先和而後造大事」。若使不合於道理，不和於人神，雖有必勝之法，無所用之。問器遠：昨日又得書，説得大綱也是如此。只是某看仙鄉爲學，一言以蔽之，只是説得都似。須是理會到十分是，始得。如人射一般，須是要中紅心。如今直要中的，少間猶且不會中的；若只要中帖，只會中垛，少間都是胡亂發，枉了氣力。二百步外若不曾中的，只是狂矢。❶知今且要分別是非，是底直是是，非底直是非，少間做出便會是。若依希底也喚作是便了，下梢只是非。須是要做第一等人。若決是要做第一等人，若才力不逮，也只做得第四、五等人。今合下便要做第四、五等人，説道就他才地如此，下梢成甚麽物事？又曰：須是先理會本領端正，其餘事物漸漸理會到上面。若不理會本領了，假饒你百靈百會，若有些子私意，便粉碎了。只是這私意如何卒急除得？如顔子天姿如此，❷孔子也只教他「克己復禮」。其餘弟子，告之雖不同，莫不以此意望之。公書所説冉求、仲由，當初他是只要做到如此。聖人教由、求之徒，莫不以曾、顔望之，無奈何他才質只做到這裏。如「可使治其賦」、「可使爲之宰」，他當初也不止是要恁地。又曰：胡氏開治道齋，亦非獨只理會這些。如所謂「頭容直，足容重，手容恭」，許多説

❶「狂」，萬曆本作「枉」。

❷「姿」，萬曆本作「資」。

話都是本原。又曰：君舉所説，某非謂其理會不是，只不是次序。如莊子云「語道非其序，則非道也」，自説得好。如今人須是理會身心，如一片地相似，須是用力子細開墾。未能如此，只管説種東種西，其實種得甚麽物事！又曰：某嘗説佛、老也自有快活得人處，是那裏？只緣他打併得心下净潔。所以本朝如李文靖、王文正、楊文公、劉元城、吕申公都是恁麽地人，也都去學他。又曰：論來那樣事不着理會？若本領是了，少間如兩漢之所以盛是如何，所以衰是如何，三國分併是如何，唐初間如何興起，後來如何衰，以至於本朝大綱，自可理會。若有工夫，更就裏面看。若更有工夫，就裏面討些光采，更好。某之諸生，度得他脚手，也未可與拈盡許多，只是且教他就切身處理會。如讀虞、夏、商、周之書，許多聖人亦有説賞罰，亦有説兵刑，只是這箇不是本領。問：封建，《周禮》説公五百里，《孟子》説百里，如何不同？曰：看漢儒注書，於不通處，即説道這是夏、商之制，大抵且要賴將去。若將這説來看二項，却怕孟子説是。夏、商之制，孟子不詳考，亦只説「嘗聞其略也」。若夏、商時諸處廣闊，人各自聚爲一國，其大者止百里，故禹合諸侯，執玉帛者萬國。到周時，漸漸吞并，地里只管添，國數只管少。到周時只千八百國，較之萬國，五分已減了四分已上，❶此時諸國已自大了。到得封諸公，非五百里不得。如周公封魯七百里，蓋欲優於其他諸公。如《左氏》説云，大國多兼數圻，也是如此。後來只管併來併去，到周衰，便制他不得，也

❶「減」，萬曆本作「滅」。

是尾大了。到孟子時，只有七國，這是事勢必到這裏，雖有大聖大智，亦不能遏其衝。今人只説漢封諸侯王土地太過，看來不如此不得，初間高祖定天下，不能得韓、彭、英、盧許多人來使，所得地又未定是我底。當時要殺項羽，若有人説道「中分天下與我，我便與你殺項羽」，也没奈何與他。到少間封自子弟，也自要狹小不得，須是教當得許多異姓過。又曰：公今且收拾這心下，勿爲事物所勝。且如一日全不得去講明道理，不得讀書，只去應事，也須使這心常常在這裏。若不先去理會得這本領，只要去就事上理會，雖是理會得許多骨董，只是添得許多雜亂，只是添得許多驕吝。某這説的，定是恁地，雖孔子復生，不能易其説，這道理只一而已。賀孫。

今日百事無人理會。姑以禮言之，古禮既莫之考，至於後世之沿革因襲者，亦浸失其意而莫之知矣。非止浸失其意，以至名物度數亦莫有曉者。差舛譌謬，不堪着眼。三代之禮，今固難以盡見。其略幸散見於他書，如《儀禮》十七篇多是士禮，邦國人君者僅存一二。遭秦人焚滅之後，至河間獻王始得邦國禮五十八篇獻之，惜乎不行。至唐，此書尚在，諸儒注疏猶時有引爲説者。及後來無人説着，則書亡矣，豈不大可惜！叔孫通所制漢儀，及曹褒所修，固已非古，然今亦不存。唐有《開元》、《顯慶》二《禮》，《顯慶》已亡，《開元》襲隋舊爲之。本朝修《開寶禮》，多本《開元》，而頗加詳備。及政和間修《五禮》，一時姦邪以私智損益，疏略抵牾，更没理會，又不如《開寶禮》。僩。

漢儒説禮制，有不合者，皆推之以爲商

禮，此便是没理會處。必大。

南北朝是甚時節，而士大夫間禮學不廢。有考禮者，説得亦自好。義剛。

《通典》，好一般書。向來朝廷理會制度，某道却是一件事，後來只恁休了。又曰：《通典》亦自好設一科。又曰：《通典》中間一作「後面」。數卷，議亦好。義剛。

嘗見劉昭信云：「禮之趨翔、登降、揖遜，皆須習。」也是如此。漢時如甚大射等禮，雖不行，却依舊令人習，人自傳得一般。今雖是不能行，亦須是立科，令人習得，也是一事。

論後世禮書

《開寶禮》全體是《開元禮》，但略改動。《五禮新儀》，其間有難定者，皆稱「御製」以決之。如禱山川者，又只《開元禮》内有。方子。

祖宗時有開寶通禮科，學究試默義，須是念得禮熟。是得禮官用此等人爲之。介甫一切罷去，盡令做大義。故今之禮官，不問是甚人皆可做。某嘗謂，朝廷須留此等專科，如史科亦當有。方子。

問《五禮新儀》。曰：古人於禮，直如今人相揖相似，終日周回於其間，自然使人有感他處。後世安得如此？可學。

横渠所制禮，多不本諸《儀禮》，有自杜撰處。如温公，却是本諸《儀禮》，最爲適古今之宜。義剛。

叔器問四先生禮。曰：二程與横渠多是古禮，温公則大概本《儀禮》，而參以今之可行者。要之，温公較穩，其中與古不甚遠，是七八分好。若伊川禮，則祭祀可用。

婚禮，惟温公者好。大抵古禮不可全用，如古服古器，今皆難用。又問：向見人設主，有父在子死，而主牌書「父主祀」字，如何？曰：便是禮書中説得不甚分曉，此類只得不寫。若向上尊長則寫。又問：温公所作主牌甚大，闊四寸，厚五寸八分，不知大小當以何者爲是？曰：便是温公錯了，他却本荀勗《禮》。義剛。

呂與叔集諸家之説補《儀禮》，以《儀禮》爲骨。方子。

福州有前輩三人，皆以明禮稱：王普，字伯照；劉藻，字昭信；任文薦，字希純。某不及見王伯照，而觀其書，其學似最優，説得皆有證據，儘有議論，却不似今人杜撰胡説。麻沙有王伯照文字三件，合爲一書。廣。

王侍郎普，禮學、律曆皆極精深。蓋其所著，皆據本而言，非出私臆。某細考其書，皆有來歷可行。攷訂精確，極不易得。林黄中屢稱王伯照，他何嘗得其髣髴！都是杜撰。或言：福州黄繼道樞密祖舜。與伯照齊名。曰：不同。黄只是讀書，不曾理會這功夫。是時福州以禮學齊名者三人：王伯照、任希純、劉昭信。某識任、劉二公。任搭乾不曉事，問東答西，不可曉。劉説話極子細，有來歷可聽。某嘗問以《易説》，其解亦有好處。如云「見險而止爲需，見險而不止爲訟；需、訟下卦皆坎。能通其變爲隨，不能通其變爲蠱」之類。想有成書，近來解《易》者多引之。僩。

古者禮學是專門名家，始終理會此事，故學者有所傳授，終身守而行之。凡欲行禮，有疑者輒就質問。所以上自宗廟朝廷，下至士庶鄉黨，典禮各各分明。漢、唐時猶有此意。如今直是無人。如前者某人丁所生繼母憂，《禮經》必有明文，當時滿朝更無一人知道合當是如何，大家打鬨一場。後來只説莫若從厚。恰似無奈何，❶本不當如此，姑徇人情從厚爲之。是何所爲如此？豈有堂堂中國，朝廷之上以至天下儒生，無一人識此禮者！然而也是無此人。州州縣縣秀才與太學秀才，治《周禮》者不曾理會得《周禮》，治《禮記》者不曾理會得《禮記》，治《周易》者不曾理會得《周易》，以至《春秋》、《詩》都恁地，國家何賴焉！因問張舅，淳。聞其已死，再三稱歎，且詢其子孫能守其家學否？且云：可惜朝廷不舉用之使典禮儀。「天叙有典，敕我五典五敦哉！❷天秩有禮，自我五禮有庸哉！」這箇典禮，自是天理之當然，欠他一豪不得，添他一豪不得。惟是聖人之心與天合一，故行出這禮，無一不與天合。其間曲折、厚薄、淺深，莫不恰好。這都不是聖人白撰出，都是天理决定合着如此。後之人此心未得似聖人之心，只得將聖人已行底、聖人所傳於後世底，依這樣子做。做得合時，便是合天理之自然。賀孫。

劉原父好古，在長安，偶得一周敦，其中刻云「弡中」，原父遂以爲周張仲之器。後又得一枚，刻云「弡伯」，遂以爲張伯。曰：「《詩》言『張仲孝友』，則仲必有兄矣。」遂作銘，述其事。後來趙明誠《金石録》辨之，云「弡」非「張」，乃某字也。今之説禮無所據而杜撰者，此類也。廣。

❶「奈」，原作「祭」，今據朝鮮本、萬曆本改。

❷「敕」，原作「自」，今據《尚書·皐陶謨》改。「敦」，《尚書·皐陶謨》作「惇」，此處避南宋光宗趙惇諱。

論修禮書

問：所編禮，今可一一遵行否？曰：人不可不知此源流，豈能一一盡行？後世有聖人出，亦須着變。夏、商、周之禮已自不同，今只得且把周之禮文行。賀孫。○以下論修書大指。

「禮，時爲大。」使聖賢有作，❶必不一切從古之禮。疑只是以古禮減殺，從今世俗之禮，令稍有防範節文，不至太簡而已。觀孔子欲從先進，又曰「行夏之時，乘殷之輅」，便是有意於損周之文，從古之樸矣。今所集《禮書》，也只是略存古之制度，使後人自去減殺，求其可行者而已。若必欲一一盡如古人衣服冠屨之纖悉畢備，其勢也行不得。問：温公所集禮如何？曰：早是詳了。又，喪服一節也太詳。爲人子者方遭喪禍，使其一一欲纖悉盡如古人制度，有甚麽心情去理會！古人此等衣服冠屨，每日接熟於耳目，所以一旦喪禍，不待講究便可以如禮。今却閑時不曾理會，一旦荒迷之際，欲旋講究，勢必難行。必不得已，且得從俗之禮而已。若有識禮者相之可也。僩。

問賀孫所編《禮書》。曰：某嘗說，使有聖王復興，爲今日禮，怕必不能悉如古制。今且要得大綱是，若其小處亦難盡用。且如喪禮冠服斬衰如此，而吉服全不相似，却到遭喪時方做一副當如此着，也是咤異。賀孫問：今齊斬尚存此意，而齊衰期便太輕，大功、小功以下又輕，且無降殺。今若

❶「作」，原作「禮」，今據朝鮮本改。

得斟酌古今之儀制爲一式，庶幾行之無礙，方始立得住。曰：上面既如此，下面如何盡整頓得？這須是一齊都整頓過，方好。未説其他瑣細處，且如冠，便須於祭祀當用如何底，於軍旅當用如何底，於平居當用如何底，於見長上當用如何底，於朝廷治事當用如何底，天子之制當如何，卿大夫之制當如何，士當如何，庶人當如何，這是許多冠都定了。更須理會衣服等差，須用上衣下裳。若佩玉之類，只於大朝會大祭祀用之。五服亦各用上衣下裳。齊斬用麄布，期功以下又各爲降殺。如上紐衫一等紕繆鄙陋服色都除了，如此便得大綱正。今若只去零零碎碎理會些小，不濟事。如今若考究《禮經》，須是一一自着考究教定。賀孫。

楊通老問《禮書》。曰：看《禮書》，見古人極有精密處，事無微細，各各有義理。然又須自家工夫到，方看得古人意思出。若自家工夫未到，只見得度數文爲之末，如此豈能識得深意？如將一碗乾硬底飯來喫，有甚滋味？若白地將自家所見揣摸他本來意思不如此，也不濟事。兼自家工夫未到，只去理會這箇，下梢溺於器數，一齊都昬倒了。如今度得未可盡曉其意，且要識得大綱。賀孫。

問：聞郡中近已開六經。曰：已開《詩》、《書》、《易》、《春秋》，惟二《禮》未暇及。《詩》、《書》《序》各置於後，以還其舊。《易》用伯恭所定本。《周禮》自是一書，惟《禮記》尚有説話。《儀禮》，禮之根本；而《禮記》乃其枝葉。《禮記》乃秦、漢上下諸儒解釋《儀禮》之書，又有他説附益於其間。今欲定作一書，先以《儀禮》篇目置於前，而附《禮記》於後。如《射禮》，則附以《射義》，似此類已得二十餘篇。若其餘《曲禮》、《少儀》又自作一項，而以類相從。若《疏》中有説制度處，亦當采取以益之。舊嘗以此例授潘恭叔，渠亦曾整理數篇來。今居喪無事，想必下手。《儀禮》舊與六經、三傳並行，至王介甫始罷去。其後雖復《春秋》，而《儀禮》卒廢。今士人讀《禮記》而不讀《儀禮》，故不能見其本末。場屋中《禮記》義，格調皆凡下。蓋《禮記》解行於世者，如方、馬之屬，源流出於熙豐。士人作義者多讀此，故然。可學。○以下修書綱目。

問禮書。曰：惟《儀禮》是古全書。若《曲禮》、《玉藻》諸篇，皆戰國士人及漢儒所裒集。《王制》、《月令》、《内則》是成書。要好，自將説禮物處，如《内則》、《王制》、《月令》諸篇附《儀禮》成一書，如中間却將《曲禮》、《玉藻》又附在末後；不説禮物處，如《孔子閒居》、《孔子燕居》、《表記》、《緇衣》、《儒行》諸篇，却自成一書。《樂記》文章頗粹，怕不是漢儒做，自與《史記》、《荀子》是一套，怕只是荀子作。《家語》中説話猶得，《孔叢子》分明是後來文字，弱甚。天下多少是僞書，開眼看得透，自無多書可讀。賀孫。

《周禮》自是全書。如今禮書欲編入，又恐分拆了《周禮》，殊未有所處。因説：《周禮》只是説禮之條目，其間煞有文字，如「八法」、「八則」、「三易」、「三兆」之類，須各自别有書。子升問：《儀禮》傳、記是誰作？曰：傳是子夏作，記是子夏以後人作。子升云：今禮書更附入後世變禮亦好。曰：有此意。木之。

余正父欲用《國語》而不用《周禮》，然《周禮》豈可不入！《國語》辭多理寡，乃衰世之書，支離蔓衍，大不及《左傳》。看此時文章若此，如何會興起國家！坐間朋友問是誰做。曰：見説是左丘明做。賀孫。

因理會所編禮書分經、分傳，而言曰：經文精確峻潔，傳文則詞語泛濫。《國語》所載事跡多如此。如今人作文，因一件事便要泛濫成章。人傑。

賀孫因問：《祭禮》附《祭義》，如説孝許多，如何來得？曰：便是《祭禮》難附。兼《祭義》前所説多是天子禮，若《儀禮》所存，唯《少牢饋食》、《特牲饋食》禮是諸侯、大夫禮，兼又只是有饋食。若天子祭，便合有初間祭腥等事，如所謂「建設朝事，燔燎羶薌」。若附《儀禮》，此等皆無入頭處。意間欲將《周禮》中天子祭禮逐項作一總腦，却以《禮記》附。如《疏》中有説天子處，皆編出。因云：某已衰老，其間合要理會文字，皆起得箇頭在。及見其成與不見其成，皆未可知。萬一不及見此書之成，諸公千萬勉力整理。得成此書，所係甚大。問：前日承教，喻以五服之制，乃上有制作之君，其等差如此。今在下有志之士，欲依古禮行之既不可，若一向徇俗之鄙陋，又覺大不經，於心極不安，如何？曰：非天子不議禮，不制度，不考文。這事要整頓，便着從頭整頓，吉凶皆相稱。今吉服既不如古，獨於喪服欲如古，也不可。古禮也須一一考究着所在在這裏，却始酌今之宜而損益之。若今便要理會一二項小小去處，不濟事。須大看世間都得其宜，方好。問：如今父母喪，且如古服，如齊衰期，乃兄弟、祖父母、伯叔父母，此豈可從俗輕薄如此？曰：自聖賢不得位，此事終無由正。又云：使鄭康成之徒制作，也須略成箇模樣，未説待周公出制作。如今全然没理會，奈何？若有考禮之人，又須得上之人信得及，這事行之天下亦不難。且如冠制尊卑，且以中梁爲等差。如今天子者用二十四，如何安頓？所以甚大而不宜。要好，天子以十二，一品以九，陞朝以七，選人以五，士以三，庶人只用紗帛裹髻，如今道人。這自有些意思。問：且如權宜期喪，當如何？曰：且依四脚帽子加絰。此帽本只是巾，前二脚縛於後，後二脚反前縛於上，今硬帽、幞頭皆是。後來漸變重遲，不便於事。如初用冠帶，一時似好。某必知其易廢，今果如此。若一箇紫衫凉衫，便可懷袖間去見人，又費輕。如帽帶皂衫，是多少費？窮秀才如何得許多錢？是應必廢也。居父問：期之服合如何？用上領衫而加衰，可乎？曰：上領衫已不是。曰：用深衣制，而麄布加衰，可乎？曰：深衣於古便服。「朝玄端，夕深衣」，深衣是簡便之衣。吉服依玄端制，却於凶服亦倣爲之，則宜矣。問：《士禮》如喪祭等，可通行否？古有命士、有不命士，今如之何？曰：喪祭禮節繁多，今士人亦難行。但古今士不同。古時諸侯、大夫皆可以用士，如今簿、尉之類，乃邑宰之士；節推、判官之屬，則是太守之士。只一縣、一州之中有人才，自家便可取將來使，便是士。如藩鎮之制，尚存此意。無奈何，是如今將下面一齊都截了，盡教做一門入，盡教由科舉而得，是將奈何？歎息久之。器之問：國初衙前役用鄉户？曰：客將次於太守，其權甚重，一州之兵皆其將之，凡教閲出入皆主其事。當時既是大户做，亦自愛惜家産，上下相體悉。若做得好底，且教他做。更次一等户，便爲公人，各管逐項職事。更次一等户，爲吏人，掌文書簿牘。極下户爲胥徒，是今弓手節級奔走之屬。其終各各有弊。英宗時有詔，韓絳等要變不成。王荆公做參政，一變變了。賀孫。

問：《禮書》學禮，首引舜命契爲司徒敷五教、命夔典樂教胄子兩條。文蔚切謂，古人教學不出此兩者。契敷五教，是欲使人明於人倫，曉得這道理；夔典樂教胄子，是欲使人養其德性，而實有諸己。此是一篇綱領。曰：固是如此。後面只是明此一意，如大司徒之教，即是契敷教事；大司樂之教，即是夔樂事。因曰：「直而温，寬而栗」，直與寬本自是好，但濟之以温與栗，則盡善。至如「剛」、「簡」二字，則微覺有弊，故戒之以「無虐」、「無傲」，蓋所以防其失也。某所以特與分開，欲見防其失者，專爲剛、簡而設，不蒙上直、寬二句。「直」、「寬」但曰「而温」、「而栗」，至「剛」、「簡」，則曰「無虐」、「無傲」，觀其言，意自可見。文蔚曰：教以人倫者，固是又欲養其德性。要養德性，便只是下面「詩言志，歌永言，聲依永，律和聲」四句上。曰：然。諷誦歌詠之間，足以和其心氣，但上面三句抑揚高下，尚且由人；到「律和聲」處，直是不可走作。所以詠歌之際，深足養人情性。至如播之金石，被之管絃，非是不和，終是不若人聲自然。故晉人孟嘉有言：「絲不如竹，竹不如肉。」謂「漸近自然」。至「八音克諧，無相奪倫，神人以和」，此是言祭祀燕享時事，又是一節。文蔚。

或問：《禮書》所引伊川言「古者養士，其公卿大夫士之子弟，固不患於無養，而庶人子弟之入學者，亦皆有以養之」，不知是否？曰：恐不然。此段明州諸公添入，當删。不然，則注其下云：「今按，程子之言，未知何所據也。」古者教士，其比閭之學，則鄉老坐于門而察其出入。其來學也有時，既受學，則退而習於其家。及其升而上也，則亦有時。春夏耕耘，餘時肄業，未聞上之人復有以養之也。夫既給之以百畝之田矣，又給之以學糧，亦安得許多糧給之耶？《周禮》自有士田可攷。《史記》言孔子養弟子三千人，而子由《古史》亦遽信而取之，恐不然也。想得弟子來從學者，則自賫糧，而從孔子出遊列國者，則食孔子之食耳。然孔子亦安得許多糧？想亦取之列國之饋爾。孔子居衛最久，所以於靈公、孝公，有交際、公養之仕，其所以奉孔子者必厚，至他國則不然矣。故晏子諫齊景公勿用孔子之言曰：「游説丐貸，不可以爲國。」孟子之時，徒衆尤盛。當時諸侯重士，又非孔子之時之比。春秋時人淳，未甚有事，故齊、晉皆累世爲伯主，人莫敢争。戰國之時，人多姦詐，列國紛争，急於收拾人才以爲用，故不得不厚待士。又曰：古者三年大比，興其賢者、能者而進于天子，大國三人，中國二人，小國一人，不進則有罰。看來數年後所進極多。然天子之國亦小，其員數亦有限，不知如何用得許多人？今以天下之大，三年一番進士，猶無安頓處，何況當時？《白虎通》曰：「古者諸侯進士，一不當則有罰，再不當則削其地，三不當則罷之，廢之，而託於諸侯爲寓公。」恐無此理，蓋出後世儒者之傅會。進士不當，有甚大過？而遂廢其君、絶其社稷耶？或曰：想得周家此法，行之殊不能久。成、康數世之後，諸侯擅政，天子、諸侯之公卿大夫，皆爲世臣盤據，豈復容外人爲之耶？曰：然。兼當時諸侯國中，亦自要人才用，必不會再貢之於天子。天子亦自擁虛器，無用他處。當時天子威令不行，公卿大夫世襲，諸侯之國猶寬，故人才之窮而在下者，多仕於諸侯之國。及公室又弱，而人才復多仕於列國之大夫。當時爲大夫之陪臣者，其權甚重。大夫執一國之權，而陪臣復執大夫之權。所以說「禄去公室」，「陪臣執國命」。又曰：以爵位言之，則大夫亦未甚尊；以權勢言之，則甚重。自天子而下，三等便至大夫。又曰：再命爲士，三命爲大夫，天子之大夫四命，小國之大夫再命，或一命。一樣小小官職，皆無命。他命禮極重。又問：當時庶民之秀者，其進而上之，不過爲大夫，極矣。至於公卿之貴，皆世臣世襲，非若今之可以更進而代爲也。則士之生於斯時者，亦可謂不幸矣。曰：然。然當時之大夫宰臣，其權甚重。如晉、楚、齊諸國，其大夫皆握天下之權，操縱旨麾，天下莫不從之。其宰臣復握大夫之權。蓋當時其重在下，其輕在上；今日則其重在内，其輕在外：故不同也。僩。

《禮》編，纔到長沙，即欲招諸公來同理會。後見彼事叢，且不爲久留計，❶遂止。後至都下，庶幾事體稍定，做箇規模，盡喚天下識禮者修書，如余正父諸人，皆教來。今日休矣！賀孫。

或問：禮書修得有次第否？曰：散在諸處，收拾不聚。最苦每日應酬多，工夫不得專一。若得數月閑，更一兩朋友相助，則可畢矣。頃在朝，欲奏乞專創一局，召四方

❶「計」，原作「討」，今據朝鮮本、萬曆本改。

朋友習禮者數人編修。俟書成將上，然後乞朝廷命之以官，以酬其勞，亦以少助朝廷蒐用遺才之意。事未及舉，而某去國矣。僩。

泳居喪時，嘗編次《喪禮》，自始死以至終喪，各立門目。嘗以門目呈先生。臨歸，教以「編禮亦不可中輟」。泳曰：考禮無味，故且放下。先生曰：橫渠教人學禮，呂與叔言如嚼木札。今以半日看義理文字，半日類禮書，亦不妨。後蒙賜書云：「所定《禮》編，恨未之見。此間所編《喪禮》一門，福州尚未送來。將來若得賢者持彼成書，復來參訂，庶幾詳審，不至差互。但恐相去之遠，難遂此期耳。」福州，謂黃直卿也。庚申二月既望，先生有書與黃寺丞商伯云：伯量依舊在門館否？禮書近得黃直卿與長樂一朋友在此，方得下手整頓。但疾病昏倦時多，又爲人事書尺妨廢，不能得就緒。直卿又許了鄉人館，未知如何。若不能留，尤覺失助。甚恨鄉時不曾留得伯量相與協力。若渠今年不作書會，則煩爲道意，得其一來爲數月留，千萬幸也！作書時，去易簀只二十有三日，故得書不及往。後來黃直卿屬李敬子招往成《禮》編，又以昏嫁不得行。昨寓三山，與楊志仁反復所修禮書，❶具有本末。若未即死，尚幾有以遂此志也。○胡泳。

❶「修」，萬曆本作「成」。

朱子語類卷第八十五 計七板

禮二　儀禮

總論

河間獻王得古禮五十六篇，想必有可觀。但當時君臣間有所不曉，遂至無傳。故先儒謂聖經不亡於秦火，而壞於漢儒，其説亦好。温公論景帝太子既亡，當時若立獻王爲嗣，則漢之禮樂制度必有可觀。又致堂謂：「武帝若使董仲舒爲相，汲黯爲御史大夫，則漢治必盛。」某常謂：「若如此差除，那裏得來！」廣。

先王之禮，今存者無幾。漢初自有文字，都無人收拾。河間獻王既得雅樂，又有《禮》書五十六篇，惜乎不見於後世。是當時儒者專門名家，自一經之外，都不暇講，況在上又無興禮樂之主。故胡氏説道：使河間獻王爲君，董仲舒爲相，汲黯爲御史，則漢之禮樂必興。這三箇差除，豈不甚盛！賀孫。

今《儀禮》多是士禮，天子、諸侯喪祭之禮皆不存，其中不過有些小朝聘燕饗之禮。自漢以來，凡天子之禮，皆是將士禮來增加爲之。河間獻王所得《禮》五十六篇，却有天子、諸侯之禮，故班固謂「愈於推士禮以爲天子諸侯之禮者」。班固作《漢書》時，此《禮》猶在，不知何代何年失了。可惜！可惜！廣。○賀孫録略。

禮書如《儀禮》，尚完備如他書。僩用。

《儀禮》，不是古人預作一書如此。初間只以義起，漸漸相襲，行得好，只管巧，至於情文極細密、極周經處，聖人見此意思好，故録成書。只看古人君臣之際，如公前日所畫圖子，君臨臣喪，坐撫當心要經而踊。❶今日之事，至於死生之際，恝然不相關，不啻如路人！所謂君臣之恩義安在！祖宗時，於舊執政喪亦親臨。渡江以來，一向廢此。只秦檜之死，高宗臨之，後來不復舉。如陳福公，壽皇眷之如此隆至，其死亦不親臨。祖宗凡大臣死，遠地不及臨者，必遣郎官往弔。壽皇凡百提掇得意思，這般處却恁地不覺。今日便一向廢却。賀孫。

禮有經有變。經者，常也；變者，常之變也。先儒以《曲禮》爲變禮，看來全以爲變禮亦不可。蓋曲者，委曲之義，故以《曲禮》爲變禮。然「毋不敬，安定辭，安民哉」，此三句豈可謂之變禮！先儒以《儀禮》爲經禮，然《儀禮》中亦自有變，變禮中又自有經，不可一律看也。《禮記》聖人説禮及學者問答處，多是説禮之變。上古禮書極多，如河間獻王收拾得五十六篇，後來藏在祕府，鄭玄輩尚及見之。今注疏中有引援處，後來遂失不傳，可惜！可惜！《儀禮》古亦多有，今所餘十七篇，但多士禮耳。僩。

《儀禮》是經，《禮記》是解《儀禮》。如《儀禮》有《冠禮》，《禮記》便有《冠義》；《儀禮》有《昏禮》，《禮記》便有《昏義》；以至燕、射之類，莫不皆然。只是《儀禮》有《士相見禮》，《禮記》却無《士相見義》。後來劉原父補成一篇。文蔚問：補得如何？曰：他亦學《禮記》下言語，只是解他《儀禮》。

❶「經」，原作「緻」，今據《儀禮·喪服》鄭玄注改。

文蔚。

魯共王壞孔子宅，得古文《儀禮》五十六篇，其中十七篇與高堂生所傳十七篇同。鄭康成注此十七篇，多舉古文作某，則是他當時亦見此壁中之書。不知如何只解此十七篇，而三十九篇不解，竟無傳焉。義剛。

《儀禮疏》説得不甚分明。温公《禮》有疏漏處，高氏《送終禮》勝得温公《禮》。義剛。

劉原父補亡《記》，如《士相見義》、《公食大夫義》儘好。蓋偏會學人文字，如今人善爲百家書者。又如學古樂府，皆好。《意林》是專學《公羊》，亦似《公羊》。其他所自爲文章，如雜著等，却不甚佳。人傑。

永嘉張忠甫所校《儀禮》甚子細，然却於目録中《冠禮》玄端處便錯了。但此本較他本爲最勝。賀孫。

陳振叔亦儘得。其説《儀禮》云：「此乃是儀，更須有禮書。《儀禮》只載行禮之威儀，所謂『威儀三千』是也。禮書如云『天子七廟，諸侯五，大夫三，士二』之類，是説大經處。這是禮，須自有箇文字。」賀孫。

士冠

問：《士冠禮》「筮于廟門」，其禮甚詳。而《昏禮》止云「將加諸卜，占曰吉」。既無筮，而卜禮略，何也？曰：恐卜筮通言之。又問：禮家之意，莫是冠禮既詳其筮，則於昏禮不必更詳，且從省文之義，如何？曰：亦恐如此。然《儀禮》中亦自有不備處，如父母戒女，止有其辭，而不言於某處之類。人傑。

問「宿賓」。曰：是戒肅賓也。是隔宿戒之。燾。

古朝服用布，祭則用絲。《詩·絲衣》：「繹，賓尸也。」「皮弁素積」，皮弁，以白鹿皮爲之；素積，白布爲裙。泳。

問：《士冠禮》有所謂「始加」、「再加」、「三加」，如何？曰：所謂「三加彌尊」，只是三次加：初是緇布冠，以麄布爲之；次皮弁；次爵弁，諸家皆作畫爵，看來亦只是皮弁模樣，皆以白皮爲之。緇布冠古來有之，初是緇布冠，齊則緇之。次皮弁者，只是朝服。爵弁，士之祭服。《周禮》，爵弁居五冕之下。又問：「致美乎黻冕」，注言：「皆祭服也。」黻冕恐不全是祭服否？曰：祭服謂之「黻冕」，朝服謂之「韠」，如《詩》「鞸琫有珌」，《内則》「端、韠、紳」，皆是。問：《士冠禮》「一加」、「再加」，言「吉月」、「令月」；至「三加」，言「以歲之正」，不知是同時否？曰：只是一時節行此文，自如此說。加緇布冠，少頃又更加皮弁，少頃又更加爵弁，然後成禮。如温公《冠禮》亦倣此，初裹巾，次帽，次幞頭。又問：黻冕，黻，蔽膝也，以韋爲之。舜之畫衣裳，有黼黻絺繡，不知又如何畫於服上？曰：亦有不可曉。黻在裳之前，亦畫黻於其上。寓。

陳仲蔚問冠儀。曰：凡婦人見男子，每先一拜；男拜，則又答拜；再拜亦然。若子冠，則見母亦如之，重成人也。尋常則不如此。但古人無受拜禮，雖兄亦答拜，君亦然。但諸侯見君，則兩拜還一拜。義剛。

冠者見母與兄弟，而母與兄弟皆先拜，此一節亦差異。昏禮亦然。婦始見舅姑，舅姑亦拜。義剛。

《士冠禮》：「始冠緇布冠，冠而弊之。」弊，是不用也。義剛。

士昏

《儀禮·昏禮》「下達用鴈」，注謂「在下之人，達二家之好而用鴈」，非也。此只是公卿大夫下達庶人，皆用鴈。後得陸農師解，亦如此説。陸解多杜撰，亦煞有好處，但簡略難看。陳祥道《禮書》考得亦穩。淳。○義剛録云：擇之云：自《通典》後，無人理會禮。本朝但有陳祥道、陸佃略理會來。曰：陳祥道理會得也穩，陸農師也有好處，但杜撰處多，如《儀禮》云云。

問：昏禮用鴈，「壻執鴈」，或謂取其不再偶，或謂取其順陰陽往來之義。曰：《士昏禮》謂之「攝乘」，蓋以士而服大夫之服，爵弁。乘大夫之車，墨車。則當執大夫之贄。前説恐傅會。又曰：重其禮而盛其服。賜。

或問：《禮經》，婦三月而後廟見，與《左氏》不同。曰：《左氏》説禮處，多與《禮經》不同，恐是當時俗禮，非必合於《禮經》。又問：既爲婦，便當廟見，必三月之久，何邪？曰：三月而後事定。三月以前，恐更有可去等事；至三月不可去，則爲婦定矣，故必待三月而後廟見。或曰：未廟見而死，則以妾禮葬之。曰：歸葬於婦氏之黨。文蔚。

鄉飲酒

《鄉飲酒》云：「笙入，樂《南陔》、《白華》、《華黍》。」想是笙入吹此詩，❶而樂亦奏此詩。樂，便是衆樂皆奏之也。

❶「吹」，原作「吸」，今據萬曆本改。

聘禮

問《聘禮》所言「君行一，臣行二」之義。曰：君行步闊而遲，臣行步狹而疾，故君行一步而臣行兩步，蓋不敢同君之行而踐其跡也。《國語》齊君、晏子行，子貢怪之，問孔子君臣交際之禮一段，說得甚分曉。僩。

公食大夫禮

《公食大夫禮》，乃是專饗大夫。爲主人者，時出勸賓，賓辭而獨饗。人傑。

覲禮

天子常服皮弁。惟諸侯來朝見於廟中，服冕服，用鬱鬯之酒灌神。文蔚。

覲，是正君臣之禮，較嚴。天子當依而立，不下堂而見諸侯。朝，是講賓主之儀，天子當宁而立，在路寢門之外，相與揖遜而入。義剛。

喪服經傳

今人齊衰用布太細，又大功、小功皆用苧布，恐皆非禮。大功須用市中所賣火麻布稍細者，或熟麻布亦可。小功須用虔布之屬。古者布帛精粗，皆有升數，所以說「布帛精麄不中度，不鬻於市」。今更無此制，聽民之所爲。所以倉卒難得中度者，只得買來自以意擇製之爾。僩。

喪服葛布極粗，非若今之細也。僩。

「緦十五升，抽其半」者，是一箆只用一

經。如今廣中有一種疏布，又如單經黄草布，皆只一經也。然小功十二升，則其縷反多於緦矣，又不知是如何。閎祖。

問：温公《儀》首絰綴於冠，而《儀禮疏》説別材而不相綴。曰：綴也得，不綴也得，無緊要。淳。

堯卿問絰帶之制。曰：首絰大一搤，只是拇指與第二指一圍。腰絰較小，絞帶又小於腰絰。腰絰象大帶，兩頭長垂下。絞帶象革帶，一頭有扣子，以一頭串於中而束之。總，如今之髻巾。括髮，是束髮爲髻。安卿問：鄭氏《儀禮注》及《疏》，以男子括髮與免，及婦人髽，皆云「如著幓頭然」。所謂「幓頭」，何也？曰：幓頭，只如今之掠頭編子，自項而前交於額上，却繞髻也。「免」，或讀如字，謂去冠。又問婦人首絰之制。曰：亦只是大麻索作一環耳。幓音驂。○義剛。

或問服制。曰：《儀禮》事事都載在裏面，其間曲折難行處，他都有箇措置得恰好。因舉一項：「父卒，繼母嫁，後，❶爲之服，報。《傳》曰：何以期也？貴終也。」嘗爲母子，貴終其恩，此爲繼母服之義。賀孫。

沈存中説，喪服中，曾祖齊衰服，曾祖以上皆謂之曾祖，恐是如此。如此，則皆合有齊衰三月服。看來高祖死，豈有不爲服之理！須合行齊衰三月也。伊川頃言祖父母喪，須是不赴舉，後來不曾行。法令雖無明文，看來爲士者爲祖父母期服内，不當赴舉。僩。

沈存中云，高祖齊衰三月，不特四世祖爲然，自四世以上，凡建事，皆當服衰麻三

❶「後」，《儀禮·喪服》作「從」。

月，高祖蓋通稱耳。閎祖。

問：某人不肯丁所生母憂。曰：禮爲所生父母齊衰杖期，律文許申心喪。若所生父再娶，亦當從律，某人是也。又問：若所生父與所繼父俱再娶，當持六喪乎？曰：固是。又問先儒争濮議事。曰：此只是理會稱親。當時蓋有引戾園事，欲稱「皇考」者。又問：稱「皇考」是否？曰：不是。然近世儒者亦有多言合稱「皇考」者。人傑。

《儀禮》「期喪」條内，注説：「國君有疾，不能爲祖父母、曾祖父母服，則世子斬。」又曰：「君喪皆斬。」説已分明。天子無期喪。凡有服，則必斬三年。淳。

因言：孫爲人君，爲祖承重。頃在朝，檢此條不見。後歸家檢《儀禮疏》，説得甚詳，正與今日之事一般。乃知書多看不辨。舊來有明經科，便有人去讀這般書，《注》、《疏》都讀過。自王介甫新經出，廢明經學究科，人更不讀書。卒有禮文之變，更無人曉得，爲害不細。如今秀才，和那本經也有不看底，朝廷更要將經義、賦、論、策頒行印下教人在。僩。

無大功尊。父母本是期，加成三年。祖父母、世父母、叔父母，本是大功，加成期。其曾祖父母小功，及從祖、伯父母、叔父母小功者，乃正服之不加者耳。閎祖。

母之姊妹服反重於母之兄弟，緣於兄弟既嫁則降服，而於姊妹之服則未嘗降。故爲子者，於舅服緦，於姨母服小功也。賀孫。

舅於甥之妻有服，甥之妻於夫之舅却無服，也可疑。恐是舅則從父身上推將來，故廣；甥之妻則從夫身上推將來，故狹。義剛。

禮，妻之父曰舅，「謂我舅者，吾謂之甥」。古禮「甥」字用處極多，如婿謂之「甥」，姑之子亦曰「甥」。或問：「姪」字，本非兄弟之子所當稱？曰：然。伊川嘗言之。胡文定家子弟稱「猶子」，《禮》「兄弟之子，猶子也」，亦不成稱呼。嘗見文定家將伊川《語録》凡家書説「姪」處皆作「猶子」，私常怪之。後見他本只作「姪」字，乃知「猶子」字文定所改，以伊川嘗非之故也。殊不知伊川雖非之，然未有一字替得，亦且只得從俗。若改爲「猶子」，豈不駭俗？據禮，兄弟之子當稱「從子」爲是。自曾祖而下三代稱「從子」，自高祖四世而上稱「族子」。僩。

始封之君，不臣其兄弟；封君之子，不臣其諸父：不忘其舊也。公謹。

喪服，五服皆用麻。朋友麻，是加麻於弔服之上。麻，謂絰也。閎祖。

問：「改葬，緦」，鄭玄以爲終緦之月數而除服，王肅以爲葬畢便除，如何？曰：如今不可考。禮宜從厚，當如鄭氏。問：王肅以爲既虞而除之。若是改葬，神已在廟久矣，何得虞乎？曰：便是如此，而今都不可考。看來也須當反哭於廟。問：鄭氏以爲只是有三年服者，改葬服緦三月；非三年服者，弔服加麻，葬畢除之否？曰：然。子思曰：「禮，父母改葬，緦而除。」則非父母，不服緦也。賀孫。

既夕

問：朝祖時有遷祖奠，恐在祖廟之前。祖無奠而亡者難獨享否？曰：不須如此理會。禮説有奠處便是合有奠，無奠處便合無奠，更何用疑？其他可疑處却多。如温公《儀》斬、齊古制，而功、緦又却不古制，是何説也？古者五服皆用麻，但有等差；皆有冠絰，但功、緦之絰小耳。今人吉服不古而凶服古，亦無謂也。今俗喪服之制，下用横布作欄，惟斬衰用不得。淳。○義剛同。

少牢饋食

《儀禮》「日用丁巳」。按注家説，則當作「丁己」，蓋十干中柔日也。雉。

《儀禮》饋食之詞曰：「適爾皇祖伯某父。」伯，伯仲叔季也；某，字也；父，美稱，助辭也。振。

朱子語類卷第八十六 計一十九板

禮三　周禮

總論

曹問《周禮》。曰：不敢教人學。非是不可學，亦非是不當學，只爲學有先後，先須理會自家身心合做底，學《周禮》却是後一截事。而今且把來説看，還有一句干涉吾人身心上事否？

今只有《周禮》、《儀禮》可全信。《禮記》有信不得處。又曰：《周禮》只疑有行未盡處。看來《周禮》規模皆是周公做，但其言語是他人做。今時宰相提舉勑令，豈是宰相一一下筆？有不是處，周公須與改。至小可處，或未及改，或是周公晚年作此。

大抵説制度之書，惟《周禮》、《儀禮》可信，《禮記》便不可深信。《周禮》畢竟出於一家。謂是周公親筆做成固不可，然大綱却是周公意思。某所疑者，但恐周公立下此法，却不曾行得盡。文蔚。○僩録云：《周禮》是一箇草本，尚未曾行。

問《周禮》。曰：未必是周公自作，恐是當時如今日編修官之類爲之。又官名與他書所見多有不同，恐是當時作此書成，見設官太多，遂不用。亦如《唐六典》今存，唐時元不曾用。又笑曰：禁治蝦蟇，也專設一官，❶豈不酷耶！浩。

❶「也」，萬曆本作「已」。

《周禮》，胡氏父子以爲是王莽令劉歆撰，此恐不然。《周禮》是周公遺典也。德明。

《周禮》一書好看，廣大精密，周家法度在裏，但未敢令學者看。方子。

《周禮》一書，也是做得來縝密，真箇盛水不漏！廣。

子升問：《周禮》如何看？曰：也且循《注疏》看去。第一要見得聖人是箇公平底意思。如陳君舉説，天官之職，如膳羞衣服之官，皆屬之，此是治人主之身，此説自是。到得中間有官屬相錯綜處，皆謂聖人有使之相防察之意，這便不是。天官是正人主之身，兼統百官；地官主教民之事，大綱已具矣。春、夏、秋、冬之官，各有所掌，如太史等官屬之宗伯，蓋以祝、史之事用之祭祀之故；職方氏等屬之司馬，蓋司馬掌封疆之政。最是大行人等官屬之司寇難曉。蓋《儀禮·覲禮》，諸侯行禮既畢，出，「乃右肉袒于廟門之東」。王曰：「伯父無事，歸寧乃邦。」然後再拜稽首，出自屏。此所謂「懷諸侯則天下畏之」是也，所以屬之司寇。如此等處，皆是合着如此，初非聖人私意。大綱要得如此看。其間節目有不可曉處，如官職之多，與子由所疑三處之類，只得且缺之，所謂「其詳不可得而聞也」。或謂周公作此書，有未及盡行之者，恐亦有此理。只如今時法令，其間頗有不曾行者。木之因説：舊時妄意看此書，大綱是要人主正心、脩身、齊家、治國、平天下，使天下之民無不被其澤，又推而至於鳥獸、草木，無一不得其所而後已。不如是，不足以謂之裁成輔相，參贊天地耳。曰：是恁地，須要識公平意思。因説：如今學問，不考古固不得。若一向去採摭故事，零碎湊合説出來，也無甚益。孟子慨然以天下自任，曰：「當今之世，舍我其誰！」到說制度處，只說「諸侯之禮，吾未之學，嘗聞其略也」。要之，後世若有聖賢出來，如《儀禮》等書，也不應便行得。如封建諸侯，柳子厚之說自是。當時却是他各自推戴爲主，聖人從而定之耳。如今若要將一州一縣封某人爲諸侯，人亦未必安之。兼數世之後，其弊非一。如鄉飲酒之禮，若要教天下之人都如此行，也未必能。只後世太無制度。若有聖賢爲之就中定其尊卑隆殺之數，使人可以通行，這便是禮；爲之去其哇淫鄙俚之辭，使之不失中和歡悅之意，這便是樂。木之。

《周禮》中多有說事之綱目者。如屬民讀法，其法不可知；司馬職，「乃陳車徒，如戰之陳」，其陳法亦不可見矣。人傑。

周都豐、鎬，則王畿之内當有西北之戎。如此，則稍、甸、縣、都，如之何可爲也？曰：《周禮》一書，聖人姑爲一代之法爾。到不可用法處，聖人須別有通變之道。去僞。

今人不信《周官》，若據某言，却不恁地。蓋古人立法，無所不有，天下有是事，他便立此一官，但只是要不失正耳。且如女巫之職，掌宮中巫、祝之事，凡宮中所祝，皆在此人。如此，則便無後世巫蠱之事矣。道夫。

五峰以《周禮》爲非周公致太平之書，謂如天官冢宰，却管甚宮闈之事！其意只是見後世宰相請託宮闈，交結近習，以爲不可。殊不知此正人君治國、平天下之本，豈可以後世之弊而併廢聖人之良法美意哉！又如王后不當交通外朝之說，他亦是懲後世之弊。要之，《儀禮》中亦分明自載此禮。至若所謂女祝掌凡内禱、祠、禬、禳之事，使後世有此官，則巫蠱之事安從有哉？道夫。

五經中，《周禮疏》最好，《詩》與《禮記》次之，《書》、《易》疏亂道。《易疏》只是將王輔嗣《注》來虛説一片。㽦。

論近世諸儒説

於丘子服處見陳、徐二先生《周禮制度菁華》。下半册，徐元德作；上半册，即陳君舉所奏《周官説》。先生云：孝宗嘗問君舉：「聞卿博學，不知讀書之法當如何？」陳奏云：「臣生平於《周官》粗嘗用心推考。今《周官》數篇已屬藁，容臣退，繕寫進呈。」遂寫進御。大概推《周官》制度亦稍詳，然亦有杜撰錯説處。儒用録云：但説官屬，不悉以類聚，錯總互見。事必相關處，却多含糊。或者又謂有互相檢制之意，此尤不然。如云冢宰之職，不特朝廷之事，凡内而天子飲食、服御、宫掖之事無不畢管。蓋冢宰以道詔王，格群心之非，❶所以如此。此説固是。但云主客、行人之官，合屬春官宗伯，而乃掌於司寇；儒用録云：大行人司儀掌賓客之事，當屬春官，而乃領於司寇。土地疆域之事，合掌於司徒，乃掌於司馬；儒用録云：懷方氏辨正封疆之事，當屬地官，而乃領於司馬。蓋周家設六官互相檢制之意。此大不然。何聖人不以君子長者之道待其臣，既任之而復疑之邪？或問：如何？曰：賓客屬秋官者，蓋諸侯朝覲、會同之禮既畢，則降而肉袒請刑，司寇主刑，所以屬之，有威懷諸侯之意。夏官掌諸侯土地封疆，如職方氏皆屬夏官。蓋諸侯有變，則六師移之，儒用録云：不得有其土地。司馬主兵，有威懷諸侯之

❶「群」，萬曆本作「君」。

義故也。所以屬司馬也。又問：冬官司空掌何事？曰：次第是管土田之事。蓋司馬職方氏存儒用録作「正」。其疆域之定制，至於申畫井田，創置纖悉，必屬於司空，而今亡矣。又云：陳、徐《周禮制度》，講三公宰相處甚詳，然皆是自秦、漢以下説起。云漢承秦舊，置三公之官。若仍秦舊，何不只倣秦爲丞相、太尉、御史大夫，却置司馬、司徒、司空者，何故？蓋他不知前漢諸儒未見孔壁《古文尚書》有《周官》一篇，説太師、太傅、太保爲三公爾。孔安國《古文尚書》藏之祕府，諸儒專門伏生二十五篇，一向不取孔氏所藏古文者。及至魏、晉間，古文者始出而行于世。漢初亦只仍秦舊，置丞相、御史、太尉爲三公。及武帝，始改太尉爲大司馬。然武帝亦非是有意於復古，但以衛、霍功高官大，上面去不得，故於驃騎大將軍之上加大司馬以寵異之，如加階官「冠軍」之號爾，其職無以異於大將軍也。及何武欲改三公，他見是時大司馬已典兵，兼名號已正，故但去「大」字，而以丞相爲司徒，御史大夫爲司空。後漢仍舊改司馬爲太尉，而司徒、司空之官如故。然政事歸於臺閣，三公備員。後來三公之職遂廢，而侍中、中書、尚書之權獨重，以至今日。○儒用略。

君舉説井田，道是《周禮》、《王制》、《孟子》三處説皆通。他説千里不平直量四邊，又突出圓算，則是有千二百五十里。説出亦自好看，今考來乃不然。《周禮》，鄭氏自於《匠人》注内説得極子細。前面正説處却未見，却於後面僻處説。先儒這般極子細。君舉於《周禮》甚熟，不是不知，只是做箇新樣好話謾人。本文自説「百里之國」、「五十里之國」。賀孫。

《周禮》有井田之制，有溝洫之制。井田是四數，溝洫是十數。今永嘉諸儒論田制，乃欲混井田、溝洫爲一，則不可行。鄭氏注解分作兩項，却是。人傑。

溝洫以十爲數，井田以九爲數，決不可合，永嘉必欲合之。《王制》、《孟子》、《武成》分土皆言三等，《周禮》乃有五等，決不合，永嘉必欲合之。閎祖。

「諸公之地，封疆方五百里。」又云：「凡千里，以方五百里封四公。」則是每箇方五百里，甚是分明。陳乃云「方一百二十五里」，又以爲合加地、賞田、附庸而言之，何欺誑之甚！閎祖。

先生以《禮鑰》授直卿，令誦一遍畢，先生曰：他論封國，將《孟子》説在前，而後又引《周禮》「諸公之地，封疆方五百里」説，非是。直卿問：孟子所論五等之地，是如何與《周禮》不合？曰：先儒説孟子所論乃夏、商以前之制，《周禮》是成王之制，此説是了。但又説是周斥大封域而封之，其説又不是。若是恁地，每一國添了許多地，便着移了許多人家社稷，恐無此理。這只是夏、商以來漸漸相吞併，至周自恁地大了。周公也是不奈他何，就見在封他。且如當初許多國，也不是先王要恁地封。便如柳子厚説樣，他是各人占得這些子地，先王從而命之以爵，不意到後來相吞併得恁大了。且如孟子説：「周公之封於魯也，地非不足，而儉於百里；太公之封於齊也，地非不足，而儉於百里。」這也不是當時封許多功臣親戚，也是要他因而藩衛王室。他那舊時國都恁大了，却封得恁地小，教他與那大國雜居，也於理勢不順。據《左傳》所説，「東至於海，西至於河，南至於穆陵，北至于無棣」，齊是傜地闊。《詩》「復周公之宇」，魯是傜地闊。這箇也是勢着傜地。陳君舉却說只是封疆方五百里，四維每一面只百二十五里；以徑言，則只百二十五里。某說，若傜地，則男國不過似一耆長，如何建國？《職方氏》說一千里封四伯，一千里封六侯之類，極分明。這一千里，縱横是四箇五百里，便是破開可以封四箇伯。他那算得國數極定，更無可疑。君舉又却云，一千里地封四伯外，餘地只存留在那裏。某說，不知存留作甚麽？傜地，則一千里只將三十來同封了四伯，那七十來同却不知留作何用。直卿曰：武王「分土惟三」，則百里、七十里、五十里似是周制。曰：武王是初得天下，事勢未定，且大概傜地。如文王治岐，那制度也自不同。先生論至此，蹙眉曰：這箇也且大概傜地說，不知當時子細是如何。義剛問：孟子想不見《周禮》？曰：孟子是不見《周禮》。直卿曰：觀子産責晉之辭，則也恐不解封得傜地大。曰：子産是應急之說。他一時急後，且傜地放鵰，云「何故侵小」？這非是至論。直卿曰：府、史、胥、徒，則是庶人在官者，不知如何有許多？曰：嘗看子由《古史》，他疑三事，其一謂府、史、胥、徒太多。這箇當時却都是兼官，其實府、史、胥、徒無許多。直卿曰：那司市一官，更動誕不得，法可謂甚嚴。曰：周公當時做得法大段齊整。如市，便不放教人四散去買賣，他只立得一市在那裏，要買物事，便入那市中去。不似而今要買物，只於門首，自有人擔來賣。更是一日三次會合，亦通人情。看他所立法極是齊整，但不知周公此書行得幾時耳。義剛。

天官

天官之職，是總五官者。若其心不大，如何包得許多事？且冢宰内自王之飲食、衣服，外至五官庶事，自大至小、自本至末，千頭萬緒，若不是大其心者區處應副，事到面前便且區處不下。況於先事措置，思患預防，是着多少精神？所以記得此，復忘彼。佛氏只合下將那心頓在無用處，纔動步便疏脱。所以吾儒貴窮理致知，便須事事物物理會過。「舜明於庶物」，物即是物，只是明，便見皆有其則。今文字在面前，尚且看不得，況許多事到面前，如何奈得他？須襟懷大底人始得。又云：後人皆以《周禮》非聖人書，其間細碎處雖可疑，其大體直是非聖人做不得。賀孫。

周之天官，統六卿之職，亦是其大綱。至其他卿，則一人理一事。然天官之職，至於閽寺、宫嬪、醯醬、魚鹽之屬，無不領之。道夫問：古人命官之意，莫是以其切於君身，故使之領否？曰：然。道夫。

《周禮》天官兼嬪御、宦官、飲食之人皆總之，則其於飲食男女之欲，所以制其君而成其德者至矣，豈復有後世宦官之弊？古者宰相之任如此。

問：宫伯、宫正所率之屬五百人皆入宫中，似不便否？曰：此只是宿衛在外，不是入宫；皆公卿、王族之子弟爲之，不是兵卒。淳。○宫伯、宫正。

地官

問：司徒職在「敬敷五教」，而地官言

教者甚略，而言山林陵麓之事却甚詳。曰：也須是教他有飯喫、有衣着，五方之民各得其所，方可去教他。若不恁地教，如何施？但是其中言教也不略，如閭胥書其孝弟婣卹，屬民讀法之類，皆是。義剛。○淳録云：民無住處，無物喫，亦如何教得？所以辨五方之宜以定民居，使之各得其所，而後教可行也。

直卿問：司徒所謂教，只是十二教否？曰：非也。只如教民以六德、六行、六藝，❶及歲時讀法之類。淳。

《周禮》中説教民處，止及於畿内之民，都不及畿外之民，不知如何。豈應如此？廣。

或問：《周禮》「以土圭之法測土深，正日景以求地中。日南則景短，多暑；日北則景長，多寒；日東則景夕，多風；日西則景朝，多陰」。鄭《注》云：「日南，謂立表處太南，近日也；日北，謂立表處太北，遠日也；景夕，謂日昳景乃中，立表處太東，近日也；景朝，謂日未中而景已中，立表處太西，遠日也。」曰：「景夕多風」、「景朝多陰」，此二句，鄭《注》不可曉，疑説倒了。看來景夕者，景晚也，謂日未中而景已中；蓋立表近南則取日近，午前景短而午後景長也。景朝者，謂日已過午而景猶未中；蓋立表近北則取日遠，午前長而午後短也。問多風、多陰之説。曰：今近東之地，自是多風。如海邊諸郡風極多，每如期而至，如春必東風，夏必南風，不如此間之無定。蓋土地曠闊，無高山之限，故風各以方至。某舊在漳、泉驗之，早間則風已生，到午而盛，午後則風力漸微，至晚則更無一點風色，未

❶「如」，萬曆本作「爲」。

嘗少差。蓋風隨陽氣生，日方升則陽氣生，至午則陽氣盛，午後則陽氣微，故風亦隨而盛衰。如西北邊多陰，非特山高障蔽之故，自是陽氣到彼處衰謝。蓋日到彼方午，則彼已甚晚，不久則落，故西邊不甚見日。古語云：「蜀之日，越之雪。」言見日少也。所以蜀有「漏天」。古語云：「巫峽多漏天。」老杜云：「鼓角漏天東。」言其地常雨，如天漏然。以此觀之，天地亦不甚闊。以日月所照及寒暑風陰觀之，可以驗矣。用之問：天竺國去處又却極闊？曰：以崑崙山言之，天竺直崑崙之正南，所以土地闊，而其所生亦多異人。《水經》云「崑崙取嵩高五萬里」，看來不會如此遠。蓋中國至于闐二萬里，于闐去崑崙無緣更有三萬里。《文昌雜録》記于闐遣使來貢獻，使者自言其國之西千三百餘里即崑崙山。今中國在崑崙之東南，而天竺諸國在其正南。《水經》又云「黄河自崑崙東北流入中國」，如此則崑崙當在西南上，或又云西北，不知如何。恐河流曲折多，入中國後，方見其東北流爾。《佛經》所説阿耨山，即崑崙也，云山頂有阿耨大池，池水分流四面去，爲四大水，入中國者爲黄河，入東海；其三面各入南、西、北海，如弱水、黑水之類。大抵地之形如饅頭，其撚尖處則崑崙也。問：佛家「天地四洲」之説，果有之否？曰：佛經有之。中國爲南澤部洲，天竺諸國皆在南澤部内；東弗于逮，西瞿耶尼，北鬱單越。亦如鄒衍所説「赤縣」之類。四洲統名「娑婆世界」。如是世界凡有幾所，而娑婆世界獨居其中，其形正圓，故所生人物亦獨圓，正象其地形，蓋得天地之中氣。其他世界則形皆偏側尖缺，而環處娑婆世界之外，緣不得天地之正氣，故所生人物亦多不正。此説便是「蓋天」之説。横渠亦主「蓋天」，不知如何。但其言：日初生時，先照娑婆世界，故其氣和，其他世界則日之所照或正或昃，故氣不和。只他此説，便自可破。彼言日之所照必經歷諸世界了，然後入地，則一日之中，須歷照四處，方得周匝。今纔照得娑婆一處，即已曛矣；若更照其他三處，經多少時節！如此，則夜須極長。何故今中國晝夜有均停時，而冬夏漏刻長短，相去亦不甚遠？其説於是不通矣。僩。

大司徒以土圭求地中，今人都不識土圭，鄭康成解亦誤。圭，只是量表影底尺，長一尺五寸，以玉爲之。夏至後立表，視表影長短，以玉圭量之。若表影恰長一尺五寸，此便是地之中。晷長則表影短，晷短則表影長。冬至後表影長一丈三尺餘。今之地中，與古已不同。漢時陽城是地之中，本朝嶽臺是地之中，嶽臺在浚儀，屬開封府。已自差許多。問：地何故有差？曰：想是天運有差，地隨天轉而差。今坐於此，但知地之不動耳，安知天運於外，而地不隨之以轉耶？天運之差，如古今昏旦中星之不同是也。又問：曆所以數差，古今豈無人考得精者？曰：便是無人攷得精細而不易，所以數差。若攷得精密，有箇定數，永不會差。伊川説康節曆不會差。或問：康節何以不造曆？曰：他安肯爲此？古人曆法疏闊而差少，今曆愈密而愈差。因以兩手量卓邊云：且如這許多闊，分作四段，被他界限闊，便有差。不過只在一段界限之内，縱使極差出第二、三段，亦只在此四界之内，所以容易推測，便有差，容易見。今之曆法於這四界内分作八界，於這八界内又分作十六界，界限愈密，則差數愈遠。何故？以界限密而踰越多也。其差則一，而古今曆法疏密不同故爾。看來都只是不曾推得定，只是移來湊合天之運行，所以當年合得不差，明後年便差。元不曾推得天運定，只是旋將曆去合那天之行，不及則添些，過則減些以合之，所以一二年又差。如唐一行《大衍曆》，當時最謂精密，只一二年後便差。只有季通説得好：「當初造曆，便合并天運所蹉之度都算在裏。幾年後蹉幾分，幾年後蹉幾度，將這蹉數都算做正數，直推到盡頭，如此庶幾曆可以正而不差。今人都不曾得箇大統正，只管説天之運行有差，造曆以求合乎天，而曆愈差。元不知天如何會有差，自是天之運行合當如此。」此説極是。不知當初因甚不曾算在裏。但堯、舜以來曆，至漢都喪失了，不可攷。緣如今是這大總紀不正，所以都無是處。季通算得康節曆，康節曆十二萬九千六百分，大故密。今曆家所用只是萬分曆，萬分曆已自是多了，他如何肯用十二萬分？只是今之曆家，又説季通底用不得，不知如何。又曰：一行《大衍曆》比以前曆，他只是做得箇頭勢大，敷衍得闊，其實差數只一般。正如百貫錢修一料藥，與十文修一料藥，其不能治病一也。僩。

《周禮注》云：「土圭一寸折一千里。天地四游升降不過三萬里。土圭之影尺有五寸，折一萬五千里；以其在地之中，故南北東西相去各三萬里。」問：何謂「四遊」？曰：謂地之四遊升降不過三萬里，非謂天地中間相去止三萬里也。春游過東三萬里，夏游過南三萬里，秋游過西三萬里，冬游過北三萬里。今曆家算數如此，以土圭測之，皆合。僩曰：譬以大盆盛水，而以虚器浮其中，四邊定四方。若器浮過東三寸，以一寸折萬里，則去西三寸。亦如地之浮於水上，蹉過東方三萬里，則遠去西方三萬里矣。南北亦然。然則冬夏晝夜之長短，非日晷出没之所爲，乃地之游轉四方而然爾。曰：然。用之曰：人如何測得如此？恐無此理。曰：雖不可知，然曆家推算，其數皆合，恐有此理。僩。

土圭之法，立八尺之表，以尺五寸之圭横於地下，日中則景蔽於圭，此乃地中爲然，如浚儀是也。今又不知浚儀果爲地中否？問：何故以八尺爲表？曰：此須用勾股法算之，南北無定中，必以日中爲中，北極則萬古不易者也。北方地形尖斜，日長而夜短。骨里幹國煮羊胛骨熟，日已出矣。至鐵勒，則又北矣。極北之地，人甚少，所傳有二千里松木，禁人斫伐。此外龍蛇交雜，不可去。女真起處有鴨緑江。《傳》云天下有三處大水：曰黄河，曰長江，并鴨緑是也。若以浚儀與潁川爲中，則今之襄、漢、淮西等處爲近中。人傑。

嘗見季通云：日晷有差，如去一千里，則差一寸，到得極星都無差。❶其初亦自曉不得，後來子細思之，日之中各自不同：如極東處，日午以前須短，日午以後須長；極西處，日午以前須長，日午以後須短。所以有差。故《周禮》以爲：「日北則景長，多寒；日南則景短，多暑；日東則景夕，多風；日西則景朝，多陰。」此最分曉。極星却到處視之，以爲南北之中了，所以無差。如涼傘然，中心却小，四簷却闊，故如此。某初疑其然，及將《周禮》來檢看，方見得决

❶「都」，萬曆本作「却」。

然是如此。榦。

今謂《周官》非聖人之書。至如比、閭、族、黨之法，正周公建太平之基本。他這箇一如碁盤相似，枰布定後，碁子方有放處。因論保伍法。○道夫。

二十五家爲閭。閭，呂也，如身之有脊呂骨。蓋閭長之居當中，而二十四家列於兩旁，如身之脊呂骨當中，而肋骨分布兩旁也。僩。

問六德「智、聖」。曰：智，是知得事理；聖，便高似智，蓋無所不通明底意思。伯羽。

「五家爲比，五比爲閭，四閭爲族，五族爲黨，五黨爲州，五州爲鄉」；「五家爲鄰，五鄰爲里，四里爲酇，五酇爲鄙，五鄙爲縣，五縣爲遂」，此鄉遂制田里之法也。❶「五人爲伍，五伍爲兩，四兩爲卒，五卒爲旅，❷五旅爲師，五師爲軍」，此鄉遂出兵之法也。故曰：「凡起徒役，無過家一人。」既一家出一人，則兵數宜甚多，然只是擁衛王室，如今禁衛相似，不令征行也。都鄙之法，則「九夫爲井，四井爲邑，四邑爲丘，四丘爲甸」，然後出長轂一乘，甲士三人，步卒七十二人。以五百一十二家，而共只出七十五人，則可謂甚少。然有征行，則發此都鄙之兵，悉調者不用，而用者不悉調。此二法所以不同，而貢助之法亦異。大率鄉遂以十爲數，是長連排去；井田以九爲數，是一箇方底物事：自是不同。而永嘉必欲合之，如何合得？闔祖。○以下《小司徒》。

周制鄉遂用貢法，故十夫治溝，長底是十，方底是百；長底是千，方底是萬。都鄙

❶「此鄉遂」，三字原無，今據朝鮮本補。

❷「旅」，原作「族」，今據朝鮮本改。

用助法，故八家同溝共井。鄉遂則以五爲數，家出一人爲兵，以守衛王畿，役次必簡。如《周禮》，惟挽匶則用之，此役之最輕者。都鄙則以四爲數，六七家始出一人，故甸出甲士三人，步卒七十二人，馬四匹，牛三頭。鄉遂所以必爲溝洫而不爲井者，以欲起兵數故也。五比、五鄰、五伍之後，變五爲四閭、四里、四兩者，用四則成百之數；復用五，則自此奇零不整齊矣。如曰周制皆井者，此欺人之説，不可行也。因言永嘉之説，受田則用溝洫，起賦斂則依井。○方子。○下條聞同。

問：周制，都鄙用助法，八家同井；鄉遂用貢法，十夫有溝。鄉遂所以不爲井者，何故？曰：都鄙以四起數，五六家始出一人，故甸出甲士三人，步卒七十二人。鄉遂以五起數，家出一人爲兵，以守衛王畿，役次必簡。故《周禮》惟挽匶則用之，此役之最輕者。近郊之民，王之内地也。共輂之事，職無虚月。追胥之比，無時無之。其受廛爲民者，固與畿外之民異也。七尺之征，六十之舍，王非姑息於邇民也。遠郊之民，王之外地也。其溝洫之治，各有司存。野役之起，不及其羨。其受廛爲氓者，固與内地之民異也。六尺之征，六十五之舍，王非荼毒於遐民也。園廛二十而一，若輕於近郊也。而草木之毓，夫家之聚，不可以擾，擾則不能以寧居，是故二十而税一。漆林二十而五，若重於遠郊也，而器用之末作，商賈之資利，不可以輕，❶輕則必至於忘本，是故二十而五。係近郊、遠郊勞逸所繫。

天子六卿，故有六軍；諸侯三卿，故有三軍。所謂「五家爲比」，比即伍也；「五比爲閭」，閭即兩也；「四閭爲族」，族即卒也：則是夫人爲兵矣。至於「九夫爲井，四井爲邑，四邑爲丘，四丘爲甸」，甸出兵車一乘。且以九夫言之，中爲公田，只是八夫，甸則

❶「輕」，原爲空格，今據賀本補。下「輕」字同。

五百一十二夫，何其少於鄉遂也？便是難曉。以某觀之，鄉遂之民以衛王畿，凡有征討，止用丘甸之民。又學校之制，所以取士者，但見於鄉遂，鄉遂之外不聞教養之制，亦可疑也。人傑。

問：都鄙四丘爲甸，甸六十四井，出車一乘，甲士三人，步卒七十二人。不審鄉遂車賦則如何？曰：鄉遂亦有車，但不可見其制。六鄉一家出一人，排門是兵。都鄙七家而出一兵。在内者役重而賦輕，在外者役輕而賦重。六軍只是六鄉之衆，六遂不與。六遂亦有軍，但不可見其數。侯國三軍，亦只是三郊之衆，三遂不與。大國三郊，次國二郊，小國一郊。蔡季通説，車一乘不止甲士三人、步卒七十二人。此是輕車用馬馳者，更有二十五人將重車在後，用牛載糗糧戈甲衣裝，見《七書》。如《魯頌》「公徒三萬」，亦具其説矣。淳。

問：鄭氏「旁加一里」之説，是否？曰：如此，方得數相合，亦不見所憑據處，今且大概依他如此看。淳。○以下《小司徒注》。

直卿問：古以百步爲畝，今如何？曰：今以二百四十步爲畝，百畝當今四十一畝。賀孫。

問：《司馬法》車乘士徒之數，與《周禮》不同，如何？曰：古制不明，皆不可考，此只見於鄭氏《注》。《七書》中《司馬法》又不是，此林勳《本政書》錯説，以爲文王治岐之政。曰：或以《周禮》乃常數，《司馬法》乃調發時數，是否？曰：不通處，如何硬要通？不須恁思量，枉費心力。淳。

先生與曹兄論井田，曰：當時須别有箇道理。天下安得有箇王畿千里之地，將鄭康成圖來安頓於上？今看古人地制，如豐、鎬皆在山谷之間，洛邑、伊闕之地亦多是小溪澗，不知如何措置。卓。

豐、鎬去洛邑三百里，長安所管六百里。王畿千里，亦有横長處，非若今世之爲圖畫方也。恐井田之制亦是類此，不可執畫方之圖以定之。人傑。

古者百畝之地，收皆畝一鍾，爲米四石六斗。以今量較之，爲米一石五斗爾。僩。

周家每年一推排，十六歲受田，六十者歸田。其後想亦不能無弊，故蔡澤言商君決裂井田，廢壞阡陌，以静百姓之業而一其志。唐制，每歲十月一日，應受田者皆集於縣令廷中而升降之。若縣令非才，則是日乃胥吏之利耳。方子。

古人學校教養，德行道藝，選舉爵禄，宿衛征伐，師旅田獵，皆只是一項事。皆一理也。○僩。○《鄉大夫》。

問：《周禮》「德行道藝」，德、行、藝三者，猶有可指名者。「道」字當如何解？曰：舊嘗思之，未甚曉。看來「道」字只是曉得那道理而已。大而天地事物之理，以至古今治亂興亡事變，聖賢之典策，一事一物之理，皆曉得所以然，謂之道。且如「禮、樂、射、御、書、數」，禮樂之文，却是祝、史所掌；至於禮樂之理，則須是知道者方知得。如所謂「天高地下，萬物散殊，而禮制行矣；流而不息，合同而化，而樂興焉」之謂。又，德是有德，行是有行，藝是有藝，道則知得那德、行、藝之理所以然也。《注》云：「德、行是賢者，道、藝是能者。」蓋曉得許多事物之理，所以屬能。僩。

内史掌策命諸侯及群臣者，鄉大夫既獻賢能之書，王拜受，登于天府。其副本，則内史掌之，以内史掌策命諸侯及群臣故也。古之王者封建諸侯，王坐，使內史讀策命之。非特命諸侯，亦欲在廷詢其可否。且如後世除拜百官，亦合有策，只是辭免了。問：祖宗之制，亦如此否？曰：自唐以上皆如此。今除宰相宣麻，是其遺意。立后以上用玉策，其次皆用竹策。漢常用策，緣他近古。其初亦不曾用，自武帝立三王始用起。文蔚。

問：《黨正》：「一命齒于鄉里，再命齒于父族，三命不齒。」若據如此，雖說「鄉黨莫如齒」，到得爵尊後，又不復序齒。曰：古人貴貴長長，並行而不悖。他雖說不序，亦不相壓。自別設一位，如今之掛位然。燾録云：猶而今別設卓也。○文蔚。○《黨正》。

古制微細處，今不可曉，但觀其大概。如「宅田、士田、賈田」、「官田、牛田、賞田、牧田」，鄭康成作一說，鄭司農又作一說，憑何者爲是？淳。○以下《載師》。

問：商賈是官司令民爲之？抑民自爲之邪？曰：民自爲之。亦受田，但少耳，如《載師》所謂「賈田」者是也。淳。

問：士人受田如何？曰：上士、中士、下士，是有命之士，已有禄。如《管子》「士鄉十五」，是未命之士。若民皆爲士，則無農矣，故鄉止十五。亦受田，但不多，所謂「士田」者是也。義剛。

「近郊十一，遠郊二十而三，甸、稍、縣、都皆無過十二」，此即是田稅。然遠近輕重不等者，蓋近處如六鄉，排門皆兵，其役多，故稅輕；遠處如都鄙，井法七家而賦一兵，其役少，故稅重。所謂「十二」者，是并雜稅皆無過此數也。都鄙稅亦只納在采邑。淳。

安卿問：二十而一，十一，十二，二十而三，二十而五，如何？曰：近處役重，遠處役輕。且如六鄉，自是家家爲兵。至如稍、縣、都，却是七家只出一兵。直卿曰：鄉遂用貢法，都鄙用助法，則是都鄙却成九一。但鄭《注》「二十而一」等及九賦之類，皆云是計口出泉，如此又近於太重。曰：便是難曉，這箇今且理會得大概。若要盡依他行時，也難。似而今時節去封建井田，尚煞爭。淳録云：因論封建井田，曰：大概是如此，今只看箇大意。若要行時，須別立法制，使簡易明白。取於民者足以供上之用，上不至於乏，而下不至於苦，則可矣。今世取封建井田，大段遠。恰如某病後要思量白日上昇，如何得？今且醫得無事時，已是好了。如浙間除了和買丁錢，重處減些，使一家但納百十錢，只依而今稅賦放教寬，無大故害民處。淳録云：如漳之鹽錢罷了。如此時，便是小太平了。前輩云「本朝稅輕於什一」，也只是向時可恁地說，今何啻數倍！緣上面自要許多用，而今縣中若省解些月椿，看州府不來打罵麽？某在漳州解發銀子，折了星兩，運司來取，被某不能管得，判一箇「可付一笑」字，聽他門自去理會。似恁時節，却要行井田，如何行得？伊川常言，要必復井田封建；及晚年，又却言不必封建井田，便也是看破了。淳録云：見暢潛道録：想是他經歷世故之多，見得事勢不可行。且如封建，自柳子厚之屬，論得來也是太過，但也是行不得。淳録云：柳子厚説得世變也是。但他只見得後來不好處，不見得古人封建底好意。如漢當初要封建，後來便恁地狼狽。若如主父偃之説，「天子使吏治其國而納其貢稅」，如此，便不必封建也得。淳録云：若論主父偃後底封建，則皆是王族貴驕之子，不足以君國子民，天子使吏治其國而已。今且做把一百里地封一箇親戚或功臣，教他去做，其初一箇未必便不好，但子孫決不能皆賢。若有一箇在那裏無稽時，不成教百姓論罷了一箇國君！若只坐視他害民，又不得，却如何區處？淳録云：封建以大體言之，却是聖人公共爲民底意思，是爲正理。以利害計之：第一世所封之功臣，猶做得好在。第二世繼而立者，箇箇定是不曉事，則害民之事靡所不爲。百姓被苦來訴國君，因而罷了，也不是；不與他理會，亦不是。未論別處如何，只這一處利少而害多，便自行不得。更是人也自不肯去。今且教一箇錢塘縣尉，封他作靜江國王、鬱林國王，淳録作「桂國之君」。他定是不肯去，淳録作：他定以荒僻，不樂於行。寧肯作錢塘縣尉。唐時理會一番襲封刺史，人都不肯去。淳録作：一時功臣皆樂於在京，而不肯行。苻秦也曾如此來，人皆是戀京師快活，都不肯去；却要遣人押起。淳録作：苻堅封功臣於數國，不肯去，迫之使去。這箇决是不可行。若是以大概論之，聖人封建却是正理。但以利害言之，則利少而害多。子由《古史》論得也忒煩，前後都不相照。淳録作：子由論封建，引證又都不着。想是子由老後昏眩，説得恁地。某嘗作説辨之，得四五段，不曾終了。若東坡時，便不如此。他每每兩牢籠説。他若是主這一邊説時，那一邊害處都藏着不敢説破。如子由便是只管説，後説得更無理會。因曰：蘇氏之學，喜於縱恣疏蕩。東坡嘗作某州學記，言井田封建皆非古，但有學校尚有古意。其間言「舜遠矣，不可及矣！但有子産尚可稱」。他便是敢恁地説，千古萬古後，你如何知得無一箇人似舜！❶ 義剛。○淳録作數條。

《載師》云：「凡宅不毛者有里布，凡田不耕者出屋粟，凡民無職事者出夫家之

❶「似」，原作「以」，據四庫本改。

征。」《閭師》又云：「凡民無職者出夫布。」前重後輕者，前以待士大夫之有土者，後方是待庶民。宅不毛，爲其爲亭臺也；田不耕，爲其爲池沼也；凡民無職事者，此是大夫家所養浮泛之人也。賀孫。

《師氏》「居虎門」，「司王朝」。虎門，路寢門也。《正義》謂路寢庭朝，庫門外朝，非常朝；此是常朝，故知在路門外。文蔚問：路寢庭朝，庫門外朝，如何不是常朝？曰：路寢庭在門之裏，議政事則在此朝。庫門外，是國有大事詢及衆庶，則在此處，非每日常朝之所。若每日常朝，王但立於寢門外，與群臣相揖而已。然王却先揖，揖群臣就位，王便入。只是揖亦不同，如「土揖庶姓，時揖異姓，天揖同姓」之類，各有高下。胡明仲嘗云，近世朝禮，每日拜跪，乃是秦法，周人之制元不如此。文蔚。○《師氏》。

古者教法，「禮、樂、射、御、書、數」，不可闕一。就中樂之教尤親切。夔教胄子只用樂，大司徒之職也是用樂。蓋是教人朝夕從事於此，拘束得心長在這上面。蓋爲樂有節奏，學他底，急也不得，慢也不得，久之都換了他一副當情性。植。○以下《保氏》。

《周禮》「六書」，制字固有從形者。然爲義各不同，却如何必欲説義理得！龜山有辯荆公《字説》三十餘字。荆公《字説》，其説多矣，止辯三十字，何益哉？又不去頂門上下一轉語，而隨其後屑屑與之辯，使其説轉，則吾之説不行矣。僩。

「泉府掌以市之征布，斂貨之不售」者，或買、或賒、或貸。貸者以國服爲息，此能幾何？而云「凡國事之財用取具焉」，❶何

❶「事」，原爲空格，今據朝鮮本及《周禮·泉府》補。

也？閎祖。○《泉府》。

問：遂，何以上地特加萊五十畝？曰：古制不明，亦不可曉。鄉之田制亦如此，但此見於遂耳。大抵鄉吏專主教，遂吏專主耕。淳。○以下《遂人》。

問：鄉遂爲溝洫，用貢法；都鄙爲井田，行助法。何以如此分别？曰：古制不明，亦不曉古人是如何。遂人溝洫之法，田不井授，而以夫數制之，「歲時登其夫家之衆寡」，以令貢賦，便是用貢法。淳。

子約疑井田之法，一鄉一遂爲一萬有餘夫，多溝洫川澮，而《匠人》一同爲九萬夫，川澮溝洫反少者，此以地有遠近，故治有詳略也。鄉遂近王都，人衆稠密，家家勝兵，不如此則不足以盡地利而養民；且又縱横爲溝洫川澮，所以寓設險之意，而限車馬之衝突也，故治近爲甚詳。若鄉遂之外，則民少而地多，欲盡開治，則民力不足，故其治甚略。晉郤克帥諸國伐齊，齊求盟，晉人曰：「必以蕭同叔子爲質，而盡東其畝。」齊人曰「唯吾子戎車是利，無顧土宜」，云云，晉謀遂塞。蓋鄉遂之畝，如中間是田，兩邊是溝，向東直去，而前復有横畝向南，溝復南流。一東一南，十字相交在此，所以險阻多，而非車馬之利也。晉欲使齊盡東其畝，欲爲侵伐之利耳，而齊覺之。若盡東其畝，則無縱横相衜，但一直向東，戎馬可以長驅而來矣。次日，又曰：昨夜説《匠人》九夫之制，無許多溝洫，其實不然。適間檢看許多溝洫川澮與鄉遂之地一般，乃是子約看不子細耳。僩。

田制須先正溝洫，方定。必大。

「稍」者，稍稍之義，言逐旋給與之也。不特待使者，凡百官廪禄皆然，猶今官中給俸米。僩。○《稍人》。

鄉遂雖用貢法，然「巡野觀稼，以年之上、中、下出斂法」，則亦未嘗拘也。閎祖。○《司稼》。

春官

《周禮》載用赤璋、白璧等斂，此豈長策？要是周公未思量耳。觀季孫斯死用玉，而孔子歷階言其不可，則是孔子方思量到，而周公思量未到也。義剛。○《典瑞》。

黄問：《周禮》祀天神、地示、人鬼之樂，何以無商音？曰：五音無一，則不成樂。非是無商音，只是無商調。先儒謂商調是殺聲，鬼神畏商調。淳。○以下《大司樂》。

《周禮》不言祭地，止於《大司樂》一處言之。舊見陳君舉亦云「社稷之祭，乃是祭地」，却不曾問大司樂祭地祇之事。人傑。

因説及夢，曰：聖人無所不用其敬，雖至小没緊要底物事，也用其敬。到得後世儒者方説得如此闊大，没收殺。如《周禮》，夢亦有官掌之，此有甚緊要？然聖人亦將做一件事。某平生每夢見故舊親戚，次日若不接其書信，及見之，則必有人説及。看來惟此等是正夢，其他皆非正。僩。○《占夢》。

夏官

路門外有鼓，謂之路鼓。王崩則擊此鼓，用以宣傳四方。肺石，其形若肺，擊之有聲；冤民許擊此石，如今登聞鼓。唐人亦有肺石。文蔚。○《太僕》。

秋官

人謂周公不言刑。《秋官》有許多刑，如何是不言刑！淳。

問：《周禮》五服之貢，限以定名，不問其地之有無，與《禹貢》不合，何故？曰：一代自有一代之制。他大概是近處貢重底物事，遠處貢輕底物事，恰如《禹貢》所謂「納銍」、「納秸」之類。義剛。○《大行人》。

冬官

車所以揉木，又以圍計者，蓋是用生成圓木揉而爲之，故堅耐，堪馳騁。閎祖。○《輪人》。

問：侯國亦倣鄉遂、都鄙之制否？曰：鄭氏説侯國用都鄙法。然觀「魯人三郊三遂」及《孟子》「請野九一而助，國中什一使自賦」，則亦是如此。義剛録作：當亦是鄉遂。○淳。○《匠人注》。

朱子語類卷第八十七

禮四　小戴禮

總論

問：看《禮記》、《語》、《孟》，孰先？曰：《禮記》有説宗廟朝廷，説得遠後，雜亂不切於日用。若欲觀禮，須將《禮記》節出切於日用常行者看，節出《玉藻》、《内則》、《曲禮》、《少儀》看。節。

問讀《禮記》。曰：《禮記》要兼《儀禮》讀，如冠禮、喪禮、鄉飲酒禮之類，《儀禮》皆載其事，《禮記》只發明其理。讀《禮記》而不讀《儀禮》，許多理皆無安著處。

讀《禮記》，須先讀《儀禮》。嘗欲編《禮記》附於《儀禮》，但須著和注寫。德輔云：如《曲禮》、《檀弓》之類，如何附？曰：此類自編作一處。又云：祖宗時有三《禮》科學究，是也。雖不曉義理，却尚自記得。自荆公廢了學究科，後來人都不知有《儀禮》。又云：荆公廢《儀禮》而取《禮記》，舍本而取末也。德輔。

學禮先看《儀禮》。《儀禮》是全書，其他皆是講説。如《周禮》、《王制》是制度之書，《大學》、《中庸》是説理之書。《儒行》、《樂記》非聖人之書，乃戰國賢士爲之。又云：人不可以不莊嚴，所謂「君子莊敬日强，安肆日偷」。又曰：「智崇禮卑」，人之智識不可以不高明，而行之在乎小心。如《大學》之格物、致知，是智崇處；正心、修身，是禮卑處。卓。

《禮記》只是解《儀禮》，如《喪服小記》便是解《喪服傳》，推之每篇皆然。惟《大傳》是總解。德明。

許順之説，人謂《禮記》是漢儒説，恐不然。漢儒最純者莫如董仲舒，仲舒之文最純者莫如《三策》，何嘗有《禮記》中説話來！如《樂記》所謂「天高地下，萬物散殊，而禮制行矣；流而不息，合同而化，而樂興焉」。仲舒如何説得到這裏？想必是古來流傳得此箇文字如此。廣。○方子録云：以是知《禮記》亦出於孔門之徒無疑。順之此言極是。

問：《禮記正義》載五養老、七養老之禮。曰：漢儒説制度有不合者，多推從殷禮去。大抵古人制度恐不便於今。如鄉飲酒禮，節文甚繁，今强行之，畢竟無益，不若取今之禮酌而行之。人傑。

問：《禮記》古注外，無以加否？曰：鄭《注》自好。看《注》看《疏》，自可了。大雅。○文蔚録云：問二《禮》制度如何可了？曰：只《注疏》自了得。

鄭康成是箇好人，考禮名數大有功，事事都理會得。如漢律令亦皆有注，儘有許多精力。東漢諸儒煞好，盧植也好。淳。○義剛録云：康成也可謂大儒。

王肅議禮，必反鄭玄。賀孫。

《禮記》有王肅《注》，煞好。太史公《樂書》載《樂記》全文，注家兼存得王肅。又鄭玄説覺見好。禮書，如陸農師《禮象》、陳用之《禮書》，亦該博，陳底似勝陸底。後世禮樂全不足録。但諸儒議禮頗有好處，此不可廢，當别類作一書，方好看。六朝人多是精於此，畢竟當時此學自專門名家，朝廷有禮事，便用此等人議之。如今刑法官，只用試大法人做。如本生父母事，却在《隋書·劉子翼傳》，江西有士人方庭堅引起，今言者得以引用。賜。○夔孫同。

或曰：經文不可輕改。曰：改經文，固啓學者不敬之心。然舊有一人，專攻鄭康成解《禮記》不合改其文。如「蛾子時術之」，亦不改，只作蠶蛾子，云「如蠶種之生，循環不息」，是何義也？且如《大學》云：「舉而不能先，命也。」若不改，成甚義理？大雅。

方、馬二解，合當參考，儘有説好處，不可以其新學而黜之。如「君賜衣服，服以拜賜」。絶句是。「以辟之命，銘爲烝彝鼎」，舊點「以辟之」爲一句，極無義。辟，乃君也。以君之命銘彝鼎，最是。又如陸農師點「人生十年曰幼」作一句，「學」作一句下放，此亦有理。「聖人作」作一句，「爲禮以教人」。《學記》「大學之教也」作一句，「時教必有正業，退息必有居學」。「乃言底可績三載」，皆當如此。「不在此位也」，吕與叔作「豈不在此位也」，是。後看《家語》乃無「不」字，當從之。賀孫。

《禮記》、《荀》、《莊》有韻處多。龔實之云，嘗官於泉，一日問陳宜中云「古詩有平仄否」？陳云「無平仄」。龔云「有」。辨之久不決，遂共往決之於李漢老。陳問：「古詩有平仄否？」李云：「無平仄，只是有音韻。」龔大然之。謂之無有，皆不是；謂之音韻，乃是。揚。

曲禮

《曲禮》必須别有一書協韻，如《弟子職》之類。如今篇首「若思」、「定辭」、「民哉」，兹。及「上堂聲必揚」，「入户必下户」，皆是韻。今上下二篇却是後人補湊而成，不是全篇做底。「若夫」等處文意都不接。《内則》却是全篇做底，但「曾子曰」一段不是。方子。

問：《曲禮》首三句是從源頭説來，此三句固是一篇綱領。要之，「儼若思，安定辭」，又以「毋不敬」爲本。曰：然。又曰：只是下面兩句，便是「毋不敬」。今人身上大節目，只是一箇容貌言語，便如「君子所貴乎道者三」。這裏只是不曾説「正顔色」。要之，顔色容貌亦不争多，只是顔色有箇誠與僞。僩録云：箕子「九疇」，其要只在「五事」。○文蔚。

問：艾軒解「儼若思」，訓「思」字作助語，然否？曰：訓「思」字作助語，尚庶幾；至以「辭」字亦爲助語，則全非也。他門大率偏枯，把心都在邊角上用。煇。

「賢者狎而敬之」，狎，是狎熟、狎愛。如「晏平仲善與人交，久而敬之」，既愛之而又敬之也。「畏而愛之」，如「畏天命，畏大人，畏聖人之言」之「畏」，畏中有愛也。「狠毋求勝」，狠，亦是兩家事。注云：鬩閲也。如與人争鬭，分辨曲直，便令理明，不必求勝在我也。「分毋求多」，分物毋多自與，欲其平也。僩。

「若夫坐如尸，立如齊」，本《大戴禮》之文。上言事親，因假説此乃成人之儀，非所以事親也。記《曲禮》者撮其言，反帶「若夫」二字，不成文理。而鄭康成又以「丈夫」解之，益繆。他也是解書多後，更不暇子細。此亦猶「子曰好學近乎智，力行近乎仁，知耻近乎勇」，《家語》答問甚詳；子思取入《中庸》，而删削不及，反衍「子曰」兩字。義剛。

問：「禮聞取於人，不聞取人；禮聞來學，不聞往教。」呂與叔謂上二句學者之道，下二句教者之道。取，猶致也。取於人者，我爲人所取而教之；在教者言之，則來學者也。取人者，我致人以教己；在教者言之，則往教者也。此説如何？曰：道理亦大綱是如此，只是説得不甚分曉。據某所見，都只就教者身上説。取於人者，是人來求我，我因而教之；取人者，是我求人以教。今欲下一轉語：取於人者，便是「有朋自遠方來」，童蒙求我；取人者，便是「好爲人師」，我求童蒙。文蔚。

「班朝治軍，涖官行法，非禮，威嚴不行；禱祠祭祀，供給鬼神，非禮，不誠不莊。」以「誠莊」對「威嚴」，則涖官當以威嚴爲本。然恐其太嚴，又當以寬濟之。德明。

問：「七十老而傳」，則嫡子、嫡孫主祭。如此，則廟中神主都用改換作嫡子、嫡孫名奉祀。然父母猶在，於心安乎？曰：然。此等也難行，也且得躬親耳。又問：嫡孫主祭，則便須祧六世、七世廟主。自嫡孫言之，則當祧。若叔祖尚在，則乃是祧其高曾祖，於心安乎？曰：也只得如此。聖人立法，一定而不可易。兼當時人習慣，亦不以爲異也。又問：先生舊時立春祭先祖，冬至祭始祖，後來廢之，何故？曰：覺得忒煞過當，和禘、祫都包在裏面了。恐太僭，遂廢之。僩。

問：「年長以倍，則父事之」，這也是同類則可？曰：他也是説得年輩當如此。又問：如此，則不必問德之高下，但一例如此否？曰：德也隱微難見。德行底人，人也自是尊敬他。又問：如此，則不必問年之高下，但有德者皆尊敬之？曰：若是師他，則又不同。若朋友中德行底，也自是較尊敬他。義剛。

「爲人子者，居不主奥。」古人室在東南隅開門，東北隅爲宧，西北隅爲屋漏，西南爲奥。人纔進，便先見東北隅，却到西北隅，然後始到西南隅，此是至深密之地。銖。

尸用無父母者爲之，故曰：「食饗不爲概，祭祀不爲尸。」文蔚。

「父召無諾，唯而起。」唯，速於諾。文蔚。

問：《禮》云「父不祭子，夫不祭妻」，何也？曰：便是此一説，被人解得都無理會了。據某所見，此二句承上面「餕餘不祭」説。蓋謂餕餘之物，雖父不可將去祭子，夫不可將去祭妻。且如孔子「君賜食，必正席先嘗之；君賜腥，必熟而薦之」。君賜腥，則非餕餘矣，雖熟之，以薦先祖可也。賜食，則或爲餕餘，但可正席先嘗而已。固是不可祭先祖，雖妻、子至卑，亦不可祭也。文蔚。

「餕餘不祭，父不祭子，夫不祭妻。」先儒自爲一説，横渠又自爲一説。看來只是祭祀之祭，此因餕餘起文。謂父不以是祭其子，夫不以是祭其妻，舉其輕者言，則他可知矣。雉。

「餕餘不祭，父不祭子，夫不祭妻。」古注説不是。今思之，只是不敢以餕餘又將去祭神。雖以父之尊，亦不可以祭其子之卑；夫之尊，亦不可以祭其妻之卑。蓋不敢以鬼神之餘復以祭也。祭非「飲食必有祭」之「祭」。賀孫。

凡有一物，必有一箇則，如「羹之有菜者，用梜」。祖道。

問「君言不宿於家」。曰：只是受命即行，不停留於家也。那數句是説數項事。燾。

凡御車，皆御者居中，乘者居左。惟大將軍之車，將自居中，所謂「鼓下」。大將自擊此鼓，爲三軍聽他節制。雖王親征，亦自擊鼓。文蔚。

居喪，初無不得讀書之文。「古人居喪不受業」者，業，謂簨虡上一片板；不受業，謂不敢作樂耳。古人禮樂不離身，惟居喪然後廢樂，故曰「喪復常，讀樂章」。《周禮》有司業者，謂司樂也。僩。

檀弓

《檀弓》恐是子游門人作，其間多推尊子游。必大。○人傑録云：多説子游之知禮。

子思不使子上喪其出母。以《儀禮》攷之，出妻之子爲父後者，自是爲出母無服。或人之問，子思自可引此正條答之，何故却自費辭？恐是古者出母本自無服，逮德下衰，時俗方制此服。故曰「伋之先君子無所失道」，即謂禮也。「道隆則從而隆，道污則從而污」，是聖人固用古禮，亦有隨時之義，時如伯魚之喪出母是也。子思自謂不能如此，故但守古之禮而已。然則《儀禮》出妻之子爲母齊衰杖期，必是後世沿情而制者。雖疑如此，然終未可如此斷定。必大。

孔子令伯魚喪出母，而子上不喪者，蓋猶子繼祖，與祖爲體；出母既得罪於祖，則不得入祖廟，不喪出母，禮也。孔子時，人喪之，故亦令伯魚、子思喪之；子上時，人不喪之，故子上守法，亦不喪之。其實子上是正禮，孔子却是變禮也。故曰「道隆則從而隆，道污則從而污」。方子。

問「子上不喪出母」。曰：今律文甚分明。又問：伯魚母死，期而猶哭，如何？曰：既期則當除矣，而猶哭，是以夫子非之。又問「道隆則從而隆，道污則從而污」。曰：以文意觀之，道隆者，古人爲出母無服，迨德下衰，有爲出母制服者。夫子之聽伯魚喪出母，隨時之義也。若子思之意，則以爲我不能效先君子之所爲，亦從古者無服之義耳。人傑。

問「不喪出母」。曰：子思所答，與《喪禮》都不相應，不知何故。據其問意，則以孔子嘗令子思喪之，却不令子上喪之，故疑而問之也。子思之母死，孔子令其哭於廟。蓋伯魚死，其妻再嫁於衛。子思答以道之污隆，則以孔子之時可以隨俗；而今據正禮，則爲伋妻者則爲白母，不爲伋妻者是不爲白母爾。禮，爲父後者，爲出母無服。只合以此答之。僩。

問「稽顙而后拜，拜而后稽顙」。曰：兩手下地曰拜。「拜而后稽顙」，先以兩手伏地如常，然後引首向前扣地。「稽顙而後拜」，開兩手，先以首扣地，却交手如常。頓首，亦是引首少扣地。稽首，是引首稍久在地。稽者，稽留之意。胡泳。

「稽顙而後拜」，謂先以頭至地，而後下手，此喪拜也。若「拜而後稽顙」，則今人常用之拜也。人傑。

「稽顙而後拜」，稽顙者，首觸地也。「拜」字，從兩手下。人傑。

申生不辨驪姬，看來亦未是。若辨而後走，恐其他公子或可免於難。方子。

脱驂於舊館人之喪，「惡其涕之無從也」。今且如此説，萬一無驂可脱時，又如何？必大。

施問：每疑夫子言「我非生而知之」，「若聖與仁，則吾豈敢」，及至夢奠兩楹之間，則曰：「太山其頹乎！梁木其壞乎！哲人其萎乎！」由前似太謙，由後似太高。曰：《檀弓》出於漢儒之雜記，恐未必得其真也。寓□。

「曾子襲裘而弔，子游裼裘而弔。」裘，似今之襖子；裼衣，似今背子；襲衣，似今涼衫公服。襲裘者，冒之不使外見；裼裘者，袒其半而以禪衣襯出之。「緇衣，羔裘；素衣，麑裘；黄衣，狐裘。」緇衣、素衣、黄衣，即裼衣，禪衣也。欲其相稱也。僩。

「幼名，冠字，五十以伯仲，死謚，周道也。」所謂「以伯仲」者，蓋古者初冠而字，便有「伯某父」、「仲某父」三字了。及到得五十，即除了下面兩字，猶今人不敢斥尊者，呼爲「幾丈」之類。今日偶看《儀禮疏》中却云：「既冠之時，即是權以此三字加之，實未嘗稱也，到五十方才稱此三字。」某初疑其不然，却去取《禮記》看，見其《疏》中正是如前説。蓋當時《疏》是兩人做，孔穎達、賈公彦。故不相照管。夔孫。

「死謚，周道也。」史云夏、商以上無謚，以其號爲謚，如堯、舜、禹之類。看來堯、舜、禹爲謚，也無意義。「堯」字從三土，如土之堯然而高；「舜」只是花名，所謂「顔如舜華」；「禹」者，獸跡，今篆文「禹」字如獸之跡。若死而以此爲謚號，也無意義。况虞舜側微時，已云「有鰥在下曰虞舜」，則不得爲死而後加之謚號矣。看來堯、舜、禹只是名，非號也。僩。

「從母之夫，舅之妻，二夫人相爲服。」這恰似難曉。往往是外甥在舅家，見得婣與姨夫相爲服。其本來無服，故異之。賀孫。

黃文問：從母之夫，舅之妻，皆無服，何也？曰：先王制禮，父族四，故由父而上，爲從曾祖服緦麻；姑之子、姊妹之子、女子之子，皆有服，皆由父而推之故也。母族三：母之父、母之母、母之兄弟。恩止於舅，故從母之夫、舅之妻，皆不爲服，推不去故也。妻族二：妻之父、妻之母。乍看時，似乎雜亂無紀。子細看，則皆有義存焉。又言：吕與叔集中一婦人墓誌，言凡遇功、緦之喪，皆蔬食終其月。❶此可爲法。又言：生布加碾治者爲功。方子。

姊妹呼兄弟之子爲姪，兄弟相呼其子爲從子。《禮》云：「喪服，兄弟之子猶子也。」以爲己之子與爲兄之子，其喪服一也。爲己之次子期，兄弟之子亦期也。今人呼兄弟之子爲「猶子」，非是。揚。

姪對姑而言。今人於伯、叔父前皆以爲「猶子」。蓋《禮記》者，主喪服言。如夫子謂「回也視予猶父」。若以姪謂之「猶子」，則亦可以師爲「猶父」矣。漢人謂之「從子」，却得其正，蓋叔、伯皆從父也。道夫。

問：嫂叔無服，而程先生云：「後聖有作，須爲制服。」曰：守禮經舊法，此固是好。纔説起定，是那箇不穩。然有禮之權處，父道、母道，亦是無一節安排。看「推而遠之」，便是合有服，但安排不得，故推而遠之。若果是鞠養於嫂，恩義不可已，是他心自住不得，又如何無服得？直卿云：當如所謂「同爨緦」可也。今法從小功。居父問「姨母重於舅服」。曰：姊妹於兄弟未嫁，

❶「月」，萬曆本作「身」。

期；既嫁，則降爲大功，姊妹之身却不降也，故姨母重於舅也。賀孫。

嫂婦無類，不當制他服。皆以類從兄弟，又太重。弟婦亦無服，嫂婦於伯、叔亦無服，今皆有之。姪婦却有服，皆報服也。揚。

喪禮只二十五月，「是月禫，徙月樂」。文蔚。

檀弓下

「反哭升堂，反諸其所作也。主婦入于室，反諸其所養也。」須知得這意思，則所謂「踐其位，行其禮」等事，行之自安，方見得繼志述事之事。銖。

「延陵季子左袒而旋其封。」曰：便有老、莊之意。端蒙。

問：「延陵季子之於禮也，其合矣乎！」不知聖人何以取之？曰：旅中之禮，只得如此。變禮也只得如此。燾。

問子貢、曾子入弔修容事。曰：未必恁地。夔孫。○池本云：不知又出來作箇甚嘴臉。

王制

問：一夫均受田百畝，而有食九人、八人、七人、六人、五人多少之不等者，何以能均？曰：田均受百畝，此等數乃言人勤惰之不齊耳。上農夫勤於耕，則可食得九人；下不勤，❶則可食得五人。故庶人在官者之禄，亦準是以爲差也。淳。

《王制》：「四海之内九州，州方千里。」

❶「勤」下，萬曆本有「底」字。

及論建國之數，恐只是諸儒做箇如此算法，其實不然。建國必因其山川形勢，無截然可方之理。又冀州最闊，今河東、河北數路，都屬冀州。雍州亦闊，陝西、秦、鳳皆是。至青、徐、兖、豫四州，皆相近做一處，其疆界又自窄小。其間山川險夷又自不同，難概以三分去一言之。如三代封建其間，若前代諸侯先所有之國土，亦難爲無故去減削他。所以周公之封魯、太公之封齊，去周室皆遠。是近處難得空地，偶有此處空隙，故取以封二公。不然，何不只留封近地，以夾輔王室？《左氏》載齊本爽鳩氏之地，其後蒲姑氏因之，而後太公因之。又《史記》載太公就封，萊人與之争國。當時若不得蒲姑之地，太公亦未有安頓處。又如襄王以原田賜晉文公，原是王畿地，正以他無可取之處故也。然原人尚不肯服，直至用兵伐之，然後能取。蓋以世守其地，不肯遽以予人。若封建之初，於諸侯有所減削，奪彼予此，豈不致亂？聖人處事，決不如此。若如此，則是王莽所爲也。王莽變更郡國，如以益歲以南付新平，以雍丘以東付陳定，以封丘以東付治亭，以陳留以西付祈隧，故當時陳留已無有郡矣。其大尹、大尉皆詣行在所，此尤可笑。必大。○人傑録云：漢儒之説，只是立下一箇算法，非惟施之當今有不可行，求之昔時，亦有難曉，云云。

《王制》説王畿采地，只是内諸侯之禄。後來如祭公、單父、劉子、尹氏，亦皆是世嗣。然其沾王教細密，人物皆好。劉康公所謂「民受天地之中以生」，都是識這道理。想當時識這道理者亦多，所以孔子亦要行一遭，問禮於老聃。淳。

問：畿内采地，只是仕於王朝而食禄，

退則無此否？曰：采地不世襲，所謂「外諸侯嗣也」，「内諸侯禄也」。然後來亦各占其地，競相侵削，天子只得鄉遂而已。淳。

《王制》、《祭法》廟制不同。以周制言之，恐《王制》爲是。閎祖。

《王制》「特禴，祫禘，祫嘗，祫烝」之説，此没理會，不知漢儒何處得此説來。禮家之説，大抵自相矛盾。如禘之義，恐只趙伯循之説爲是。必大。

問「天子犆礿，祫禘，祫嘗，祫烝」，《正義》所解數段。曰：此亦難曉。礿祭以春物未成，其禮稍輕，須着逐廟各祭。祫禘之類，又却合爲一處，則犆反詳，而祫反略矣。又據《正義》，禘禮是四處各序昭穆，而《大傳》謂「不王不禘。王者禘其祖之所自出，以其祖配之」。若周人禘嚳，配以后稷是也。如此，則説禘又不可通矣。又云：《春秋》書「禘于太廟，用致夫人」，又不知禘于太廟其禮如何？太廟是周公之廟。先儒有謂魯亦有文王廟。《左氏》載鄭祖厲王。諸侯不敢祖天子，而當時越禮如此。故公廟設於私家，皆無理會處。又問：「諸侯礿則不禘」一段，《注》謂是歲朝天子，廢一時祭。曰：春秋朝會無節，必大録云：若從征伐，或經歲方歸。豈止廢一時祭而已哉！不然，則或有世子，或大臣居守，豈不可以攝事？人傑。○必大録略。

五方之民，言語不通，却有暗合處。蓋是風氣之中，有自然之理，便有自然之字，非人力所能安排，如「福」與「備」通。

月令

《月令》比堯之曆象已不同。今之曆

象，又與《月令》不同。人傑。

明堂，想只是一箇三間九架屋子。賀孫。

論明堂之制者非一。某竊意當有九室，如井田之制，東之中爲青陽太廟，東之南爲青陽右箇，東之北爲青陽左箇，南之中爲明堂太廟，南之東即東之南。爲明堂左箇，南之西即西之南。爲明堂右箇，西之中爲總章太廟，西之南即南之西。爲總章左箇，西之北即北之西。爲總章右箇，北之中爲玄堂太廟，北之東即東之北。爲玄堂右箇，北之西即西之北。爲玄堂左箇，中央爲太廟太室。凡四方之太廟異方所。其左箇、右箇：則青陽之右箇乃明堂之左箇，明堂之右箇乃總章之左箇也，總章之右箇乃玄堂之左箇，玄堂之右箇乃青陽之左箇也。但隨其時之方位開門耳。太廟太室則每季十八日，天子居焉。古人制事多用井田遺意，此恐也是。砥。

總章左箇	總章太廟	總章右箇
明堂右箇		玄堂左箇
門		門
明堂太廟	太廟太室	玄堂太廟
門		門
明堂左箇		玄堂右箇
青陽右箇	青陽太廟	青陽左箇

曹問：春行秋令之類，不知是天行令？是人行令？曰：是人行此令，則召

天之災。

戊己土，「律中黄鍾之宫」。詹卿以爲陽生於子，至午而盡，到未又生出一黄鍾。這箇只可説話，某思量得不是恁地。蓋似些元亨利貞。黄鍾略略似箇「乾」字，宫是在「中」字中間，又似「是非」在「惻隱」之前。其他春音角，夏音徵，秋音商，冬音羽，此惟説宫聲。如京房律準十三絃，中一絃爲黄鍾不動，十二絃便拄起應十二月。夔孫。

「庚」之言「更」也，「辛」之言「新」也。見《月令》「孟秋之月，其日庚辛」下注。銖。

直卿云：今仲冬中星，乃東壁。義剛。

問：《禮》注疏中所説祀五帝神名，如靈威仰、赤熛怒、白招拒、叶光紀之類，果有之否？曰：皆是妄説。漢時已祀此神。漢是火德，故祀赤熛怒，謂之「感生帝」。本朝火德，亦祀之。問「感生」之義。曰：如玄鳥卵、大人跡之類耳。「漢赤帝子事，果有之否？」曰：豈有此理！盡是鄙俗相傳，傅會之談。又問：五行相生相勝之説，歷代建國皆不之廢，有此理否？曰：須也有此理，只是他前代推得都没理會。如秦以水德，漢却黜秦爲閏，而自以火德繼周。如漢初張蒼自用水德，後來賈誼、公孫臣輩皆云當用土德，引黄龍見爲證，遂用土德。直至漢末，方申火德之説。及光武以有赤伏符之應，遂用火德。歷代相推去，唐用土德，後梁繼之以金。及至後唐，又自以爲唐之後，復用土德，而不繼梁。後晉以金繼土，後漢以水，後周以木，本朝以火。是時諸公皆争以爲本朝當用土德，改正五代之序，而去其一以承周。至引太祖初生時，胞衣如菡萏，遍體如真金色，以爲此真土德之瑞。一時煞争議，後來卒用火德。此等皆没理會。且如五代僅有三四年者，亦占一德，此何足以繫存亡之數？若以五代爲當繫，則豈應黜秦爲閏？皆有不可曉者，不知如何。又曰：五行之建，於國家初無利害，但臘日則用此推之耳。如本朝用戌日爲臘，是取此義。又曰：如秦以水德，以爲水者刻深，遂專尚殺罰，此却大害事。僩。

文王世子

「師保」、「疑丞」、「疑」字曉不得，想只是有疑即問他之意。

公與公族燕，「則異姓爲賓」，《注》曰：「同宗無相賓客之道。」銖。

公族有罪無宮刑，不翦其類也。纖剸于甸人，特不以示衆耳。刑固不可免。今之法，乃殺人不死。祖宗時，宗室至少，又聚于京師，犯法絶寡，故立此法。今散于四方萬里，與常人無異，乃縱之殺人，是何法令！不可不革。可學。

禮運

《禮運》言三王不及上古事，人皆謂其說似莊、老。先生曰：《禮運》之說有理，三王自是不及上古。胡明仲言，恐是子游撰。以前有言「偃」云云。○揚。

問：《禮運》似與《老子》同？曰：不是聖人書。胡明仲云：「《禮運》是子游作，《樂記》是子貢作。」計子游亦不至如此之淺。可學。

孔子曰：「我欲觀夏道，是故之杞，而不足徵也，吾得夏時焉；我欲觀殷道，是故之宋，而不足徵也，吾得《坤》、《乾》焉。」說者謂《夏小正》與《歸藏》。然聖人讀此二書，必是大有發明處。《歸藏》之書無傳。然就使今人得二書讀之，豈能有聖人意思也。人傑。

楊問：《禮運》「故百姓則君以自治也」，云云，注「則」字作「明」字，不知可從否？曰：只得作「明」字。寓問：六經中，注家所更定字，不知盡從之否？曰：亦有不可依他處。寓問：《禮記》：「主人既祖，填池。」鄭氏作「奠徹」，恐只是「填池」，是殯車所用者。曰：如「魚躍拂池」，❶固是如此。但見葬車用此，恐殯車不用此，此處亦有疑。又問：「其慎也，蓋殯也。」「慎」改爲「引」，如何？曰：若此處，皆未可曉。寓。

「用人之知，去其詐；用人之勇，去其怒；用人之仁，去其貪。」知與詐，勇與怒，固相類。仁却如何貪？蓋是仁只是愛，愛而無義以制之，便事事都愛。好物事也愛，好官爵也愛，錢也愛，事事都愛，所以貪。諸家解都不曾恁地看得出。又問：雖是偏，不是有一邊，無一邊。曰：那一邊也是闕了。胡泳。

智與詐相近，勇與怒相似，然仁却與貪不相干。蓋「南方好也，好行貪狼；北方惡也，惡行廉貞」。蓋好便有貪底意思。故仁屬愛，愛便有箇貪底意思。又云：大率慈善底人，多於財上不分曉。能廉者，多是峻刻、悍悻、聒噪人底人。燾。

「用人之仁，去其貪。」蓋人之性易得偏。仁緣何貪？蓋仁善底人，便有好便宜底意思。今之廉介者，便多是那剛硬底人。

問：喜、怒、哀、懼、愛、惡、欲是七情，

❶「池」，原作「地」，今據賀本及《禮記·喪大記》改。

論來亦自性發。只是怒自羞惡發出，如喜、怒、哀、欲，恰都自惻隱上發。曰：哀、懼是那箇發？看來也只是從惻隱發，蓋懼亦是怵惕之甚者。但七情不可分配四端，七情自於四端横貫過了。賀孫。

問：喜、愛、欲發於陽，怒、哀、懼、惡發於陰否？曰：也是如此。問：怒如何屬陰？曰：怒畢竟屬義，義屬陰。怒與惡，皆羞惡之發，所以屬陰。愛與欲相似，欲又較深，愛是説這物事好可愛而已，欲又是欲得之於己。他這物事，又自分屬五行。問：欲屬水，喜屬火，愛屬木，惡與怒屬金，哀與懼亦屬水否？曰：然。僩。

劉圻父問七情分配四端。曰：喜、怒、愛、惡是仁義，哀、懼主禮，欲屬水，則是智。且麁恁地説，但也難分。義剛。

問：喜、愛、欲三者不同，如何分別？曰：各就他地頭看。如誠只是實，就他本來説唤做誠，就自家身己説誠，又自與本來不同。如信，就本然之理説是信，就自家身己説信，又不同，就物上説又不同。要知也只是一箇實。如曰「主忠信」之類，皆是自家身上説也。賀孫。

問：愛與欲何以别？曰：愛是汎愛那物，欲則有意於必得，便要拏將來。淳。

問：「欲」與「慾」字有何分別？曰：無心「欲」字虚，有心「慾」字實。有心「慾」字是無心「欲」字之母。此兩字亦通用。今人言滅天理而窮人慾，亦使此「慾」字。㬊曰：方動者，慾；行出來者，欲。○節。

問「慾」與「欲」之異。曰：也只一般。只是這「慾」字指那物事而言，説得較重；這「欲」字又較通用得。凡有所愛，皆是欲。燾。

《記》云：「人者，鬼神之會。」又云：「致愛則存，致愨則著。」《祭義》。皆説得好。夔孫。

「天秉陽，垂日星；地秉陰，竅於山川。播五行於四時，和而後月生也。」陰陽變化，一時撒出，非今日生此，明日生彼。但論其先後之序，則當如此耳。横渠云：「神爲不測，故緩辭不足以盡神；化爲難知，故急辭不足以體化。」因説雷斧，舉横渠云：「其來也，幾微易簡；其究也，廣大堅固。」閎祖。

問「人者，天地之心」。曰：謂如「天道福善禍淫」，乃人所欲也。善者，人皆欲福之；淫者，人皆欲禍之。又曰：教化皆是人做，此所謂「人者，天地之心」也。燾。

禮器

「經禮三百」，便是《儀禮》中士冠、諸侯冠、天子冠禮之類。此是大節，有三百條。如始加、再加、三加，又如「坐如尸，立如齊」之類，皆是其中之小目，便有三千條。或有變禮，亦是小目。吕與叔云：「經便是常行底，緯便是變底。」恐不然。經中自有常、有變，緯中亦自有常、有變。

人只是讀書不多。今人所疑，古人都有説了，只是不曾讀得。鄭康成註「經禮三百」，云是《周禮》；「曲禮三千」，云是《儀禮》。某嘗疑之。近看臣瓚注《漢書》，云「『經禮三百』，乃冠、昏、喪、祭，《周官》只是官名」云云。乃知臣瓚之説，已非康成之説矣。蓋「經禮三百」，只是冠、昏、喪、祭之類。如冠禮之中，便有天子冠、士冠禮，他類皆然，豈無三百事？但《儀禮》五十六篇今皆亡闕，只存十七篇，故不全爾。「曲禮三千」，乃其中之小目。如冠禮中筮日、筮賓、三加之類，又如「上於東階，則先右足；上於西階，則先左足」，皆是也。子蒙。

陳叔晉云：「經禮，如天子七廟、士二廟之類，當別有一書，今亡矣。曲禮，如威儀之類，至録云：是威儀纖悉處。今《曲禮》、《儀禮》是也。」恨不及問之。方子。

禮器出人情，亦是人情用。可學。

天道至教，聖人至德，動静語默之間，無非教人處。孔子於鄉黨便「恂恂」，朝廷便「便便」，到處皆是人樣，更無精粗本末，何嘗有隱？砥。

郊特牲

「諸侯不得祖天子」，然魯有文王廟，《左氏》亦云「鄭祖厲王」，何也？此必周衰，諸侯僭肆，做此違條礙法事，故公廟設於私家。必大。

問：蜡祭何以言「仁之至，義之盡」？曰：如迎猫、虎等事，雖至微至細處，亦有所不違，故曰「仁之至，義之盡」。去僞。

問「昏禮不賀，人之序也」。曰：婦既歸，姑與之爲禮，喜於家事之有承替也。僩録作「有傳也」。姑反置酒一分，以勸飲婦。姑坐客位，而婦坐主位。僩録云：姑爲客，婦爲主。姑降自西階，婦降自阼階。卓。○僩同。

商人求諸陽，故尚聲；周人求諸陰，故尚臭，灌用鬱鬯。然周人亦求諸陽，如《大司樂》言「圜鍾爲宫」，則「天神可得而禮」。可見古人察得義理精微，用得樂便與他相感格。夔孫録云：大抵天人無間。如云「聖人之道，洋洋乎！發育萬物，峻極于天」。聖人能全體得，所以參天地贊化育，只是有此理。以粗底言，如荀子云云。此迺降神之樂。如舞《雲門》，乃是獻神之樂。

荀子謂「伯牙鼓琴，而六馬仰秣；瓠巴鼓瑟，而流魚出聽」。粗者亦有此理。又如虞美人草，聞人歌《虞美人》詞與吴詞，❶則自動。夔孫録云：聞唱《虞美人》詞，則自拍。亦不特是《虞美人》詞，凡吴調者皆然。以手近之，亦能如此。雖草木亦如此。又曰：今有箇新立底神廟，緣衆人心邪向他，他便盛。如狄仁傑廢了許多廟，亦不能爲害，只緣他見得無這物事了。上蔡云：「可者欲人致生之，故其鬼神；不可者欲人致死之，故其鬼不神。」先生每見人説世俗神廟可怪事，必問其處形勢如何。○賜。○夔孫少異。

安卿問：《禮記》「魂氣歸于天」，與横渠「反原」之説，何以別？曰：「魂氣歸于天」，是消散了，正如火煙騰上去處何歸？只是消散了，論理大概固如此。然亦有死而未遽散者，亦有冤恨而未散者。然亦不皆如此，亦有冤死而魂即散者。叔器問：聖人死如何？曰：聖人安於死，便即消散。義剛。

內則

「偪屨著綦」，綦，鞋口帶也，古人皆旋繫，今人只從簡易，綴之於上，如假帶然。僩。

「不有敬事，不敢袒裼。不涉不撅。」看來此三句文義一樣，古注誤作兩段解。言尊長之前有敬事，方敢袒裼。敬事，如習射之類。射而袒裼，乃爲敬。若非敬事而以勞倦袒裼，則是不敬。惟涉水而後撅，若不涉而撅，則爲不敬。如云「勞毋袒，暑無褰裳」。

❶「與」，萬曆本作「興」。

若非敬事，雖勞亦不敢袒。惟涉水乃可褰裳，若非涉水，雖盛暑亦不敢褰裳也。僩。

玉藻

「君子登車有光」一節，養出好意思來。方。

笏者，忽也，所以備忽忘也。「天子以球玉，諸侯以象，大夫以魚須文竹，士竹本，象可也。」《漢書》有秉笏奏事。又曰：「執簿」，亦笏之類，本只是爲備遺忘，故手執、眼觀、口誦。或於君前有所指畫，不敢用手，故以笏指畫，今世遂用以爲常執之物。《周禮·典瑞》：「王搢大圭，執鎮圭。」大圭不執，只是搢於腰間，却執鎮圭，用藻藉以朝日，而今郊廟，天子皆執大圭。大圭長三尺，且重，執之甚難，古者本非執大圭也。僩。

問：《禮記》九容，與《論語》九思，一同本原之地，固欲存養；於容貌之間，又欲隨事省察。曰：即此便是涵養本原。這裏不是存養，更於甚處存養？文蔚。

明堂位

問：《明堂位》一篇，是有此否？曰：看魯人有郊禘，也是有此。問：當時周公制禮，「父爲大夫，子爲士，葬以大夫，祭以士；父爲士，子爲大夫，葬以士，祭以大夫」。不成周公制禮，使其子亂之？看來子思前如此說，後却說「郊社之禮，禘嘗之義，治國其如示諸掌乎！」怕是子思以此譏魯之僭禮。曰：子思自是稱武王、周公之達孝，不曾是譏魯。劉曰：孔子言：「魯之郊禘，非禮也，周公其衰矣！」孔子尚有此説。曰：孔子後來是如此譏之。先生因曰：看文字，最不可都要合作一處説。又曰：這箇自是周公死了，成王賜伯禽，不干周公事。堯之有丹朱，舜之有商均，不肖子弟亦有之。成王、伯禽猶似可。問：當時不曾封公，只是封侯，如何？曰：天子之宰，二王之後，方封公。伯禽勢不得封公。楊問秦會之當時，云云。曰：他當時有震主之勢，出於己，只是跳一步，便是這物事。如吴王濞既立丞相、御史大夫、百官，與天子不相遠，所以起不肖之心。周公當時七年天子之位其勢，成王所以賜之天子之禮樂。砥。○寓録同，無楊問以下。

喪服小記

問：「三年而後葬者，必再祭。」鄭玄《注》以爲只是練祥祭，無禫。曰：不知《禮經》上下文如何道，看見也是如此。賀孫。

問：大夫、士不祔于諸侯，祔于諸祖父之爲大夫、士者。亡則中一而祔，祔必以其昭穆。曰：中，間也。間而祔者，以祖爲諸侯，既不可祔，則間一而上祔于高祖；只取昭穆之行同，而不紊其昭穆之序也。如魯昭公冠于衛成公之廟，亦只是取其行同耳。因問：「卒哭而祔」，何義？曰：只是祔于其行，相似告報祖考云。銖。

問「妾母」之稱。曰：恐也只得稱母，他無可稱。在經只得云「妾母」，不然，無以别於他母也。又問：弔人妾母之死，合稱云何？曰：恐也只得隨其子平日所稱而稱之。或曰：五峰稱「妾母」爲「少母」，南軒亦然。據《爾雅》，亦有「少姑」之文。五峰想是本此。先生又曰：「爲人後者，爲其父母服。」本朝濮王之議，欲加「皇考」字，引此爲證。當時雖是衆人争得住，然至今士大夫猶以爲未然。蓋不知《禮經》中若不稱作爲其父母，别無箇稱呼，只得如此説也。僩。

凡文字，有一兩本參對，則義理自明。如《禮記》中《喪服小記》、《喪服大傳》，都是解注《儀禮》。《喪服小記》云：「庶子不祭禰，明其宗也。」又曰：「庶子不祭祖，明有宗也。」注謂不祭禰者，父之庶子；不祭祖者，其父爲庶子，説得繁碎。《大傳》只説「庶子不祭」，則祖、禰皆在其中矣，某所以於《禮書》中只載《大傳》説。僩。

大傳

吴斗南説：「『禮，不王不禘。』王，如『來王』之『王』。四夷黄録作「要荒」。之君，世見中國。一世王者立，則彼一番來朝，故王者行禘禮以接之。彼本國之君一世繼立，則亦一番來朝，故歸國則亦行禘禮。」此説亦有理。所謂「吉禘于莊公」者，亦此類，非五年之禘也。淳。○義剛同。

諸侯奪宗，大夫不可奪宗。泳。

「别子爲祖，繼别爲宗。」是諸侯之庶子與他國之人在此邦居者，皆爲别子，則其子孫各自以爲太祖。如魯之三家：季友，季氏之太祖也；慶父，孟氏之太祖也；公子牙，叔孫氏之太祖也。僩。

問「有小宗而無大宗者，有大宗而無小宗者，有無宗亦莫之宗者」。曰：此説公子之宗也。謂如人君有三子，一嫡而二庶，則庶宗其嫡，是謂「有大宗而無小宗」；皆庶，則宗其庶長，是謂「有小宗而無大宗」；止有一人，則無人宗之，己亦無所宗焉，是謂「無宗亦莫之宗」也。下云：「公子之公，爲其士大夫之庶者，宗其士大夫之嫡者。」此正解「有大宗而無小宗」一句。「之公」之「公」，猶君也。人傑。

少儀

「毋跋來，❶毋報往。」報，音赴。跋，是急走倒從這邊來；赴，是又急再還倒向那邊去；來往，只是向背之意。此二句文義猶云：「其就義若熱，則其去義若渴。」言人見有箇好事，火急歡喜去做，這樣人不耐久，少間心懶意闌，則速去之矣，所謂「其進鋭者，其退速也」。僩。

「不窺密」，正「無測未至」。曰：許多事都是一箇心，若見得此心誠實無欺僞，方始能如此。心苟渙散無主，則心皆逐他去了，更無一箇主。觀此，則求放心處，全在許多事上。將許多事去攔截此心教定。「無測未至」，未至之事，自家不知，不當先測，今日未可便説道明日如何。子蒙。

學記

「九年知類通達」，横渠説得好：「學者至於能立，則教者無遺恨矣。此處方謂大成。」蓋學者既到立處，則教者亦不消得管他，自住不得。故横渠又云：「學者能立，則自强不反，而至於聖人之大成矣。而今學者不能得扶持到立處。」嘗謂此段是箇致知之要。如云「一年視離經辨志」，古註

❶「跋」，原作「跂」，據萬曆本改，《禮記·少儀》作「拔」。

云：「離經，斷絶句也，此且是讀得成句；辨志，是知得這箇是爲己，那箇是爲人，這箇是義，那箇是利。」「三年敬業樂群」，敬業，是知得此是合當如此做；樂群，是知得滋味，好與朋友切磋。「五年博習親師」，博習，是無所不習；親師，是所見與其師相近了。「七年論學取友」，論學，是他論得有頭緒了；取友，是知賢者而取之，此謂之小成。「九年知類通達」，此謂之大成。横渠説得「推類」兩字最好，如《荀子》「倫類不通，不足謂之善學」。而今學者只是不能推類，到得「知類通達」，是無所不曉，便是自强不反。這幾句都是上兩字説學，下兩字説所得處。如離經，便是學；辨志，便是所得處。他皆倣此。賜。○夔孫同。

子武問「《宵雅》肄三，官其始也」。曰：聖人教人，合下便是要他用，便要用賢以治不賢，舉能以教不能。所以公卿大夫在下，也思各舉其職。不似而今上下都恁地了，使窮困之民無所告訴。聖賢生斯世，若是見似而今都無理會，他豈不爲之惻然思有以救之？「孔子三月無君，則皇皇如也」，但不可枉尺直尋，以利言之，天生一人，便須管得天地間事。如人家有四五子，父母養他，豈不要他使？但其間有不會底，則會底豈可不出來爲他擔當一家事？韓退之云「蓋畏天命而悲人窮也」，這也説得好，説得聖賢心出。義剛。

問：「不學雜服，不能安禮。」鄭《注》謂：服，是皮弁、冕服。横渠謂：服，事也，如洒埽應對沃盥之類。曰：恐只如鄭説。古人服各有等降，若理會得雜服，則於禮亦思過半矣。如冕服是天子祭服，皮弁是天子朝服；諸侯助祭於天子，則服冕服，自祭於其廟，則服弁冕；大夫助祭於諸侯，則服玄冕，自祭於其廟，則服皮弁。又如天子常朝，則服皮弁；朔旦，則服玄冕。無旒之冕也。諸侯常朝，則用玄端；朔旦，則服皮弁；大夫私朝，亦用玄端，夕深衣；士則玄端以祭，上士玄裳，中士黃裳，下士雜裳，前玄後黃也。庶人深衣。僩。

「呻其佔畢，多其訊。」多其訊，如《公》、《穀》所謂「何」者是也。廣。

問：「使人不由其誠」，莫只是教他記誦，而中心未嘗自得否？曰：若是逼得他緊，他便來廝瞞，便是不由誠。嘗見橫渠作簡與某人，謂其子日來誦書不熟，且教他熟誦，盡其誠與材。文蔚曰：便是他解此兩句，只作一意解。其言曰：「人之材足以有爲，但以其不由於誠，則不盡其材。若曰勉率以爲之，豈有由其誠也哉？」曰：固是。既是他不由誠，自是材不盡。文蔚。

「善問者如攻堅木，先其易者」，而後其難。今人多以難中有道理，而不知通其易，則難自通，此不可不曉。可學。

問「善問者如攻堅木」一段。曰：此說最好。若先其難者，理會不得，更進步不去。須先其易者，難處且放下，少間見多了，自然相證而解。「說」字，人以爲「悦」，恐只是「說」字。說，證之義也。「解物爲解，自解釋爲解。」恐是相證而曉解。

「善問者如攻堅木，先其易者，後其節目。」非特善問，讀書求義理之法皆然。置其難處，先理會其易處；易處通，則堅節自迎刃而解矣。若先其難者，則刃頓斧傷，而木終不可攻。縱使能攻，而費工竭力，無自然相說而解之功，終亦無益於事也。

問：「相說而解」，古注「說」音「悦」，「解」

音佳買反。曰：「説」，只當如字；而解音蟹。蓋義理相説之久，其難處自然觸發解散也。僩。

樂記

看《樂記》，大段形容得樂之氣象。當時許多刑名度數，是人人曉得，不消説出，故只説樂之理如此其妙。今來許多度數都没了，却只有許多樂之意思是好，只是没箇頓放處。如有帽，却無頭；有箇鞋，却無脚。雖則是好，自無頓放處。司馬温公舊與范蜀公事事争到底，這一項事却不思量着。賀孫。

古者禮樂之書具在，人皆識其器數，至録云：人人誦習，識其器數。却怕他不曉其義，故教之曰：「凡音之起，由人心生也。」又曰：「失其義，陳其數者，祝、史之徒也。」今則禮樂之書皆亡，學者却但言其義，至於器數，❶則不復曉，蓋失其本矣。方子。○至同。

「朱絃」，練絲絃；「疏越」，下面闊。璘。

「一倡而三歎」，謂一人唱而三人和也。今之解者猶以爲三歎息，非也。僩。

「人生而静，天之性」，未嘗不善；「感物而動，性之欲」，此亦未是不善。至於「物至知知，然後好惡形焉；好惡無節於内，知誘於外，不能反躬，天理滅矣」，方是惡。故聖賢説得「惡」字煞遲。端蒙。

問：「人生而静，天之性也。」静非是性，是就所生指性而言。先生應。問「知知」字。曰：上「知」字是「致知」之「知」。又曰：上「知」字是體，下「知」字是用。上「知」字是知覺者。問「反躬」。曰：反躬是

❶「於」，萬曆本作「以」。

回頭省察。又曰：反躬是事親孝、事君忠，這箇合恁地，那箇合恁地，這是反躬。節。

「物之感人無窮，而人之好惡無節」，此說得工夫極密，兩邊都有些罪過。物之誘人固無窮，然亦是自家好惡無節，所以被物誘去。若自有箇主宰，如何被他誘去！此處極好玩味，且是語意渾粹。僩。

問：「禮勝則離」，「樂勝則流」，才是勝時，不惟至於流與離，即禮樂便不在了。曰：這正在「勝」字緊要。只才有些子差處，則禮失其節，樂失其和。蓋這些子正是交加生死岸頭。又云：禮樂者，皆天理之自然。節文也是天理自然有底，和樂也是天理自然有底。然這天理本是儱侗一直下來，聖人就其中立箇界限，分成段子：其本如此，其末亦如此；其外如此，其裏亦如此，但不可差其界限耳。才差其界限，則便是不合天理。所謂禮樂，只要合得天理之自然，則無不可行也。又云：無禮之節，則無樂之和，惟有節而後有和也。燾。

問：「禮勝則離」，「樂勝則流」，既云離與流，則不特謂之勝，禮樂已亡矣。曰：不必如此說，正好就「勝」字上看，只爭這些子。禮纔勝些子，便是離了；樂纔勝些子，便是流了。知其勝而歸之中，即是禮樂之正。正好就「勝」字上看，不可云禮樂已亡也。僩。

此等禮，古人目熟耳聞，凡其周旋曲折，升降揖遜，無人不曉。後世盡不得見其詳，却只有箇說禮處，云「大禮與天地同節」云云。又如樂盡亡了，而今却只空留得許多說樂處，云「流而不息，合同而化」云云。又如《周易》，許多占卦，❶淺近底物事盡無

❶「占」，原作「舌」，據萬曆本、四庫本改。

了，却空有箇《繫辭》，説得神出鬼没。僩。

問「明則有禮樂，幽則有鬼神」。曰：禮主減，樂主盈。鬼神亦只是屈伸之義。禮樂、鬼神一理。德明。

「明則有禮樂，幽則有鬼神」，禮樂是可見底，鬼神是不可見底。禮是收縮節約底，便是鬼；樂是發揚底，便是神。故云「人者，鬼神之會」，説得自好。又云「至愛則存，至慤則著」，亦説得好。賜。

問「明則有禮樂，幽則有鬼神」。曰：此是一箇道理。在聖人制作處，便是禮樂；在造化處，便是鬼神。或云：明道云「天尊地卑，乾坤定矣」，「鼓之以雷霆，潤之以風雨」，是也。不知「天地尊卑」是禮，「鼓之」、「潤之」是樂否？先生乃引《樂記》「天尊地卑」至「樂者，天地之和也」一段，云：此意思極好。再三歎息。又云：鬼神只是禮樂底骨子。○人傑。去僞録略。

「樂由天作」，屬陽，故有運動底意；「禮以地制」，如由地出，不可移易。升卿。

或問「天高地下，萬物散殊」一段。先生因歎此數句意思極好，非孟子以下所能作，其文如《中庸》，必子思之辭。《左傳》子太叔亦論此：「夫禮，天之經，地之義，民之行，天地之經，而民實則之。」云：舊見伯恭愛教人看。只是説得麄，文意不溜亮，不如此説之純粹通暢。他只是説人做這箇去合那天之度數。如云「爲六畜、五牲、三犧，以奉五味」云云之類，都是做這箇去合那天，都無那自然之理。如云「天高地下，萬物散殊，而禮制行矣；流而不息，合同而化，而樂興焉」，皆是自然合當如此。僩。

問：「春作夏長，仁也；秋斂冬藏，義

也。」此《易》所謂人道、天道之立歟？❶曰：此即《通書》所謂二氣、五行之說。去僞。

問：「禮樂極于天而蟠乎地，行乎陰陽而通乎鬼神，窮高極遠而測深厚」，此是言一氣之和無所不通否？曰：此亦以理言。有是理，即有是氣。亦如說「天高地下，萬物散殊，而禮制行矣」。文蔚曰：《正義》却引「甘露降，醴泉出」等語。曰：大綱亦是如此。緣先有此理，末稍便有這徵驗。文蔚。

「樂，樂其所自生；禮，反其所自始。」亦如「樂由中出，禮自外作」。樂是和氣，從中間直出，無所待於外；禮却是始初有這意思，外面却做一箇節文抵當他，却是人做底。雖說是人做，元不曾杜撰，因他本有這意思。故下文云：「樂章德，禮報情，反始也。」文蔚問：如何是章德？曰：和順積諸中，英華發諸外，便是章著其內之德。橫渠說：「樂則得其所樂，即是樂也，更何所待？是樂其所自成。」說得亦好。只是「樂其所自成」，與「樂其所自生」，用字不同爾。文蔚。

問：「禮樂偩天地之情」，如陰陽之闔闢升降，天地萬物之高下散殊；「窮本知變，樂之情」，如五音、六律之相生無窮；「著誠去僞，禮之經」，如品藻節文之不可淆亂否？曰：也不消如此分。這兩箇物事，只是一件。禮之誠，便是樂之本；樂之本，便是禮之誠。若細分之，則樂只是一體周流底物，禮則是兩箇相對，著誠與去僞也。禮則相刑相尅，以此克彼；樂則相生相長，其變無窮。樂如晝夜之循環，陰陽之闔闢，

❶「立」，萬曆本作「位」。

周流貫通；而禮則有向背明暗。論其本，則皆出於一。樂之和，便是禮之誠；禮之誠，便是樂之和。只是禮則有誠有僞，須以誠克去僞，則誠著。所以《樂記》内外同異，只管相對説，翻來覆去只是這兩説。又曰：偩，依象也。「窮本知變」，如樂窮極到本原處，而其變生無窮。問：「降興上下之神」，是説樂；「凝是精粗之體」，是説禮否？曰：不消如此分。禮也有「降興上下之神」時節，如祭肝、祭心之類。僩。

問「樂以治心，禮以治躬」。曰：心要平易，無艱深險阻，所以説「不和不樂，則鄙詐之心入之矣；不莊不敬，則慢易之心入之矣」。節。

讀書自有可得參考處。如「易直子諒之心」一句，「子諒」，從來説得無理會。却因見《韓詩外傳》「子諒」作「慈良」字，則無可疑。木之。

子武問：「天則不言而信」，莫只是實理；「神則不怒而威」，莫只是不可測知否？曰：也是恁地。神便是箇動底物事。義剛。

問：《樂記》以樂爲先，與濂溪異。曰：他却將兩者分開了。可學。

祭法

李丈問：四時之祫，高祖有時而在穆。曰：某以意推之如此，無甚緊要，何必理會？禮書大概差舛不可曉。如《祭法》一篇，即《國語》柳下惠説祀爰居一段，但文有先後。如祀稷、祀契之類，只是祭祖宗耳。末又説有功則祀之，若然，則祖宗無功不祀乎？淳。○義剛録略。

或問：《祭法》云：「鯀障洪水而殛死，禹能修鯀之功。」所以舉鯀，莫是因言禹後，併及之耶？曰：不然。去僞。

官師，諸有司之長也。官師一廟，止及禰，却於禰廟併祭祖。適士二廟，即祭祖、祭禰，皆不及高、曾。大夫三廟，一昭一穆，與太祖廟而三。大夫亦有始封之君，如魯季氏，則公子友；仲孫氏，則公子慶父；叔孫氏，則公子牙是也。銖。

一廟者得祭祖、禰。古今祭禮中，《江都集禮》内有説。時舉。

祭義

「春禘秋嘗。霜露既降，君子履之，必有悽愴之心，非其寒之謂。雨露既濡，君子履之，必有怵惕之心，如將見之。樂以迎來，哀以送往，故禘有樂而嘗無樂。」蓋春陽氣發來，人之魂魄亦動，故禘有樂以迎來，如《楚辭·大招》中亦有「魂來」之語；秋陽氣退去，乃鬼之屈，故嘗不用樂以送往。義剛。

問：「孝子有終身之喪，忌日之謂也」，不知忌日合着如何服？曰：唐時士大夫依舊孝服受弔。五代時某人忌日受弔，某人弔之，遂於坐間刺殺之。後來只是受人慰書，而不接見，須隔日預辦下謝書，俟有來慰者，即以謝書授之，不得過次日。過次日，謂之失禮。服亦有數等，考與祖、曾祖、高祖，各有降殺；妣與祖妣，服亦不同。大概都是黲衫、黲巾。後來横渠制度又別，以爲男子重乎首，女子重乎帶。考之忌日，則用白巾之類，疑亦是黲巾。而不易帶；妣之忌日，則易帶而不改巾。服亦隨親疏有隆殺。問：先生忌日何服？曰：某只着白絹凉衫、黲巾，不能做許多樣服得。問：黲巾以何爲之？曰：紗絹皆可。某以紗。又問：誕辰亦受子弟壽酒否？曰：否。衣服易否？曰：否。一例不受人物事。某家舊時常祭，立春、冬至、季秋祭禰三祭。後以立春、冬至二祭近禘、祫之祭，覺得不安，遂去之。季秋依舊祭禰，而用某生日祭之。適值某生日在季秋，遂用此日。九月十五日。又問：在官所，還受人壽儀否？曰：否。然也有行不得處，如作州則可以不受，蓋可以自由。若有監司所在，只得按例與之受；蓋他生日時，又用還他。某在潭州如此，在南康、漳州，不受亦不送。又問黲巾之制。曰：如帕複相似，有四隻帶，若當幞頭然。僩。

問「惟聖人惟能饗帝」。曰：惟聖方能與天合德。又曰：這也是難。須是此心蕩蕩地，方與天相契；若有些黑暗，便不能與天相契矣。燾。

夫子答宰我鬼神說處甚好，「氣者，神之盛也；魄者，鬼之盛也」。人死時，魂氣歸于天，精魄歸于地。所以古人祭祀，燎以求諸陽，灌以求諸陰。曰：「其氣發揚于上爲昭明，焄蒿悽愴，此百物之精，神之著也」，何謂也？曰：人氣本騰上，這下面盡，則只管騰上去。如火之煙，這下面薪盡，則煙只管騰上去。曰：終久必消否？曰：是。淳。

問：「氣也者，神之盛也；魄也者，鬼之盛也。」豈非以氣魄未足爲鬼神，氣魄之盛者乃爲鬼神否？曰：非也。大凡說鬼神，皆是通生死而言。此言盛者，則是指生人身上而言。所以後面說「骨肉斃于下，陰爲野土」，但說體不說魄也。問：頃聞先生言

「耳目之精明者爲魄，口鼻之嘘吸者爲魂」，以此語是而未盡。耳目之所以能精明者，爲魄；口鼻之所以能嘘吸者，爲魂。是否？曰：然。看來魄有箇物事形象在裏面，恐如水晶相似，所以發出來爲耳目之精明。且如月，其黑暈是魄也，其光是魂也。想見人身魂魄也是如此。人生時魂魄相交，死則離而各散去，魂爲陽而散上，魄爲陰而降下。又曰：陰主藏受，陽主運用。凡能記憶，皆魄之所藏受也，至於運用發出來是魂。這兩箇物事本不相離。他能記憶底是魄，然發出來底便是魂；能知覺底是魄，然知覺發出來底又是魂。雖各自分屬陰陽，然陰陽中又各自有陰陽也。或曰：大率魄屬形體，魂屬精神。曰：精又是魄，神又是魂。又曰：魄盛，則耳目聰明，能記憶，所以老人多目昏耳聵，記事不得，便是魄衰而少也。《老子》云「載營魄」，是以魂守魄。蓋魂熱而魄冷，魂動而魄静。能以魂守魄，則魂以所守而亦静，魄以魂而有生意，魂之熱而生凉，魄之冷而生暖。惟二者不相離，故其陽不燥，其陰不滯，而得其和矣。不然，則魂愈動而魄愈静，魂愈熱而魄愈冷。二者相離，則不得其和而死矣。又云：水一也，火二也。以魂載魄，以二守一，則水火固濟而不相離，所以能永年也。養生家説盡千言萬語，説龍説虎，説鉛説汞，説坎説離，其術止是如此而已。故云：「載魄抱魂，能勿離乎？專氣致柔，能如嬰兒乎？」今之道家，只是馳騖於外，安識所謂「載魄守一，能勿離乎」！康節云：「《老子》得《易》之體，《孟子》得《易》之用。」康節之學，意思微似莊、老。或曰：老子以其不能發用否？曰：老子只是要收藏，不放散。燾。

問：陽魂爲神，陰魄爲鬼。《祭義》曰：「氣也者，神之盛也；魄也者，鬼之盛也。」而鄭氏曰：「氣，噓吸出入者也。耳目之聰明爲魄。」然則陰陽未可言鬼神，陰陽之靈乃鬼神也，如何？曰：魄者，形之神；魂者，氣之神。魂魄是形氣之精英，謂之靈。故張子曰「二氣之良能」。二氣，即陰陽也。良能，是其靈處。問：眼，體也；眼之光爲魄。耳，體也，何以爲耳之魄？曰：能聽者便是。如鼻之知臭，舌之知味，皆是。但不可以「知」字爲魄，纔説知，便是主於心也。心但能知，若甘苦鹹淡，要從舌上過。如老人耳重目昏，便是魄漸要散。潘問：魄附於體，氣附於魂，可作如此看否？曰：也不是附。魂魄是形氣之精英。銖問：陽主伸，陰主屈。鬼神、陰陽之靈，不過指一氣之屈伸往來者而言耳。天地之間，陰陽合散，何物不有？所以錯綜看得。曰：固是。今且説大界限，則《周禮》言「天曰神，地曰祇，人曰鬼」。三者皆有神，而天獨曰神者，以其常常流動不息，故專以神言之。若人亦自有神，但在人身上則謂之神，散則謂之鬼耳。鬼是散而静了，更無形，故曰「往而不返」。又問：子思只舉「齊明盛服」以下數語，發明「體物而不可遺」之驗，只是舉神之著者而言，何以不言鬼？曰：鬼是散而静，更無形，故不必言。神是發見，此是鬼之神。如人祖考氣散爲鬼矣，子孫精誠以格之，則「洋洋如在其上，如在其左右」，豈非鬼之神耶？銖。

魂魄，《禮記》古注甚明，云：「魂，氣之所出入者是；魄，精明所寓者是。」

問：孔子答宰我鬼神一段，鄭《注》云：

「氣，謂噓吸出入者也。耳目之聰明爲魄。」竊謂人之精神、知覺與夫運用、云爲皆是神。但氣是充盛發於外者，故謂之「神之盛」；四肢九竅與夫精血之類皆是魄，但耳目能視能聽而精明，故謂之「鬼之盛」。曰：是如此。這箇只是就身上說。又曰：燈似魂，鏡似魄。燈有光焰，物來便燒；鏡雖照見，只在裏面。又火日外影，金水内影，火日是魂，金水是魄。又曰：運用動作底是魂，不運用動作底是魄。又曰：動是魂，静是魄。胡泳。

問「其氣發揚于上爲昭明，焄蒿悽愴」。曰：此是陰陽乍離之際，髣髴如有所見，有這箇聲氣。昭明、焄蒿是氣之升騰，悽愴是感傷之意。文蔚。

問「其氣發揚於上爲昭明，焄蒿悽愴」。曰：昭明是所謂光景者，想像其如此；焄蒿是騰升底氣象；悽愴是能令人感動模樣，「墟墓之間未施哀而民哀」是也。「洋洋乎如在其上，如在其左右」，正謂此。德明。

「昭明」是光耀底，「焄蒿」是衮上底，「悽愴」是凛然底。今或有人死，氣盛者亦如此。賜。

曾見人説，有人死，其室中皆温暖，便是氣之散。《禮記》云：「其氣發揚于上爲昭明，焄蒿悽愴，此百物之精也。」昭明，是精光；焄蒿，是暖氣；悽愴，是慘栗者。如《漢書》李少君招魂，云：「其氣肅然！」

焄蒿，是鬼神精氣交感處，注家一處説升騰。悽愴，則漢武《郊祀記》所謂「其風肅然」。或問：今人聚數百人去祭廟，必有些影響，是如何？曰：衆心輻湊處，這些便熱。又問：「郊焉而天神假，廟焉而人鬼享」，如何？曰：古時祭祀都是正，無許多邪誕。古人只臨時爲壇以祭，此心發處，則彼以氣感，纔了便散。今人不合做許多神像只兀兀在這裏坐，又有許多夫妻子母之屬。如今神道必有一名，謂之「張太保」、「李太保」，甚可笑！自修。○賀孫同。

問：「昭明」、「焄蒿」、「悽愴」之義如何？曰：此言鬼神之氣所以感觸人者。昭明，乃光景之屬；焄蒿，氣之感觸人者；悽愴，如《漢書》所謂「神君至，其風颯然」之意。廣問：《中庸或問》取鄭氏説云：「口鼻之噓吸者爲魂，耳目之精明者爲魄。」先生謂：此蓋指血氣之類言之。口鼻之噓吸，是以氣言之；耳目之精明，是以血言之。目之精明以血言，可也。耳之精明，何故亦以血言？曰：醫家以耳屬腎，精血盛則聽聰，精血耗則耳聵矣。氣爲魂，血爲魄，故「骨肉歸于地，陰爲野土」，「若夫魂氣則無不之也」。廣云：是以《易》中説「遊魂爲變」。曰：《易》中又却只説一邊：「精氣爲物。」「精氣聚則成物，精氣散則氣爲魂，精爲魄。魂升爲神，魄降爲鬼。《易》只説那升者。廣云：如徂落之義，敗是兼言之。❶曰：然。廣云：今愚民於村落杜撰立一神祠，合衆以禱之，其神便靈。曰：可知衆心之所輻湊處，便自暖，故便有一箇靈底道理。所以祭神多用血肉者，蓋要得藉他之生氣耳。聞蜀中灌口廟一年嘗殺數萬頭羊，州府亦賴此一項税羊錢用。又如古人釁鍾、釁龜之意，皆是如此。廣云：人心聚處便有神，故古人「郊則天神格，廟則人鬼享」，亦是此理。曰：固是。但古人之意正，故其神亦正；後世人心先不正了，故所

❶「敗」，四庫本作「則」。

感無由得正。因言：古人祭山川，只是設壇位以祭之，祭時便有，祭了便無，故不褻瀆。後世却先立箇廟貌如此，所以反致惑亂人心，倖求非望，無所不至。廣因言今日淫祠之非禮，與釋氏之所以能服鬼神之類。曰：人心苟正，表裏洞達，無纖豪私意，可以對越上帝，則鬼神焉得不服？故曰「思慮未起，鬼神莫知」。又曰：「一心定而鬼神服。」廣。

問：「其氣發揚于上爲昭明，焄蒿悽愴，此百物之精也，神之著也。」如何？曰：神氣屬陽，故謂之人；精魄屬陰，故謂之鬼。然方其生也，而陰之理已附其中矣。❶又曰：今且未要理會到鬼神處。大凡理只在人心，此心一定，則萬理畢見，亦非能自見也。心苟定矣，試一察之，則是是非非自然別得。且如惻隱、羞惡、辭遜、是非，固是良心。苟不存養，則發不中節，顛倒錯亂，便是私心。又問：既加存養，則未發之際不知如何？曰：未發之際便是中，便是「敬以直内」，便是心之本體。又問：於未發之際，欲加識別，使四者各有着落，如何？曰：如何識別？也只存得這物事在這裏，便恁地涵養將去。既熟，則其發見自不差。所以伊川説：「德無常師，主善爲師；善無常主，協于克一。」須是協一，方得。問：「善」字不知主何而言？曰：這只主良心。道夫。

問：聖人凡言鬼神，皆只是以理之屈伸者言也。❷至言鬼神、禍福、凶吉等事，亦只是以理言。蓋人與鬼神、天地同此一理，而理則無有不善。人能順理則吉，逆理則凶，其於禍福亦然。豈謂天地、鬼神一一下

❶「陰」下，萬曆本有「陽」字。

❷「伸」，原作「神」，今據萬曆本改。

降於人哉？如《書》稱「天道福善禍淫」，《易》言「鬼神害盈而福謙」，亦只是這意思。《祭義》：「宰我曰：『吾聞鬼神之名，不知其所謂。』孔子曰：『神也者，氣之盛也；魄也者，鬼之盛也。』又曰：『衆生必死，死必歸土，是之謂鬼。骨肉斃于下，陰爲野土。其氣發揚于上爲昭明，焄蒿悽愴，百物之精，神之著也。』」魄既歸土，此則不問。其曰氣、曰精、曰昭明，又似有物矣。既只是理，則安得有所謂氣與昭明者哉？及觀《禮運》論祭祀，則曰：「以嘉魂魄，是謂合莫。」《注》謂：「莫，無也。」又曰：「上通無莫。」此說又似與《祭義》不合。曰：如子所論，是無鬼神也。鬼神固是以理言，然亦不可謂無氣。所以先王祭祀，或以燔燎，或以鬱鬯，以其有氣，故以類求之爾。至如禍福吉凶之事，則子言是也。謨。

哀公問

《哀公問》中「訪」字，去聲讀，只是「方」字。山東人呼「方」字去聲。《漢書》中說文帝舅駟鈞處，上文云「訪高后時」，即山東音也，其義只是「方」字。按：此篇無「訪」字，乃録誤，當考。○僩。

仲尼燕居

領惡全好，楊至之記云：「領，管領，使之不得動。」又云：「領，治也，治去其惡也。」節。

孔子閒居

《禮記》「耆欲將至，有開必先」，《家語》

作「有物將至，其兆必先」，却是。疑「有物」訛爲「耆欲」，「其兆」訛爲「有開」。故「耆」下「日」亦似「有」，「開」上「門」亦似「兆」。若說「耆欲」，則又成不好底意。義剛。

表記

「朝極辨，不繼之以倦。」辨，治也。泳。

問：「君子莊敬日强」，是志强否？曰：志也强，體力也强。今人放肆，則日怠惰一日，那得强？伊川云：「人莊敬，則日就規矩。」莊敬自是耐得辛苦，自不覺其日就規矩也。寓。

《禮記》「與仁同過」之言，說得太巧，失於迫切。人傑。

問：《表記》，❶伊川曰：「《禮記》多有不純處。如『至孝近乎王，至弟近乎霸』，直是可疑。」如此，則王無弟，❷霸無父也！曰：《表記》言「仁有數，義有長短小大」，此亦有未安處。今且只得如《注》說。去僞。

問：「鄉道而行，中道而廢」，其意安在？曰：古人只恁地學將去，有時到方子録作「倒」。了也不定。今人便算時度日，去計功效。又問：《詩》之正意，「仰」字當重看；夫子之言，「行」字當重看。曰：不是高山景行，又仰箇什麽？又行箇什麽？高山景行，便是那仁。至。○方子同。

深衣

「具父母，衣純以青。」偏親既無明文，

❶「表」，原作「喪」，今據朝鮮本、萬曆本改。
❷「弟」，萬曆本作「兄」。

亦當用青也。繢者，可以青純畫雲。「雲」字，見沈存中《筆談》。必大。

深衣用虔布，但而今虔布亦未依法。當先有事其縷，無事其布。方未經布時，先研其縷，非織了後研也。衣服當適於體。康節向温公説：「某今人，着今之服。」亦未是。泳。

鄉飲酒

《鄉飲酒》「義三讓」之「義」，《注疏》以爲「月三日而成魄，魄三月而成時」之義，不成文理，説倒了。他和《書》「哉生魄」也不曾曉得，然亦不成譬喻。或云當作「月三日而成明」，乃是。僩。

《鄉飲酒禮》：「堂上主客列兩邊，主人一拜，客又答一拜；又拜一拜，又答一拜，却不交拜。又也皆北向拜，不相對。」不知是如何。某赴省試時，衆士人拜知舉，知舉受拜了，却在堂上令衆人少立，使人大喝云：「知舉答拜！」方拜二拜。是古拜禮猶有存者。近年問人，則便已交拜，是二三十年間此禮又失了。賀孫。

明州行鄉飲酒禮，其儀乃是高抑崇撰。如何不曾看《儀禮》，只將《禮記·鄉飲酒義》做這文字。似乎編入《國史》、《實録》，果然是貽笑千古者也！《儀禮》有「拜迎」、「拜至」、「拜送」、「拜既」。拜迎，謂迎賓；拜至，謂至階；拜送，謂既酌酒送酒也；拜既，卒爵而拜也。此禮中四節如此。今其所定拜送，乃是送客拜兩拜，客去又拜兩拜，謂之「拜既」，豈非大可笑！禮，既飲，「左執爵，祭脯醢」。所以左執爵者，謂欲用右手取脯醢，從其便也。他却改「祭脯醢」

作「薦脯醢」，自教一人在邊進脯醢。右手自無用，却將左手只管把了爵，將右順便手却縮了，是可笑否？賀孫。

紹興初，爲鄉飲酒禮，朝廷行下一儀制極乖陋。此時乃高抑崇爲禮官。看他爲謹終喪禮，是煞看許多文字，如《儀禮》一齊都考得子細。如何定鄉飲酒禮乃如此疏繆？更不識着《儀禮》，只把《禮記·鄉飲酒義》鋪排教人行。且試舉一項，如《鄉飲酒》文云：「拜至，拜洗，拜受，拜送，拜既。」拜至，乃是賓升，主人阼階上當楣北面再拜，謝賓至堂，是爲拜至。主人既洗酌，卒洗，升，賓拜洗，是爲拜洗。主人取爵實之獻賓，賓西階上拜，是爲拜受。若拜送，乃是賓進受爵，主人阼階上拜，如今云送酒，是爲拜送爵。賓復西階上位，方有拜告旨、拜執爵及酢主人之禮。他乃將拜送作送之門外再拜爲拜送；門外兩拜了，又兩拜，爲拜既。不知如何恁地不子細。拜既爵，亦只是堂上禮。又曰：古禮看説許多節目，若甚煩縟，❶到得行時節，只頃刻可了。以舊時所行鄉飲酒看之，煞見得不費時節。又曰：《開元禮》煞可看。唯是《五禮新儀》全然不是。當時做這文字時，不曾用得識禮底人，只是胡亂變易古文白撰，全不考究。天子乘車，古者君車將駕，則僕御執策立於馬前。既效駕，君雖未升，僕御者先升，則奮衣由右上。以君位在左，故避君空位。《五禮新儀》却漏了僕人登車一項。至駐車處，却有僕人下車之文。這是一處錯，他處都錯了。又云：《五禮新儀》固未是，至如今又皆不理會。如朝報上云「執綏官」，則是

❶「煩」，四庫本作「繁」。

無僕人之禮。古者執綏自是執綏，僕人乃是受綏，如何今却以執綏官代僕人？兼古者有敬事，則必式。蓋緣立於車上，故憑衡；式則是磬折，是爲致敬。今却在車上用倚子坐，則首與前衡高下不多，若憑手，則是傲慢。這般所在，都不是。如所謂「僕人乃立於車柱之外後角」，又恐立不住，却以采帛繫於柱上，都不成模樣。兼前面乃以内侍二人立於兩旁，是大非禮！「同子參乘，爰絲變色」，豈有以内侍同載，而前後皆安之？眼前事，纔拈一件起來勘當着所在，便不成模樣。神宗嘗欲正此禮數，王安石答以先理會得學問了，這般事自有人出理會，遂止。如荆公門人陸農師自是煞能考禮，渠後來却自不曾用他。又曰：婦人之拜，據《古樂府》云「出門長跪問故夫」，又云「直身長跪」。余正父云：「《周禮》有肅拜，恐只是如今之俯首加敬而已。」不知夫人如何。《喪禮》，婦人唯舅之喪則跪拜，於他人又不知其拜如何。古禮殘闕，這般所在皆無可考。賀孫。

鄉射

「與爲人後者不入。」「與爲人後者」，謂大宗已有後，而小宗復爲之後，却無意思。因言：李光祖嘗爲人後，其家甚富，其父母死，竭家貲以葬之，而光祖遂至於貧。雖不中節，然意思却好。人傑。

「射中，則得爲諸侯；不中，則不得爲諸侯。」此等語皆難信。《書》謂「庶頑讒説，侯以明之」。然中間若有羿之能，又如何以此分別？恐大意略以射審定，非專以此去取也。賀孫。

射，觀德擇人，是凡與射者皆賢者可以助祭之類，但更以射擇之，如卜筮決事然。其人賢、不肖，不是全用射擇之也。小人更是會射，今俗射有許多法，與古法多少别，小人儘會學。後之説者説得太過了，謂全用此射以擇諸侯并助祭之人，非也。大率禮家説話，多過了，無殺合。揚。

拾遺

古人祭酒於地；祭食於豆間，有版盛之，卒食撤去。人傑。

有體，有俎。祭享：體，半邊也。俎以骨爲斷。○卓。

木豆爲豆，銅豆爲登。「登」，本作「鐙」。○道夫。

几，是坐物，有可以按手者，如今之三清椅。明作。

門，是外門，雙扇。户，是室中之户，隻扇。觀《儀禮》中可見。義剛。

王出户，則宗祀隨之；❶出門，則巫覡隨之。文蔚。

「天子視學以齒，嘗爲臣者弗臣。」或疑此句未純，恐其終使人不臣，如蔡卞之扶植王安石也。曰：天子自有尊師重道之意，亦豈可遏！只爲蔡卞是小人，王安石未爲大賢，蔡卞只是扶他以證其邪説，故喫人議論。如了翁論他也是。若真有伊、周之德，雖是故臣，稍加尊敬，亦何害？天子入學，父事三老，兄事五更，便是以齒不臣之也。如或人之論，則廢此禮可也。

❶「祀」，四庫本作「祝」。

朱子語類卷第八十八 計一板

禮五

大戴禮

《大戴禮》無頭，其篇目闕處，皆是元無，非小戴所去取。其間多雜僞，亦有最好處。然多誤，難讀。義剛。

《大戴禮》冗雜，其好處已被小戴採摘來做《禮記》了，然尚有零碎好處在。廣。

《大戴禮》賀孫録云：或有注，或無注，皆不可曉。本文多錯，注尤舛誤。武王諸銘有直做得巧了切題者，如《鑑銘》是也。亦有絶不可曉者。賀孫録云：有煞着題處，有全不着題處。想古人只是述戒懼之意，而隨所在寫記以自警省爾，不似今人，爲此銘便要就此物上説得親切。賀孫録云：須要做象本色。然其間亦有切題者，如湯《盤銘》之類。至於武王《盥盤銘》，則又似箇船銘，賀孫録云：因舉問數銘可疑。曰便是如《盥盤銘》似可做船銘。想只是因水起意，然恐亦有錯雜處。廣。○賀孫録少異。

太公銘几杖之屬，有不可曉、不着題之語。古人文字只是有箇意思便説，不似今人區區就一物上説。

安卿問：《大戴·保傅篇》多與賈誼策同，如何？曰：《保傅》中説「秦無道之暴」，此等語必非古書，乃後人采賈誼策爲之，亦有《孝昭冠辭》。義剛。

《明堂篇》説其制度有「二九四七五三

六一八」，鄭《注》云「法龜文」也。此又九數爲《洛書》之一驗也。賀孫録云：他那時已自把《九疇》作《洛書》看了。○廣。

朱子語類卷第八十九 計一十四板

禮六　冠昏喪

總　論

冠禮、昏禮，不知起於何時。如《禮記疏》説得恁地，不知如何未暇辨得。義剛。

問：冠、昏、喪、祭，何書可用？曰：只温公《書儀》略可行，亦不備。又曰：只是《儀禮》。問：伊川亦有書？曰：只有些子。節。

欽夫嘗定諸禮可行者，淳録云：在廣西刊《三家禮》。乃除冠禮不載。問之，云：「難行。」某答之云：「古禮惟冠禮最易行。淳録云：只一家事。如昏禮須兩家皆好禮，淳録云：礙兩家，如五兩之儀，須兩家是一樣人，始得。方得行。喪禮臨時哀痛中，少有心力及之。祭禮則終獻之儀，煩多長久，皆是難行。看冠禮，比他禮却最易行。賀孫。○淳録少異。

問：喪、祭之禮，今之士固難行，而冠、昏自行，可乎？曰：亦自可行。某今所定者，前一截依温公，後一截依伊川。昏禮事屬兩家，恐未必信禮，恐或難行。若冠禮，是自家屋裏事，却易行。向見南軒説冠禮難行。某云：「是自家屋裏事，關了門，將巾冠與子弟戴，有甚難！」又云：昏禮廟見舅姑之亡者而不及祖，蓋古者宗子法行，非宗子之家不可別立祖廟，故但有禰廟。今只共廟，如何只見禰而不見祖？此當以義起，亦見祖可也。問：必待三月，如何？

曰：今若既歸來，直待三月，又似太久。古人直是至此方見可以爲婦，及不可爲婦，此後方反馬。馬是婦初歸時所乘車，至此方送還母家。賀孫。

問冠、昏、喪、祭禮。曰：今日行之正要簡，簡則人易從。如温公《書儀》，人已以爲難行，其殽饌十五味，亦難辦。舜功云：隨家豐儉。曰：然。問：唐人立廟，不知當用何器？曰：本朝只文潞公立廟，不知用何器。曰：與叔亦曾立廟，用古器。然其祭以古玄服，乃作大袖皂衫，亦怪，不如著公服。今《五禮新儀》亦簡，唐人祭禮極詳。可學。

問：冠、昏之禮如欲行之，當須使冠、昏之人易曉其言，乃爲有益。如三加之辭、出門之戒，若只以古語告之，彼將謂何？曰：只以今之俗語告之，使之易曉，乃佳。時舉。

冠

因言冠禮，或曰：邾隱公將冠，使孟懿子問於孔子，孔子對他一段好。曰：似這樣事，孔子肚裏有多，但今所載於方册上者，亦無幾爾。廣。

昏

天子、諸侯不再娶，亡了后妃，只是以一娶十二女、九女者推上。魯、齊破了此法再娶。大夫娶三，士二，却得再娶。楊。

因論今之士大夫多是死於慾。曰：古人法度好。天子一娶十二女，諸侯一娶九女，老則一齊老了，都無許多患。楊。

親迎之禮，從伊川之説爲是。近則迎於其國，遠則迎於其館。閎祖。

問：程氏《昏儀》與温公《儀》如何？曰：互有得失。曰：當以何爲主？曰：迎婦以前，温公底是；婦入門以後，程《儀》是。温公《儀》，親迎只拜妻之父兩拜，便受婦以行，却是；程《儀》徧見妻之黨，則不是。温公《儀》，入門便廟見，不是；程《儀》未廟見，却是。大概只此兩條，以此爲準，去子細看。曰：廟見當以何日？曰：古人三月而後見。曰：何必待三月？曰：未知得婦人性行如何。三月之久，則婦儀亦熟，方成婦矣。然今也不能到三月，只做箇節次如此。曰：古人納采後，又納吉。若卜不吉，則如何？曰：便休也。曰：古人納幣五兩，只五匹耳。恐太簡，難行否？曰：計繁簡，則是以利言矣。且吾儕無望於復古，則風俗更教誰變？曰：温公用鹿皮，如何？曰：大節是了，小小不能皆然，亦没緊要。曰：温公「婦見舅姑，及舅姑享婦儀」，是否？曰：亦是古人有此禮。淳。

或問：古者婦三月廟見，而温公禮用次日。今有當日即廟見者，如何？曰：古人是從下做上，其初且是行夫婦禮；次日，方見舅姑；服事舅姑已及三月，不得罪於舅姑，方得奉祭祀。義剛。

問：婦當日廟見，非禮否？曰：固然。温公如此，他是取《左氏》「先配後祖」之説。不知《左氏》之語何足憑？豈可取不足憑之《左氏》而棄可信之《儀禮》乎！卓。

人著書，只是自入些己意，便做病痛。司馬與伊川定昏禮，都是依《儀禮》，只是各改了一處，便不是古人意。司馬《禮》云：「親迎，奠雁，見主昏者即出。」不先見妻父母者，以婦未見舅姑也。是古禮如此。伊川却教拜了，又入堂拜大男小女，這不是。伊川云：「婿迎婦既至，即揖入内，次日見舅姑，三月而廟見。」是古禮。司馬《禮》却説婦入門即拜影堂，這又不是。古人初未成婦，次日方見舅姑。蓋先得於夫，方可見舅姑；到兩三月得舅姑意了，舅姑方令見祖廟。某思量，今亦不能三月之久，亦須第二日見舅姑，第三日廟見，乃安。亦當行親迎之禮。古者天子必無親至后家之禮。今妻家遠，要行禮，一則令妻家就近處設一處，却就彼往迎歸館成禮；一則妻家出至一處，婿即就彼迎歸自家成禮。賀孫。

叔器問：昏禮，温公《儀》，婦先拜夫；程《儀》，夫先拜婦。或以爲妻者齊也，當齊拜。何者爲是？曰：古者婦人與男子爲禮，皆俠拜，每拜以二爲禮。昏禮，婦先二拜，夫答一拜；婦又二拜，夫又答一拜。冠禮，雖見母，母亦俠拜。淳。

問：今有士人對俗人結姻，欲行昏禮，而彼俗人不從，却如何？先生微笑，顧義剛久之，乃曰：這也是費力，只得宛轉使人去與他商量。古禮也省徑，人也何苦不行！直卿曰：若古禮有甚難行者，也不必拘。如三周御輪，不成是硬要扛定轎子旋三匝？先生亦笑而應。義剛曰：如俗禮若不大段害理者，些小不必盡去也得。曰：是。久之，云：古人也有不可曉。古人於男女之際甚嚴，却如何地親迎乃用男子御車，但只令略偏些子？不知怎生地。直卿舉今人結髮之説爲笑。先生曰：若娶用結髮，則結髮從軍，皆先用結了頭髮後，方與番人厮殺耶？義剛。

堯卿問姑舅之子爲昏。曰：據律中不

許。然自仁宗之女嫁李瑋家，乃是姑舅之子，故歐陽公曰：「公私皆已通行。」此句最是把嵩。去聲。這事又如魯初間與宋世爲昏，後又與齊世爲昏，其間皆有姑舅之子者，從古已然。只怕位不是。義剛。

喪

問喪禮制度節目。曰：恐怕《儀禮》也難行。如朝夕奠與葬時事尚可。未殯以前，如何得一一恁地子細？只如含飯一節，教人從那裏轉？那裏安頓？一一各有定所，須是有人相，方得。孔子曰「行夏之時，乘殷之輅」，已是厭周文之類了。某怕聖人出來，也只隨今風俗立一箇限制，須從寬簡。而今考得禮子細，一一如古，固是好；如考不得，也只得隨俗，不礙理底行去。胡泳。

因論喪服。曰：今人吉服皆已變古，獨喪服必欲從古，恐不相稱。閎祖云：雖是如此，但古禮已廢，幸此喪服尚有古制，不猶愈於俱亡乎？直卿亦以爲然。先生曰：禮，時爲大。某嘗謂衣冠本以便身，古人亦未必一一有義。又是逐時增添，名物愈繁。若要可行，須是酌古之制，去其重複，使之簡易，然後可。又云：一人自在下面做，不濟事。須是朝廷理會，一齊與整頓過。又云：康節説「某，今人，須着今時衣服」，忒煞不理會也。閎祖。〇以下喪服。

問子升：向見考祔禮，煞子細。不知其他禮數，都考得如此否？曰：未能及其他。曰：今古不同。如殯禮，今已自不可行。子升因問：喪禮，如溫公《儀》，今人平時既不用古服，却獨於喪禮服之，恐亦非宜，兼非禮不足、哀有餘之意。故向來斟酌，只以今服加衰絰。曰：論來固是如此。只如今因喪服尚存古制，後世有願治君臣，或可因此舉而行之。若一向廢了，恐後來者愈不復識矣。木之。

問：喪服，今人亦有欲用古制者。時舉以爲吉服既用今制，而獨喪服用古制，恐徒駭俗。不知當如何？曰：駭俗猶些小事，但恐考之未必是耳。若果考得是，用之亦無害。時舉。

喪禮衣服之類，逐時換去。如葬後換葛衫，小祥後換紳布之類。○揚。

問喪服之制。曰：「衣帶下尺」，鄭《注》云：「要也廣尺，足以掩裳上際。」廖西仲云：「以布半幅，其長隨衣之圍，橫綴於衣下而謂之要。」

問：喪服，如至尊之喪，小官及士庶等服，於古皆差。《儀禮》，諸侯爲天子斬衰三年。《傳》曰：「君，至尊也。」《注》：「天子、諸侯及卿大夫有地者，皆曰君。」庶人爲國君齊衰三月，《注》不言民，而言庶人，庶人或有在官者。天子畿内之民，服天子亦如之。以是觀之，自古無通天下爲天子三年之制，前輩恐未之考。曰：今士庶人既無本國之君服，又無至尊服，則是無君，亦不可不示其變。如今凉衫亦不害，此亦只存得些影子。問：士庶亦不可久？庶人爲國君亦止齊衰三月，諸侯之大夫爲天子，亦止小功緦衰。或問：有官人嫁娶在祔廟後。曰：只不可帶花用樂，少示其變。又曰：至尊之服要好，初來三日用古冠服，上衣下裳，以後却用今所制服，四脚幞頭等。自京官以上是一等服，京官以下是一等服，士人又一等服，庶人又一等服。如此等級分明，也好。器之問：壽皇行三年之喪，是誰建議？曰：自是要行，這是甚次第！可惜無好宰相將順成此一大事。若能因舉行盛典及於天下，一整數千百年之陋，垂數千百年之成憲，是甚次第！時相自用紫衫皂帶，入臨用白衫，待退歸便不着。某前日在上前説及三年之喪，亦自感動，次日即付出與禮官集議，意甚好。不知後來如何忽又住了，却對宰相説「也似咤異」。不知壽皇既已行了，又有甚咤異？只是亦無人助成此事。因檢《儀禮注疏》，説：嫡孫承重甚詳。君之喪服，士庶亦可聚哭，但不可設位。某在潭州時，亦多有民衆欲入衙來哭，某初不知，外面被門子止約了。待兩三日方知，遂出榜告示，亦有來哭者。賀孫。○以下君喪。

因説天子之喪：自太子宰執而下，漸降其服，至於四海，則盡三月。服，謂凶服。訃所至，不問地之遠近，但盡於三月而止。天子初死，近地先聞，則盡三月；遠地或後聞之，亦止於三月之内也。又云：古者次第，公卿大夫與列國之諸侯，各爲天子三年之喪；而列國之卿大夫，又各爲其君三年之服，蓋止是自服其君。如諸侯之大夫，爲本國諸侯服三年之喪，則不復爲天子服。百姓則畿内之民自爲天子服、本國之君服三年之喪也。故禮曰「百姓爲天子、諸侯有土者，服三年之喪」，爲此也。又云：「君之喪，諸達官之長，杖。」達官，謂得自通於君者，如内則公卿、宰執、六曹之長、九寺、五監之長，外則監司、郡守，皆自得通章奏於君者。凡此者皆杖，以次則不杖。如太常卿杖，太常少卿則不杖。若無太常卿，則少卿代之杖也。只不知王畿之内，公卿之有采地者，其民當如何服？當檢看。卓。

徽廟訃至，胡明仲知嚴州，衆議欲以日易月。張晉彥爲司理，爲明仲言：「前世以日易月，皆是有遺詔。今太上在遠，無遺詔，豈可行？」胡曰：「然則如之何？」曰：「盍請之於朝？」胡如其説，不報。可學。

高宗登遐，壽皇麻衣不離身，而臣子晏然朝服如常，只於朝見時，略換皂帶，以爲服至尊之服。冠有數樣，衣有數樣，所以當來如此者，乃是甚麽時，便着甚麽樣冠服。昨聞朝廷無所折衷，將許多衣服一齊重疊着了。古禮恐難行，如今來却自有古人做未到處。如古者以皮束棺，如何會彌縫？又設熬黍稷於棺旁以惑蚍蜉，可見少智。然三日便殯了，又見得防慮之深遠。今棺以用漆爲固，要拘三日便殯，亦難。喪最要不失大本。如不用浮屠，送葬不用樂，這也須除却。所謂古禮難行者，非是道不當行，只怕少間止了得要合那邊，要合這邊，到這裏一重大利害處，却没理會，却便成易了。古人已自有箇活法，如身執事者面垢而已之類。賀孫。

器遠問：「安常習故」，是如何？曰：云云。如親生父母，子合當安之。到得立爲伯叔後，疑於伯叔父有不安者，這也是理合當如此。然而自古却有大宗無子，則小宗之子爲之後。這道理又却重。只得安於伯叔父母，而不可安於所生父母。喪服則爲爲後父母服三年，所生父母只齊衰，不杖、期。賀孫。○以下服制。

問：「天下事易至於安常習故」，如何？曰：且如今人爲所生父母齊衰，不杖、期；爲所養父母斬衰三年。以理觀之，自是不安。然聖人有箇存亡繼絶底道理，又不容不安。且如濮安懿王事，當時皆以司馬公爲是。今則濮安懿王下却有主祀，朝廷却未嘗正其號。卓。

祖在父亡，祖母死，亦承重。揚。

嫡孫承重，庶孫是長，亦不承重。揚。

庶子之長子死，亦服三年。揚。

禮只有父母服，他服並無，故今長幼服都無考。妻服期，子以父在，服亦期，故哭祭之類同。今律則不然，故其禮皆齟齬。揚。

顯道問服制。曰：唐時添那服制，添得也有差異處。且如親叔伯是期，堂叔須是大功，乃便降爲小功，不知是怎生地。義剛。

服議，漢儒自爲一家之學，以《儀禮·喪服篇》爲宗。《禮記》中《小記》、《大傳》則皆申其説者，詳密之至，如理絲櫛髪。可試考之，畫作圖子，更參以《通典》及今律令，當有以見古人之意不苟然也。灝。

問：孝子於尸柩之前，在喪禮都不拜，如何？曰：想只是父母在生時，子弟欲拜，亦須俟父母起而衣服。今恐未忍以神事之，故亦不拜。胡泳。○以下居喪。

或問：哀慕之情，易得間斷，如何？曰：此如何問得人？孝子喪親，哀慕之情自是心有所不能已，豈待抑勒，亦豈待問人？只是時時思慕，自哀感。所以説「祭思敬，喪思哀」。只是思著自是敬，自是哀。若是不哀，别人如何抑勒得他？因舉宰我問三年之喪云云，曰：「女安則爲之！」聖人也只得如此説，不當抑勒他，教他須用哀。只是從心上説，教他自感悟。僩録略。

問：居喪以來，惟看《喪禮》，不欲讀他書，恐妨哀。然又覺精神元自荒迷，更專一用心去考索制度名物，愈覺枯燥。今欲讀《語》、《孟》，不知如何？曰：居喪初無不得讀書之文。古人居喪廢業，業是簨簴上版子；廢業，謂不作樂耳。古人禮樂不去身，惟居喪然後廢樂。故「喪復常，讀樂章」。《周禮》司業者，亦司樂也。

叔器問：今之墨衰便於出入，而不合禮經，如何？曰：若能不出，則不服之亦好。但有出入治事，則只得服之。《喪服四制》說：「百官備，百物具。不言而事行者，扶而起；言而後事行者，杖而起；身執事而後行者，面垢而已。」蓋惟天子、諸侯始得全伸其禮，庶人皆是自執事，不得伸其禮。淳。○義剛同。

親喪，兄弟先滿者先除服，後滿者後除，以在外聞喪有先後者。楊。

喪妻者，木主要作妻名，不可作母名。若是婦，須作婦名，翁主之。卒哭即祔。更立木主於靈坐，朝夕奠就之，三年除之。揚。

長子死，則主父喪用次子，不用姪，今法如此。宗子法立，則用長子之子。此法已壞，只從今法。揚。

問：喪之五服皆有制，不知飲食起居亦當終其制否？曰：合當盡其制。但今人不能行，然在人斟酌行之。寓。

問：喪禮不飲酒，不食肉。若朝夕奠，及親朋來奠之饌，則如之何？曰：與無服之親可也。淳。

喪葬之時，只當以素食待客。祭饌葷食，❶只可分與僕役。賀孫。

問：居喪，爲尊長强之以酒，當如何？曰：若不得辭，則勉徇其意，亦無害。但不

---

❶「饌」，朝鮮本作「餘」。

可至沾醉，食已，復初可也。問：坐客有歌唱者，如之何？曰：當起避。僩。

或問：親死，遺囑教用僧道，則如何？曰：便是難處。或曰：也可以不用否？曰：人子之心有所不忍。這事須子細商量。胡泳。

或問：設如母卒，父在，父要循俗制喪服，用僧道火化，則如何？曰：公如何？曰：只得不從。曰：其他都是皮毛外事，若決如此做，從之也無妨。若火化，則不可。泳曰：火化，則是殘父母之遺骸。曰：此話若將與喪服浮屠一道説，便是未識輕重在。胡泳。

「喪三年不祭。」蓋孝子居倚廬堊室，只是思慕哭泣，百事皆廢，故不祭耳。然亦疑當令宗人攝祭，但無明文，不可考耳。閎祖。○以下喪廢祭。

伊川謂：「三年喪，古人盡廢事，故併祭祀都廢。」今人事都不廢，如何獨廢祭祀？故祭祀可行。先生曰：然。亦須百日外方可。然奠獻之禮，亦行不得。只是鋪排酒食儀物之類後，主祭者去拜。若是百日之内要祭，或從伯叔兄弟之類，有人可以行。或問：今人以孫行之，如何？曰：亦得。又曰：期、大小功、緦麻之類服，今法上日子甚少，便可以入家廟燒香拜。揚。

問「喪，三年不祭」。曰：程先生謂：「今人居喪，都不能如古禮，却於祭祀祖先獨以古禮不行，恐不得。」橫渠曰：「如此，則是不以禮祀其親也。」某嘗謂：如今人居喪時，行三二分居喪底道理，則亦當行三二分祭先底禮數。今按：此語非謂只可行三二分，但既不得盡如古，則喪祭亦皆當存古耳。○廣。

古人緦麻已廢祭祀，恐今人行不得。揚。

問：三年喪中，得做祭文祭故舊否？曰：古人全不吊祭，今不奈何。胡籍溪言：「只散句做，不押韻。」揚。

先生以子喪，不舉盛祭，就影堂前致薦，用深衣幅巾。薦畢反，喪服，哭奠于靈，至慟。賀孫。

問：練而祔，是否？曰：此是殷禮，而今人都從周禮。若只此一件却行殷禮，亦無意思。若如陸子静說，祔了便除去几筵，則須練而祔。若鄭氏說祔畢復移主出於寢，則當如周制，祔亦何害？賀孫。○以下祔。

今不立昭穆，即所謂「祔于曾祖、曾祖姑」者，無情理也。德明。

古人所以祔于祖者，以有廟制昭穆相對，將來祧廟，則以新死者安於祖廟。所以設祔祭豫告，使死者知其將來安於此位；亦令其祖知是將來移上去，其孫來居此位。今不異廟，只共一堂排作一列，以西爲上，則將來祧其高祖了，只趲得一位，死者當移在禰處。如此，則只當祔禰。今祔於祖，全無義理。但古人本是祔于祖，今又難改他底，若卒改它底，將來後世或有重立廟制，則又着改也。神宗朝欲議立朝廷廟制，當時張虎則以爲祧廟、祔廟只移一位，陸農師則以爲祔廟、祧廟皆移一匝。如農師之說，則是世爲昭穆不定，豈得如此？文王却是穆，武王却是昭。如曰「武穆考文王」，❶又曰「我昭考武王」。又如《左傳》說：「管、蔡、郕、霍、魯、衛、毛、聃、郜、雍、曹、滕、畢、原、酆、郇，文之昭也。」這十六國是文王之子，文王是穆，故其子曰「文之昭也」。「邘、晉、應、韓，武之穆也」，這四國是武王之子，

❶「武」，萬曆本作「我」。

武王是昭，故其子曰「武之穆也」。則昭穆是萬世不可易，豈得如陸氏之説？陸氏《禮象圖》中多有杜撰處。不知當時廟制，後來如何不行。賀孫。

祔新主而遷舊主，亦合告祭舊主，古書無所載，兼不説遷於何所。天子則有始祖之廟，而藏之夾室，大夫亦自有始祖之廟。今皆無此，更無頓處。古人埋桑主於兩堦間，蓋古者堦間人不甚行；今則混雜，亦難埋於此，看來只得埋於墓所。《大戴禮》説得還祔一條，又不分曉。「分」，一作「可」。

先生以長子大祥，先十日朝暮哭，諸子不赴酒食會。近祥，則舉家蔬食，此日除祔。先生累日顔色憂戚。賀孫。

二十五月祥後便禫，看來當如王肅之説，於「是月禫，徙月樂」之説爲順。而今從鄭氏之説，雖是禮疑從厚，然未爲當。看來而今喪禮須當從《儀禮》爲正。如父在爲母期，非是薄於母，只爲尊在其父，不可復尊在母，然亦須心喪三年。及嫂叔無服，這般處皆是大項事，不是小節目，後來都失了。而今國家法爲所生父母皆心喪三年，此意甚好。賀孫。○以下禫。

先是旦日，吴兄不講禮，先生問何故。曰：爲祖母承重，方在禫，故不敢講賀禮。或問：爲祖母承重，有禫制否？曰：禮惟於父母與長子有禫。賀孫録云：却於祖母未聞。今既承重，則便與父母一般了，當服禫。廣。○賀孫同。

或問：女子已嫁，爲父母禫否？曰：賀孫録云：想是無此禮。據《禮》云，父在爲母禫，止是主男子而言。廣。○賀孫同。

問：今弔者用横烏，如何？曰：此正與「羔裘玄冠不以弔」相反，亦不知起於何時。想見當官者既不欲易服去弔人，故杜撰成箇禮數。若閒居時，只當易服用凉衫。廣。○弔。

本朝於大臣之喪，待之甚哀。賀孫舉哲宗哀臨温公事。曰：温公固是如此，至於嘗爲執政，已告老而死，祖宗亦必爲之親臨，罷樂。看古禮，君於大夫，小斂往焉，大斂往焉；於士，既殯往焉：何其誠愛之至！今乃恝然。這也只是自渡江後，君臣之勢方一向懸絶，無相親之意，故如此。古之君臣所以事事做得成，緣是親愛一體。因説虜人初起時，其酋長與部落都無分别，同坐同飲，相爲戲舞，所以做得事。如後來兀术犯中國，虜掠得中國士類，因有教之以分等陛立制度者，於是上下位勢漸隔，做事漸難。賀孫。○君臨臣喪。

某舊爲先人飾棺，考制度作帷幌，李先生以爲不切。而今禮文覺繁多，使人難行。後聖有作，必是裁減了，方始行得。賀孫。○飾棺。

先生殯其長子，諸生具香燭之奠。先生留寒泉殯所受吊，望見客至，必涕泣遠接之；客去，必遠送之。就寒泉庵西向殯，掘地深二尺，闊三四尺，内以火磚鋪砌，用石灰重重遍塗之，棺木及外用土磚夾砌。❶將下棺，以食五味奠亡人，次子以下皆哭拜。諸客拜奠，次子代亡人答拜。蓋兄死子幼，禮然也。賀孫。○以下殯。

伯量問：殯禮可行否？曰：此不用問人，當自觀其宜。今以不漆不灰之棺，而欲以甎土圍之，此可不可耶？必不可矣。數日見公説喪禮太繁絮，禮不如此看，説得人

❶「木」，朝鮮本作「下」。

都心悶。須討箇活物事弄，如弄活蛇相似，方好。公今只是弄得一條死蛇，不濟事。某嘗說：古者之禮，今只是存他一箇大概，令勿散失，使人知其意義。要之，必不可盡行。如始喪一段，必若欲盡行，則必無哀戚哭泣之情。何者？方哀苦荒迷之際，有何心情一一如古禮之繁細委曲？古者有相禮者，所以導孝子爲之。若欲孝子一一盡依古禮，必躬必親，則必無哀戚之情矣。況只依今世俗之禮，亦未爲失，但使哀戚之情盡耳。有虞氏瓦棺而葬，夏后氏堲周，必無周人之繁文委曲也。又禮，壙中用生體之屬，久之必憒爛，❶却引虫蟻，非所以爲亡者慮久遠也。古人壙中置物甚多。以某觀之，禮文之意太備，則防患之意反不足。要之，只當防慮久遠，「毋使土親膚」而已，其他禮文皆可略也。又如古者棺不釘，不用漆粘。而今灰漆如此堅密，猶有蟻子入去，何況不使釘漆！此皆不可行。孔子曰「如用之，則吾從先進」，已是厭周之文了。又曰「行夏之時，乘殷之輅」，此意皆可見。使聖賢者作，必不盡如古禮，必裁酌從今之宜而爲之也。又如士相見禮、鄉飲酒禮、射禮之屬，而今去那裏行？只是當存他大概，使人不可不知。方周之盛時，禮又全體皆備，所以不可有纖豪之差。今世盡不見，徒掇拾編緝於殘編斷簡之餘，如何必欲盡做古之禮得。或曰：「郁郁乎文哉！吾從周。」聖人又欲從周之文，何也？曰：聖人之言，固非一端。蓋聖人生於周之世，周之一代，禮文皆備，誠是整齊，聖人如何不從得！只是「如用之，則吾從先進」，謂自爲

❶「憒」，四庫本作「潰」。

邦則從先進耳。僩。

伯謨問：某人家欲除服而未葬，除之則魂魄無所依，❶不可祔廟。曰：不可。如何不早葬？葬何所費？只是悠悠。因語：莆人葬，只是於馬鬣上，大可憂！須是懸棺而葬。可學。○以下葬。

喪事都不用冥器糧瓶之類，無益有損。棺槨中都不着世俗所用者一物。楊。

因説地理。曰：程先生亦揀草木茂盛處，便不是不擇。伯恭却只胡亂平地上便葬。若是不知此理，亦不是。若是知有此道理，故意不理會，尤不是。畓。

堯卿問合葬夫婦之位。曰：某當初葬亡室，只存東畔一位，亦不曾考禮是如何。安卿云：地道以右爲尊，恐男當居右。曰：祭以西爲上，則葬時亦當如此方是。義剛。

先生葬長子喪儀：銘旌，埋銘，魂轎，柩止用紫蓋，盡去繁文。埋銘石二片，各長四尺、闊二尺許，止記姓名、歲月、居里。刻訖，以字面相合，以鐵束之，置於壙上。其壙用石，上蓋厚一尺許，五六段橫湊之，兩旁及底五寸許。內外皆用石灰雜炭末、細沙、黄泥築之。賀孫。

問改葬。曰：須告廟而後告墓，方啓墓以葬。葬畢，奠而歸，又告廟哭，而後畢事，方穩。行葬更不必出主，祭告時却出主於寢。賀孫。

人家墓壙棺槨，切不可太大，當使壙僅能容槨，槨僅能容棺，乃善。去年此間陳家墳墓遭發掘者，皆緣壙中太闊，其不能發者，皆是壙中狹小無着脚手處，此不可不知也。又此間墳墓山脚低卸，做盜易入。問：墳與墓

❶「魄」，原作「帛」，今據賀本、萬曆本改。

何別？曰：墓想是塋域，墳即土封隆起者。《光武紀》云：「爲墳但取其稍高，四邊能走水足矣。」古人墳極高大，壙中容得人行，也没意思。法令：一品已上墳得一丈二尺，亦自儘高矣。守約云：墳墓所以遭發掘者，亦陰陽家之説有以啓之。蓋凡發掘者，皆以葬淺之故。若深一二丈，自無此患。古禮葬亦許深。曰：不然。深葬有水。嘗見興化、漳、泉間墳墓甚高。問之，則曰「棺只浮在土上，深者僅有一半入地，半在地上，所以不得不高其封」。後來見福州人舉移舊墓稍深者，❶無不有水，方知興化、漳、泉淺葬者，蓋防水爾。北方地土深厚，深葬不妨。豈可同也？問：槨外可用炭灰雜沙土否？曰：只純用炭末置之槨外，槨内實以和沙石灰。或曰：可純用灰否？曰：純灰恐不實，須雜以篩過沙，久之灰沙相乳入，其堅如石槨。外四圍上下，一切實以炭末，約厚七八寸許，既辟濕氣，免水患，又截樹根不入。樹根遇炭，皆生轉去，以此見炭灰之妙。蓋炭是死物，無情，故樹根不入也。《抱樸子》曰：「炭入地，千年不變。」問：范家用黄泥拌石炭實槨外，如何？曰：不可。黄泥久之亦能引樹根。又問：古人用瀝青，恐地氣蒸熱，瀝青溶化，棺有偏陷，却不便。曰：不曾親見用瀝青利害。但書傳間多言用者，不知如何。僩。

風之爲物，無物不入。因解「《巽》爲風」。今人棺木葬在地中，少間都吹喎了，或吹翻了。問：今地上安一物，雖烈風，未必能吹動。何故地如此堅厚，却吹得動？曰：想

❶「墓」，萬曆本作「墳」。

得在地中藴蓄欲發，其力盛猛；及出平地，則其氣涣散矣。或云：恐無此理。曰：政和縣有一人家，葬其親於某位。葬了，但時聞壙中響聲。其家以爲地之善，故有此響。父之家業漸替，❶子孫貧窮，以爲地之不利，遂發視之。見棺木一邊擊觸皆損壞，其所擊觸處，正當壙前之籠壙，今捲塼爲之，棺木所入之處也。或云：恐是水浸致然。曰：非也。若水浸，則安能擊觸有聲？不知此理如何。

古人惟冢廟有碑，廟中者以繫牲。冢上四角四箇，以繫索下棺；棺既下，則埋於四角，所謂「豐碑」是也。或因而刻字於其上，後人凡碑刻無不用之，且於中間穴孔，不知欲何用也。今會稽大禹廟有一碑，下廣鋭而上小薄，形製不方不圓，尚用以繫牲，云是當時葬禹之物。上有隸字，蓋後人刻之也。僩。○碑。

❶「父」，四庫本作「久」。

朱子語類卷第九十 計二十九板

禮七

祭

如今士大夫家都要理會古禮。今天下有二件極大底事，恁地循襲：其一是天地同祭於南郊；其一是太祖不特立廟，而與諸祖同一廟。自東漢以來如此。又録云：千五六百年無人整理。子謂爲芻靈也善，謂爲俑者不仁，雖是前代已用物事，到不是處，也須改用教是，始得。賀孫。○以下天地之祭。

古時天地定是不合祭，日月、山川、百神亦無合共一時祭享之禮。當時禮數也簡，儀從也省，必是天子躬親行事。豈有祭天便將下許多百神一齊排作一堆都祭！只看郊臺階級，兩邊是踏過處，中間自上排下都是神位，更不通看。賀孫。

問先朝南、北郊之辯。曰：如《禮》説「郊特牲，而社稷太牢」；《書》謂「用牲于郊，牛二」，及「社于新邑」，此其明驗也。故本朝後來亦嘗分南、北郊。至徽宗時，又不知何故却合爲一。又曰：但《周禮》亦只是説祀昊天上帝，不説祀后土，故先儒説祭社便是。又問：《周禮·大司樂》，冬至奏樂於圜丘以禮天，夏至奏樂于方丘以禮地。曰：《周禮》中止有此説。更有「禮大神，享大鬼，祭大祇」之説，餘皆無明文。廣。

天地，本朝只是郊時合祭。神宗嘗南郊祭天矣，未及次年祭地而上仙。元祐間，嘗議分祭。東坡議只合祭，引《詩》「郊祀天地」爲證，劉元城逐件駁之。秋、冬祈穀之類，亦是二祭而合言之。東坡只是謂祖宗幾年合祭，一旦分之，恐致禍。其説甚無道理。元城謂子由在政府，見其論無道理，遂且罷議。後張耒輩以衆説易當時文字。徽宗時分祭，祀后土皇地。示，漢時謂之「媪神」。漢武、明皇以南郊祭天爲未足，遂祭于泰山；以北郊祭地爲未足，遂祭于汾陰，立一后土廟。真宗亦皆即泰山、汾陰而祭焉。先生曰：分祭是。揚。

先生因泛説祭祀，以社祭爲祀地。諸儒云，立大社、王社，諸侯國社、侯社。五峰有此説，謂此即祭地之禮。道夫録云：五峰言無北郊，只社便是祭地，却説得好。《周禮》他處不説，只《宗伯》「以黄琮禮地」，注謂夏至地神在崑崙。《典瑞》「兩圭有邸以祀地」，注謂祀於北郊。《大司樂》「夏日至，於澤中方丘奏之」，「八變」，「則地示」「可得而禮矣」，他書亦無所考。《書》云：「乃社于新邑，牛一、羊一。」然禮云諸侯社稷皆少牢，此處或不可曉。賀孫。

如今郊禮合祭天地。《周禮》有「圜丘」、「方澤」之説，後來人却只説地便是后土，見於書傳，言郊社多矣。某看來不要如此，也自還有方澤之祭。但《周禮》其他處又都不説，亦未可曉。木之。

如今祀天地、山川神，塑貌象以祭，極無義理。木之。

堯卿問：社主，平時藏在何處？曰：向來沙隨説「以所宜木刻而爲主」。某嘗辨之，後來覺得却是，但以所宜木爲主。如今世俗神樹模樣，非是將木來截作主也。以木名社，如櫟社、枌榆社之類。又問社稷神。曰：説得不同。或云稷是山林原隰之神，或云是穀神。看來穀神較是，社是土神。又問：社何以有神？曰：能生物，便是神也。又曰：《周禮》：「亡國之社，❶却用刑人爲尸。」一部《周禮》，却是看得天理都爛熟也。夔孫。○以下社。

程沙隨云：「古者社以木爲主，今以石爲主，非古也。」方子。

五祀：行是道路之神，伊川云是字廊，❷未必然；門是門神，户是户神，與中霤、竈，凡五。古聖人爲之祭祀，亦必有其神。如孔子説：「祭如在，祭神如神在。」是有這祭，便有這神，不是聖人若有若亡，見得一半，便自恁地。但不如後世門神，便畫一箇神象如此。賀孫。○以下五祀。

叔器問五祀祭行之義。曰：行，堂塗也。古人無廊屋，只於堂階下取兩條路。五祀雖分四時祭，然出則獨祭行。及出門，又有一祭。作兩小山於門前，烹狗置之山上，祭畢，却就山邊喫，却推車從兩山間過，蓋取跋履山川之義。舜功問：祭五祀，想也只是當如此致敬，未必有此神。曰：神也者，妙萬物而言者也。盈天地之間皆神，若説五祀無神，則是有神處，有無神處，是甚麽道理？叔器問：天子祭天地，諸侯祭山川，大夫祭五祀，士庶人祭其先，此是分當如此否？曰：也是氣與他相關。如天子則是天地之主，便祭得那天地。若似其他人，與他不相關後，祭箇甚麽？如諸侯祭山川，也只祭得境内底。如楚昭王病後卜云：「河爲祟。」諸大夫欲祭河，昭王自

❶「社」，萬曆本作「神」。
❷「字」，萬曆本作「宇」。

言楚之分地不及於河，河非所以爲祟。孔子所以美之云：昭王之「不失國也，宜哉」。這便見得境外山川與我不相關，自不當祭。又問：如殺孝婦，天爲之旱，如何？曰：這自是他一人足以感動天地。若祭祀，則分與他不相干，❶如何祭得？又問：人而今去燒香拜天之類，恐也不是。曰：天只在我，更禱箇甚麽！一身之中，凡所思慮運動，無非是天。一身在天裏行，如魚在水裏，滿肚裏都是水。某説人家還醮無意思，一作「最可笑」。豈有斟一盞酒，❷盛兩箇餅，便要享上帝！且説有此理無此理？某在南康祈雨，每日去天慶觀燒香。某説，且謾去。一作「且慢」。今若有箇人不經州縣，便去天子那裏下狀時，你嫌他不嫌他？你須捉來打，不合越訴。而今祈雨，却如何不祭境内山川？如何便去告上帝？義剛。

問：竈可祭否？曰：人家飲食所繫，亦可祭。問「竈尸」。曰：想是以庖人爲之。問祭竈之儀。曰：亦略如祭宗廟儀。淳。

問：《月令》「竈在廟門之外」，如何？曰：五祀皆在廟中，竈在廟門之東。凡祭五祀，皆設席於奥，而設主奠俎於其所祭之處。已，乃設饌迎尸於奥。銖。

因説：五祀，伊川疑不祭井。古人恐是同井。曰：然。可學。

古者人有遠行者，就路間祭所謂「行神」者。用牲爲兩斷，車過其中，祭了却將喫，謂之「餞禮」。用兵時，用犯軍法當死底人斬於路，却兵過其中。楊。

❶「干」，萬曆本作「關」。
❷「盞」，萬曆本作「盃」。

祖道之祭，是作一土堆，置犬羊於其上，祭畢而以車碾從上過，象行者無險阻之患也，如《周禮》「犯軷」是也。此是門外事。門内又有行祭，乃祀中之一也。燾。

祈雨之類，亦是以誠感其氣。如祈神佛之類，亦是其所居山川之氣可感。今之神佛所居，皆是山川之勝而靈者。雨亦近山者易至，以多陰也。揚。

古人神位皆西坐東向，故獻官皆西向拜。而今皆南向了，釋奠時，獻官猶西向拜，不知是如何。○以下祀先聖。

室中西南隅乃主位。室中西牖東户。若宣聖廟室，則先聖當東向，先師南向。如周人禘嚳郊稷，嚳東向，稷南向。今朝廷宗廟之禮，情文都自相悖，不曉得。古者主位東向，配位南向，故拜即望西。今既一列皆南向，到拜時亦却望西拜，都自相背。古者用籩豆簠簋等陳於地，當時只席地而坐，故如此飲食爲便。今塑象高高在上，而祭饌反陳於地，情文全不相稱。曩者某人來問白鹿塑象，某答以州縣學是天子所立，既元用象，不可更。書院自不宜如此，不如不塑象。某處有列子廟，却塑列子膝坐于地，這必有古象。行古禮，須是參用今來日用常禮，庶或饗之。如太祖祭，用簠簋籩豆之外，又設牙盤食用椀楪之類陳於床，這也有意思，到神宗時廢了。元祐初，復用。後來變元祐之政，故此亦遂廢。賀孫。

夫子象設置於椅上，已不是，又復置在臺座上，到春秋釋奠却乃陳簠簋籩豆於地，是甚義理？某幾番説要塑宣聖坐于地上，如設席模樣，祭時却自席地。此有甚不可處？每説與人，都道差異，不知如何。某記在南康，欲於學中整頓宣聖，不能得。後説與交代，云云。宣聖本不當設像，春秋祭時，只設主祭可也。今不可行，只得設像坐于地，方始是禮。寓。

先聖冕服之制殊不同。詹卿云：「衮冕，畫龍於胸。」然則鷩冕之雉，毳冕之宗彝，皆畫於胸。銖。

釋奠，據《開元禮》，只是臨時設位，後來方有塑像。顔、孟配饗，始亦分位于先聖左右，後來方並坐于先聖之東西嚮。當來所降指揮，今亦無處尋討。必大。

孔子居中，顔、孟當列東坐西向。七十二人先是排東廡三十六人了，却方自西頭排起，當初如此。自升曾子於殿上，下面趲一位，次序都亂了。此言漳州，未知他處如何。又云：某經歷諸處州縣學，都無一箇合禮序。賀孫。

高宗御製《七十二子贊》，曾見他處所附封爵姓名，多用唐封官號。本朝已經兩番加封，如何恁地？賀孫。

謁宣聖焚香，不是古禮。拜進將捻香，不當叩首。只直上捻香了，却出笏叩首而降拜。賀孫。

釋奠散齋，因云：陳膚仲以書問釋奠之儀。今學中儀，乃禮院所班，多參差不可用。唐《開元禮》却好。《開寶禮》只是全録《開元禮》，易去帝號耳。若《政和五禮》則甚錯。今釋奠有伯魚而無子思，又「十哲」亦皆差互，仲弓反在上。且如紹興中作《七十二子贊》，只據唐爵號，不知後來已經加封矣。近嘗申明之。可學。

因論程沙隨辨《五禮新儀》下丁釋奠之説而曰：政和中編此書時，多非其人，所以差誤如此。續已有旨揮改正。唐《開元禮》既失煩縟，《新儀》又多脱略。如親祠一項，

《開元禮》中自先説將升車，執某物立車右，到某處，方説自車而降。今《新儀》只載降車一節，却無其先升車事前一段。既如此載後，凡親祠處段段皆然。今行禮時，又俱無此升降之儀。○必大。

孟子配享，乃荆公請之。配享只當論傳道，合以顔子、曾子、子思、孟子配。嘗欲於雲谷左立先聖四賢配，右立二程諸先生，後不曾及。在南康時，嘗要入文字從祀伯魚。以漸去任，不欲入文字理會事，但封與劉淳叟，以其爲學官，可以言之。揚。

在漳州日，陳請釋奠禮儀，到如今只恁地白休了。子約爲藉田令，多少用意主張，諸禮官都没理會了，遂休。坐客云：想是從來不曾理會得，故怕理會。曰：東坡曾云「今爲禮官者，皆是自牛背上拖將來」。今看來是如此。因問張舅忠甫家須更別有禮書，令還鄉日詢求之。致道云：今以時文取官，下梢這般所在，全理會不得。曰：向時尚有《開寶通禮》科，令其熟讀此書，試時挑問。後來又做出《通禮》，如注釋一般。如人要治此，必須連此都記得。如問云，籩起於何時？逐一説了後，又反覆論議一段，如此亦自好。漳州煞有文字，皆不得寫。如今朝廷須行許多禮書，如《五禮新儀》，未是。若是不識禮，便做不識禮，且只依本寫在也得。又去杜撰，將古人處改了。是日因看《薛直老行狀》，中有述其初爲教官，陳請改上丁釋奠事。蓋其見當時用下丁，故請改之。舊看古禮中有一處注云「春用二月上丁，秋用八月下丁」，今忘記出處。向亦欲檢問象先，及漳州陳請釋奠儀，欲乞委象先，又思量渠不是要理會這般事人，故已之。賀孫。

新書院告成，明日欲祀先聖先師，古有釋菜之禮，約而可行，遂檢《五禮新儀》，令具其要者以呈。先生終日董役，夜歸即與諸生斟酌禮儀。雞鳴起，平明往書院，以廳事未備，就講堂行禮。宣聖像居中，兖國公顔氏、郕侯曾氏、沂水侯孔氏、鄒國公孟氏西向配北上。並紙牌子。濂溪周先生、東一。明道程先生、西一。伊川程先生、東二。康節邵先生、西二。司馬温國文正公、東三。横渠張先生、西三。延平李先生東四。從祀。亦紙牌子。並設於地。祭儀别録，祝文别録。先生爲獻官，命賀孫爲贊，直卿、居甫分奠，叔蒙贊，敬之掌儀。堂狹地潤，頗有失儀。但獻官極其誠意，如或享之，鄰曲長幼並來陪。禮畢，先生揖賓坐，賓再起，請先生就中位開講。先生以坐中多年老，不敢居中位，再辭不獲，諸生復請，遂就位，説爲學之要。午飯後，集衆賓飲，至暮散。賀孫。

李丈問太廟堂室之制。曰：古制是不可曉。禮説「士堂後一架爲室」，蓋甚窄一。❶架即拆也。天子便待加得五七架，亦窄狹。不知周家三十以上神主位次相逼，如何行禮。室在堂後一間，從堂内左角爲户而入。西壁如今之牆上爲龕，太祖居之，東向。旁兩壁有牖，群昭列於北牖下而南向，群穆列於南牖下而北向。堂又不爲神位，而爲人所行禮之地。天子設黼扆於中，受諸侯之朝。淳。○義剛録同。○以下天子宗廟之祭。

「祖有功，而宗有德」，是爲百世不遷之廟。商六百年，只三宗，皆以有功德當百世祀，故其廟稱「宗」。至後世始不復問其功德之有無，一例以「宗」稱之。必大。

❶「一」，萬曆本無此字。

古人七廟，恐是祖宗功德者不遷。胡氏謂如此則是子孫得以去取其祖宗。然其論續謚法，又謂謚乃天下之公義，非子孫得以私之。如此，則廟亦然。揚。

問：漢諸儒所議禮如何？❶曰：劉歆説得較是。他謂宗不在七廟中者，謂恐有功德者多，則占了那七廟數也。問：文定七廟之説如何？曰：便是文定好如此硬説，如何恁地説得？且如商之三宗，若不是別立廟，後只是親廟時，何不胡亂將三箇來立？如何恰限取祖甲、太戊、高宗爲之？「祖有功，宗有德」，天下後世自有公論，不以揀擇爲嫌，所謂名之曰「幽」、「厲」，雖孝子慈孫，百世不能改。那箇好底自是合當宗祀，如何毀得！如今若道三宗只是親廟，則是少一箇親廟了。便是《書》難理會。且如成王崩後十餘日，此自是成服了，然《顧命》却説麻冕、黼裳、彤裳之屬，如此便是脱了那麻衣，更來着色衣。文定便説道是攝行踐阼之禮。某道，政事便可攝而行，阼豈可攝而踐？如何恁地硬説？且如元年，他便硬道不要年號。而今有年號，人尚去揩改契書之屬；若更無後，當如何？又問：「志一則動氣」，是「先天而天弗違」；「氣一則動志」，是「後天而奉天時」，其意如何？曰：他是説《春秋》成後致麟，先儒固亦有此説。然亦安知是作起獲麟，與文成致麟？但某意恐不恁地，這似乎不祥。若是一箇麟出後，被人打殺了，也揜采？因言：馬子莊道：袁州曾有一麟。胡叔器云：但是古老相傳，舊日開江有一白駒。先生曰：馬説是二十年間事。

❶「議」，原作「儀」，今據朝鮮本改。

若白駒等説，是起於禹。如顔師古注「啓母石」之説，政如此。近時廣德軍張大王分明是倣這一説。義剛。

廟，商七世，周亦七世。前漢初立三宗，後王莽并後漢末，又多加了「宗」字，又一齊亂了。唐十二廟。本朝則韓持國本退之《禘祫説》祀僖祖，又欲止起於太祖。其議紛紛，合起僖祖典禮，都只將人情處了，無一人斷之以公。自合只自僖祖起，後世德薄者祧之。周廟，文王在豐，武王又在一處，自合只同一處，方是。不知如何。周廟：后稷、文、武、高、曾、祖、考七廟。揚。

今之廟制，出於漢明帝，歷代相承不改。神宗嘗欲更張，今見於陸農師集中，史却不載。可學。

問：諸侯廟制，太祖居北而南向，昭廟二在其東南，穆廟二在其西南，皆南北相重。不知當時每廟一處，或共一室各爲位也。曰：古廟制，自太祖以下各是一室，陸農師《禮象圖》可考。西漢時，高帝廟、文帝顧成之廟，猶各在一處。但無法度，不同一處。至明帝謙貶，不敢自當立廟，祔於光武廟，其後遂以爲例。至唐，太廟及群臣家廟悉如今制，以西爲上也。至禰處謂之「東廟」，只作一列。今太廟之制亦然。德明。

鄧子禮問：廟主自西而列，何所據？曰：此也不是古禮。如古時一代只奉之於一廟，如后稷爲始封之廟，文王自有文王之廟，武王自有武王之廟，不曾混雜共一廟。賀孫。

諸侯有四時之祫，畢竟是祭有不及處，方如此。如《春秋》「有事於太廟」，太廟便是群祧之主皆在其中。義剛。

或問：遠廟爲祧，如何？曰：天子七

廟，如周文、武之廟不祧。文爲穆，則凡後之屬乎穆者皆歸於文之廟；武爲昭，則凡後之屬乎昭者皆歸乎武之廟也。時舉。

昭、穆，昭常爲昭，穆常爲穆。中間始祖，太廟門向南，兩邊分昭、穆。周家則自王季以上之主，皆祧于后稷始祖廟之夾室；自成王、昭王以下則隨昭、穆遞遷于昭、穆之首廟，至首廟而止。如周，則文王爲穆之首廟，武王爲昭之首廟。凡新崩者祔廟，則看昭、穆，但昭則從昭，穆則從穆，不交互兩邊也。又云：諸廟皆有夾室。

堯卿問「高爲穆」之義。曰：新死之主，新附便在昭這一排。❶且如諸侯五廟，一是太祖，便居中，二昭二穆相對。今新死者附，❷則高過穆這一排對空坐，禰在昭一排，亦對空坐。以某意推之，當是如此，但禮經難考。今若看得一兩般書，猶自得；若看上三四般去，便無討頭處。如孟子當時，自無可尋處了。今看孟子考禮亦疏，理會古制亦不甚得。他也只是大概説。且如説井田後，舉《詩》云：「雨我公田，遂及我私。」「惟助爲有公田，由此觀之，雖周亦助也。」似這般證驗，也不大故切。安卿問：孟子何故不甚與古合？曰：他只是據自家發放做，相那箇時勢做。又問：鄭康成注《王制》，以爲諸侯封國，與《周禮》小大不同，蓋《王制》是説夏、商以前之制。如何？曰：某便是不甚信此説，恐不解有此理。且如孟子説：「夏后氏五十而貢，殷人七十而助，周人百畝而徹。」某自不敢十分信了。

❶「附」，萬曆本作「祔」。
❷「附」，萬曆本作「祔」。

且如一家有五十畝田，忽然説我要添與你作七十畝，則要多少心力？蓋人家各爲定業，東阡西陌，已自定了。這五十畝中，有溝洫、有廬舍。而今忽然變更，又着分疆界，制溝洫，毁廬舍，東邊住底移過西邊，這裏住底遷過那裏，一家添得二十畝田，却勞動多少！語至此，大聲云：恁地天下騷然不寧，把幾多心力去做。據某看來，自古皆是百畝，不解得恁地。而今解時，只得就他下面説放那裏。淳録云：向解《孟子》，且隨文如此解。若理會着實行時，大不如此。義剛問井田：今使一家得百畝，而民生生無已，後來者當如何給之？先生笑曰：今且據見在人數給。如封建，夏、商以前只是百里，到周方是諸公方五百里，諸侯方四百里，諸伯方三百里，諸子方二百里，諸男方百里。恁地却取四國地來，方添成一國。那四國又要恁地，却何處討那地來！安卿曰：或言夏、商只有三千里，周時乃是七千里。曰：便是亂説。且當時在在是國，自王畿至要荒皆然。今若要封得較大似夏、商時，便着每國皆添地，却於何處頓放？此須是武王有縮地脉法始得。恁地時，便煞改徙着。許多國元在這裏底，今又着徙去那裏，宗廟、社稷皆着改易。如此，天下騷然。他人各有定分土地，便肯舍着從别處去討？君舉説封疆方五百里，只是周圍五百里，徑只百二十五里，四百里者徑百里，三百里者徑七十五里，二百里者只五十里。如此看時，尚似相合。若是諸男之地方百里時，以此法推之，則止二十五里。如此，却只是一箇耆長。某便道他説只是謾人。他向來進此書，甚爲得意。淳録云：自奇其説與《王制》等合。某嘗作一篇文以闢之，逐項破其説。且當時説侯六、伯九，❶淳録云：本文：「方千里之地，以封侯則六侯，以封伯則七伯，以封子則二十五子，以封男則百男，其地已有定數。」此説如何可通？如此，則所封大國自少。若是只皆百里而止，便是一千里地，只將三十同來封了，那七十同却空放那裏，却綿亘數百里皆無國。又問：「三分去一」之説，如何？曰：便是不是。他門只是不曉事，解不行後，便胡説。且如川中有六七百里中置數州者，那裏地平坦，寸寸是地。如這一路，某嘗登雲谷望之，密密皆山。其中間有些子罅隙中黄白底，方是田。恁地却如何去？淳録云：蓋百分之二，又如何三分去一！註疏多是如此，有時到那解不行處，便説從別處去。義剛問：先生向時説齊、魯始封時皆七百里，然孟子却説只是百里。曰：便是不如此。今只據齊地是「東至于海，西至於河，南至于穆陵，北至于無棣」；魯地是跨許、宋之境，是有五七百里闊；時勢也是着恁地。且「禹會諸侯于塗山，執玉帛者萬國」。到周，只有千八百國，便是相并吞後，那國都大了。你却要只將百里地封他，教他入那大國罅中去。武王不奈何，只得就封他。當時也自無那閑地，緣是滅了許多國，如孟子説「驅飛廉於海隅而戮之，滅國者五十」，便是得許多空地來封許多功臣同姓之屬。孟子謂「一不朝，則貶其爵；再不朝，則削其地」。如齊，先是爽鳩氏居之，後又是某氏居之，如《書》所謂某氏徙于齊。這便見得當時諸侯有過，便削其地，方始得那地來封後來底。若不恁地時，那太公、周公也自無安頓處。你若不恁地，後要去取斂那地來，封我功臣與

❶「伯」，原作「百」，據下文文義改。

同姓時，他便敢起兵，如漢晁錯時樣子。且如孟子當時也自理會那古制不甚得。如曰「諸侯之禮，吾未之學，然而軻也嘗聞其略也」。恁地便是不曾知得子細，他當時説諸國許多事，也只是大概説如此。雖説「湯以七十里，文王以百里」，然及滕文公恁地時，又却只説「有王者作，必來取法，是爲王者師也」。元不曾説道便可王。「以齊王，猶反手也」，便是也要那國大底方做得，小底也奈何不得。而今且説道將百里地與你，教你行王政，看你做從何處起。便是某道，古時聖賢易做，後世聖賢難做。古時只是順那自然做將去，而今大故費手。淳録此下云：漢高祖與項羽紛爭五年之間，可謂甚窘，欲殺他不能，欲住又不得，費多少心力！想不似當初做亭長時較快活。良久，問諸生曰：當劉、項恁地紛爭時，設使堯、舜、湯、武居其時，當如何？是戰好，是不戰好？安卿曰：湯、武是仁義素孚於民，人自然歸服，不待戰。曰：他而今不待你素孚。秦當時收盡天下，尺地一民，皆爲己有，你仁義如何地得素孚？淳録云：何處討地來行仁政？如何得素孚於民？如高祖之徒，皆是起於田里。若使湯、武居之，當如何地勝得秦？安卿曰：以至仁伐至不仁，以至義伐至不義，自是勝。曰：固是如此。如秦，可謂不仁不義。當時所謂「更遣長者，扶義而西」，也是做這意思做。但當時諸侯入關，皆被那章邯連併敗了。及高祖入去，緣路教無得鹵掠，如此之屬，也是恁地做了。然他入去後，又尚要設許多詭計，誘那秦將之屬，後方入得。設使湯、武居之，還是恁地做不恁地做？今且做秦是不仁不義，可以勝。那項籍出來紛爭許多時，却如何對他？還是與他厮殺不與他厮殺？若不與斷殺，便被他殺了；若與他斷殺時，還是不殺人麽？當此時是天理，是人欲？恁地看來，是未有箇道理。湯、武在那時，也須著百端去思量，與他區處。但而今看來，也未有箇道理。胡叔器問：太公、吕后當時若被項羽殺了，如何？曰：不特此一事，當時皆是如此，便是太費調護。徐顧林擇之云：項羽恁地麄暴，當時捉得太公，如何不殺了？擇之曰：羽也有斟酌，他怕殺了反重其怨。曰：便是項羽也有商量，高祖也知他必不殺，故放得心下。項羽也是團量了高祖，故不敢殺。若是高祖軟弱，當時若敵他不過時，他從頭殺來是定。義剛曰：孔明誘奪劉璋地，也似不義。或者因言渠雜學伯道，所以後來將申、商之説教劉禪。曰：便是適間説後世聖賢難做，動着便是恁地粘手惹脚。次日言：某夜來思量那高祖，其初入關後，恁地鎮撫那人民；及到霸上，又不入秦府庫收財貨、美女之屬，❶皆是。後來被項羽王他巴蜀、漢中，他也入去，這箇也是。未幾，却出來定三秦，已自侵占别人田地了。但是那三降王不足以王秦，却也是定。若是奪得那關中便也好住，便且關了關門，守得那裏面底也得。又不肯休，又去尋得弑義帝説話出來，這箇尋得也是，若湯、武也不肯放過。但既尋得這箇説話，便只依傍這箇做便是。却又率五諸侯，合得五十六萬兵走去彭城，日日去喫酒，取那美人，更不理會，却被項羽來殺得狼當走，湯、武便不肯恁地。自此後，名義壞盡了。從此去，便只是胡做胡殺了。文定謂「惜乎！假之未久

❶「收」，萬曆本作「取」。

而遽歸」者，此也。這若把與湯、武做時，須做得好，定是不肯恁地。義剛問：高祖因閉關後，引得項羽怒。若不閉時，却如何？先生笑曰：只是見他頭勢來得惡後，且權時關閉着，看他如何地。義剛。○淳録少異，作數條。

禮，宗廟只是一君一嫡后。自錢惟演佞仁祖，遂以一嫡同再立后，更以仁祖所生后配，後遂以爲例，而禮亂矣。臣民禮亦只是一嫡配，再正娶者亦尚可。婢而生子者，婢之子主祭，只祭嫡正，其所生當别祭。揚。

古者各有始祖廟，以藏祧主。如適士二廟，各有門、堂、寢，各三間，是十八間屋。今士人如何要行得！賀孫。○以下士廟。

古命士得立家廟。家廟之制，内立寢廟，中立正廟，外立門，四面牆圍之。非命士，止祭於堂上，只祭考妣。伊川謂無貴賤皆祭自高祖而下，但祭有豐殺疏數不同。廟向南，坐皆東嚮。自天子以至于士，皆然。伊川於此不審，乃云「廟皆東向，祖先位面東」，自廳側直東入其所，反轉面西入廟中。其制非是。古人所以廟面東向坐者，蓋户在東，牖在西，坐於一邊，乃是奥處也。揚。

唐大臣長安立廟，後世子孫，必其官至大臣，乃得祭其廟，此其法不善也。只假一不理選限官與其子孫，令祭其廟爲是。揚。

唐大臣皆立廟於京師。本朝惟文潞公法唐杜佑制，立一廟在西京。雖如韓司馬家，亦不曾立廟。杜佑廟，祖宗時尚在長安。揚。

問：家廟在東，莫是親親之意否？曰：此是人子不死其親之意。問：大成殿又却在學之西，莫是尊右之義否？曰：未知初意如何。本朝因仍舊制，反更率略，較之唐制，尤没理會。唐制猶有近古處，猶有條理可觀。且如古者王畿之内，髣髴如井田規畫。中間一圈便是宫殿，前圈中左宗廟、右社稷，其他百官府以次列居，是爲前朝。後中圈爲市，不似如今市中，家家自各賣買，乃是官中爲設一去處，令凡民之賣買者就其處，若今場務然，無游民雜處其間。更東西六圈，以處六鄉、六遂之民。耕作則出就田中之廬，農功畢則入此室處。唐制頗倣此，最有條理。城中幾坊，每坊各有牆圍，如子城然。一坊共一門出入，六街凡城門坊角，有武侯鋪，衛士分守。日暮門閉；五更二點，鼓自内發，諸街鼓承振，❶坊市門皆啓。若有姦盜，自無所容，蓋坊内皆常居之民，外面人來皆可知。如殺宰相武元衡於靖安里門外，分明載元衡入朝，出靖安里，賊乘暗害之。亦可見坊門不可胡亂入，只在大官街上被殺了。如那時措置得好，官堦邊都無閑雜賣買，汙穢雜揉。所以杜《詩》云：「我居巷南子巷北，可恨鄰里間，十日不一見顔色。」亦見出一坊入一坊，非特特往來不可。賀孫。

問：先生家廟，只在廳事之側。曰：便是力不能辦。古之家廟甚闊。所謂「寢不踰廟」是也。又問：❷祭時移神主於正堂，其位如何？曰：只是排列以西爲上。又問：❸祫祭考妣之位如何？曰：太祖東向，則昭、穆之南向、北向者，當以西方爲上；則昭之位次，高祖西而妣東，祖西而妣東，是祖母與孫並列，於體爲順。若余正父

❶「承」，萬曆本作「城」。
❷「又問」，二字原脱，今據朝鮮本補。
❸「又問」，二字原脱，今據朝鮮本補。

之説，則欲高祖東而妣西，祖東而妣西，則是祖與孫婦並列，於體爲不順。彼蓋據《漢儀》中有高祖南向，吕后少西，更不取證於經文，而獨取傳注中之一二，執以爲是，斷不可回耳。人傑。

先生云：欲立一家廟，小五架屋。以後架作一長龕堂，以板隔截作四龕堂，堂置位牌，堂外用簾子。小小祭祀時，亦可只就其處。大祭祀則請出，或堂或廳上皆可。揚。

家廟要就人住居。神依人，不可離外做廟。又在外時，婦女遇雨時難出入。揚。

問：祧主當遷何地？曰：便是這事難處。漢、唐人多瘞于兩階之間。然今人家廟亦無所謂兩階者。兩階之間以其人跡不踏，取其潔耳。問：各以昭、穆瘞于祖宗之墳，如何？曰：唐人亦有瘞于寢園者。但今人墳墓又有太遠者，恐難用耳。頃在朝，因僖祖之祧，與諸公争辯，幾至喧忿。後來因是去國，不然，亦必爲人論逐。當時全不曾商議，只見劉智夫崇之，時爲太常卿。來言，欲祧僖祖。某問：「欲祧之何所？」劉曰：「正未有以處，因此方詔集議。」某論，卒不合。後來竟爲别廟于太廟之側，奉僖祖、宣祖祧主，藏之於别廟。不知祫禘時如何。這都行不得。若禘祫太祖之廟，不成教祖宗來就子孫之廟！若移太祖之主合禘於别廟，則太祖復不得正東向之位，都行不得。治平間，曾如此祧了。及至熙寧，章衡上疏論僖祖不當祧，想其論是主王介甫。然其論甚正。介甫嘗上疏云：「皇家僖祖，正如周家之稷、契，皆爲始祖百世不遷之廟。今替其祀，而使下祔於子孫之夾室，非所謂『事亡如事存，事死如事生』，而順祖宗之孝心也。」此論甚正。後來復僖祖之廟。某當時之論，正用介甫之意。某謂僖祖當爲始祖百世不遷之廟，如周之后稷，而太祖、太宗則比周之文、武有何不可？而趙丞相一向不從。當時如樓大防、陳君舉、謝深甫力主其説，而彭子壽、孫從之之徒又從而和之。或云：「太祖取天下，何與僖祖事？」某應之曰：「諸公身自取富貴，致位通顯，然則何用封贈父祖邪？」又許及之上疏云：「太祖皇帝開基，而不得正東向之位，雖三尺童子亦爲之不平！」其鄙陋如此。後來集議，某度議必不合，遂不曾與議，却上一疏論其事，趙丞相又執之不下。某數問之，亦不從。後來歸家，亦數寫書去問之：「何故不降出？」亦不從。後已南遷，而事定矣。僖祖、翼祖、順祖、宣祖，中間嘗祧去翼祖，所以不諱「敬」字得幾時。及蔡京建立九廟，遂復取還翼祖，以足九廟之數。後來渡江，翼祖、順祖廟已祧去。若論廟數，則自祧僖祖之外，由宣祖以至孝廟，方成九數，乃併宣祖而祧之。某嘗聞某人云：「快便難逢，不如祧了，且得一件事了。」其不恭敢如此，某爲之駭然。○以下祧。

問祧禮。曰：天子諸侯有太廟夾室，則祧主藏于其中。今士人家無此，祧主無可置處。《禮注》説藏於兩階間，今不得已，只埋於墓所。問：有祭告否？曰：横渠説三年後祫祭於太廟，因其祭畢還主之時，遂奉祧主歸於夾室，遷主、新主皆歸于廟。鄭氏《周禮注》大宗伯享先王處，❶亦有此意，今略倣而行之。問：考妣入廟有先後，則祧以何時？曰：妣先未得入廟，考入廟則

❶「宗」，原作「完」，今據朝鮮本及《周禮·大宗伯注》改。

祧。《宗伯注》曰：魯禮，三年喪畢而祫於太祖。明年春，禘於群廟。自爾以後，率五年而再殷祭，❶一祫一禘。《王制注》亦然。○義剛。

胡兄問：祧主置何處？曰：古者始祖之廟有夾室，凡祧主皆藏之於夾室，自天子至于士庶皆然。今士庶之家不敢僭立始祖之廟，故祧主無安頓處。只得如伊川説，埋於兩階之間而已。某家廟中亦如此。兩階之間，人跡不到，取其潔爾。今人家廟亦安有所謂兩階？但擇净處埋之可也。思之，不若埋于始祖墓邊。緣無箇始祖廟，所以難處，只得如此。僩。

問：祧主，❷諸侯於祫祭時祧。今士人家無祫祭，只於四時祭祧，仍用祝詞告之，可否？曰：默地祧，又不是也。古者適士二廟，廟是箇大室。❸《特牲饋食禮》有宗、祝等許多官屬，祭祀時禮數大。今士人家無廟，亦無許大禮數。淳。

春秋時宗法未亡，如滕文公云：「吾宗國魯先君。」蓋滕，文之昭也。文王之子武王既爲天子，以次則周公爲長，故滕謂魯爲宗國。又如《左氏傳》載：「女喪而宗室，於人何有？」如三威之後，公父文伯、公鉏、公爲之類，乃季氏之小宗；南宫适之類，孟氏之小宗。今宗室中多帶「皇兄」、「皇叔」、「皇伯」等冠於官職之上，非古者不得以戚戚君之意。本朝王定國嘗言之，欲令稱「某王孫」、或「曾孫」、或「幾世孫」。有如越王派下，則當云「越王幾世孫」。如此，則族屬易識，且無戚君之嫌，亦自好。後來定國得

❶「殷」，萬曆本作「幾」。
❷「主」，原作「王」，今據萬曆本改。
❸「室」，萬曆本作「臺」。

罪，反以此論爲離間骨肉。今宗室散無統紀，名諱重疊，字號都窮了，更無安排處。楊子直嘗欲用「季」字，❶趙丞相以爲季是叔季，意不好，遂不用。賀孫。○以下宗法。

宗子只得立適，雖庶長，立不得。若無適子，則亦立庶子。所謂「世子之同母弟」，世子是適，若世子死，則立世子之親弟，亦是次適也，是庶子不得立也。本朝哲廟上仙，哲廟弟有申王，次端王，次簡王，乃哲廟親弟。當時章厚欲立簡王。是時向后猶在，乃曰「老身無子，諸王皆」云云。當以次立申王，目眇不足以視天下，乃立端王，是爲徽宗。章厚殊不知禮意。同母弟便須皆是適子，方可言。既皆庶子，安得不依次第！今臣庶家要立宗也難。只是宗室，與襲封孔氏、柴氏，當立宗。今孔氏、柴氏襲封，只是兄死弟繼，只如而今門長一般，大不是。又曰：今要立宗，亦只在人，有甚難處？只是而今時節，更做事不得，奈何！奈何！如伊川當時要勿封孔氏，要將朝廷所賜田五百頃一處給作一「奉聖鄉」，而呂原明便以爲不可，不知如何。漢世諸王無子國除，不是都無子，只是無適子，便除其國，不知是如何。恐只是漢世不奈諸侯王何。幸因他如此，便除了國。賀孫。

余正甫前日堅説一國一宗。某云：「一家有大宗，有小宗，如何一國却一人？」渠高聲抗争。某檢本與之看，方得口合。賀孫。

大宗法既立不得，亦當立小宗法，祭自高祖以下，親盡則請出高祖就伯叔位，服未盡者祭之。婝則别處。後其子私祭之。今

❶「字」，原作「宗」，今據朝鮮本改。

世禮全亂了。揚。

祭祀，須是用宗子法方不亂。不然，前面必有不可處置者。揚。

吕與叔謂合族當立一空堂，逐宗逐番祭，亦杜撰也。揚。

父在主祭，子出仕宦不得祭。父没，宗子主祭。庶子出仕宦，祭時其禮亦合減殺，不得同宗子。揚。

宗子法，雖宗子庶子孫死，亦許其子孫别立廟。揚。

古者宗法有南宫、北宫，便是不分財，也須異爨。今若同爨，固好；只是少間人多了，又却不齊整，又不如異爨。問：陸子静家有百餘人喫飯。曰：近得他書，已自别架屋，便也是許多人無頓着處。又曰：見宋子蜚説，廣西賀州有一人家共一大門，門裏有兩廊，皆是子房，如學舍、僧房。每私房有人客來，則自辦飲食，引上大廳，請尊長伴五盞後，却回私房别置酒。恁地却有宗子意，亦是異爨。見説其族甚大。又曰：陸子静始初理會家法亦齊整，諸父自做一處喫飯，諸母自做一處喫飯，諸子自做一處，諸婦自做一處，諸孫自做一處，孫婦自做一處，卑幼自做一處。或問：父子須異食否？曰：雖是如此，❶亦須待父母食畢，然後可退而食。問：事母亦須然否？曰：也須如此。問：有飲宴，何如？曰：這須同處。如大饗，君臣亦同坐。賀孫。

用之問「祭用尸」之意。曰：古人祭祀無不用尸，非惟祭祀家先用尸，祭外神亦用尸。不知祭天地如何，想惟此不敢爲尸。杜佑説，古人用尸者，蓋上古樸陋之禮，至

❶「雖」，萬曆本作「須」。

聖人時尚未改，文蔚録云：是上古樸野之俗，先王制禮，此是去不盡者。相承用之。至今世，則風氣日開，樸陋之禮已去，不可復用，去之方爲禮。而世之迂儒必欲復尸，可謂愚矣。杜佑之説如此。今蠻夷徭洞中有尸之遺意，每遇祭祀鬼神時，必請鄉之魁梧姿美者爲尸，而一鄉之人相率以拜祭。爲之尸者，語話醉飽。每遇歲時，爲尸者必連日醉飽。此皆古之遺意。嘗見崇安余宰，邵武人，説他之鄉里有一村名密溪，去邵武數十里，此村中有數十家，事所謂「中王」之神甚謹。所謂「中王」者，每歲以序輪一家之長一人爲「中王」，周而復始。凡祭祀祈禱，必請「中王」坐而祠之，歲終則一鄉之父老合樂置酒，請新、舊「中王」者講交代之禮。此人既爲「中王」，則一歲家居寡出，恭謹畏慎，略不敢爲非，以副一村祈向之意。若此村或有水旱災沴，則人皆歸咎於「中王」，以不善爲「中王」之所致。此等意思，皆古之遺聞。近來數年，此禮已廢矣。看來古人用尸自有深意，非樸陋也。陳丈云：蓋不敢死其親之意。曰：然。用之云：祭祀之禮，酒肴豐潔，必誠必敬，所以望神之降臨，乃歆饗其飲食也。若立之尸，則爲尸者既已饗其飲食，鬼神豈復來享之！如此却爲不誠矣。曰：此所以爲盡其誠也。蓋子孫既是祖宗相傳一氣下來，氣類固已感格。而其語言飲食，若其祖考之在焉，則有以慰其孝子順孫之思，而非恍惚無形想象不及之可比矣。古人用尸之意，所以深遠而盡誠，蓋爲是耳。今人祭祀但能盡誠，其祖考猶來格。況既是他親子孫，則其來格也益速矣。因言：今世鬼神之附著生人而説話者甚多，亦有祖先降神于其子孫者。又如今之師巫，亦有降神者。蓋皆其氣類之相感，所以神附著之也。《周禮》祭墓則以墓人爲尸，亦是此意。子蒙。○以下尸。

古人用尸，本與死者是一氣，又以生人精神去交感他那精神，是會附着歆享。杜佑說古人質樸，立尸爲非禮。今蠻夷中猶有用尸者。

李堯卿問：今祭欲用尸，如何？曰：古者男女皆有尸。自周以來，不見說有女尸，想是漸次廢了。這箇也嶢崎。古者君迎尸，在廟門之外，則全臣子之禮；在廟門之內，則君拜之。杜佑說，上古時中國但與夷狄一般，後出聖人改之有未盡者，尸其一也。蓋今蠻洞中猶有此，但擇美丈夫爲之，不問族類，事見杜佑所作《理道要訣》末篇。義剛。

古者立尸必隔一位，孫可以爲祖尸，子不可以爲父尸，以昭、穆不可亂也。義剛。

或問：古人祫祭時，每位有尸否？曰：固是。周家旅酬六尸，是每位皆有尸也。❶古者主人獻尸，尸酢主人。《開元禮》猶如此，每獻一位畢，則尸便酢主人；受酢已，又獻第二位。不知甚時緣甚事後廢了。到本朝，都把這樣禮數併省了。廣。

問：設尸法如何？曰：每一神位是一尸。但不知設尸時，主頓在何處。祭時尸自食其物，若獻罷，則尸復勸主人，而凡行禮等人與祭事者皆得食。當初獻時，尚自齊整。至三獻後，人皆醉了，想見勞攘。先生說至此，笑曰：便是古人之禮，也不可曉。所以夫子說禘自既灌，則不欲觀。想只是灌時有些誠意。且如祭祖，自始祖外

❶「有」下，萬曆本有「一」字。

皆旅酬。如此，自是不解嚴肅。如大夫雖無灌禮，然亦只是其初祭時齊整，後面自是勞攘。今按：此條亦爲後世言之耳。若是古人祭祀，自始至終一於誠敬，無不嚴肅，讀者不可泥也。○義剛。

或問：妣有尸否？曰：一處説無尸，又有一處説有男尸、有女尸。亦不知廢於甚時。古者不用尸，則有陰厭。《書儀》中所謂「闔門垂簾」是也，欲使神靈厭飫之也。廣。

男用男尸，女用女尸，隨祖先數目列祭。若其家止有一人，全無骨肉子孫之類，又不知如何。程先生言：「古人之用尸也質。」意謂今不用亦得。揚。

神主之位東向，尸在神主之北。銖。

問山川之尸。曰：《儀禮》，周公祭太山，以召公爲尸。義剛。

問：祭五祀皆有尸。祀竈，則以誰爲尸？曰：今亦無可考者。但如墓祭，則以冢人爲尸。以此推之，則祀竈之尸，恐是膳夫之類；祀門之尸，恐是閽人之類；又如祀山川，則是虞衡之類。問尸之坐立。曰：夏立尸，商坐尸，周旅酬六尸。后稷之尸不旅酬。問祭妣之尸。曰：婦人不立尸，却有明文。又曰：古者以先王衣服藏之廟中，臨祭則出以衣尸。如后稷之衣，到周時恐已不在，亦不可曉。儒用。

問：程氏主式，士人家可用否？曰：他云，已是殺諸侯之制。士人家用牌子。曰：牌子式當如何？曰：温公用大板子。今但依程氏主式，而勿陷其中，可也。淳。○以下主式。

伊川木主制度，其剡刻開竅處，皆有陰陽之數存焉。信乎，其有制禮作樂之具也！方。

伊川制，士庶不用主，只用牌子。看來牌子當如主制，只不消做二片相合，及竅其旁以通中。賀孫。

問：庶人家亦可用主否？曰：用亦不妨。且如今人未仕，只用牌子，到仕後不中，换了。若是士人只用主，亦無大利害。又問：祧主當如何？曰：當埋之於墓。其餘祭儀，諸家祭禮已備具矣。如欲行之，可自子細考過。時舉。

堯卿問士牌子式。曰：晉人制長一尺二分，博四寸五分，亦太大。不如只依程主外式，然其題則不能如陷中之多矣。義剛。

直卿問：神主牌，先生夜來説《荀勗禮》未終。曰：温公所製牌，闊四寸，厚五寸八分，錯了。據隋煬帝所編禮書，有一篇《荀勗禮》，乃是云：「闊四寸，厚五寸，八分大書某人神座。」不然，只小楷書亦得。後人相承誤了，却作「五寸八分」爲一句。義剛。

無爵曰「府君、夫人」，漢人碑已有，只是尊神之辭。府君，如官府之君，或謂之「明府」。今人亦謂父爲「家府」。義剛。淳同。

古人祭禮次喪禮，蓋謂從那始作重時，重用木，司馬《儀》用帛。便做那祭底道理來。後來人却移祭禮在喪之前，不曉這箇意思。植。○以下論家祭。

安卿問：人於其親始死，則復其魂魄；又爲重、爲主，節次奠祭，所以聚其精神，使之不散。若親死而其子幼稚，或在他鄉，不得盡其萃聚之事，不知後日祭祀，還更萃得他否？曰：自家精神自在這裏。義剛。

問：祭禮，古今事體不同，行之多窒礙，如何？曰：有何難行？但以誠敬爲主，其他儀則隨家豐約。如一羹一飯，皆可自盡其誠。若温公《書儀》所説堂室等處，貧家自無許多所在，如何要行得？據某看來，苟有作者興禮樂，必有簡而易行之理。賀孫。

今之冠、昏禮易行，喪、祭禮繁多，所以難行。使聖人復出，亦必理會教簡要易行。今之祭禮，豈得是古人禮？唐世三獻官隨獻，各自飲福受胙。至本朝，便都只三獻後，方始飲福受胙，也是覺見繁了，故如此。某之《祭禮》不成書，只是將司馬公者減却幾處。如今人飲食，如何得恁地多？横渠説「墓祭非古」，又自撰《墓祭禮》，即是《周禮》上自有了。賀孫。

古禮於今實是難行。當祭之時獻神處少，只祝酌奠。卒祝、迎尸以後，都是人自食了。主人獻尸，尸又酢主人，酢主婦，酢祝，及佐食、宰、贊、衆賓等，交相勸酬，甚繁且久，所以季氏之祭至於繼之以燭。切謂後世有大聖人者作，與他整理一過，令人蘇醒，必不一一如古人之繁，但放古人大意，簡而易行耳。温公《儀》人所憚行者，只爲閑辭多，長篇浩瀚，令人難讀，其實行禮處無多。某嘗修《祭儀》，只就中間行禮處分作五六段，甚簡易曉。後被人竊去，亡之矣。淳。○李丈問：《祭儀》更有修改否？曰：大概只是温公《儀》，無修改處。

楊通老問祭禮。曰：極難。且如温公所定者，亦自費錢。温公《祭儀》，庶羞、麪食、米食共十五品。今須得一簡省之法，方可。璘。

問：舊嘗收得先生一本《祭儀》，時祭皆是卜日。今聞却用二至、二分祭，如何？曰：卜日無定，慮有不虔。温公亦云，只用分、至亦可。問：如此，則冬至祭始祖，立春祭先祖，季秋祭禰，此三祭如何？曰：覺得此箇禮數太遠，似有僭上之意。又問：禰祭如何？曰：此却不妨。廣。

問：時祭用仲月清明之類，或是先世忌日，則如之何？曰：却不思量到，此古人所以貴於卜日也。過。

家祭須致齊，當官者只得在告一日。若沿檄他出，令以次人代祭，可也。必大。

遇大時節，請祖先祭於堂或廳上，坐次亦如在廟時排定。祔祭旁親者，右丈夫，左婦女。坐以就裏爲大，凡祔於此者，不從昭、穆了，只以男女、左右、大小分排。在廟，却各從昭、穆祔。揚。

排祖先時，以客位西邊爲上。高祖第一，高祖母次之，只是正排看正面，不曾對排。曾祖、祖父皆然。其中有伯叔、伯叔母、兄弟、嫂婦無人主祭而我爲祭者，各以昭、穆論。如祔祭伯叔，則祔于曾祖之傍一邊，在位牌西邊安；伯叔母則祔曾祖母東邊安；兄弟、嫂、妻、婦，則祔于祖母之傍。伊川云「曾祖兄弟無主者，亦不祭」，不知何所據而云。伊川云「只是以義起也」。揚。

古人祭祀，只是席地。今祭祀時，須一椅一卓，木主置椅上。如一派排不足，只相對坐亦得。然對其前不得拜，謂所在窄了。須逐位取出，酒就外酹。揚。

祭只三獻：主人初獻，嫡子亞獻，或主婦。庶子弟終獻。或嫡孫。執祭人排列，皆從溫公禮。韓魏公禮不同。揚。○賀孫録云：未有主婦，則弟爲亞獻，弟婦得爲終獻。

朔旦家廟用酒菓，望旦用茶。重午、中元、九日之類，皆名俗節。大祭時，每位用四味，請出木主。俗節小祭，只就家廟，止二味。朔旦俗節，酒止一上，斟一盃。揚。

問：有田則祭，無田則薦，如何？曰：温公祭禮甚大，今亦只是薦。然古人薦用首月，祭用仲月，朝廷却用首月。揚。

諸家禮皆云薦新用朔。朔、新如何得合？但有新，即薦于廟。揚。

温公《書儀》以香代爇蕭。楊子直不用，以爲香只是佛家用之。義剛。

問：酹酒是少傾？是盡傾？曰：降神是盡傾。然温公《儀》降神一節，亦似僭禮。大夫無灌獻，亦無爇蕭。灌獻、爇蕭，乃天子、諸侯禮。爇蕭欲以通陽氣，今太廟亦用之。或以爲焚香可當爇蕭，然焚香乃道家以此物氣味香而供養神明，非爇蕭之比也。義剛。

飲福受胙，❶即尸酢主人之事。無尸者，則有陰厭、陽厭、旅酬從下面勸上，下至直罍洗者，皆得與獻酬之數。方子。

問：生時男女異席，祭祀亦合異席。今夫婦同席，如何？曰：夫婦同牢而食。文蔚。

夫祭妻，亦當拜。義剛。

先生每祭不燒紙，亦不曾用幣。振。

先生家祭享不用紙錢。凡遇四仲時祭，隔日滌椅卓，嚴辦。次日侵晨，已行事畢。過。

問：祭祀焚幣，如何？曰：祀天神則焚幣，祀人鬼則瘞幣。人家祭祀之禮要焚幣，亦無稽考處。若是以尋常焚真衣之類爲是，便不當只焚真衣，著事事做去焚，但無意義。只是焚黄時，若本無官，方贈初品。及贈到改服色處，尋常人家做去焚，然亦無義耳。㽦。

❶「胙」，萬曆本有「酢」。

或問：祖宗非士人，而子孫欲變其家風以禮祭之，祖宗不曉，却如何？曰：如何議論得恁地差異！公曉得不曉得？淳録云：公曉得，祖先便曉得。○義剛。

人家族衆不分合祭，或主祭者不可以祭及叔伯之類，則須令其嗣子别得祭之。今且説同居，同出於曾祖，便有從兄弟及再從兄弟了。祭時主於主祭者，其他或子不得祭其父母。若恁地衮做一處祭，不得。要好，當主祭之嫡孫，當一日祭其曾祖及祖及父，餘子孫與祭。次日，却令次位子孫自祭其祖及父。又次日，却令又次位子孫自祭其祖及父。此却有古宗法意。古今祭禮，這般處皆有之。某後來更討得幾家，要入未得。如今要知宗法祭祀之禮，須是在上之人先就宗室及世族家行了，做箇樣子，方可使以下士大夫行之。賀孫。○以下主祭。

某自十四歲而孤，十六而免喪。是時祭祀，只依家中舊禮，禮文雖未備，却甚齊整。先妣執祭事甚虔，及某年十七八，方考訂得諸家禮，禮文稍備。是時因思古人有八十歲躬祭事拜跪如禮者，常自期以爲年至此時，當亦能如此。在《禮》雖有「七十曰老，而傳」，則祭祀不預之説，然亦自期儻年至此，必不敢不自親其事。然自去年來，拜跪已難，至冬間益艱辛。今年春間，僅能立得住，遂使人代拜，今立亦不得了。然七八十而不衰，非特古人，今人亦多有之，不知某安得如此衰也！僩。

問「支子不祭」。曰：不當祭。問：横渠有季父之喪，三廢時祀，却令竹監弟爲之。緣竹監在官，無持喪之專，如此則支子亦祭。曰：這便是横渠有礙處，只得不祭。因説：古人持喪，端的是持喪；如不食粥，端的是不食粥。淳。

問士祭服。曰：應舉者，用襴衫幞頭；不應舉者，用皂衫幞頭。問：皂衫帽子如何？曰：亦可。然亦只當凉衫。中間朝廷一番行冠帶，後却自朝官先廢了。崇、觀間，莆人朱給事子入京，父令過錢塘謁故人某大卿。初見，以衫帽。及宴，亦衫帽，用大樂。酒一行，樂一作，主人先釂，遂兩手捧盞側勸客。客亦釂，主人捧盞不移，義剛録云：依舊側盞不移。至樂罷而後下。及五盞歇坐，請解衫帶，着背子，不脱帽以終席。來歸，語其父。父曰：「我所以令汝謁見者，欲汝觀前輩禮儀也。」此亦可見前輩風俗。今士大夫殊無有衫帽者。嘗有某人作郡，作衫帽之禮，監司不喜，以他故按之。淳。○義剛同。○士祭服。

叔器問：士庶當祭幾代？曰：古時一代即有一廟，其禮甚多。今於禮制大段虧缺，而士庶皆無廟。但温公禮祭三代，伊川祭自高祖，始疑其過。要之，既無廟，又於禮煞缺，祭四代亦無害。義剛問：東坡「小宗」之説，如何？曰：便是祭四代，蓋自己成一代説起。仲蔚問：「郵表畷」，不知爲何神？曰：却不曾子細考。東坡以爲猶如戲。又問：中霤是何處？曰：上世人居土屋，中間開一天窗，此便是中霤。後人易爲屋，不忘古制，相承亦有中霤之名。今之中霤，但當於室中祭之。張以道問：蜡便是臘否？曰：模樣臘自是臘，蜡自是錯。❶義剛曰：臘之名，至秦方有。義剛。○以下論士祭世數。

問：天子七廟，諸侯五廟，大夫三廟，

❶「錯」，四庫本作「蜡」。

士二廟，官師一廟。若只是一廟，只祭得父母，更不及祖矣，無乃不盡人情？曰：位卑則流澤淺，其理自然如此。文蔚曰：今雖士庶人家亦祭三代，如此，却是違禮。曰：雖祭三代，却無廟，亦不可謂之僭。古之所謂廟者，其體面甚大，皆是門、堂、寢、室，勝如所居之宫，非如今人但以一室爲之。文蔚。

問祭禮。曰：古禮難行，且依温公，擇其可行者行之。祭土地，只用韓公所編。秖一位。祭祖，自高祖而下，如伊川所論。古者秖祭考妣，温公祭自曾祖而下。伊川以高祖有服，所當祭，今見於《遺書》者甚詳。此古禮所無，創自伊川，所以使人盡孝敬追遠之義。驤。

問：《遺書》云：「尋常祭及高祖。」曰：天子則以周人言，上有太祖二祧。大夫則干祫及其高祖。可學。

堯卿問始祖之祭。曰：古無此。伊川以義起。某當初也祭，後來覺得僭，遂不敢祭。古者諸侯只得祭始封之君，以上不敢祭。大夫有大功，則請於天子，得祭其高祖；然亦止得祭一番，常時不敢祭。程先生亦云，人必祭高祖，只是有疏數耳。又問：今士庶亦有始基之祖，莫亦只祭得四代，但四代以上則可不祭否？曰：如今祭四代已爲僭。古者官師亦只得祭二代，若是始基之祖，莫亦只存得墓祭。義剛。○以下祭始祖、先祖。

余正父謂：士大夫不得祭始祖，此天子諸侯之禮。若士大夫當祭，則自古無明文。又云：大夫自無太祖。先生因舉《春秋》如單氏、尹氏，王朝之大夫，自上世至後世，皆不變其初來姓號，則必有太祖。又如季氏之徒，世世不改其號，則亦必有太祖。余正父謂：此春秋時，自是世卿不由天子，都没理會。先生云：非獨是春秋時，如《詩》裏説「南仲太祖，太師皇父」，南仲是文王時人，到宣王時爲太祖。不知古者「世禄不世官」之説如何？又如周公之後，伯禽已受封於魯，而周家世有周公，如《春秋》云「宰周公」，這般所在，自曉未得。賀孫。

問：冬至祭始祖，是何祖？曰：或謂受姓之祖，如蔡氏，則蔡叔之類。或謂厥初生民之祖，如盤古之類。曰：立春祭先祖，則何祖？曰：自始祖下之第二世，及己身以上第六世之祖。曰：何以只設二位？曰：此只是以意享之而已。淳。

李問至日始祖之祭初獻事。曰：家中尋常只作一番安排。想古人也不恁地，却有三奠酒；或有脯醢之屬，因三奠中進。遂問：始祖是隨一姓有一始祖？或只是一始祖？曰：此事亦不可得而見。想開闢之時，只是生一箇人出來。淳略。

用之問：先生祭禮，立春祭高祖而上，只設二位。若古人祫祭，須是逐位祭？曰：某只是依伊川説。伊川禮更略。伊川所定，不是成書。温公《儀》却是做成了。賀孫。

伊川「時祭止於高祖，高祖而上則於立春設二位統祭之，而不用主」。此説是也。却又云：祖又豈可厭多？苟其可知者，無遠近、多少，須當盡祭之。疑是初時未曾討論，故有此説。道夫。

問：祭先祖，用一分如何？曰：只是一氣。若影堂中各有牌子，則不可。可學。

家廟之制，伊川只以元妃配享。蓋古者只是以媵妾繼室，故不容與嫡並配。後世繼室，乃是以禮聘娶，自得爲正。故《唐會要》中載顏魯公家祭，有並配之儀。必大。

○以下配祭。

古人無再娶之禮，娶時便有一副當人了，嫡庶之分定矣，故繼室於正室不可並配。今人雖再娶，然皆以禮聘，皆正室也。祭於別室，恐未安。如伊川云「奉祀之人是再娶所生，則以所生母配」。如此，則是嫡母不得祭矣。此尤恐未安。大抵伊川考禮文，却不似横渠考得較子細。伯羽。○砥同。

居父問祖妣配祭之禮。先生檢《古今祭禮》唐元和一段示之。賀孫。

妣者，媲也。祭所生母，只當稱母，則略有别。砥。○祭生母。

無後之祭，伊川說在《古今家祭禮》中。閎祖。○以下祭無後者。

問無後祔食之位。曰：古人祭於東西廂。今人家無東西廂，某家只位於堂之兩邊。祭食則一，但正位三獻畢，然後使人分獻一酌而已，如今學中從祀然。義剛。

李守約問：祭殤，幾代而止？曰：禮經無所見。只《程氏遺書》一段說此，亦是以義起。義剛。○祭殤。

一之問：長兄死，有嫂無子，❶不持服，歸父母。未幾，亦死于父母家。謂嫂已去而無義，欲不祀其嫂之主。❷又有次兄年少未娶而死，欲以二兄之主同爲一櫝，如何？曰：兄在日不去嫂；兄死後，嫂雖歸父母家，又不嫁，未得爲絶，不祀亦無謂。若然，是弟自去其嫂也。兄弟亦何必同櫝乎？淳。○以下雜論。

❶「有」下，萬曆本有「義」字。
❷「欲」，萬曆本作「亦」。

堯卿問：荆婦有所生母，在家間養，百歲後，只歸祔於外氏之塋，如何？曰：亦可。又問：神主歸於婦家，則婦家凌替，欲祀於家之别室，如何？曰：不便。北人風俗如此。上谷郡君謂伊川曰：「今日爲我祀父母，明日不復祀矣。」是亦祀其外家也。然無禮經。義剛。

叔器問：行正禮，則俗節之祭如何？曰：韓魏公處得好，謂之節祠，殺於正祭。某家依而行之。但七月十五素饌用浮屠，某不用耳。向南軒廢俗節之祭，某問：於端午能不食粽乎？重陽能不飲茱萸酒乎？不祭而自享，於汝安乎？淳。○義剛同。

○以下俗祭。

問：行時祭，則俗節如何？曰：某家且兩存之。童問：莫簡於時祭否？曰：是。要得不行，須是自家亦不飲酒，始得。淳。

先生依婺源舊俗，歲暮二十六日，烹豕一祭家先，就中堂二鼓行禮。次日，召諸生餕。李丈問曰：夜來之祭，飲福受胙否？曰：亦不講此。婺源俗，豕必方切大塊。首蹄肝肺心腸肚尾臀等，每件逐位皆均有。亦炙肉，及以魚佐之。云是日甚忌有器皿之毀。❶○淳。

先生以歲前二十六夜祭先。云：是家間從來如此。這又不是新安舊俗。某嘗在新安見祭享，又不同。只都安排了，大男小女都不敢近。夜亦不舉燭，只黑地，主祭一人自去燒香禱祝了。祭饌不徹，閉户以待，來早方徹。其祭不止一日，從二十六日連日只祭去。大綱如今俗所謂「唤福」。賀孫。

問：先生除夜有祭否？曰：無祭。先

❶「毀」，萬曆本作「設」。

生有五祀之祭否？曰：不祭。因説五祀皆設主而後迎尸，其詳見《月令注》，與宗廟一般。遂舉先生語解中「王孫賈」一段。先生曰：當初因讀《月令注》，方知王孫賈所問奧、竈之説。淳。

墓祭非古。雖《周禮》有「墓人爲尸」之文，或是初間祭后土，亦未可知。但今風俗皆然，亦無大害。國家不免亦十月上陵。淳。○以下墓祭。

問：墓祭有儀否？曰：也無儀，大概略如家祭。唐人亦不見有墓祭，但是拜掃而已。林擇之云：唐有墓祭，《通典》載得在。曰：却不曾考。或問：墓祭，祭后土否？曰：就墓外設位而祭。義剛。○淳少異。

問后土氏之祭。曰：極而言之，亦似僭。然此即古人中霤之祭，而今之所謂「土地」者，《郊特牲》「取財於地，取法於天，是以尊天而親地，❶教民美報焉。故家主中霤，而國主社」。觀此，則天不可祭，而土神在民亦可祭。蓋自上古陶爲土室，其當中處上爲一竅以通明，名之曰「中霤」。及中古有宫室，亦以室之中央爲中霤，存古之舊，示不忘本。雖曰土神，而只以小者言之，非如天子所謂祭皇天后土之大者也。義剛同。

古無忌祭，近日諸先生方考及此。賀孫。○以下忌祭。

問：忌日當哭否？曰：若是哀來時，自當哭。又問衣服之制。曰：某自有吊服，絹衫、絹巾，忌日則服之。廣。

忌日須用墨衣墨冠，横渠却視祖先遠近爲等差，墨布冠，墨布繒衣。銖。

❶「地」，原作「也」，今據朝鮮本及《禮記·郊特牲》改。

先生母夫人忌日，着黲墨布衫，其中亦然。友仁問：今日服色何謂？曰：公豈不聞「君子有終身之喪」？友仁。

忌日祭，只祭一位。燾。

過每論士大夫家忌日用浮屠誦經追薦，鄙俚可怪。既無此理，是使其先不血食也！乙卯年，見先生家凡值遠諱，早起出主於中堂，行三獻之禮。一家固自蔬食，其祭祀食物，則以待賓客。考妣諱日祭罷，裹生絹幓巾終日。一日晚到閣下，尚裹白巾未除。因答問者云：聞内弟程允夫之訃。過。

先生爲無後叔祖忌祭，未祭之前不見客。賀孫。

問：人在旅中，遇有私忌，於所舍設棹炷香，可否？曰：這般微細處，古人也不曾說。若是無大礙於義理，行之亦無害。燾。〇司元德記。

朱子語類卷第九十一

禮八

雜儀

自三代後，車服、冠冕之制，《前漢》皆不説，只《後漢志》内略載，又多不可曉。○以下服。

古者有祭服，有朝服。祭服所謂鷩冕之類，朝服所謂皮弁、玄端之類。天子、諸侯各有等差。自漢以來，祭亦用冕服，朝服則所謂進賢冠、絳紗袍。隋煬帝時始令百官戎服，唐人謂之「便服」，又謂之「從省服」，乃今之公服也。祖宗以來，亦有冕服、車騎黄録作「旗」。之類，而不常用，惟大典禮則用之。然將用之時，必先出許多物色於庭。所持之人，又須有賞賜。黄録云：所付之人，又須有以易之。於是將用之前，有司必先入文字，取指揮，例降旨權免。夔孫。○義剛同。

今朝廷服色三等，乃古間服，此起於隋煬帝時。然當時亦只是做戎服，當時以巡幸煩數，欲就簡便，故三品以上服紫，五品服緋，六品以下服緑。他當時又自有朝服。今亦自有朝服，大祭祀時用之，然不常以朝。到臨祭時取用，却一齊都破損了。要整理，又須大費一巡，只得恁地包在那裏。賀孫。

今之朝服乃戎服，蓋自隋煬帝數遊幸，令百官以戎服從，一品紫，五品朱，六品青，皂靴乃上馬鞋也。後世循襲，遂爲朝服。

然自唐人朝服，猶著禮服，幞頭圓頂軟脚，今之吏人所冠者是也。桶頂帽子，乃隱士之冠。宣和末，京師士人行道間，猶著衫帽。至渡江戎馬中，乃變爲白凉衫。紹興二十年間，士人猶是白凉衫；至後來軍興，又變爲紫衫，皆戎服也。義剛。

唐人法服猶施之朝廷，今日惟祭祀不得已乃用，不復施之朝廷矣。且如今之冕，嵯峨而不安於首。古者佩玉，右徵、角，左宫、羽，今必不然。方子。

祖宗時有大朝會，如元正、冬至有之。天子被法服，群臣皆有其服。籍溪在某州爲解頭，亦嘗預元正朝班。又舊制，在京升朝官以上，每日赴班；如上不御殿，宰相押班。所以韓魏公不押班，爲臺諫所論。籍溪云「士服著白羅衫，青褖，有裙有佩」。紹興間，韓勉之知某州，於信州會樣來製士服，正如此。某後來看祖宗《實録》，乃是教《大晟樂》時士人所服，方知出處。今朝廷所頒緋衫，乃有司之服也。人傑。廣録略。

政和間，嘗令天下州學生習《大晟樂》者，皆著衣裳如古之制，及漆紗帽，但無頂爾。及諸州得解舉首貢至京師，皆若此赴元日朝。或曰：《蒼梧雜志》載「背子」，近年方有，舊時無之。只汗衫襖子上便着公服。女人無背，只是大衣。命婦只有横帔、直帔之異爾。背子乃婢妾之服，以其在背後，故謂之「背子」。先生曰：見説國初之時，至尊常時禁中，常只裹帽着背子，不知是如何。又見前輩説：前輩子弟，平時家居皆裹帽着背，不裹帽便爲非禮。出門皆須且冠帶，今皆失了。從來人主常朝，君臣皆公服。孝宗簡便，平時着背；常朝引見臣下，只是凉衫。今遂以爲常。如講筵早朝是公服，晚朝亦是涼衫。

問：今冠帶起於何時？曰：看《角抵圖》所畫觀戲者盡是冠帶。立底、屋上坐底，皆戴帽繫帶，樹上坐底也如此。那時猶只是軟帽，搭在頭上；帶只是一條小皮穿幾箇孔，用那跨子縛住。至賤之人，皆用之。今來帽子做得恁高，硬帶做得恁地重大，既不便於從事，又且是費錢。皂衫更費重。某從向時見此三物，疑其必廢，如今果是人罕用。也是貧士，如何要辦得？自家竭力辦得，着去那家，那家自無了，教他出來相接也不得。所以其弊必廢。大凡事不商量，後都是如此。問：古人制深衣，正以爲士之貴服，且謂「完且弗費」，極是好，上至天子亦服之。不知士可以常服否？曰：「可以擯相，可以治軍旅」，如此貴重，恐不可常服。曰：「朝玄端，夕深衣」，已是從簡便了。且如深衣有大帶了，又有組以束之，今人已不用組了。凡是物事，纔是有兩件，定是廢了一件。又云：薄太后以帽絮提文帝，則帽已自此時有了。從來也多喚做巾子、幞頭。或云：後唐莊宗取伶官者用，❶但長有脚。或云：太祖朝方用，想此時方制得如此長脚。○賀孫。

符舜功曰：去年初得官，欲冠帶參先生，中以顯道言而止。今思之，亦是失禮。先生曰：畢竟是君命。良久，笑曰：顯道是出世間法。某初聞劉諫議初仕時，冠帶乘涼轎還人事，往往前輩皆如此。今人都不理會其間有如此者，遂哂之。要之，冠帶爲禮。某在同安作簿時，朝廷亦有文字令百

❶「後」字，原爲空格，今據朝鮮本補。「用」下，萬曆本有「之」字。

官皆戴帽。某時坐轎有礙，後於轎頂上添了一圈竹。義剛。

上領服，非古服。看古賢如孔門弟子衣服，如今道服，却有此意。古畫亦未有上領者。惟是唐時人便服此，蓋自唐初已雜五胡之服矣。賀孫。

因言服制之變：前輩無著背子者，雖婦人亦無之。士大夫常居，常服紗帽、皂衫、革帶，無此則不敢出。背子起，殊未久。或問：婦人不着背子，則何服？曰：大衣。問：大衣，非命婦亦可服否？曰：可。僩因舉胡德輝《雜志》云：背子本婢妾之服。以其行直主母之背，故名「背子」。後來習俗相承，遂爲男女辨貴賤之服。曰：然。然嘗見前輩雜説中載，上御便殿，着紗帽、背子，則國初已有背子矣。皆不可曉。又曰：後世禮服，固未能猝復先王之舊，且得華夷稍有辨别，猶得。今世之服，大抵皆胡服，如上領衫、靴鞋之類，先王冠服掃地盡矣！中國衣冠之亂，自晉、五胡，後來遂相承襲。唐接隋，隋接周，周接元魏，大抵皆胡服。問：今公服起於何時？曰：隋煬帝游幸，令群臣皆以戎服從，五品以上服紫，七品以上服緋，九品以下服綠。只從此起，遂爲不易之制。又問：公服何故如許闊？曰：亦是積漸而然，初不知所起。嘗見唐人畫十八學士，裹幞頭，公服極窄；畫裴晉公諸人，則稍闊；及畫晚唐王鐸輩，則又闊。相承至今，又益闊也。嘗見前輩説，紹興初，某人欲製公服，呼針匠計料，匠云少三尺許。某人遂寄往都下製造，及得之，以示針匠。匠曰：「此不中格式，某不敢爲也。」某人問其故。曰：「但看袖必短，據格式，袖合與下襜齊至地，不然，則不可以入閤門。」彼時猶守得這意思，今亦不復存矣。唐人有官者，公服、幞頭不離身，以此爲常服。又別有朝服，如進賢冠、中單服之類。其下又有省服，服爲常服；今之公服，即唐之省服服也。又問幞頭所起。曰：亦不知所起。但諸家小説中，時班駮見一二。如王彦輔《麈史》猶略言之。某少時尚見唐時小説極多，今皆不復存矣。唐人幞頭，初止以紗爲之，後以其軟，遂斫木作一山子在前襯起，名曰「軍容頭」。其説以爲起於魚朝恩，一時人争傚。士大夫欲爲幞頭，則曰「爲我斫一軍容頭來」。及朝恩被誅，人以爲語讖。其先，幞頭四角有脚，兩脚繫向前，兩脚繫向後。後來遂横兩脚，以鐵線張之。然惟人主得裹此。世所畫唐明皇已裹兩脚者，但比今甚短。後來藩鎮遂亦僭用，想得士大夫因此亦皆用之。但不知幾時展得如此長。嘗見禪家語録載唐莊宗問一僧云：「朕收中原得一寶，未有人酬價。」僧曰：「略借陛下寶看。」莊宗以手展幞頭兩脚示之。如此，則五代時猶是惟人君得裹兩脚者，然皆莫可考也。桐木山子相承用，至本朝遂易以藤織者，而以紗冒之。近時方易以漆紗。嘗見南劒沙溪一士夫家，尚收得上世所藏幞頭，猶是藤織坯子。唐製又有兩脚上下者，亦莫可曉。僩。

而今衣服未得復古，且要辨得華夷。今上領衫與靴皆胡服，本朝因唐，唐因隋，隋因周，周因元魏。隋煬帝有游幸，遂令臣下服戎服，三品以上服紫，五品以上服緋，六品以下服緑，皆戎服也。至唐有三等服：有朝服，又有公服，治事時着便是法服，有衣裳、佩玉等；又有常時服，便是今時公服，則無時不服。唐初年服袖甚窄，全是胡服；中年漸寬，末年又寬，但看人家畫古賢可見。唐初頭上裹四脚軟巾，至魚朝恩以桐木爲冠，如山形，安於髻上，方裹巾，後人漸學他。至本朝漸變爲幞頭，方用漆紗做。本來唐時四脚軟巾，只人主後面二帶用物事穿得横，臣下不敢用。後藩鎮之徒僭竊用，今則朝廷一例如此。學蒙。○與上條聞同。

爵弁赤少黑多，如今深紫色。韠以皮爲之，如今水檜相似。蓋古人未有衣服時，且取鳥獸之皮來遮前面、後面，後世聖人制服不去此者，示不忘古也。今則又以帛爲之耳。韠中間有頸，兩頭有肩，肩以革帶穿之，革帶今有胯子。古人却是環子釘於革帶，其勢垂下，如今人釘鉸串子樣。鐫鐩之類，結放上面。今之胯子，便是倣他形像。古人帶甚輕，却帶得許多物。今人帶枉做得恁地重，如幞頭、靴之類亦然。幞頭本是偃脚垂下，要束得緊，今却做長帶。問：横渠説，唐莊宗因取伶官幞頭帶之，後遂成例。曰：不是恁地。莊宗在位，亦未能便變化風俗。兼是伶人所帶，士大夫亦未必肯帶之。見畫本，唐明皇已帶長脚幞頭。或云藩鎮僭禮爲之，後遂皆爲此樣。或云乃是唐宦官要得常似新幞頭，故以鐵線插帶中，又恐壞其中，以桐木爲一幞頭骨子，常令幞頭高起如新，謂之「軍容頭」。後來士大夫學之，令匠人「爲我斫箇軍容頭來」。蓋以木爲之，故謂之斫。及唐末宦者之禍，人皆以此語爲讖。王彦輔《塵史》説如此，説得有來歷，恐是如此。後人覺得不安，到本朝太宗時，又以藤做骨子，以紗糊於上。後又覺見不安，到仁宗時，方以漆紗爲之。嘗見南劍沙縣人家尚有藤骨子，可見此事未久。蓋此非一朝一夕之故，其變必有漸。夔孫。

摯是初見君時，用以獻君。二生一死，皆是抱羔、鴈、雉真物以獻。如今笏，却是古人記事手板，王述倒執手板。插之帶間。今人笏，却是用行禮，記事但其私記也。今之公服，皆古之戎服。古公服是法服，朱衣、皂褖冠。則三公用貂蟬，御史用獬。在衣之上則係帶，帶劒之類六七件。隋煬帝南遊，命群臣以戎服從，大臣紫，中緋，小緑。今之成群成隊試進士詩賦，亦煬帝法也。金銀魚，乃古人以合符。臣之得魚符者，用袋之腰間。今無合符事，却尚用魚，又不用袋魚。魚袋事出《唐書·輿服志》，高、武、中、睿時。揚。

今衣服無章，上下混淆。某嘗謂：縱未能大定經制，且隨時略加整頓，猶愈於不爲。如小衫令各從公衫之色，服紫者小衫亦紫，服緋、緑者小衫亦緋、緑，服白則小衫亦白，胥吏則皆烏衣。餘皆放此，庶有辨別也。閎祖。

古人戴冠，郭林宗時戴巾，温公幅巾，是其類也。古人衣冠，大率如今之道士。道士以冠爲禮，不戴巾。婦人環髻，今之特髻是其意也，不戴冠。揚。

今官員執笏，最無道理。笏者，只是君前記事，恐事多，須以紙粘笏上，記其頭緒。或在君前不可以手指人物，須用笏指之。此笏常插在腰間，不執在手中。夫子「攝齊升堂」，何曾手中有笏？攝齊者，畏謹，恐上階時踏着裳，有顛仆之患。執圭者，圭自是贄見之物，只是捧至君前，不是如執笏。所以執圭時便「足縮縮，如有循」。緣手中有圭，不得攝齊，亦防顛仆。明作。

古人言人跪坐，「雖有拱璧而先乘馬，

不如坐進此道」，謂跪而獻之也。如文帝不覺膝之前，蓋亦是跪坐。跪坐，故兩手下爲拜。「拜」字從兩手下。古者初冠，母子相拜；婦初見舅姑，舅姑答拜，不特君臣相答拜也。方子。○以下拜。

古人坐於地，未必是盤足，必是跪。以其慣了，故脚不痛，所以拜時易也。古人之拜，正如今道士拜，二膝齊下。唐人先下一膝，謂之「雅拜」，似有罪，是不恭也。今人不然。明作。

安卿問：古者天子拜其臣，想亦是席地而坐，只略爲之俛首，便是拜否？曰：太甲「拜手稽首」，成王「拜手稽首」，《疏》言：稽，留之意，是首至地之久也，蓋其尊師傅如此。後來晉元帝亦拜王導，至其家，亦拜其妻。如法帖中，元帝與王導帖皆稱「頓首」，不知如何。義剛。

問：虞禮，子爲尸，父拜之。曰：古人大抵如此。如子冠，母先拜之，子却答拜，而今這處都行不得。看來古人上下之際雖是嚴，而情意甚相通，如「禹拜昌言」、「王拜手稽首」之類。到漢以來，皇帝見丞相，在坐爲起，在輿爲下。贊者曰：「皇帝爲丞相起！」尚有這意思。到六朝以來，君臣逐日相與説話。如宋文帝明日欲殺某人，晚間更與他説話，不能得他去。其間有入朝去，從人即分散去，到晚他方出。到唐，尚有坐説話底意思。而今宰相終年立地，不曾得一日坐，人主或終日不曾得見面。壽皇求治之初，中間學士固是直宿，又分講官亦直宿，又令從官亦得入賜坐，從容講論。而今未論朝廷，如古人州郡之間，亦自如此。如《羅池碑》云「柳子厚與牙將歐陽翼共飲」。法帖中有顔真卿《與蔡明遠帖》，都書名。

牙將即是客將，蔡明遠亦是衙前，他却與之情意如此。而今州郡與小官也不如此了。夔孫。

問：看禮中説婦人吉拜，雖君賜肅拜，此則古人女子拜亦伏地也。曰：古有女子伏拜者。乃太祖問范質之姪杲：「古者女子拜，如何？」他遂舉《古樂府》云「長跪問故夫」，以爲古婦女皆伏拜。自則天欲爲自尊之計，始不用伏拜。今看來此説不然。《樂府》只説「長跪問故夫」，不曾説伏拜。古人坐也是跪，一處云「直身長跪」。若拜時亦只低手祇揖，便是肅拜。故《禮》「肅拜」注云：「肅，俯手也。」蓋婦人首飾盛多，如「副笄六珈」之類，自難以俯伏地上。古人所以有父母拜其子、舅姑答婦拜者，蓋古坐時只跪坐在地，拜時亦容易；又不曾相對，拜各有向，當答拜亦然。《大祝》「九拜」：「稽首拜，頭至地」；「頓首拜，頭叩地」；「空首拜，頭至手，所謂拜手也」；「振動，戰栗變動之拜」；「吉拜，拜而後稽顙」；「凶拜，稽顙而後拜」也；「奇拜」，「一拜」；「褒拜」，「再拜」，褒讀爲報；「肅拜，但俯下手，今時撎」，傳云「介者不拜」，「敢肅使者」是也。賀孫。

問：古者婦人以肅拜爲正，何謂肅拜？曰：兩膝齊跪，手至地，而頭不下，爲肅拜。拜手亦然。爲喪主，則頭亦至地，不肅拜。南北朝有樂府詩，説婦人云「伸腰再拜跪，問客今安否」。伸腰，亦是頭不下也。周宣帝令命婦朝見皆跪伏朝見，如男子之儀。但不知婦人膝不跪地而變爲今之拜者，起於何時。此等小小禮文，皆無所稽考。程泰之以爲始於武后，亦非也。古者男子拜，亦兩膝齊屈，如今之道士拜。杜子春注《周禮》「奇拜」，以爲先屈一膝，如今之雅拜。漢人雅拜，即今之拜是也。淳。

婦人有肅拜、拜手、稽顙。肅拜者，兩膝跪地，斂手放低；拜手者，膝亦跪，而手至地也；稽顙，頭至地也。爲夫與長子喪，亦如之。○燾。

拜親時須合坐受，叔伯母亦合坐受，兄止立受。嫂叔同一家，不可不拜，亦須對拜。夫婦對拜。揚。

團拜，須打圈拜。若分行相對，則有拜不著處。廣。

今人契拜父母、兄弟，極害義理。揚。

古人跪坐，立乘。方。○以下坐。

問：盤坐，於理有害否？曰：古人席地亦只是盤坐，又有跪坐者。寓録云：古人亦只跪坐，未有盤坐。君前臣跪，父前子跪，兩膝頭屈前着地，觀畫圖可見。古人密處未見得，其疏即是如此。寓録云：古人撙節處，自如此密。管寧坐一木榻，積五十年未嘗箕股，其榻上當膝處皆穿。今人有椅子，若對賓客時，合當垂足坐；若獨居時，垂足坐難久，盤坐亦何害？淳。○寓録少異。

族長至己之家，必以族長坐主位，無親疏皆然。北人以姑夫之類外姓之人亦坐主位，無此義。揚。

燕居，父子同坐亦得，惟對客不得。揚。

古人屋黄作「室」。無廊廡，三公，露立於槐下；九卿，露立於棘下。當其朝會，有雨則止。《曾子問》：「諸侯見天子，入門而雨霑服失容，則廢。」淳。○義剛録略。○以下朝廷之儀。

因論朝禮，云：如《周禮》所説，古之朝禮，君臣皆立。至漢時，所謂「皇帝見丞相起」，尚有此禮，不知後來如何廢了。然所謂「朝不坐」，又也有坐底。燾。

三代之君見大臣多立，乘車亦立。漢初猶立見大臣，如贊者云：「天子爲丞相起！」後世君太尊，臣太卑。德明。

古者天子見群臣有禮：先特揖三公，次揖九卿，又次揖左右，然後泛揖百官，所謂「天揖同姓」之類，有許多等級。義剛。

因問：欲使士人爲宰相吏，升降揖遜不佳否？曰：古人皆有此禮，本朝廢之。又問：古人何故受拜？曰：不然。孔子須拜衛靈公、魯哀公。舊制，宰相在堂上，御史中丞爲班首，與對拜於階下。又聖節日，百官盡揖宰相於何處？揚。

古時隔品則拜，謂如八品見六品，六品見四品，則拜。宰相禮絶百僚，則皆拜之。若存得此等舊禮亦好，却有等殺。今著令：❶從事郎以下，庭參不拜，則以上者不庭參可知。豈有京朝官復降階之禮！今朝士見宰相，只是客禮；見監司、郡守，如何却降階？問：若客司揖請降階，則如何？曰：平立不降可也。同官雖皆降階，吾獨不降可也。是時將赴莆田，問此。先生又云：古者庭參官、令録以下，往往皆拜，惟職官不拜。所以著令如此。○德明。

子晦將赴莆陽，請於先生：今屬邑見郡守，不問官序，例堦墀，如何？曰：若欲自行其志，勿從俗可也。因云：今多相尚如此。以此去事人，固是無見識。且是爲官長者安受而不疑，更是怪。坐客云：趙丞相帥某處，經過某處，而屬邑宰及同僚皆於船頭迎望拜接，後却旨揮不要此般禮數。這般所在，須先戒飭客將。或云：今人見宰相，欲有所言，未及出口，已爲客將按住，

❶「著」下，萬曆本有「公」字。

云：「相公尊重！」至有要取覆，而客將抗聲云「不得取覆」者。先生曰：若是有此等，無奈何，須叱之可也。賀孫。

《開元禮》有刺史弔吏民之禮，略如古者國君弔臣禮。本朝删去此條。方子。

問：左右必竟孰爲尊？曰：漢初，右丞相居左丞相之上，史中有言曰「朝廷無出其右者」，則是右爲尊也。到後來，又却以左爲尊。而《老子》有曰「上將軍處右」，而「偏將軍處左」。喪事尚右；兵，凶器也，故以喪禮處之。如此，則吉事尚左矣。漢初豈習於戰國與暴秦之所爲乎！廣。○以下雜論。

古父子異宮。宮如今人四合屋，雖各一宮，❶然四面共牆圍。揚。

古謂之「宮」，只是牆。蓋古人無今廊屋。燾。

因論戟：古人戰争出入部從用之，今只置之於門。唐時私家得用戟，如官幾品得幾戟。燾。

今之表啓，是下諛其上；今之制誥，是君諛其臣。道夫。

今之書簡使上覆，以爲重於啓也。然用「啓」字則有義理，用「覆」字却無義理。啓，乃開啓之啓。覆，爲審覆之覆。如「三覆奏」，謂已有指揮，更爲再三審覆之也。廣。

問：今人書簡未嘗拜而言拜，未嘗瞻仰而言瞻仰，如何？曰：「瞻仰」字去之無害。但「拜」字承用之久，若遽除去，恐不免譏罵。前輩只云「某啓」，啓是開白之義。法帖中有「頓首」，韓文中有「再拜」，其來已

❶「宮」，萬曆本作「處」。

久。問：啓，又訓跪。如秦王問范雎，有「跽而請之」。曰：古人席地而坐，有問於人，則略起身時，其膝至地，或謂之跪。若婦人之拜，在古亦跪。《古樂府》云「伸腰拜手跪」，則婦人當跪而拜，但首不至地耳。不知婦人之不跪，起於何代。或謂唐武后時方如此，亦未可知。周天元令命婦爲男子之拜以稱賀，及天元薨，遂改其制。想史官書之，以表其異。則古者婦人之拜，其首不至地可知也。然則婦人之拜，當以深拜，頗合於古。人傑。

有士大夫來謁，各以坐次推遜不已。先生曰：吾人年至五十後，莫論官、休。自脩。

大抵前輩禮數極周詳鄭重，不若今人之苟簡。以今人律之先王之禮，則今人爲山鹿野麋矣。然某尚及見前輩禮數之周，今又益薄矣。僩。

朱子語類卷第九十二

樂古今

問：古尺何所考？曰：羊頭山黍今不可得，只依温公樣，他考必子細。然尺亦多樣，《隋書》載十六等尺，説甚詳。王莽貨泉錢，古尺徑一寸。因出二尺，曰：短者周尺，長者景表尺。義剛。

十二律皆在，只起黄鍾之宫不得。所以起不得者，尺不定也。升卿。

律管只吹得中聲爲定。季通嘗截小竹吹之，可驗。若謂用周尺，或羊頭山黍，雖應準則，不得中聲，終不是。大抵聲太高則焦殺，低則盎緩。「牛鳴盎中」，謂此。又云：此不可容易杜撰。劉歆爲王莽造樂，樂成而莽死；後荀勗造於晉武帝時，即有五胡之亂；和峴造於周世宗時，世宗亦死。惟本朝太祖神聖特異，初不曾理會樂律，但聽樂聲，嫌其太高，令降一分，其聲遂和。唐太宗所定樂及本朝樂，皆平和，所以世祚久長。笑云：如此議論，又却似在樂不在德也。德明。

因論樂律云：尺以三分爲增減，蓋上生下生，三分損一益一。故須一寸作九分，一分分九釐，一釐分九絲，方如破竹，都通得去。人傑録云：律管只以九寸爲準，則上生下生，三分益一損一，如破竹矣。其制作，《通典》亦略備，《史記·律書》、《漢·律曆志》所載亦詳。范蜀公與温公都枉了相争，只《通典》亦未嘗看。蜀公之言既疏，温公又在下。䕫。

無聲，做管不成。德明。

司馬遷説律，只是推一箇通了，十二箇皆通。

十二律自黄鍾而生。黄鍾是最濁之聲，其餘漸漸清。若定得黄鍾是，便入得樂。都是這裏纔差了些子，其他都差。只是寸難定，所以易差。道夫。

樂聲，黄鍾九寸最濁，應鍾最清，清聲則四寸半。八十一、五十四、七十二、六十四，至六十四，則不齊而不容分矣。人傑。

音律如尖塔樣，闊者濁聲，尖者清聲。宫以下則太濁，羽以上則太輕，皆不可爲樂。惟五聲者，中聲也。人傑。

樂律：自黄鍾至中吕皆屬陽，自蕤賓至應鍾皆屬陰，此是一箇大陰陽。黄鍾爲陽，大吕爲陰；太簇爲陽，夾鍾爲陰：每一陽間一陰，又是一箇小陰陽。閎祖。

自黄鍾至中吕皆下生，自蕤賓至應鍾皆上生。以上生下，皆三生二；以下生上，皆三生四。閎祖。

《禮記注疏》説「五聲六律十二管還相爲宫」處，分明。人傑。

旋宫：且如大吕爲宫，則大吕用黄鍾八十一之數，而三分損一，下生夷則；夷則又用林鍾五十四之數，而三分益一，上生夾鍾。其餘皆然。閎祖。

問：先生所論樂，今考之，若以黄鍾爲宫，便是太簇爲商，姑洗爲角，蕤賓爲變徵，林鍾爲徵，南吕爲羽，應鍾爲變宫。若以大吕爲宫，便是夾鍾爲商，中吕爲角，[1] 林鍾爲變徵，夷則爲徵，無射爲羽，黄鍾爲變宫。其餘則旋相爲宫，周而復始。若言相生之法，則以律生吕，便是下生；以吕

[1] 「吕」，原作「宫」，今據萬曆本改。

生律，則爲上生。自黄鍾下生林鍾，林鍾上生太簇；太簇下生南吕，南吕上生姑洗；姑洗下生應鍾，應鍾上生蕤賓。蕤賓本當下生，今却復上生大吕；大吕下生夷則，夷則上生夾鍾；夾鍾下生無射，無射上生中吕。相生之道，至是窮矣，遂復變而上生黄鍾之宫。再生之黄鍾不及九寸，只是八寸有餘。然黄鍾，君象也，非諸宫之所能役，故虚其正而不復用，所用只再生之變者。就再生之變又缺其半，所謂缺其半者，蓋若大吕爲宫，黄鍾爲變宫時，黄鍾管最長，所以只得用其半聲。而餘宫亦皆倣此。曰：然。又曰：宫、商、角、徵、羽與變徵，皆是數之相生，自然如此，非人力所加損，此其所以爲妙。問：既有宫、商、角、徵、羽，又有變宫、變徵，何也？曰：二者是樂之和，去聲。相連接處。道夫。

「旋相爲宫」，若到應鍾爲宫，❶則下四聲都當低去，所以有半聲，亦謂之「子聲」，近時所謂清聲是也。大率樂家最忌臣民陵君，故商聲不得過宫聲。然近時却有四清聲，方響十六箇，十二箇是律吕，四片是四清聲。古來十二律却都有半聲。所謂半聲者，如蕤賓之管當用六寸，却只用三寸。雖用三寸，聲却只是大吕，但愈重濁耳。又問聲氣之元。曰：律曆家最重這元聲，元聲一定，向下都定；元聲差，向下都差。植。○饒本云：因論樂，云：黄鍾之律最長，應鍾之律最短，長者聲濁，短者聲清。十二律旋相爲宫，宫爲君，商爲臣。樂中最忌臣陵君，故有四清聲。如今方響有十六箇，十二箇是正律，四箇是四清聲。清聲，是減一律之半。如應鍾爲宫，其聲最短而清。或蕤賓爲之商，則是商聲高似宫聲，爲臣陵君，不可用，遂乃用蕤賓律減半爲清聲以應之，雖

❶「鍾」，原脱，今據萬曆本補。

然減半，只是此律，❶故亦自能相應也。此是《通典》載此一項。又云：樂聲不可太高，又不可太低。樂中上聲，便是鄭、衛。所以太祖英明不可及，當王樸造樂，聞其聲太急，便令減下一律，其聲遂平。徽宗朝，作《大晟樂》，其聲一聲低似一聲，故其音緩。又云：賢君大概屬意於雅樂，所以仁宗晚年極力要理會雅樂，終未理會得。

律遞相爲宮，到末後宮聲極清，則臣民之聲反重，故作折半之聲；然止於四者，以爲臣民不可大於君也。事物大，於君不妨。五聲分爲十二律，添三分，減三分，至十二而止。後世又增其四，取四清聲。璘。

宮與羽，角與徵，相去獨遠。故於其間製變宮、變徵二聲。廣。

問：《周禮·大司樂》說宮、角、徵、羽，與七聲不合，如何？曰：此是降神之樂，如黃鍾爲宮，大呂爲角，太簇爲徵，應鍾爲羽，自是四樂各舉其一者而言之。以大呂爲角，則南呂爲宮；太簇爲徵，則林鍾爲宮；應鍾爲羽，則太簇爲宮。以七聲推之，合如此。注家之說非也。人傑。

律呂有十二，用時只使七箇。自黃鍾下生至七，若更插一聲，便拗了。淳。

七聲之說，《國語》言之。人傑。

律十有二，作樂只用七聲。惟宮聲筵席不敢用，❷用則賓主失歡。力行云：今人揲卦得乾卦者，多不爲吉。故《左傳》言：「隨元、亨、利、貞，有是四德，乃可以出。」曰：然。力行。

問：《國語》云「律者立均出度」，韋昭《注》云：「均，謂均鍾，木長七尺，係之以弦。」不知其制如何？曰：韋昭是箇不分

❶「此」，萬曆本作「出」。
❷「敢」，萬曆本作「可」。

曉底人。《國語》本自不分曉，更着他不曉事，愈見鶻突。均，只是七均。如以黄鍾爲宫，便用林鍾爲徵，太簇爲商，南吕爲羽，姑洗爲角，應鍾爲變宫，蕤賓爲變徵。這七律自成一均，其聲自相諧應。古人要合聲，先須吹律，使衆聲皆合律，方可用。後來人想不解，去逐律吹得。京房始有律準，乃是先做下一箇母子，調得正了，後來只依此爲準。《國語》謂之「均」，梁武帝謂之「通」。其制十三弦，一弦是全律底黄鍾，只是散聲。又自黄鍾起，至應鍾有十二弦，要取甚聲，用柱子來逐弦分寸上柱定取聲。立均之意，本只是如此。古來人解書，最有一箇韋昭無理會。且如下文「六者中之色」，「六」字本只是「黄」字闕却上面一截，他便就這「六」字上解，謂六聲天地之中。六者，天地之中，自是數，干色甚事！文蔚。

水、火、木、金、土，是五行之序。至五聲，宫却屬土，至羽屬水。宫聲最濁，羽聲最清。一聲應七律，共八十四調。除二律是變宫，止六十調。人傑。

樂聲是土、金、木、火、水，《洪範》是水、火、木、金、土。人傑。

樂之六十聲，便如六十甲子。以五聲合十二律而成六十聲，以十干合十二支而成六十甲子。若不相屬，而實相爲用。《遺書》云：「三命是律，五星是曆。」即此説也。只曉不得甲子、乙丑皆屬木，而納音却屬金。前輩多論此，皆無定説。僩。

絲宫而竹羽。人傑。

絲尚宫，竹尚羽。竹聲大，故以羽聲濟之；絲聲細，故以宫聲濟之。廣。

《周禮》以十二律爲之度數，如黄鍾九寸、林鍾六寸之類；以十二聲爲之劑量。

蓋磬材有剛柔清濁，❶音聲有輕重高低，故復以十二聲劑量，斟酌磨削厚薄，❷令合節族。❸如《磬氏》「已上則磨其旁，已下則磨其端」之類。僩。

先生偶言及律吕，謂管有長短，則聲有清濁。黄鍾最長，則聲最濁；應鍾最短，則聲最清。時舉云：黄鍾本爲宫，然《周禮》祭天神人鬼地示之時，則其樂或以黄鍾爲宫，或以林鍾爲宫，未知如何？曰：此不可曉。先儒謂商是殺聲，鬼神所畏，故不用，而只用四聲迭相爲宫。未知其五聲不備，又何以爲樂？大抵古樂多淡，十二律之外，又有黄鍾、大吕、太蔟、夾鍾四清聲，雜於正聲之間，樂都可聽。今古樂不可見矣。長沙南嶽廟每祭必用樂，其節奏甚善，祭者久立，不勝其勞。據《圖經》云是古樂。然其樂器又亦用伏鼓之類，如此，則亦非古矣。時舉因云：「金聲玉振」，是樂之始終。不知只是首尾用之，還中間亦用耶？曰：樂有特鐘、特磬，有編鐘、編磬。編鐘、編磬是中間奏者，特鐘、特磬是首尾用者。時舉云：所謂「玉振」者，只是石耶？還真用玉？曰：只是石耳。但大樂亦有玉磬，所謂「天球」者是也。時舉。

問：《周禮》「祭不用商音」，或以爲是武王用厭勝之術。切疑聖人恐無此意。曰：這箇也難曉。須是問樂家，如何不用商。嘗見樂家言是有殺伐之意，故祭不用。然也恐是無商調，不是無商音。他那奏起來，五音依舊皆在。又問：向見一樂書，温

❶「蓋磬材有」，萬曆本作「斟酌磨削」。
❷「斟酌磨削」，萬曆本作「蓋磬材有」。
❸「族」，萬曆本作「奏」。

公言本朝無祉音。❶切謂五音如四時代謝，不可缺一。若無祉音，則本朝之樂，大段不成説話。曰：不特本朝，從來無那祉；不特祉無，角亦無之。然只是大常樂無那，宴樂依舊有。這箇也只是無祉調、角調，不是無祉音、角音。如今人曲子所謂「黄鍾宫，大吕羽」，這便是調。謂如頭一聲是宫聲，尾後一聲亦是宫聲，這便是宫調。若是其中按拍處，那五音依舊都用，不只是全用宫。如説無祉，便只是頭聲與尾聲不是祉。這却不知是如何，其中有箇甚麼欠缺處，所以做那祉不成。徽宗嘗令人硬去做，然後來做得成，却只是頭一聲是祉，尾後一聲依舊不是，依舊走了，不知是如何。平日也不曾去理會，這須是樂家辨得聲音底，方理會得。但是這箇别是一項，未消得理會。義剛。

古者太子生，則太師吹管以度其聲，看合甚律。及長，其聲音高下皆要中律。

南北之亂，中華雅樂中絶。隋文帝時，鄭譯得之於蘇祗婆。蘇祗婆乃自西域傳來，故知律吕乃天地自然之聲氣，非人之所能爲。譯請用旋宫，何安耻其不能，遂止用黄鍾一均。事見《隋志》。因言佛與吾道不合者，蓋道乃無形之物，所以有差。至如樂律，則有數器，所以合也。閎祖。

六朝彈箏、鼓瑟皆歌。節。

唐太宗不曉音律，謂不在樂者，只是胡説。揚。

唐祖孝孫説八十四調。季通云只有六十調，不以變宫、變徵爲調。恐其説有理。此《左傳》中「聲以降，五降之後不容彈矣」之意也。人傑。

❶「祉」，萬曆本作「徵」，下同。

自唐以前，樂律尚有制度可考；唐以後，都無可考。如杜佑《通典》所算分數極精。但《通典》用十分爲寸作算法，頗難算。蔡季通只以九分算。本朝范、馬諸公非惟不識古制，自是於唐制亦不曾詳看，《通典》又不是隱僻底書，不知當時諸公何故皆不看。只如沈存中博覽，《筆談》所考器數甚精，亦不曾看此。使其見此，❶則所論過於范、馬遠甚。吕伯恭不喜《筆談》，以爲皆是亂說。某與言：未可恁地說，恐老兄欺他未得在，只是他做人不甚好耳。因令將五音、十二律寫作圖子，云：且須曉得這箇，其他却又商量。道夫。

問樂。曰：古聲只是和，後來多以悲恨爲佳。温公與范蜀公，胡安定與阮逸、李照争辨，其實都自理會不得，却不曾去看《通典》。《通典》説得極分明，蓋此事在唐猶有傳者，至唐末遂失其傳。王樸當五代之末，杜撰得箇樂如此。當時有幾鍾名爲「啞鍾」，不曾擊得，蓋是八十四調。樸調其聲，令一一擊之。其實那箇啞底却是。古人制此不擊，以避宫聲。若一例皆擊，便有陵節之患。《漢・禮樂志》劉歆説樂處亦好。唐人俗舞謂之「打令」，其狀有四：曰招，曰摇，曰送，其一記不得。蓋招，則邀之之意；摇，則摇手呼唤之意；送者，送酒之意。舊嘗見深村父老爲余言，其祖父嘗爲之收得譜子，因兵火失去。❷舞時皆裹幞頭，列坐飲酒，少刻起舞。有四句號云：「送摇招摇，三方一圓，分成四片，送在摇前。」人多不知，皆以爲

❶「其」，原作「甚」，今據朝鮮本、萬曆本改。
❷「因」，萬曆本作「日」。

瓦謎。❶漢卿云：張滋約齋亦是張家好子弟。曰：見君舉説，其人大曉音律。因言：今日到詹元善處，見其教樂，又以管吹習古詩二《南》、《七月》之屬，其歌調却只用《太常譜》。然亦只做得今樂，若古樂必不恁地美。人聽他在行在録得譜子，大凡壓入音律，只以首尾二字，章首一字是某調，章尾即以某調終之。如《關雎》，「關」字合作無射調，結尾亦着作無射聲應之；《葛覃》，「葛」字合作黄鍾調，結尾亦着作黄鍾聲應之。如「七月流火」三章皆「七」字起，「七」字則是清聲調，末亦以清聲調結之；如「五月斯螽動股」，「二之日鑿冰冲冲」，「五」字、「二」字皆是濁聲，黄鍾調，末以濁聲結之。元善理會事，都不要理會箇是，只信口胡亂説，事事喚做曾經理會來。如宫、商、角、徵、羽，固是就喉、舌、唇、齒上分，他便道只此便了，元不知道喉、舌、唇、齒上亦各自有宫、商、角、徵、羽。何者？蓋自有箇疾徐高下。賀孫。

温公與范忠文，胡安定與阮逸、李照等議樂，空自争辯，看得來都未是，元不曾去看《通典》。據《通典》中所説皆是，又且分曉。廣云：如此，則杜佑想是理會得樂。曰：也不知他會否，❷但古樂在唐猶有存者，故他因取而載之於書。至唐末黄巢亂後，遂失其傳。至周世宗時，王樸據他所見，杜撰得箇樂出來。《通鑑》中説，王樸説當時鍾有幾箇不曾擊，謂之「啞鍾」，樸乃調其聲，使皆可擊。看得來所以存而不擊者，恐是避其陵慢之聲，故不擊之耳，非不知擊

❶「瓦」，萬曆本作「啞」。

❷「也」上，萬曆本有「這」字。

之也。廣。

范蜀公謂今《漢書》言律處折了八字。蜀中房庶有古本《漢書》有八字，所以與温公争者，只争此。范以古本爲正。蜀公以上黨粟一千二百粒實今九寸爲準，闊九寸。温公以一千二百粒排今一尺爲準。《漢書》文不甚順，又粟有大小，遂取中者爲之。然下粟時頓緊，則粟又下了，又不知如何爲正排，又似非是。今世無人曉音律，只憑器論造，器又紛紛如此。古人曉音律，風角、鳥占皆能之。太史公以律論兵，意出於此。仁宗時李照造樂，蜀公謂差過了一音，每思之爲之痛心。劉羲叟謂聖上必得心疾，後果然。揚。

仁宗以胡安定、阮逸《樂書》，令天下名山藏之，意思甚好。道夫。

問：温公論本朝樂無徵音，如何？曰：其中不能無徵音，只是無徵調。如首以徵音起，而末復以徵音合殺者，是徵調也。徵調失其傳久矣。徽宗令人作之，作不成，只能以徵音起，而不能以徵音終。如今俗樂，亦只有宫、商、羽三調而已。淳。

蔡京用事，主張喻世清作樂，盡破前代之言樂者。因作中聲、正聲，如正聲九寸，中聲只八寸七分一。按《史記》「七」字多錯，乃是「十分一」。其樂只是杜撰，至今用之。人傑。

徽宗時，一黥卒魏漢津造《雅樂》一部，皆杜撰也。今太學上丁用者是此樂。揚。

季通《律書》，分明是好，却不是臆説，自有按據。道夫。

問：季通《律書》難曉。曰：甚分明，但未細考耳。問：空圍九分，便是徑三分？曰：古者只説空圍九分，不説徑三分，蓋不啻三分，猶有奇也。問：算到十七萬有餘之數，當何用？曰：以定管之長短而出是聲。如太簇四寸，惟用半聲方和。大抵考究其法是如此，又未知可用與否耳。節五聲，須是知音律之人與審驗過，方見得。德明。

季通理會樂律，大段有心力，看得許多書。也是見成文字，如《史記·律曆書》，自無人看到這裏。他近日又成一《律要》，盡合古法。舊時所作律，❶逐節吹得，却和。怕如今未必如此。這箇若促些子，聲便焦殺；若長些子，便慢蕩。賀孫。

陳淳言：❷「琴只可彈黃鍾一均，而不可旋相爲宮。」此說猶可。至謂琴之泛聲爲六律，又謂六律爲六同，則妄矣。今人彈琴都不知孰爲正聲，若正得一弦，則其餘皆可正。今調弦者云，如此爲宮聲，如此爲商聲，安知是正與不正？此須審音人方曉得。古人所以吹管，聲傳在琴上。如吹管起黃鍾之指，則以琴之黃鍾聲合之，聲合無差，然後以次遍合諸聲。五聲既正，然後不用管，只以琴之五聲爲準，而他樂皆取正焉。季通書來說，近已曉得，但絣定七絃，不用調絃，皆可以彈十一宮。琴之體是黃鍾一均，故可以彈十一宮。如此，則大呂、太簇、夾鍾以下，聲聲皆用按徽，都無散聲。蓋纔不按，即是黃鍾聲矣，亦安得許多指按耶？兼如其說，則大呂以下亦不可對徽，須挨近第九徽裏按之。此後愈挨下去，方合大呂諸聲。蓋按著正徽，復是黃鍾聲矣。渠云，頃問之太常樂工，工亦云然。恐無此理。

❶「舊」，萬曆本作「近」。
❷「淳」，原爲墨丁，今據萬曆本補。

古人彈琴，隨月調絃，如十一月調黃鍾，十二月調大吕，正月調太簇，二月調夾鍾。但此後聲愈緊，至十月調應鍾，則弦急甚，恐絶矣。不知古人如何。季通不能琴，他只是思量得，不知彈出便不可行。這便是無下學工夫，吾人皆坐此病。古人朝夕習於此，故以之上達不難，蓋下學中上達之理皆具矣。如今説古人兵法戰陣，坐作進退，斬射擊刺，鼓行金止，如何曉得他底？莫説古人底曉不得，只今之陣法也曉不得，更説甚麽？如古之兵法，進則齊進，退則齊退，不令進而進，猶不令退而退也。如此則無人敢妄動。然又却有一人躍馬蹈陣，❶殺數十百人，出入數四，矢石不能傷者，何也？良久，又曰：據今之法，只是兩軍相拄住，相射相刺，立得脚住，不退底便贏，立不住退底便輸耳。僩。

今朝廷樂章長短句者，如《六州歌頭》，皆是俗樂鼓吹之曲。四言詩乃大樂中曲。本朝《樂章會要》，國史中只有數人做得好，如王荆公做得全似《毛詩》，甚好。其他有全做不成文章。横渠只學《古樂府》做，辭拗强不似，亦多錯字。

今之樂，皆胡樂也，雖古之鄭、衛，亦不可見矣。今《關雎》、《鹿鳴》等詩，亦有人播之歌曲。然聽之與俗樂無異，不知古樂如何。古之宫調與今之宫調無異，但恐古者用濁聲處多，今樂用清聲處多。季通謂今俗樂，黃鍾及夾鍾清，如此則争四律，不見得如何。《般涉調》者，胡樂之名也。「般」，如「般若」之「般」。「子在齊聞《韶》」，據季札觀樂，魯亦有之，何必在齊而聞之也？

❶「蹈」，四庫本作「陷」。

又夫子見小兒徐行恭謹，曰：「《韶》樂作矣！」人傑。

詹卿家令樂工以俗樂譜吹《風》、《雅》篇章。❶初聞吹二《南》詩，尚可聽。後吹《文王》詩，則其聲都不成模様。因言：古者《風》、《雅》、《頌》，名既不同，其聲想亦各別。廣。

趙子敬送至《小雅》樂歌，以黄鍾清爲宫，此便非古。清者，半聲也。唐末喪亂，樂人散亡，禮壞樂崩。襆自以私意撰四清聲。古者十二律外，有十二子聲，又有變聲六。謂如黄鍾爲宫，則他律用正律；若他律爲宫，則不用黄鍾之正聲，而用其子聲。故《漢書》云「黄鍾不與他律爲役」者，此也。若用清聲爲宫，則本聲輕清而高，餘聲重濁而下，《禮書》中删去乃是。樂律，《通典》中蓋説得甚明，本朝如胡安定公、❷范蜀公、司馬公、李照輩，元不曾看，徒自如此争辨也。《漢書》所載甚詳，然不得其要。太史公所載甚略，然都是要緊處。新修《禮書》中《樂律補篇》以一尺爲九寸，一寸爲九分，一分爲九豪，一豪爲九釐，一釐爲九絲。❸○方子。

樂律中所載《十二詩譜》，乃趙子敬所傳，云是唐開元間鄉飲酒所歌也。但却以黄鍾清爲宫，此便不可。蓋黄鍾管九寸，最長。若以黄鍾爲宫，則餘律皆順，若以其他律爲宫，便有相陵處。今且只以黄鍾言之，自第九宫後四宫，則或爲角，或爲羽，或爲商，或爲徵。若以爲角，則是民陵其君矣；若以爲商，則是臣陵其君矣。徵爲事，羽爲物，皆可類推。《樂記》曰：「五者皆亂，迭

---

❶「工」，萬曆本作「家」。

❷「公」，原爲空格，今據朝鮮本補。

❸「絲」，原爲空格，今據萬曆本補。

相陵謂之慢。如此，則國之滅亡無日矣！」故製黄鍾四清聲用之。清聲短其律之半，是黄鍾清長四寸半也。若後四宫用黄鍾爲角、徵、商、羽，則以四清聲代之，不可用黄鍾本律，以避陵慢。故《漢志》有云：「黄鍾不復爲他律所役。」其他律亦皆有清聲，若遇相陵，則以清聲避之，不然則否。惟是黄鍾則不復爲他律所用。然沈存中《續筆談》説云：「唯君、臣、民不可相陵，事物則不必避。」先生一日又説：古人亦有時用黄鍾清爲宫，前説未是。○廣。

音律只是氣。人亦只是氣，故相關。揚。

今之士大夫，問以五音、十二律，無能曉者。要之，當立一樂學，使士大夫習之，久後必有精通者出。升卿。

人今都不識樂器，❶不聞其聲，故不通其義。如古人尚識鐘鼓，然後以鐘鼓爲樂。故孔子云：「樂云樂云，鐘鼓云乎哉！」今人鐘鼓已自不識。揚。

鎛鐘甚大，特懸鐘也。衆樂未作，先擊特鐘以發其聲；衆樂既闋，乃擊特磬以收其韻。僩。

堂上樂，金鐘玉磬。今太常玉磬鎖在櫃裏，更不曾設，恐爲人破損，無可陪還。尋常交割，只據文書；若要看，旋開櫃取一二枚視之。人傑。

今之簫管，乃是古之笛。雲簫，方是古之簫。廣。

畢篥，本名悲栗，言其聲之悲壯也。廣。

俗樂中無徵聲，蓋没安排處；及無黄鍾等四濁聲。㽦。

今之曲子，亦各有某宫。某宫云：「今

❶「人今」，萬曆本作「今人」。

樂起處，差一位」。璘。

洛陽有帶花劉使，名几，於俗樂甚明，蓋曉音律者。范蜀公徒論鍾律，其實不曉，但守死法。若以應鍾爲宮，則君民事物皆亂矣。司馬公比范公又低。二公於《通典》尚不曾看，《通典》自説得分曉。《史記·律書》説律數亦好。此蓋自然之理，與《先天圖》一般，更無安排。但數到窮處，又須變而生之，却生變律。人傑。

劉几與伶人花日新善，其弟厭之，令勿通。几戒花吹笛於門外，則出與相見。其弟又令終日吹笛亂之。然花笛一吹，則劉識其音矣。人傑。

向見一女童，天然理會得音律，其歌唱皆出於自然，蓋是稟得這一氣之全者。人傑。

胡問：今俗妓樂不可用否？曰：今州縣都用，自家如何不用得？亦在人斟酌。淳。

朱子語類卷第九十三 計一十二板

孔孟周程

看聖賢代作，未有孔子，便無《論語》之書；未有孟子，便無《孟子》之書；未有堯、舜，便無《典》、《謨》；未有商、周，便無《風》、《雅》、《頌》。賀孫。

此道更前後聖賢，其説始備。自堯、舜以下，若不生箇孔子，後人去何處討分曉？孔子後若無箇孟子，也未有分曉。孟子後數千載，乃始得程先生兄弟發明此理。今看來，漢、唐以下諸儒説道理見在史策者，便直是説夢！只有箇韓文公依稀説得略似耳。賀孫。

「天不生仲尼，萬古長如夜！」唐子西嘗於一郵亭梁間見此語。季通云：「天先生伏羲、堯、舜、文王，後不生孔子，亦不得；後又不生孟子，亦不得；二千年後又不生二程，亦不得。」方。

孔子天地間甚事不理會過！若非許大精神，亦呑許多不得。一日因話又説：今覺見朋友間，都無大精神。文蔚。

問：「定禮樂」，是《禮記》所載否？曰：不見得。節復問贊《易》之「贊」。曰：稱述其事，如「大哉乾元」之類，是贊。節。

戰國、秦、漢間，孔子言語存者尚多有之。如孟子所引「仁不可爲衆」，❶「爲此詩者，其知道乎」。又如劉向所引之類。

❶「仁」，原作「人」，今據《孟子·離婁上》改。

夫子度量極大，與堯同。門弟子中如某人輩，皆不點檢他，如堯容四凶在朝相似。必大。○人傑録云：堯容四凶在朝。夫子之門，亦何所不容！

問：孔子不是不欲仕，只是時未可仕？曰：聖人無求仕之義。君不見用，只得且恁地做。銖。

或問：孔子當衰周時，可以有爲否？曰：聖人無有不可爲之事，只恐權柄不入手。若得權柄在手，則兵隨印轉，將逐符行。近温《左氏傳》，見定、哀時煞有可做底事。問：固是聖人無不可爲之事。聖人有不可爲之時否？曰：便是聖人無不可爲之時。若時節變了，聖人又自處之不同。又問：孔子當衰周，豈不知時君必不能用己？曰：聖人却無此心。豈有逆料人君能用我與否？到得後來説「吾不復夢見周公」，與「鳳鳥不至，河不出圖，吾已矣夫」時，聖人亦自知其不可爲矣。但不知此等話是幾時説。據「陳恒弑其君」，孔子沐浴而朝，請討之時，是獲麟之年，那時聖人猶欲有爲也。廣。

問：看聖人汲汲皇皇，不肯没身逃世，只是急於救世，不能廢君臣之義。至於可與不可，臨時依舊裁之以義。曰：固是。但未須説急於救世，自不可不仕。又問：若據「危邦不入，亂邦不居」，「有道則見，無道則隱」等語，却似長沮、桀溺之徒做得是？曰：此爲學者言之。聖人做作，又自不同。又問：聖人亦明知世之不可爲否？曰：也不是明知不可。但天下無不可爲之時，苟可以仕則仕，至不可處便止。如今時節，臺諫固不可做，州縣也自做得。到得居位守職，却教自家枉道廢法，雖一簿尉也做不得，便着去位。木之。

某嘗疑誅少正卯無此事，出於齊、魯陋儒欲尊夫子之道，而造爲之説。若果有之，則《左氏》記載當時人物甚詳，何故有一人如許勞攘，而略不及之？史傳間不足信事，如此者甚多。僩。

衛靈公無道如此，夫子直欲扶持之，戀戀其國，久而不去。不知是何意，不可曉。必大。

孔子在衛國居得甚久。想是靈公有英雄之氣，孔子見其可與有爲，故久居而欲輔之。壽昌。

問：自孔子後，何故無聖人？曰：公且看三代而下，那件不薄？文章、字、畫亦可見，只緣氣日薄。❶因問：康節「一元開物閉物」之説，是否？曰：有此理。不易他窺測至此！浩。○揚録云：自周後氣薄，亦不生聖賢。

或問：孔子當孟子時，如何？曰：孔子自有作用，然亦須稍加峻厲。又問：孔子若見用，顏子還亦出否？曰：孔子若用，顏子亦須出來做他次一等人。如孔子做宰相，顏子便做參政。去僞。

龜山謂「孔子如知州，孟子如通判權州」，也是如此。通判權州，必竟是别人事，須着些力去做，始得。廣。

問：「顏子合下完具，只是小，要漸漸恢廓；孟子合下大，只是未粹，要索學以充之。」此莫是才具有異？❷曰：然。孟子覺有動蕩底意思。可學。

或問：顏子比湯如何？曰：顏子只據

❶「曰」，萬曆本作「自」。
❷「具」，原作「其」，今據朝鮮本、萬曆本改。

見在事業未必及湯。使其成就，則湯又不得比顔子。前輩説禹與顔子雖是同道，禹比顔子又麄些。顔子比孟子，則孟子當麄看，磨稜合縫，猶未有盡處；若看諸葛亮，只看他大體正當，細看不得。大雅。

才仲問顔子，因舉先生舊語云「顔子優於湯、武」，如何見得？曰：公且自做工夫，這般處説不得。據自看，覺得顔子渾渾無痕迹。賀孫。

問：顔子之學，莫是先於性情上着工夫否？曰：然。凡人爲學，亦須先於性情上着工夫。非獨於性情上着工夫，行步坐立，亦當着工夫。煇。○謨録云：學者固當存養性情。然處事接物，動止應酬，皆是着工夫處，不獨性情也。

邵漢臣問顔淵、仲弓不同。曰：聖人之德，自是無不備，其次則自是易得不備。如顔子已是煞周全了，只比之聖人更有些未完。如仲弓則偏於淳篤，而少顔子剛明之意。若其他弟子，未見得。只如曾子，則大抵偏於剛毅，這終是有立脚處。所以其他諸子皆無傳，惟曾子獨得其傳。到子思，也恁地剛毅，孟子也恁地剛毅。惟是有這般人，方始凑合得着。惟是這剛毅等人，方始立得定。子思别無可考，只孟子所稱，如「標使者出諸大門之外，北面再拜稽首而不受」，如云「事之云乎，豈曰友之云乎」之類，這是甚麽樣剛毅！賀孫。

孔門只一箇顔子合下天資純粹。到曾子便過於剛，與孟子相似。世衰道微，人欲横流，不是剛勁有脚跟底人，定立不住。淳。

問：若使曾子爲邦，比顔子如何？曰：想得不似顔子熟。然曾子亦大故有力。曾子、子思、孟子大略皆相似。問：明道比顔子如何？曰：不要如此問，且看他做工夫處。德明。

曾點開闊，漆雕開深穩。振。

曾點父子爲學不同。點有康節底意思，將那一箇物玩弄。道夫。

曾子父子相反，參合下不曾見得，只從日用間應事接物上積累做去，及至透徹，那小處都是自家底了。點當下見得甚高，做處却又欠闕。如一座大屋，只見廳堂大概，裏面房室元不曾經歷，所以夷考其行而有不掩，卒歸於狂。儒用。

曾子真積力久。若海。

曾子說話，盛水不漏。敬仲。

曾子太深，壁立萬仞。振。

孔門弟子，如子貢後來見識煞高，然終不及曾子。如「一唯」之傳，此是大體。畢竟他落脚下手立得定，壁立萬仞！觀其言，如「彼以其富，我以吾仁」、「可以托六尺之孤」、「士不可以不弘毅」之類，故後來有子思、孟子，其傳永遠。孟子氣象尤可見。士毅。

曾子本是魯拙，後來既有所得，故守得夫子規矩定。其教人有法，所以有傳。若子貢則甚敏，見得易，然又雜；往往教人亦不似曾子守定規矩，故其後無傳。因竇問子貢之學無傳。○德明。

子貢俊敏，子夏謹嚴。孔子門人自曾、顏而下，惟二子，後來想大故長進。僩。

但將《論語》子夏之言看，甚嚴毅。節。

子游是箇簡易人，於節文有未至處。如譏子夏之門人，與「喪致乎哀而止」。○廣。

子張過高，子夏窄狹。端蒙。

子張是箇務外底人，子游是箇高簡、虛曠、不屑細務底人，子夏是箇謹守規矩、嚴毅底人。因觀荀子論三子之賤儒，亦是此意，蓋其末流必至是也。僩。

問：孔門學者，如子張全然務外，不知如何地學却如此？曰：也干他學甚事？他在聖門，亦豈不曉得爲學之要？只是他資質是箇務外底人，所以終身只是這意思。子路是箇好勇底人，終身只是説出那勇底話。而今學者閑時都會説道理當如何，只是臨事時，依前只是他那本來底面目出來，都不如那閑時所説者。僩。

子路全義理，管仲全功利。振。

孟子極尊敬子路。

問：韓子稱「孔子之道大而能博」。大，是就渾淪；博，是就該貫處否？曰：韓子亦未必有此意。但如此看，亦自好。至問：如何是「學焉而皆得其性之所近」？曰：政事者，就政事上學得；文學者，就文學上學得；德行言語者，就德行言語上學得。至。

看來人全是資質。韓退之云：「孔子之道大而能博，門弟子不能遍觀而盡識也，故學焉而皆得其性之所近。」此説甚好。看來資質定了，其爲學也只就他資質所尚處，添得些小好而已。所以學貴公聽並觀，求一箇是當處，不貴徒執己自用。今觀孔子諸弟子，只除了曾、顔之外，其他説話便皆有病。程子諸門人，上蔡有上蔡之病，龜山有龜山之病，和靖有和靖之病，無有無病者。或問：也是後來做工夫不到，故如此。曰：也是合下見得不周，遍差了。又曰：而今假令親見聖人説話，盡傳得聖人之言不差一字，若不得聖人之心，依舊差了，何況猶不得其言？若能得聖人之心，則雖言語各别，不害其爲同。如曾子説話，比之孔子又自不同。子思傳曾子之學，比之曾子，其言語亦自不同。孟子比之子思，又自不同。然自孔子以後，得孔子之心者，惟曾子、子思、孟子而已。後來非無能言之士，如楊子雲《法言》模倣《論語》，王仲淹《中説》亦模倣《論語》，言愈似而去道愈遠。直至程子方略明得四五十年，爲得聖人之心。然一傳之門人，則已皆失其真矣。云云。其終卒歸於「擇善固執」、「明善誠身」、「博文約禮」而已，只是要人自去理會。僩。

孟子比之孔門原憲，謹守必不似他。然他不足以及人，不足以任道，孟子便擔當得事。淳。○孟子。

孟子不甚細膩，如大匠把得繩墨定，千門萬户自在。又記「千門」字上有「東西南北」字。○節。

鄧子禮問：孟子恁地，而公孫、萬章之徒皆無所得。曰：他只是逐孟子上上下下❶，不曾自去理會。又曰：孔子於門人恁地提撕警覺，尚有多少病痛！賀孫。

問：周子是從上面先見得？曰：也未見得是恁地否。但是周先生天資高，想見下面工夫也不大故費力。而今學者須是從下學理會，若下學而不上達，也不成箇學問。須是尋到頂頭，却從上貫下來。夔孫。○周子。

季通云：「濂溪之學，精慤深密。」端蒙。

濂溪清和。孔經甫祭其文曰：「公年壯盛，玉色金聲；從容和毅，一府皆傾。」墓碑亦謂其「精密嚴恕」，氣象可想矣。道夫。

周子看得這理熟，縱横妙用，只是這數箇字都括盡了。周子從理處看，邵子從數處看，都只是這理。砥曰：畢竟理較精粹。

❶「他」，萬曆本作「也」。

曰：從理上看則用處大，數自是細碎。砥。

今人多疑濂溪出於希夷；又云爲禪學，其諸子皆學佛。可學云：濂溪書具存，如《太極圖》，希夷如何有此說？或是本學老、佛而自變了，亦未可知。曰：嘗讀張忠定公《語録》。公問李畋云：「汝還知公事有陰陽否？」云云。此說全與濂溪同。忠定見希夷，蓋亦有些來歷。但當時諸公知濂溪者，未嘗言其有道。可學曰：此無足怪。程太中獨知之。曰：然。又問：明道之學，後來固別。但其本自濂溪發之，只是此理推廣之耳。但不如後來程門授業之多。曰：當時既未有人知，無人往復，只得如此。可學。

濂溪在當時，人見其政事精絕，則以爲官業過人；❶見其有山林之志，則以爲襟袖洒落，有仙風道氣，無有知其學者。惟程太中獨知之。這老子所見如此，宜其生兩程子也。只一時程氏，類多好人。舉橫渠祭太中弟云「父子參、點」。又祭明道女兄云：「見伯淳言，汝讀《孟子》有所見，死生鬼神之蘊，無不洞曉。今人爲卿相大臣者，尚不能知。」先生笑曰：此事是譏富公。賓問：韓公一般氣象如何？曰：韓公天資高，但學識淺，故只做得到那田地，然其大綱皆正。又云：明道當初想明得煞容易，便無那查滓。只一再見濂溪，當時又不似而今有許多言語出來。不是他天資高，見得易，如何便明得？德明問：《遺書》中載明道語，便自然洒落明快。曰：自是他見得容易。伊川《易傳》却只管脩改，晚年方出其書。若使明道作，想無許多事。嘗見

❶「官」，萬曆本作「宦」。

門人有祭明道文云：「先生欲著樂書，有志未就。」不知其書要如何作。德明。○周、程。

問：明道、濂溪俱高，不如伊川精切。曰：明道説話超邁，不如伊川説得的確。濂溪也精密，不知其他書如何，但今所説這些子，無一字差錯。問：明道不著書。曰：嘗見某人祭明道文説蹺蹊，説明道要著樂書。「樂」音「洛」。樂，如何著得書？德輔。

汪端明嘗言二程之學，非全資於周先生者。蓋《通書》人多忽略，不曾考究。今觀《通書》，皆是發明《太極》。書雖不多，而統紀已盡。二程蓋得其傳，但二程之業廣耳。畨。

二程不言太極者，用劉絢記程言：「清虚一大，恐人别處走。今只説敬，意只在所由，只一理也。」一理者，言「仁義中正而主静」。方。

濂溪静一，明道敬。方。❶

明道説話渾淪，煞高，學者難看。淳。○程子。

明道説底話，恁地動彈流轉。方子。

明道語宏大，伊川語親切。方。

明道説話，一看便好，轉看轉好；伊川説話，初看未甚好，久看方好。義剛。

明道説話，亦有説過處，如説「舜有天下不與」。又其説闊，人有難曉處，如説「鳶飛魚躍」，謂「心勿忘，勿助長」處。伊川較子細，説較無過，然亦有不可理會處。又曰：明道所見甚俊偉，故説得較快，初看時便好，子細看亦好；伊川説，初看時較拙，子細看亦拙。又曰：明道説經處較遠，不甚協注。揚。

❶「方」下，萬曆本有「子」字。

說明道言語儘寬平，伊川言語初難看，細讀有滋味。又云：某説大處自與伊川合，小處却持有意見不同。説南軒見處高，如架屋相似，大間架已就，只中間少裝折。寓。

明道曾看釋、老書，伊川則《莊》、《列》亦不曾看。先生云：後來須着看。不看，無緣知他道理。

伊川《好學論》，十八時作。明道十四五便學聖人，二十及第，出去做官，一向長進。《定性書》是二十二三時作。是時遊山，許多詩甚好。義剛。

問：明道可比顏子、伊川可比孟子否？曰：明道可比顏子。孟子才高，恐伊川未到孟子處。然伊川收束檢制處，孟子却不能到。煇。

賓問：前輩多言伊川似孟子。曰：不然。伊川謹嚴，雖大故以天下自任，其實不似孟子放脚放手。孟子不及顏子，顏子常自以爲不足。德明。

鄭問：明道到處響應，伊川入朝成許多事，此亦可見二人用處。曰：明道從容，伊川都挨不行。陳後之問：伊川做時似孟子否？曰：孟子較活絡。問：孟子做似伊尹否？先生首肯。又曰：孟子傳伊尹許多話，當時必有一書該載。淳。

問：學於明道，恐易開發；學於伊川，恐易成就。曰：在人用力。若不用力，恐於伊川無向傍處。明道却有悟人處。方。

伊川説話，如今看來，中間寧無小小不同？只是大綱統體説得極善。如「性即理也」一語，直自孔子後，惟是伊川説得盡。這一句，便是千萬世説性之根基。理是箇公共底物事，不解會不善。人做不是，自是失了性，却不是壞了着脩。賀孫。

明道詩云：「旁人不識予心樂，將爲偷閑學少年。」此是後生時氣象昡露，無含蓄。學蒙。

或問：明道五十年猶不忘遊獵之心。曰：人當以此自點檢。須見得明道氣質如此，至五十年猶不能忘。在我者，當益加操守方是，不可以此自恕。卓。

東坡見伊川主司馬公之喪，譏其父在，何以學得喪禮如此。然後人遂爲伊川解說道：「伊川先丁母艱。」也不消如此。人自少讀書，如《禮記》、《儀禮》便都已理會了。古人謂居喪讀《喪禮》，亦平時理會了，到這時更把來温審，不是方理會。賀孫。

因論司馬、文、吕諸公當時尊伊川太高，自宰相以下皆要來聽講，遂致蘇、孔諸人紛紛。曰：宰相尊賢如此，甚好。自是諸人難與語。只如今賭錢、喫酒等人，正在無禮，你却將《禮記》去他邊讀，如何不致他惡？揚。

伊川令吕進伯去了韓安道。李先生云：「此等事，須是自信得及，如何教人做得！」揚。

至之問：程先生當初進說，只以「聖人之說爲可必信，先王之道爲可必行，不狃滯於近規，不遷惑於衆口，必期致天下如三代之世」，何也？先生曰：也不得不恁地說。如今說與學者，也只得教他依聖人言語恁地做去。待他就裏面做工夫有見處，便自知得聖人底是確然恁地。荆公初時與神宗語亦如此，曰：「願陛下以堯、舜、禹、湯爲法。」❶今苟能爲堯、舜、禹、湯之君，則自有

❶「陛」，原作「階」，今據朝鮮本、萬曆本改。

皋、夔、稷、契、伊、傅之臣。諸葛亮、魏證，❶有道者所羞道也。」説得甚好，只是他所學偏，後來做得差了，又在諸葛、魏證之下。義剛。

有咎伊川著書不以示門人者，再三誦之，先生不以爲然也。因坐復歎。先生曰：公恨伊川著書不以示人，某獨恨當時提撕他不緊。故當時門人弟子布在海内，炳如日星，自今觀之，皆不滿人意。只今《易傳》一書散滿天下，家置而人有之，且道誰曾看得他箇！果有得其意者否？果曾有行得他箇否？道夫。

聞伯夷、柳下惠之風者，頑廉薄敦，皆有興起，此孟子之善想像者也。「孔子，元氣也；顔子，和風慶雲也；孟子，泰山巖巖之氣象也。」此程夫子之善想像者也。今之想像大程夫子者，當識其明快中和處；小程夫子者，當識其初年之嚴毅，晚年又濟以寬平處。豈徒想像而已哉？必還以驗之吾身者如何也。若言論風旨，則誦其詩、讀其書，字字而訂之，句句而議之，非惟求以得其所言之深旨，將併與其風範氣象皆得之矣。大雅。

書無所不讀，事無所不能，若作强記多能觀之，誠非所以形容有道之君子。然在先生分上正不妨。書之當讀者無所不讀，欲其無不察也；事之當能者無所不能，以其無不通也。觀其平日辯異端、闢邪説，如此之詳，是豈不讀其書而以耳剽决之耶？至於鄙賤之事雖瑣屑，然孰非天理之流行者？但此理既得，自然不習而無不能耳。故孔子自謂「多能鄙事」，但以爲學者不當

❶「證」，當作「徵」，此處爲避宋仁宗趙禎諱，下同。

自是以求之，故又曰「不多」也。今欲務於强記多能，固非所以爲學。然事物之間分別太甚，則有修飭邊幅、簡忽細故之病。又非所以求盡心也。鎬。

伊川快説禪病，如後來湖南、龜山之弊，皆先曾説過。湖南正以爲善。龜山求中於喜怒哀樂之前。方。

居仁謂伊川「顚頇」語，是親見《與病叟書》中説。方。

伊川《告詞》如此，是紹興初年議論，未免一褒一貶之雜也。謨。

《程先生傳》甚備，見《徽廟實録》，吕伯恭撰。振。

叔器問：横渠似孟子否？曰：一人是一樣，規模各不同。横渠嚴密，孟子宏闊。孟子是箇有規矩底康節。安卿曰：他宏闊中有縝密處，每常於所謂「『不見諸侯，何也？』曰：『不敢也』」，「『賜之則不受，何也？』曰：『不敢也』」，此兩處，見得他存心甚畏謹，守義甚縝密。曰：固是。至之曰：孟子平正；横渠高處太高，僻處太僻。曰：是。義剛。○張子。

横渠將這道理擡弄得來大，後更奈何不下。必大。

横渠儘會做文章。如《西銘》及應用之文，如《百椀燈》詩，甚敏。到説話，却如此難曉，怕關西人語言自如此。賀孫。

横渠之學是苦心得之，乃是「致曲」，與伊川異。以孔子爲非生知，渠蓋執「好古，敏以求之」，故有此説。❶不知「好古，敏以求之」非孔子做不得。可學。

問：横渠之教，以禮爲先。浩恐謂之

❶「説」，萬曆本作「語」。

禮，則有品節，每遇事，須用秤停當，禮方可遵守。初學者或未曾識禮，恐無下手處。敬則有一念之肅，便已改容更貌，不費安排，事事上見得此意。如何？先生曰：古人自幼入小學，便教以禮；及長，自然在規矩之中。横渠却是用官法教人禮，也易學。今人乍見，往往以爲難。某嘗要取《三禮》編成一書，事多蹉過。若有朋友，只兩年工夫可成。浩。

《張横渠傳》，當時人推范純夫作，見《神宗實録》。揚。

明道之學，從容涵泳之味洽；横渠之學，苦心力索之功深。端蒙。○程、張。

横渠之於程子，猶伯夷、伊尹之於孔子。若海。

問：孔子六經之書，盡是説道理内實事，故便覺得此道大。自孟子以下，如程、張之門，多指説道之精微、學之要領，與夫下手處，雖甚親切易見，然被他開了四至，便覺規模狹了，不如孔子六經氣象大。曰：後來緣急欲人曉得，故不得不然，然亦無他不得。若無他説破，則六經雖大，學者從何處入頭？横渠最親切。程氏規模廣大，其後學者少有能如横渠輩用工者。近看得横渠用工最親切，直是可畏！學者用工，須是如此親切。更有一説奉祝：老兄言語更多些，更須删削，見簡潔處方是。大雅。

閭丘次孟云：諸先生説話，皆不及小程先生，雖大程亦不及。曰：不然。明道説話儘高，邵、張説得端的處，儘好。且如伊川説「仁者，天下之公，善之本也」，大段寬而不切。如横渠説「心統情性」，這般所在，説得的當。又如伊川謂「鬼神者，造化之迹」，却不如横渠所謂「二氣之良能也」。直卿曰：如何？曰：程子之説固好，但只渾淪在這裏。張子之説，分明便見有箇陰陽在。曰：如所謂「功用則謂之鬼神」，也與張子意同。曰：只爲他渾淪在那裏。閭丘曰：明則有禮樂，幽則有鬼神。曰：只這數句便要理會。明便如何説禮樂？幽便如何説鬼神？須知樂便屬神，禮便屬鬼。他此語落着，主在鬼神。因指甘蔗曰：其香氣便喚做神，其漿汁便喚做鬼。直卿曰：向讀《中庸》所謂「誠之不可揜」處，切疑謂鬼神爲陰陽屈伸，則是形而下者。若《中庸》之言，則是形而上者矣。曰：今也且只就形而下者説來。但只是他皆是實理處發見，故未有此氣，便有此理；既有此理，必有此氣。道夫。

今且須看孔、孟、程、張四家文字，方始講究得着實，其他諸子不能無過差也。理。

朱子語類卷第九十四 計三十九板

周子之書

太極圖

《太極圖》「無極而太極」。上一圈即是太極，但挑出在上。泳。

太極一圈，便是一畫，只是撒開了，引教長一畫。泳。

《太極圖》只是一箇實理，一以貫之。端蒙。

太極分開，只是兩箇陰陽，括盡了天下物事。

「《易》有太極，是生兩儀。」四象、八卦，皆有形狀。至於太極，有何形狀？故周子曰：「無極而太極。」蓋云無此形狀，而有此道理耳。㽦。

「無極而太極」，只是一句。如「沖漠無眹」，畢竟是上面無形象，然却實有此理。圖上自分曉。到說無極處，便不言太極，只言「無極之真」。真，便是太極。㽦。

「無極而太極」，蓋恐人將太極做一箇有形象底物看，故又說「無極」，言只是此理也。端蒙。

「無極而太極」，只是說無形而有理。所謂太極者，只二氣五行之理，非別有物爲太極也。又云：以理言之，則不可謂之有；以物言之，則不可謂之無。僩。

「無極而太極」，只是無形而有理。周子恐人於太極之外更尋太極，故以無極言之。既謂之無極，則不可以有底道理强搜尋也。問：太極始於陽動乎？曰：陰静是太極之本，然陰静又自陽動而生。一静一動，便是一箇闢闔。自其闢闔之大者推而上之，更無窮極，不可以本始言。謨。

問：「無極而太極」，固是一物，有積漸否？曰：無積漸。曰：上言無極，下言太極。竊疑上言無極無窮，下言至此方極。曰：無極者無形，太極者有理也。周子恐人把作一物看，故云無極。曰：太極既無氣，氣象如何？曰：只是理。可學。

周子所謂「無極而太極」，非謂太極之上別有無極也，但言太極非有物耳。如云「上天之載，無聲無臭」。故云「無極之真，二五之精」，既言無極，則不復別舉太極也。若如今說，則此處豈不欠一「太極」字耶？端蒙。

原「極」之所以得名，蓋取樞極之義。聖人謂之「太極」者，所以指夫天地萬物之根也；周子因之而又謂之「無極」者，所以大一作「著夫」。「無聲無臭」之妙也。升卿。

問：《太極解》引「上天之載，無聲無臭」，此上天之載，即是太極否？曰：蒼蒼者是上天，理在「載」字上。淳。

問：「無極而太極」，如何？曰：子細看，便見得。問：先生之意，莫正是以無極太極爲理？❶曰：此非某之說，他道理自如此，着自家私意不得。太極無形象，只是理。他自有這箇道理，自家私着一字不得。問：既曰太極，又有箇無極，如何？曰：太極本無極，要去就中看得這箇意出方得。公只要去討他不是處，與他鬬。而今只管

❶「莫」，萬曆本作「不」。

去檢點古人不是處，道自家底是，便是識見不長。劉曰：要得理明，不得不如此。曰：且可去放開胸懷讀書。看得道理明徹，自然無歉吝之病，無物我之私，自然快活。寓。

無極是有理而無形。如性，何嘗有形？太極是五行陰陽之理皆有，不是空底物事。若是空時，如釋氏説性相似。又曰：釋氏只見得箇皮殼，裏面許多道理，他却不見。他皆以君臣、父子爲幻妄。節。

「無極而太極」，不是太極之外别有無極，無中自有此理。又不可將無極便做太極。「無極而太極」，此「而」字輕，無次序故也。「動而生陽，静而生陰」，動即太極之動，静即太極之静。動而後生陽，静而後生陰，生此陰陽之氣。謂之「動而生」、「静而生」，則有漸次也。「一動一静，互爲其根」，動而静，静而動，闢闔往來，更無休息。「分陰分陽，兩儀立焉」，兩儀是天地，與畫卦兩儀意思又别。動静如晝夜，陰陽如東西南北，分從四方去。「一動一静」以時言，「分陰分陽」以位言。方渾淪未判，陰陽之氣，混合幽暗。及其既分，中間放得寬闊光朗，而兩儀始立。康節以十二萬九千六百年爲一元，則是十二萬九千六百年之前，又是一箇大闢闔，更以上亦復如此，直是「動静無端，陰陽無始」。小者大之影，只晝夜便可見。五峰所謂「一氣大息，震蕩無垠，海宇變動，山勃川湮，人物消盡，舊迹大滅，是謂洪荒之世」。常見高山有螺蚌殼，或生石中，此石即舊日之土，螺蚌即水中之物。下者却變而爲高，柔者變而爲剛，此事思之至深，有可驗者。「陽變陰合而生水火木金土」，陰陽，氣也，生此五行之質。天地生物，五行獨先。地即是土，土便包含許多金、木之類。天地之間，何事而非五行？五行陰陽，七者衮合，便是生物底材料。「五行順布，四時行焉」，金、木、水、火分屬春、夏、秋、冬，土則寄旺四季。如春屬木，而清明後十二日即是土寄旺之時。每季寄旺十八日，共七十二日。唯夏季十八日土氣爲最旺，故能生秋金也。以圖象考之，木生火、金生水之類，各有小畫相牽連；而火生土、土生金，獨穿乎土之内，餘則從旁而過，爲可見矣。「五行一陰陽也，陰陽一太極也，太極本無極也。」此當思無有陰陽而無太極底時節。若以爲止是陰陽，陰陽却是形而下者；若只專以理言，則太極又不曾與陰陽相離。正當沉潛玩索，將圖象意思抽開細看，又復合而觀之。某解此云：「非有離乎陰陽也，即陰陽而指其本體，不雜乎陰陽而爲言也。」此句自有三節意思，更宜深考。《通書》云：「静而無動，動而無静，物也；動而無動，静而無静，神也。」當即此兼看之。謨。○可學録別出。

舜弼論太極云：陰陽便是太極。曰：某解云：「非有離乎陰陽也，即陰陽而指其本體，不雜乎陰陽而言耳。」此句當看。今於某解説句尚未通，如何論太極？又問：「無極而太極」，因「而」字，故生陸氏議論。曰：「而」字自分明。下云：「動而生陽，静而生陰。」説一「生」字，便是見其自太極來。今曰「而」，則只是一理。「無極而太極」，言無能生有也。某問：自陽動以至於人物之生，是一時俱生？且如此説，爲是節次如此？曰：道先後不可，然亦須有節次。康節推至上十二萬八千，云云。不知已前又如何。太極之前，須有世界來，正如昨日之夜、今日之晝耳。陰陽亦一大闔闢也。但當其初開時須昏暗，漸漸乃明，故有此節次，其實已一齊在其中。又問：今推太極以前如此，後去又須如此？曰：固然。程子云：「動静無端，陰陽無始。」此語見得分明。今高山上多有石上蠣殼之類，是低處成高。又蠣須生於泥沙中，今乃在石上，則是柔化爲剛。天地變遷，何常之有？又問：明道云：「陰陽亦形而下者，而曰『道』，只此兩句截得上下分明。」「截」字，莫是「斷」字誤？曰：正是「截」字。形而上、形而下，只就形處離合分別，此正是界至處。若只說在上在下，便成兩截矣。可學。

李問：「無極之真」與「未發之中」，同否？曰：「無極之真」是包動静而言，「未發之中」只以静言。太極只是極至，❶更無去處了。至高至妙，至精至神，更没去處。濂溪恐人道太極有形，故曰「無極而太極」，是無之中有箇至極之理。如「皇極」，亦是中天下而立，四方輻湊，更没去處；移過這邊也不是，移過那邊也不是，只在中央，四畔合湊到這裏。又指屋極曰：那裏更没去處了。問：南軒説「無極而太極」，言「莫之爲而爲之」，如何？曰：他説差。道理不可將初見便把做定。伊川解文字甚縝密，也是他年高七十以上歲，見得道理熟。吕與叔言語多不縝密處，是他不滿五十歲。若使年高，看道理必煞縝密。寓。

太極無方所，無形體，無地位可頓放。若以未發時言之，未發却只是静。動静、陰陽，皆只是形而下者。然動亦太極之動，静亦太極之静，但動静非太極耳。或録云：動不是太極，但動者太極之用耳；静不是太極，但静者太極之體

❶「太」，萬曆本作「無」。

耳。故周子只以無極言之。無形而有理。未發固不可謂之太極，然中含喜怒哀樂，喜樂屬陽，怒哀屬陰，四者初未著，而其理已具。若對已發言之，容或可謂之太極，然終是難説。此皆只説得箇髣髴形容，當自體認。㽦。

問：「無極而太極」，極，是極至無餘之謂。無極是無之至，至無之中乃至有存焉，故云「無極而太極」。曰：本只是箇太極，只爲這本來都無物事，故説「無極而太極」。如公説無極，恁地説却好，但太極説不去。曰：「有」字便是「太」字地位。曰：將「有」字訓「太」字不得。太極只是箇理。曰：至無之中，乃萬理之至有也。❶ 曰：亦得。問：「動而生陽，靜而生陰」，注：「太極者，本然之妙；動靜者，所乘之機。」太極只是理，理不可以動靜言，惟動而生陽，靜而生陰，理寓於氣，不能無動靜所乘之機。乘，如乘載之「乘」，其動靜者，乃乘載在氣上，不覺動了靜，靜了又動。曰：然。又問：「動靜無端，陰陽無始」，那箇動，又從上面靜生下；上面靜，又是上面動生來。今姑把這箇説起。曰：然。又問：「以質而語其生之序」，不是相生否？只是陽變而助陰，故生水；陰合而陽盛，故生火；木、金各從其類，故在左右。曰：水陰根陽，火陽根陰。錯綜而生其端，是天一生水，地二生火，天三生木，地四生金。到得運行處，便水生木，木生火，火生土，土生金，金又生水，水又生木，循環相生。又如甲乙丙丁戊己庚辛壬癸，都是這箇物事。因曰：這箇太極，是箇大底物事。四方上下曰「宇」，古往今來曰「宙」。無一箇物似宇様大：四方

❶「理」，萬曆本作「物」。

去無極，上下去無極，是多少大？無一箇物似宙樣長遠：亘古亘今，往來不窮。自家心下須常認得這意思。問：此是誰語？曰：此是古人語。象山常要説此語，但他説便只是這箇，又不用裏面許多節拍，却只守得箇空蕩蕩底。公更看横渠《西銘》，初看有許多節拍，却似狹；充其量，是甚麽樣大！合下便有箇乾健坤順意思。自家身己便如此，形體便是這箇物事，性便是這箇物事。「同胞」是如此，「吾與」是如此，主腦便是如此。「尊高年，所以長其長；慈孤弱，所以幼其幼」，又是做工夫處。後面節節如此。「于時保之，子之翼也。樂且不憂，純乎孝者也。」其品節次第又如此。横渠這般説話，體、用兼備，豈似他人只説得一邊！問：自其節目言之，便是「各正性命」；充其量而言之，便是「流行不息」。曰：然。又問：聖人定之以中正仁義而主静。曰：此是聖人「脩道之謂教」處。因云：今且須涵養。如今看道理未精進，便須於尊德性上用功；於德性上有不足處，便須於講學上用功。二者須相趲逼，庶得互相振策出來。若能德性常尊，便恁地廣大，便恁地光輝，於講學上須更精密，見處須更分曉。若能常講學，於本原上又須好。覺得年來朋友於講學上却説較多，於尊德性上説較少，所以講學處不甚明了。賀孫。

或問太極。曰：太極只是箇極好至善底道理。人人有一太極，物物有一太極。周子所謂太極，是天地人物萬善至好底表德。謙。

太極非是别爲一物，即陰陽而在陰陽，即五行而在五行，即萬物而在萬物，只是一箇理而已。因其極至，故名曰太極。廣。

才説太極，便帶着陰陽；才説性，便帶着氣。不帶着陰陽與氣，太極與性那裏收附？然要得分明，又不可不拆開説。寓。

因問：《太極圖》所謂「太極」，莫便是性否？曰：然。此是理也。問：此理在天地間，則爲陰陽而生五行，以化生萬物；在人，則爲動静而生五常，以應萬事。曰：動，則此理行，此動中之太極也；静，則此理存，此静中之太極也。洽。

問：先生説太極「有是性則有陰陽五行」，云云。此説性是如何？曰：想是某舊説，近思量又不然。此「性」字爲稟於天者言。若太極，只當説理，自是移易不得。《易》言「一陰一陽之謂道」，繼之者則謂之「善」，至於成之者方謂之「性」。此謂天所賦於人物，人物所受於天者也。寓。

問：「即陰陽而指其本體，不雜於陰陽而言之」，是於道有定位處指之？曰：然。「一陰一陽之謂道」，亦此意。可學。

自太極至萬物化生，只是一箇道理包括，非是先有此而後有彼。但統是一箇大源，由體而達用，從微而至著耳。端蒙。

某常説：太極是箇藏頭底，動時屬陽，未動時又屬陰了。方子。

太極自是涵動静之理，却不可以動静分體用。蓋静即太極之體也，動即太極之用也。譬如扇子，只是一箇扇子，動摇便是用，放下便是體。才放下時，便只是這一箇道理；及摇動時，亦只是這一箇道理。

梁文叔云：太極兼動静而言。曰：不是兼動静，太極有動静。喜怒哀樂未發，也有箇太極；喜怒哀樂已發，也有箇太極。只是一箇太極，流行於已發之際，斂藏於未發之時。

問：太極動而生陽，静而生陰，見得理先而氣後。曰：雖是如此，然亦不須如此理會，二者有則皆有。問：未有一物之時，如何？曰：是有天下公共之理，未有一物所具之理。德明。

問：太極之有動静，是静先動後否？曰：一動一静，循環無端。無静不成動，無動不成静。譬如鼻息，無時不噓，無時不吸；噓盡則生吸，吸盡則生噓，理自如此。德明。

問：太極動然後生陽，則是以動爲主？曰：纔動便生陽，不是動了而後生。這箇只得且從動上説起，其實此之所以動，又生於静；上面之静，又生於動。此理只循環生去，「動静無端，陰陽無始」。賀孫。

「太極動而生陽，静而生陰」，不是動後方生陽，蓋纔動便屬陽，静便屬陰。「動而生陽」，其初本是静，静之上又須動矣。所謂「動静無端」，今且自「動而生陽」處看去。時舉。

「太極動而生陽，静而生陰」，非是動而後有陽，静而後有陰，截然爲兩段，先有此而後有彼也。只太極之動便是陽，静便是陰。方其動時，則不見静；方其静時，則不見動。然「動而生陽」，亦只是且從此説起。陽動以上，更有在。程子所謂「動静無端，陰陽無始」，於此可見。端蒙。

國秀説太極。曰：公今夜説得却似，只是説太極是一箇物事不得。説太極中便有陰陽也不得。他只説「太極動而生陽，動極而静，静而生陰」。公道未動以前如何？曰：只是理。曰：固是理，只不當對動言。未動即是静，未静又即是動，未動又即是静。伊川云：「動静無端，陰陽無始，惟知道者識之。」動極復静，静極復動，還當把那箇做僻初頭始得。❶今説「太極動而生陽」，是且把眼前即今箇動斬截便説起。❷其實那動以前又是静，静以前又是動。如今日一晝過了，便是夜，夜過了，又只是明日晝。即今晝以前又有夜了，昨夜以前又有晝了。即今要説時日起，也只且把今日建子説起，其實這箇子以前豈是無子？賀孫。

問：「太極動而生陽」，是有這動之理，便能動而生陽否？曰：有這動之理，便能動而生陽；有這静之理，便能静而生陰。既動，則理又在動之中；既静，則理又在静之中。曰：動静是氣也，有此理爲氣之主，氣便能如此否？曰：是也。既有理，便有氣；既有氣，則理又在乎氣之中。周子謂：「五殊二實，二本則一。一實萬分，萬一各正，小大有定。」自下推而上去，五行只是二氣，二氣又只是一理。自上推而下來，只是此一箇理，萬物分之以爲體，萬物之中又各具一理。所謂「乾道變化，各正性命」，然總又只是一箇理。此理處處皆渾淪，如一粒粟生爲苗，苗便生花，花便結實又成粟，還復本形。一穗有百粒，每粒箇箇完全；又將這百粒去種，又各成百粒。生生只管不已，初間只是這一粒分去。物物各有理，總只是一箇理。曰：鳶飛魚躍，皆理之流行發見處否？曰：固是。然此段更須將前後文通看。淳。

或問太極。曰：未發便是理，已發便是情。如「動而生陽」，便是情。

問：「太極動而生陽」，是陽先動也。

❶「僻」，萬曆本、四庫本作「擗」。
❷「把」，萬曆本作「推」。

今解云「必體立而用得以行」，如何？曰：體自先有。下言「静而生陰」，只是説相生無窮耳。可學。

「太極動而生陽」，陽變陰合，自有先後。且以人之生觀之，先有陽，後有陰。陽在内而陰包於外，故心知思慮在内，陽之爲也；形體，陰之爲。更須錯綜看。如臟腑爲陰，膚革爲陽，此見《素問》。○端蒙。

太極者，如屋之有極，天之有極，到這裏更没去處，理之極至者也。陽動陰静，非太極動静，只是理有動静。理不可見，因陰陽而後知。理搭在陰陽上，如人跨馬相似。才生五行，便被氣質拘定，各爲一物，亦各有一性，而太極無不在也。統言陰陽，只是兩端，而陰中自分陰陽，陽中亦有陰陽。「乾道成男，坤道成女」，男雖屬陽，而不可謂其無陰；女雖屬陰，亦不可謂其無陽。人身氣屬陽，而氣有陰陽；血屬陰，而血有陰陽。至如五行，「天一生水」，陽生陰也；而壬癸屬水，壬是陽，癸是陰。「地二生火」，陰生陽也；而丙丁屬火，丙是陽，丁是陰。《通書·聖學章》：「一」便是太極，「静虚動直」便是陰陽，「明通公溥」便是五行。大抵周子之書才説起，便都貫穿太極許多道理。謨。

「動而生陽」，元未有物，且是如此動蕩，所謂「化育流行」也。「静而生陰」，陰主凝，然後萬物「各正性命」。問：「繼之者善」之時，此所謂「性善」，至「成之者性」，然後氣質各異，方説得善惡？曰：既謂之性，則終是未可分善惡。德明。

問：動静，是太極動静？是陰陽動静？曰：是理動静。問：如此，則太極有模樣？曰：無。問：南軒云「太極之體至静」，如何？曰：不是。問：又云「所謂至静者，貫乎已發未發而言」，如何？曰：如此，則却成一不正當尖斜太極。可學。

鄭仲履云：吴仲方疑《太極説》「動極而静，静極復動」之説，大意謂動則俱動，静則俱静。曰：他都是胡説。仲履云：太極便是人心之至理。曰：事事物物皆有箇極，是道理之極至。蔣元進曰：如君之仁、臣之敬，便是極。曰：此是一事一物之極。總天地萬物之理，便是太極。太極本無此名，只是箇表德。蓋卿。

問：陰陽動静以大體言，則春夏是動，屬陽；秋冬是静，屬陰。就一日言之，晝，陽而動；夜，陰而静。就一時一刻言之，無時而不動静，無時而無陰陽。曰：陰陽無處無之，横看竪看皆可見。横看則左陽而右陰，竪看則上陽而下陰；仰手則爲陽，覆手則爲陰；向明處爲陽，背明處爲陰。《正蒙》云：「陰陽之氣，循環迭至，聚散相盪，升降相求，絪緼相揉，相兼相制，欲一之不能。」蓋謂是也。德明。

太極未動之前便是陰，陰静之中，自有陽之根；❶陽動之中，又有陰之根。❷動之所以必静者，根乎陰故也；静之所以必動者，根乎陽故也。謨。

問：必至於「互爲其根」，方分陰陽？曰：從動静便分。曰：「分陰分陽」，是帶上句？曰：然。可學。

問：自太極一動而爲陰陽，以至於爲五行，爲萬物，無有不善。在人則才動便差，是如何？曰：造化亦有差處，如冬熱

❶「陽」下，萬曆本、四庫本有「動」字。
❷「陰」下，四庫本有「静」字。

夏寒，所生人物有厚薄，有善惡。不知自甚處差將來，便没理會了。又問：惟人才動便有差，故聖人主静以立人極歟？曰：然。廣。

問「動静者，所乘之機」。曰：理搭於氣而行。可學。

問「動静者，所乘之機」。曰：太極理也，動静氣也。氣行則理亦行，二者常相依而未嘗相離也。太極猶人，動静猶馬；馬所以載人，人所以乘馬。馬之一出一入，人亦與之一出一入。蓋一動一静，而太極之妙未嘗不在焉。此所謂「所乘之機」，無極、二五所以「妙合而凝」也。銖。

周貴卿問「動静者，所乘之機」。曰：機，是關捩子。踏着動底機，便挑撥得那静底；踏着静底機，便挑撥得那動底。義剛。

「動静者，所乘之機。」機，言氣機也。詩云：出入乘氣機。○端蒙。

「動静無端，陰陽無始。」今以太極觀之，雖曰「動而生陽」，畢竟未動之前須静，静之前又須是動。推而上之，何自而見其端與始！道夫。

「動静無端，陰陽無始。」説道有，有無底在前；説道無，有有底在前：是循環物事。敬仲。

陰陽本無始，但以陽動陰静相對言，則陽爲先，陰爲後；陽爲始，陰爲終。猶一歲以正月爲更端，其實姑始於此耳。歲首以前，非截然别爲一段事，則是其循環錯綜，不可以先後始終言，亦可見矣。端蒙。

問「動静無端，陰陽無始」。曰：這不可説道有箇始。他那有始之前，畢竟是箇甚麽？他自是做一番天地了，壞了後，又恁地做起來，那箇有甚窮盡？某自五六歲便煩惱道：「天地四邊之外，是什麽物事？」見人説四方無邊，某思量也須有箇盡處。如這壁相似，壁後也須有什麽物事。其時思量得幾乎成病。到而今也未知那壁後池本作「天外」，夔孫録作「四邊」。是何物。或舉天地相依之説，云：只是氣。曰：亦是古如此説了。《素問》中説：「黄帝曰：『地有憑乎？』岐伯曰：『大氣乘之。』」是説那氣浮得那地起來。夔孫録云：謂地浮在氣上。這也説得好。義剛。○夔孫録略。

「陽變陰合」，初生水火。水火，氣也，流動閃鑠，其體尚虚，其成形猶未定。次生木金，則確然有定形矣。水火初是自生，木金則資於土。五金之屬，皆從土中旋生出來。德明。

厚之問：「陽變陰合」，如何是合？曰：陽行而陰隨之。可學。

問：《太極圖》兩儀中有地，五行中又有土，如何分别？曰：地言其大概，閎祖録作「全體」。土是地之形質。

晏問太極、兩儀、五行。曰：兩儀即陰陽，陰陽是氣，五行是質。立天之道，曰陰與陽；立地之道，曰柔與剛，亦是質。又如人，魂是氣，體魄是質。晏云：「太極生兩儀，兩儀生四象」，此如母生子，子在母外之義。若兩儀、五行，却是子在母内。曰：是如此。陰陽、五行、萬物各有一太極。又云：「太極動而生陽」，只是如一長物，不免就中間截斷説起。其實動之前未嘗無静，静之前又未嘗無動。如「繼之者善也」，亦是就此説起。譬之俗語謂「自今日爲頭，已前更不受理」意思。蓋卿。

太極、陰陽、五行，只將元、亨、利、貞看甚好。太極是元、亨、利、貞都在上面；陰陽是利貞是陰，元亨是陽；五行是元是木，亨是火，利是金，貞是水。端蒙。

或問《太極圖》之説。曰：以人身言之，呼吸之氣便是陰陽，軀體血肉便是五行，其性便是理。又曰：其氣便是春、夏、秋、冬，其物便是金、木、水、火、土，其理便是仁、義、禮、智、信。又曰：氣自是氣，質自是質，不可衮説。義剛。

問：「五行之生，各一其性」，理同否？曰：同而氣質異。曰：既説氣質異，則理不相通。曰：固然仁作義不得，義作仁不得。可學。

或問：《圖解》云：五行之生，隨其氣質而所禀不同，所謂「各一其性」也？曰：氣質是陰陽五行所爲，性質太極之全體。但論氣質之性，則此全體在氣質之中耳，非別有一性也。銖。

或問：《太極圖》五行之中又各有五行，如何？曰：推去也有，只是他圖未説到這處，然而他圖也只得到這處住了。義剛。

某許多説話，是太極中説已盡。太極便是性，動静、陰陽是心，金、木、水、火、土是仁、義、禮、智、信，化生萬物是萬事。又云：「無極之真，二五之精，妙合而凝」，此數句甚妙，是氣與理合而成性也。賀孫。○或録云：真，理也；精，氣也。理與氣合，故能成形。

「無極二五，妙合而凝。」凝，只是此氣結聚，自然生物。若不如此結聚，亦何由造化得萬物出來？無極是理，二五是氣。無極之理便是性。性爲之主，而二氣、五行經緯錯綜於其間也。得其氣之精英者爲人，得其查滓者爲物。生氣流行，一衮而出，初不道付其全氣與人，減下一等與物也，但稟受隨其所得。物固昏塞矣，而昏塞之中，亦有輕重。❶昏塞尤甚者，於氣之查滓中又復稟得查滓之甚者爾。謨。

問：「無極而太極」，先生謂此五字添減一字不得。而周子言「無極之真」，却又不言太極。曰：「無極之真」，已該得太極在其中。「真」字便是太極。又問：「太極動而生陽，静而生陰，静極復動」，則動復生陽，静復生陰。不知分陰陽以立兩儀，在静極復動之前，爲復在後？曰：「動而生陽，静而生陰」，則陰陽分而兩儀立矣。静極復動以後，所以明混闢不窮之妙。子寰。

或問：《太極圖》下二圈，固是「乾道成男，坤道成女」，是各有一太極也。如曰「乾道成男，坤道成女」，方始萬物化生。《易》中却云「有天地然後有萬物，有萬物然後有男女」，是如何？曰：太極所説，乃生物之初，陰陽之精，自凝結成兩箇，後來方漸漸生去。萬物皆然。如牛羊、草木，皆有牝牡，一爲陽，一爲陰。萬物有生之初，亦各自有兩箇。故曰「二五之精，妙合而凝」。陰陽二氣更無停息。如金、木、水、火、土是五行分了，又三屬陽、二屬陰，然而各又有一陰一陽。如甲便是木之陽，乙便是木之陰；丙便是火之陽，丁便是火之陰。只這箇陰陽，更無休息。形質屬陰，其氣屬陽。金銀坑有金礦銀礦，便是陰，其光氣爲陽。賀孫。

❶「重」下，萬曆本有「者」字。

天地之初，如何討箇人種？自是氣蒸池作「疑」。結成兩箇人後，方生許多萬物。所以先說「乾道成男，坤道成女」，後方說「化生萬物」。當初若無那兩箇人，如今如何有許多人？那兩人便似而今人身上虱，是自然變化出來。《楞嚴經》後面說，大劫之後，世上人都死了，無復人類，却生一般禾穀，長一尺餘，天上有仙人下來喫，見好後，只管來喫，喫得身重，遂上去不得，世間方又有人種。此說固好笑，但某因此知得世間却是其初有箇人種如他樣說。義剛。

氣化，是當初一箇人無種後，自生出來底。形生，却是有此一箇人後，乃生生不窮底。義剛。

問「氣化」、「形化」。曰：此是總言。物物自有牝牡，只是人不能察耳。

或問：「萬物各具一太極」，此是以理言？以氣言？曰：以理言。銖。

「形既生矣」，形體，陰之爲也；「神發知矣」，神知，陽之爲也。蓋陰主翕，凡斂聚成就者，陰爲之也；陽主闢，凡發暢揮散者，陽爲之也。端蒙。

問：「五行之生，各一其性。五性感動而善惡分。」此「性」字是兼氣稟言之否？曰：性離氣稟不得。有氣稟，性方存在裏面；無氣稟，性便無所寄搭了。稟得氣清者，性便在清氣之中，這清氣不隔蔽那善；稟得氣濁者，性在濁氣之中，爲濁氣所蔽。「五行之生，各一其性」，這又隨物各具去了。淳。

問「五性感動而善惡分」。曰：天地之性，是理也。才到有陰陽五行處，便有氣質之性，於此便有昏明厚薄之殊。「得其性而最靈」，乃氣質以後事。去僞。

問：如何謂之性？曰：天命之謂性。又問：天之所命者，果何物也？曰：仁、義、禮、智、信。又問：《太極圖》何爲列五者於陰陽之下？曰：五常是理，陰陽是氣。有理而無氣，則理無所立；有氣而後理方有所立，故五行次陰陽。又問：如此，則是有七？曰：義知屬陰，仁禮屬陽。按《太極圖》列金、木、水、火、土於陰陽之下，非列仁、義、禮、智、信於陰陽之下也。以氣言之，曰陰陽五行；以理言之，曰健順五行之性。此問似欠分別。○節。

問：「聖人定之以中正仁義」，何不曰仁義中正？曰：此亦是且恁地說。當初某看時，也疑此。只要去强說，又說不得。後來子細看，乃知中正即是禮知，無可疑者。時舉。

「中正仁義而已矣」，言生之序，以配水、火、木、金也。又曰：「仁義中正而已矣」，以聖人之心言之，猶孟子言「仁義禮智」也。直卿。○端蒙。

問：《太極圖》何以不言「禮智」，而言「中正」？莫是此圖本爲發明《易》道，故但言「中正」，是否？曰：亦不知是如何，但「中正」二字較有力。閎祖。

問：周子不言「禮智」，而言「中正」，如何？曰：禮智說得猶寬，中正則切而實矣。且謂之禮，尚或有不中節處。若謂之中，則無過不及，無非禮之禮，乃節文恰好處也。謂之智，尚或有正不正，若謂之正，則是非端的分明，乃智之實也。銖。

問：中正即禮智，何以不直言「禮智」，而曰「中正」？曰：「禮智」字不似「中正」字却實。且中者，禮之極；正者，智之體，正是智親切處。伊川解「貞」字，謂「正而固」也。一「正」字未盡，必兼「固」字。所謂

「智之實，知斯二者弗去是也」。知是端的真知，恁地便是正。弗去，便是固。所以「正」字較親切。淳。

聖人立人極，不說仁義禮智，却說仁義中正者，中正尤親切。中，是禮之得宜處；正，是智之正當處。自氣化一節以下，又節節應前面圖說。仁義中正，應五行也。大抵天地生物，❶先其輕清，❷以及重濁。「天一生水，地二生火」，二物在五行中最輕清；金木復重於水火，土又重於金木。如論律吕，則又重濁爲先，宫最重濁，商次之，角次之，祉又次之，羽最後。謨。

問：「中即禮，正即智」，正如何是智？曰：於四德屬貞，智要正。可學。

知是非之正爲知，故《通書》以正爲知。節。

問：智與正，何以相契？曰：只是真見得是非，便是正；不正便不喚做智了。問：只是真見得是，真見得非。若以是爲非、以非爲是，便不是正否？曰：是。淳。○寓同。

問：周子言仁義中正亦甚大，今乃自偏言，止是屬於陽動陰静。曰：不可如此看，反覆皆可。問：「仁爲用，義爲體。」若以體統論之，仁却是體，義却是用？曰：是仁爲體，義爲用。大抵仁義中又各自有體用。可學。

「中正仁義」一節，仁義自分體、用，是一般說；仁義中正分體、用，又是一般說。偏言、專言者，只說仁，便是體；才說義，便是就仁中分出一箇道理。如人家有兄弟，

❶「抵」，原作「祇」，今據萬曆本改。
❷「輕」，原作「經」，今據朝鮮本、萬曆本改。

只説户頭上，言兄足矣；才説弟，便更别有一人。仁義中正只屬五行，爲其配元、亨、利、貞也。元是亨之始，亨是元之盡；利是貞之始，貞是利之盡。故曰：「元亨，誠之通；利貞，誠之復。」謨。

聖人定之以中正仁義，「正」字、「義」字却是體，「中」、「仁」却是發用處。問：義是如何？曰：義有箇斷制一定之體。又問：仁却恐是體？曰：隨這事上説，在這裏仁却是發用。只是一箇仁，都説得。砥。

問：「處之也正，裁之也義。」「處」與「裁」字，二義頗相近。曰：然。處，是居之；裁，是就此事上裁度。又曰：「處」字作「居」字，即分曉。必大。

問「聖人定之以中正仁義」。曰：本無先後。此四字配金、木、水、火而言。中，有禮底道理；正，有智底道理。如乾之元、亨、利、貞，元即仁，亨即中，利即義，貞即正，皆是此理。至於主静，是以「正」與「義」爲體，「中」與「仁」爲用。聖人只是主静，自有動底道理。譬如人説話，也須是先沉默，然後可以説話。蓋沉默中便有箇言語底意思。去僞。

問：「聖人定之以中正仁義而主静」，何也？曰：中正仁義分屬動静，而聖人則主於静。蓋正所以能中，義所以能仁。「克己復禮」，義也，義故能仁。《易》言「利貞者，性情也」。元亨是發用處，必至於利貞，乃見乾之實體。萬物到秋冬收斂成實，方見得他本質，故曰「性情」。此亦主静之説也。銖。

「聖人定之以中正仁義」，此四物常在這裏流轉，然常靠着箇静做本。❶若無夜，

❶「本」，萬曆本作「主」。

則做得晝不分曉；若無冬，則做得春夏不長茂。如人終日應接，却歸來這裏空處少歇，便精神較健。如生物而無冬，只管一向生去，元氣也會竭了。中、仁是動，正、義是静。《通書》都是恁地説，如云「禮先而樂後」。義剛。

周貴卿説「定之以仁義中正而主静」。先生曰：如那克處，便是義。非禮勿視、聽、言、動，那禁止處便是義。或曰：正、義方能静，謂正、義便是静，却不得。曰：如何恁地亂説！今且粗解，則分外有精神。且如四時有秋冬收斂，則春夏方能生長。若長長是春夏，只管生長將去，却有甚了期，便有許多元氣？故「復，其見天地之心乎！」這便是静後見得動恁地好。這「中正」，只是將來替了那「禮智」字，皆不離這四般，但是主静。義剛。

問：「中正仁義而主静」，中、仁是動，正、義是静。如先生解曰：「非此心無欲而静，則何以酬酢事物之變而一天下之動哉？」今於此心寂然無欲而静處欲見所謂正、義者，何以見？曰：只理之定體便是。又曰：只是那一箇定理在此中，截然不相侵犯。雖然，就其中又各有動静：如惻隱是動，仁便是静；羞惡是動，義便是静。淳。○義剛同。

問「聖人定之以中正仁義而主静」。曰：中、正、仁、義，皆謂發用處。正者，中之質；義者，仁之斷。中，則無過不及，隨時以取中；正，則當然之定理。仁，則是惻隱慈愛之處；義，是裁制斷决之事。主静者，主正與義也。正、義便是利貞，中是亨，仁是元。德明。○今按：「皆謂發用處」，及「之處」、「之事」等語，皆未曉，更考。

問：太極「主静」之説，是先静後動否？曰：「動静無端，陰陽無始。」雖是合下静，静而後動，若細推時，未静時須先動來，所謂「如環無端，互爲其根」。謂如在人，人之動作及其成就，却只在静。便如渾淪未判之前，亦須曾明盛一番來。只是這道理層層流轉，不可窮詰，《太極圖》中盡之。動極生静，亦非是又别有一箇静來繼此動；但動極則自然静，静極則自然動。推而上之，没理會處。僩。

主静，看「夜氣」一章可見。德明。

問：又言「無欲故静」，何也？曰：欲動情勝，則不能静。德明。

濂溪言「主静」，「静」字只好作「敬」字看，故又言「無欲故静」。若以爲虚静，則恐入釋、老去。季通。○端蒙。

「聖人定之以中正仁義而主静」，正是要人静定其心，自作主宰。程子又恐只管静去，遂與事物不相交涉，却説箇「敬」，云：「敬則自虚静。」須是如此做工夫。德明。

問：「聖人定之以中正仁義而主静」，是聖人自定？是定天下之人？曰：此承上章「惟人也得其秀而最靈」言之，形生神發，五性感動而善惡分，故「定之以中正仁義而主静」，以立人極。又問：此恐非中人以下所可承當？曰：二程教學者，所以只説一箇「敬」字，正是欲無智愚、賢不肖皆得力耳。久之，又曰：此一服藥，人人皆可服，服之便有效，只是自不肯服耳。子寰。

問：周先生説「静」，與程先生説「敬」，義則同，而其意似有異。曰：程子是怕人理會不得他「静」字意，便似坐禪入定。周子之説只是「無欲故静」，其意大抵以静爲主，如「禮先而樂後」。賀孫。

《太極圖》首尾相因，脉絡通貫。首言陰陽變化之原，其後即以人所禀受明之。自「唯人也得其秀而最靈」，所謂「最靈」，純粹至善之性也，是所謂太極也。「形生神發」，則陽動陰静之爲也。「五性感動」，則「陽變陰合而生水、火、木、金、土」之性也。「善惡分」，則「成男」、「成女」之象也。「萬事出」，則萬物化生之義也。至「聖人定之以中正仁義而主静，立人極焉」，則又有以得乎太極之全體，而與天地混合而無間矣。故下又言天地、日月、四時、鬼神四者，無不合也。端蒙。

《太極》首言性命之源，用力處却在修吉、悖凶，其本則主於静。端蒙。

林問：《太極》：「原始反終，故知死生之說。」南軒解與先生解不同，如何？曰：南軒說不然，恐其偶思未到。周子《太極》之書如《易》六十四卦，一一有定理，豪髮不差。自首至尾，只不出陰陽二端而已。始處是生生之初，終處是已定之理。始有處說生，已定處說死，死則不復變動矣。因舉張乖崖說：「斷公事，以爲未判底事皆屬陽，已判之事皆屬陰，以爲不可改變。」《通書》無非發明此二端之理。萬。

問：《太極圖》自一而二，自二而五，即推至於萬物。《易》則自一而二，自二而四，自四而八，自八而十六，自十六而三十二，自三十二而六十四，然後萬物之理備。《西銘》則止言陰陽，《洪範》則止言五行，或略或詳，皆不同，何也？曰：理一也，人所見有詳略耳，然道理亦未始不相值也。閎祖。

或問《太極》、《西銘》。曰：自孟子已後，方見有此兩篇文章。

問：先生謂程子不以《太極圖》授門

人，蓋以未有能受之者。然而孔門亦未嘗以此語顔、曾，是如何？曰：焉知其不曾説？曰：觀顔、曾做工夫處，只是切己做將去。曰：此亦何嘗不切己？皆非在外，乃我所固有也。曰：然此恐徒長人億度料想之見。曰：理會不得者固如此。若理會得者，莫非在我，便可受用，何億度之有？廣。

濂溪著《太極圖》，某若不分别出許多節次來，如何看得？未知後人果能如此子細去看否？人傑。

或求先生揀《近思録》。先生披數板，云：也揀不得。久之，乃曰：「無極而太極」，不是説有箇物事光輝輝地在那裏。只是説這裏當初皆無一物，只有此理而已。既有此理，便有此氣；既有此氣，便分陰陽，以此生許多物事。惟其理有許多，故物亦有許多。以小而言之，則此下疑有脱句。無非是天地之事；以大而言之，則君臣、父子、夫婦、朋友，無非是天地之事。只是這一箇道理，所以「君子修之吉，小人悖之凶」。而今看他説這物事，這機關一下撥轉後，卒乍攔他不住。聖人所以「一日二日萬幾，兢兢業業」，「如臨深淵，如履薄冰」，只是大化恁地流行，隨得是，便好；隨得不是，便喝他不住。「存心養性，所以事天也；夭壽不貳，脩身以俟之，所以立命也。」所以昨日説《西銘》都相穿透。所以《太極圖》説，「五行一陰陽也，陰陽一太極也」，二氣交感，所以化生萬物，這便是「天地之塞吾其體，天地之帥吾其性」。只是説得有詳略，有急緩，只是這一箇物事。所以萬物到秋冬時，各自收斂閉藏，忽然一下春來，各自發越條暢。這只是一氣，一箇消，一箇息。只如人相似，方其默時，便是静；及其語時，便是動。那箇滿山青黄碧緑，無非是這太極。所以「仁者見之謂之仁，智者見之謂之智，百姓日用而不知，故君子之道鮮矣」，皆是那「一陰一陽之謂道，繼之者善也，成之者性也」。所以周先生《太極》、《通書》只是衮這許多句。「繼之者善」是動處，「成之者性」是静處；「繼之者善」是流行出來，「成之者性」則各自成箇物事。繼善便是元亨，成性便是利貞。及至「成之者性」，各自成箇物事，恰似造化都無可做了；及至春來，又流行出來，又是「繼之者善」。譬如禾穀一般，到秋斂冬藏，千條萬穟，自各成一箇物事了；及至春，又各自發生出。以至人物，以至禽獸，皆是如此。且如人，方其在胞胎中，受父母之氣，則是「繼之者善」；及其生出，又自成一箇物事，「成之者性」也。既成其性，又自繼善，只是這一箇物事，今年一年生了，明年又生出一副當物事來，又「繼之者善」，又「成之者性」，只是這一箇物事衮將去。所以「仁者見之謂之仁」，只是見那發生處；「智者見之謂之智」，只是見那成性處。到得「百姓日用而不知」，則不知這物事矣。所以《易》只是箇陰陽交錯，千變萬化。故曰：「《易》有太極，是生兩儀，兩儀生四象，四象生八卦，八卦定吉凶，吉凶生大業。」聖人所以説出來時，只是使人不迷乎利害之塗。又曰：《近思録》第二段説「誠無爲，幾善惡」。「誠無爲」，只是自然有實理恁地，不是人做底，都不犯手勢，只是自然一箇道理恁地。「幾善惡」，則是善裏面便有五性，所以爲聖，所以爲賢，只是這箇。又曰：下面説天下大本，天下達道。未發時便是静，已發時便是動。方其未發，便有一箇體在那裏了；及其已發，便有許多用出來。少間一起一倒，無有窮盡。若静而不失其體，便是「天下之大本」；動而不失其用，便是「天下之達道」。然静而失其體，則「天下之大本」便錯了；動而失其用，則「天下之達道」便乖了。説來説去，只是這一箇道理。義剛。

時紫芝亦曾見尹和静來，嘗注《太極圖》。不知何故，渠當時所傳圖本，第一箇圈子内誤有一點。紫芝於是從此起意，謂太極之妙皆在此一點。亦有《通書解》，無數凡百説話。❶揚。

通　書

周子留下《太極圖》，若無《通書》，却教人如何曉得？故《太極圖》得《通書》而始明。大雅。

《通書》一部，皆是解《太極説》這道理，自一而二，二而五。如「誠無爲，幾善惡，德」以下，便配着太極、陰陽、五行，須是子細看。營。

直卿云：《通書》便可上接《語》、《孟》。曰：比《語》、《孟》較分曉精深，結構得密。《語》、《孟》説得較闊。方子。

《通書》覺細密分明，《論》、《孟》又闊。高。

問「誠者，聖人之本」。曰：此言本領之本。聖人所以聖者，誠而已。銖。

「誠者，聖人之本」，言太極。「『大哉乾元！萬物資始』，誠之源」，言陰陽五行。「『乾道變化，各正性命』，誠斯立焉」，言氣化。「純粹至善者」，通繳上文。「故曰『一

❶「凡」，原作「九」，今據萬曆本改。

陰一陽之謂道』」，解「誠者，聖人之本」。「繼之者善也」，解「大哉乾元」以下；「成之者性也」，解「乾道變化」以下。「元亨，誠之通」，言流行處；「利貞，誠之復」，言學者用力處。「大哉《易》也！性命之源」，又通繳上文。人傑。

「『大哉乾元！萬物資始』，誠之源也。」此統言一箇流行本原。「乾道變化，各正性命」，誠之流行出來，各自有箇安頓處。如爲人也是這箇誠，爲物也是這箇誠，故曰「誠斯立焉」。譬如水，其出只一源，及其流出來，千派萬别，也只是這箇水。端蒙。

㬠問：舉「一陰一陽之謂道」以下三句，是證上文否？曰：固是。「一陰一陽之謂道」一句，通證「誠之源」、「大哉乾元」至「誠斯立焉」二節。「繼之者善」，又證「誠之源」一節；「成之者性」，證「誠斯立焉」一節。植。

㬠問：《誠上》篇舉《易》「一陰一陽之謂道」三句。曰：「繼」、「成」二字，皆接那氣底意思説。「善」、「性」二字，皆只説理。但「繼之者善」，方是天理流行處；「成之者性」，便是已成形，有分段了。植。

問：「一陰一陽之謂道」，是太極否？曰：陰陽只是陰陽，道是太極。程子説：「所以一陰一陽者，道也。」問：《知言》云：「有一則有三，自三而無窮矣。」又云：「一陰一陽之謂道，謂太極也。陰陽剛柔顯極之幾，至善以微，孟子所謂可欲者也。」如何？曰：《知言》只是説得一段文字好，皆不可曉。問：「純粹至善者也」與「繼之者善」同否？曰：是繳上二句，却與「繼之者善」不同。「繼之者善」屬陽，「成之者性」屬陰。問：陽實陰虛，「繼之者善」是天命流行，「成之者性」是在人物。疑人物是實。

曰：陽實陰虛，又不可執。只是陽便實，陰便虛，各隨地步上説。如楊子説：「於仁也柔，於義也剛。」今周子却以仁爲陽，義爲陰，要知二者説得都是。且如造化周流，未著形質，便是形而上者，屬陽；才麗於形質，爲人物，爲金、木、水、火、土，便轉動不得，便是形而下者，屬陰。若是陽時，自有多少流行變動在。及至成物，一成而不返。謂如人之初生屬陽，只管有長；及至長成，便只有衰，此氣逐旋衰減，至於衰盡，則死矣。周子所謂「原始反終」，只於衰盡處，可見反終之理。又曰：嘗見張乖崖云：「未押字時屬陽，已押字屬陰。」此語疑有得於希夷，未可知。㽦。

問：濂溪論性自氣稟言，却是上面已説「太極」、「誠」，不妨。如孔子説「性相近，習相遠」，不成是不識！如荀、楊便不可。曰：然。他已説「純粹至善」。可學。

「繼之者善也」，周子是説生生之善，程子説作天性之善，用處各自不同。若以此觀彼，必有窒礙。人傑。

「元亨」，「繼之者善也」，陽也；「利貞」，「成之者性也」，陰也。節。

問：「繼之者善也，成之者性也」，竊謂妙合之始，便是繼；「乾道成男，坤道成女」，便是成。曰：動而生陽之時，便有繼底意；及至静而生陰，方是成。如六十四卦之序，至復而繼。德明。

問：陽動是元亨，陰静是利貞。但五行在陰陽之下，人物又在五行之下，如何説「繼善」、「成性」？曰：陰陽流於五行之中而出，五行無非陰陽。可學。

問：陰陽，氣也，何以謂形而下者？曰：既曰氣，便是有箇物事，此謂形而下者。又問：「繼之者善」，「成之者性」，何以分繼、善、成、性爲四截？曰：繼、成屬氣，善、性屬理。性已兼理、氣，善則專指理。又曰：理受於太極，氣受於二氣、五行。植。

問：「元亨，誠之通；利貞，誠之復。」元亨是春夏，利貞是秋冬。秋冬生氣既散，何以謂之收斂？曰：其氣已散，收斂者乃其理耳。曰：冬間地下氣暖，便也是氣收斂在內。曰：上面氣自散了，下面暖底乃自是生來，却不是已散之氣復爲生氣也。時舉。

先生出示《答張元德書》，問「通」、「復」二字。先生謂：「誠之通」，是造化流行，未有成立之初，所謂「繼之者善」；「誠之復」，是萬物已得此理，而皆有所歸藏之時，所謂「成之者性」。在人則「感而遂通」者，「誠之通」；「寂然不動」者，「誠之復」。時舉因問：明道謂：「今人說性，只是說『繼之者善』。」是如何？曰：明道此言，却只是就人上說耳。時舉。

直卿問：「利貞，誠之復」，如先生注下言，復如伏藏。先生曰：復只是回來，這箇是周先生添這一句。孔子只說「乾道變化，各正性命」。又曰：這箇物事又記是「氣」字。流行到這裏來，這裏住着，却又復從這裏做起。又曰：如母子相似。未生之時，母無氣不能生其子；既生之後，子自是子，母自是母。又曰：如樹上開一花，結一子，未到利貞處，尚是運下面氣去蔭又記是「養」字。他；及他到利貞處，自不用養。又記是「恁地」字。又問：自一念之萌，以至于事之得其所，是一事之元亨利貞？先生應而曰：❶他又自這裏做起，所謂「生生之謂易」，也是

❶「而」，萬曆本作「之」。

恁地。又記曰：氣行到這裏住着，便立在這裏。既立在這裏，則又從這裏做起。節。

問：「元亨，誠之通」，便是陽動；「利貞，誠之復」，便是陰静。注却云：「此已是五行之性。」如何？曰：五行便是陰陽，但此處已分作四。可學。

「利貞，誠之復」，乃回復之「復」，如人，既去而回；在物，歸根復命者也。「不遠而復」乃反復之「復」，反而歸其元地頭也。誠復，就一物一草一木看得。復善，則如一物截然到上面窮了，却又反歸到元地頭。誠復，只是就去路尋得舊迹回來。因論復卦説如此。更詳之，俟他日問。○端蒙。

誠　下

問誠是「五常之本」。曰：誠是通體地盤。方子。

「誠下」一章，言太極之在人者。人傑。

問：「誠，五常之本。」同此實理於其中，又分此五者之用？曰：然。可學。

問：「果而確」，果者，陽決；確者，陰守？曰：此只是一事，而首尾相應。果而不確，即無所守；確而不果，則無決。二者不可偏廢，猶陰陽不可相無也。銖。

誠幾德

《通書》「誠無爲」章，説聖、賢、神三種人。恐有記悮。○銖。

「誠無爲」，誠，實理也；無爲，猶「寂然不動」也。實理該貫動静，而其本體則無爲也。「幾善惡」，幾者，動之微，動則有爲而善惡形矣。「誠無爲」，則善而已。動而有爲，則有善有惡。端蒙。

光祖問「誠無爲，幾善惡」。曰：誠是當然，合有這實理，所謂「寂然不動」者。幾，便是動了，或向善，或向惡。賀孫。

曾問「誠無爲，幾善惡」。曰：誠是實理，無所作爲，便是「天命之謂性」，「喜怒哀樂未發之謂中」。幾者，動之微。微，動之初，是非善惡於此可見；一念之生，不是善，便是惡。孟子曰「道二：仁與不仁而已矣」是也。德者，有此五者而已。仁、義、禮、智、信者，德之體；曰「愛」，曰「宜」，曰「理」，曰「通」，曰「守」者，德之用。卓。

濂溪言「誠無爲，幾善惡」。才誠，便行其所無事，而幾有善惡之分。於此之時，宜當窮察識得是非。其初有豪忽之微，至其窮察之久，❶漸見充越之大，天然有箇道理開裂在那裏。此幾微之决，善惡之分也。若於此分明，則物格而知至，知至而意誠，意誠而心正身修，而家齊、國治、天下平。如激湍水，自已不得；如田單火牛，自止不住。寓。

道夫言：誠者，自然之實理，無俟營爲。及幾之所動，則善惡著矣。善之所成，❷則爲五常之德。聖人不假修爲，安而全之；賢者則有克復之功。❸要之，聖賢雖有等降，然及其成功，則一而已。故曰「發微不可見，充周不可窮之謂神」。曰：固是如此。但幾是動之微，是欲動未動之間，便有善惡，便須就這處理會。若至於發著之甚，則亦不濟事矣，更怎生理會？所以聖

❶「其」，萬曆本作「於」。
❷「成」，萬曆本作「誠」。
❸「功」，原爲墨丁，今據萬曆本補。

賢說「戒謹乎其所不覩，恐懼乎其所不聞」。蓋幾微之際，大是要切。又問：以誠配太極，以善惡配陰陽，以五常配五行，此固然。但「陽變陰合而生水、火、木、金、土」，則五常必不可謂共出於善惡也。此似秖是說得善之一脚。曰：《通書》從頭是配合，但此處却不甚似。如所謂「剛善剛惡，柔善柔惡」，則確然是也。道夫。

問：「誠無爲，幾善惡」一段，看此與《太極圖》相表裏？曰：然。周子一書都是說這道理。又舉「喜怒哀樂未發謂之中」一章及「心一也」一章。程子承周子一派，都是太極中發明。曰：然。問：此都是說這道理是如此，工夫當養於未發。曰：未發有工夫，既發亦用工夫。既發若不照管，也不得，也會錯了。但未發已發，其工夫有箇先後，有箇重輕。賀孫。

或舉季通語：「《通書》『誠無爲，幾善惡』與《太極》『惟人也得其秀而最靈；形既生矣，神發知矣，五性感動而善惡分』，二說似乎相背。既曰『無爲』矣，如何又却有善惡之幾？恐是周子失照管處。」如何？曰：當「寂然不動」時，便是「誠無爲」；有感而動，即有善惡。幾是動處。大凡人性不能不動，但要頓放得是。於其所動處頓放得是時，便是「德：愛曰仁，宜曰義」；頓放得不是時，便一切反是。人性豈有不動？但須於中分得天理、人欲，方是。祖道。

人傑問：季通說：「『誠無爲，幾善惡。德：愛曰仁』一段，周子亦有照管不到處。既曰『誠無爲』，則其下未可便着『善』、『惡』字。」如何？曰：正淳如何看？人傑曰：若既誠而無爲，則恐未有惡。若學者之心，其幾安得無惡？曰：當其未感，五性具備，豈有不善？及其應事，才有照顧不到處，這便是惡。古之聖賢戰戰兢兢過了一生，正謂此也。顔子「有不善未嘗不知」，亦是如此。因言：仲弓問「焉知賢才而舉之」，程子以爲「便見仲弓與聖人用心之小大」。推此義，則一心可以興邦，一心可以喪邦，只在公私之間」。且看仲弓之問，未見其爲私意，然其心淺狹欠闕處多，其流弊便有喪邦之理。凡事微有過差，才有安頓不着處，便是惡。人傑。

問：若是未發時，便是都無事了，如何更有幾？「二者之間，其幾甚微」，莫是指此心未發而言否？曰：説幾時，便不是未發。幾，正是那欲發未發時，當來這裏致謹，使教自慊，莫教自欺。又問：莫是説一豪不謹，則所發流於惡而不爲善否？曰：只是説心之所發，要常常省察，莫教他自欺耳。人心下自是有兩般，所以要謹。謹時便知得是自慊，是自欺，而不至於自欺。若是不謹，則自慊也不知，自欺也不知。義剛。

或以善惡爲男女之分，或以爲陰陽之事。凡此兩件相對説者，無非陰陽之理。分陰陽而言之，或説善惡，或説男女，看他如何使。故善惡可以言陰陽，亦可以言男女。謨。

或問：有陰陽便有善惡？曰：陰陽五行皆善。又曰：陰陽之理皆善。又曰：合下只有善，惡是後一截事。又曰：竪起看，皆善；横看，後一截方有惡。又曰：有善惡，理却皆善。又記是無「惡」字。○節。

「德：愛曰仁」止「守曰信」。德者，人之得於身者也。愛、宜、理、通、守者，德之用；仁、義、禮、智、信者，德之體。理，謂有條理；通，謂通達；守，謂確實。此三句就人身而言。誠，性也；幾，情也；德，兼性情而言也。直卿。○端蒙。

「性焉安焉之謂聖」，是就聖人性分上說。「發微不可見，充周不可窮之謂神」，是他人見其不可測耳。夔孫。

問：「性者獨得於天」，如何言「獨得」？曰：此言聖人合下清明完具，無所虧失。此是聖人所獨得者，此對了「復」字說。復者，已失而反其初，便與聖人獨得處不同。「安」自對了「執」字說。❶執，是執持；安，是自然。大率周子之言，秤等得輕重極是合宜。因問：周子之學，是自得於心？還有所傳授否？曰：也須有所傳授。渠是陸詵婿。温公《涑水記聞》載陸詵事，是箇篤實長厚底人。銖。

「發微不可見，充周不可窮之謂神」，言其發也微妙而不可見，其充也周遍而不可窮。「發」字、「充」字就人看。如「性焉」、「安焉」、「執焉」、「復焉」，皆是人如此。「微不可見，周不可窮」，却是理如此。神只是聖之事，非聖外又有一箇神，別是箇地位也。端蒙。

「發微不可見，充周不可窮之謂神」，神，即聖人之德，妙而不可測者，非聖人之上復有所謂神也。發，動也；微，幽也，言其「不疾而速」。一念方萌，而至理已具，所以微而不可見也。充，廣也；周，遍也，言其「不行而至」。蓋隨其所寓，而理無不到，所以周而不可窮也。此三句，就人所到地位而言，即盡夫上三句之理而所到有淺深也。端蒙。

問：《通書》言神者五，三章、四章、九章、十一章、十六章。其義同否？曰：當隨所在看。

❶「自」，萬曆本作「字」。

曰：神，只是以妙言之否？曰：是。且説「感而遂通者，神也」，横渠謂：「一故神，兩在故不測。」因指造化而言曰：「忽然在這裏，又忽然在那裏，便是神。」曰：在人言之，則如何？曰：知覺便是神。觸其手則手知痛，觸其足則足知痛，便是神。「神應故妙。」淳。

聖

「寂然不動」者，誠也。又曰：「大哉乾元！萬物資始」，誠之源也。須知此「大哉乾元！萬物資始」以上，更有「寂然不動」。端蒙。

「幾善惡」，言衆人者也。「動而未形，有無之間也」，言聖人毫釐發動處，此理無不見。「寂然不動」者，誠也。至其微動處，即是幾。幾在誠、神之間。端蒙。

林問：人德莫若以幾，此最要否？曰：然。

問：《通書》説「幾」，如何是動静體用之間？曰：似有而未有之時，在人識之爾。寓。

幾雖已感，却是方感之初；通，則直到末梢皆是通也。如推其極，到「協和萬邦，黎民於變時雍」，亦只是通也。幾，却只在起頭一些子。閎祖。

《通書》多説「幾」。《太極圖》上却無此意。曰：「五性感動」，動而未分者便是。直卿云：《通書》言主静、審幾、謹獨，三者循環，與《孟子》「夜氣」、「平旦之氣」、「晝日所爲」相似。○方子。

問：「誠精故明」，先生引「清明在躬，志氣如神」釋之，却是自明而誠？曰：便是看得文字麄疏。周子説「精」字最好。「誠精」者，直是無些夾雜，如一塊銀，更無銅鉛，便是通透好銀。故只當以清明釋之，

「志氣如神」，即是「至誠之道，可以前知」之意也。人傑因曰：凡看文字，緣理會未透，所以有差。若長得一格，便又看得分明。曰：便是説得倒了。人傑。

安卿問：「神」、「誠」、「幾」，學者當從何入？曰：隨處做工夫。淳録云：本在誠，着力在幾。誠是存主處，發用處是神，幾是決擇處。淳録云：在二者之間。然緊要處在幾。砥。○淳同。

慎動

問：「動而正曰道，用而和曰德」，却是自動用言。「曰」，猶言合也。若看做道德題目，却難通。曰：然。是自人身上説。❶可學。

「動而正曰道」，言動而必正爲道，否則非也。「用而和曰德」，德有熟而不喫力之意。人傑。

師

問：《通書》中四象，剛柔善惡，皆是陰陽？曰：然。可學。

問性者，剛柔善惡中而已。曰：此性便是言氣質之性。四者之中，去却兩件剛惡、柔惡，却又剛柔二善中，擇中而主池作「立」。焉。去僞。

正淳問《通書》注「中」字處，引「允執厥中」。曰：此只是無過不及之「中」。書傳中所言皆如此，只有「喜怒哀樂未發之中」一處是以體言。到《中庸》字亦非專言體，

❶「是自」，萬曆本作「自是」。

便有無過不及之意。㽦。

問：《解》云：「剛柔，即《易》之兩儀，各加善惡，即《易》之四象。」疑「善惡」二字是虛字，如《易》八卦之吉凶。今以善惡配爲四象，不知如何？曰：更子細讀，未好便疑。凡物皆有兩端。如此扇，便有面有背。自一人之心言之，則有善有惡在其中，便是兩物。周子止說到五行住，其理亦只消如此，自多說不得。包括萬有，舉歸於此。康節却推到八卦。太陽、太陰、少陽、少陰，太陽、太陰各有一陰一陽，少陽、少陰亦有一陰一陽，是分爲八卦也。問：前輩以老陰、老陽爲乾、坤，又分六子以爲八卦，是否？曰：六子之說不然。寓。

問：《通書解》論周子止於四象，以爲水、火、金、木，如何？曰：周子只推到五行。如邵康節又從一分爲二，極推之至於十二萬四千，縱橫變動，無所不可。如漢儒將十二辟卦分十二月，康節推又別。可學。

幸

「人之生，不幸不聞過。大不幸無耻。」此兩句只是一項事。知耻是由內心以生，聞過是得之於外。人須知耻，方能過而改，故耻爲重。僩。

思

問：「無思，本也；思通，用也。無思而無不通爲聖人。」不知聖人是有思耶？無思耶？曰：無思而無不通是聖人，必思而後無不通是睿。時舉云：聖人「寂然不動」，是無思；才感便通，特應之耳。曰：聖人也不是塊然由人撥後方動，如莊子云「推而行，曳而止」之類。只是才思便通，不待大故地思索耳。時舉因云：如此，則是無事時都無所思，事至時才思而便通耳。時舉。

睿有思，有不通；聖無思，無不通。又曰：聖人時思便通，非是塊然無思，撥着便轉。恁地時，聖人只是箇瓠子。說「無思，本也」。○節。

幾，是事之端緒。有端緒，方有討頭處，這方是用得思。植。

「思」一章，「幾」、「機」二字無異義。舉《易》一句者，特斷章取義以解上文。人傑。

舉《通書》言「通微，無不通」。舉李先生曰：「梁惠王說好色，孟子便如此說；說好貨，便如此說；說好勇，便如此說。皆有箇道理，便說將去。此是盡心道理。」當時不曉，今乃知是「無不通」底道理。方。

志學

問：「聖希天」，若論聖人，自是與天相似了。得非聖人未嘗自以爲聖，雖已至聖處，而猶戒謹恐懼，未嘗頃刻忘所法則否？曰：不消如此說。天自是天，人自是人，終是如何得似天？自是用法天。「明王奉若天道，建邦設都」，無非法天者。大事大法天，小事小法天。僴。

竇問：「志伊尹之志，學顏子之學」，所謂志者，便是志於行道否？曰：志伊尹之所志，不是志於私。大抵古人之學，本是欲行。「伊尹耕於有莘之野，而樂堯、舜之道」，凡所以治國平天下者，無一不理會。但方處畎畝之時，不敢言必於用耳。及三聘幡然，便一向如此做去，此是堯、舜事業。

看《二典》之書，堯、舜所以卷舒作用，直如此熟。因説耿守向曾説：「用之則行，舍之則藏，惟我與爾有是夫！」此非專爲用舍行藏，凡所謂治國平天下之具，惟夫子、顔子有之，用之則抱持而往，不用則卷而懷之。曰：某不敢如此説。若如此説，即是孔、顔胸次全無些洒落底氣象，只是學得許多骨董，將去治天下。又如龜山説，伊尹樂堯、舜之道，只是出作入息，飢食渴飲而已。即是伊尹在莘郊時，全無些能解；及至伐夏救民，逐旋叫喚起來，皆説得一邊事。今世又有一般人，只道飽食暖衣無外慕，便如此涵養去，亦不是。須是一一理會去。德明。○耿名秉。

賓又問：「志伊尹之志」，乃是志於行。曰：只是不志於私。今人仕官只爲禄，❶伊尹却「禄之天下弗顧，繫馬千駟弗視也」。又云：雖志於行道，若自家所學元未有本領，如何便能舉而措之天下？又須有那地位。若身處貧賤，又如何行？然亦必自脩身始，脩身齊家，然後達諸天下也。又曰：此箇道理，緣爲家家分得一分，不是一人所獨得而專者。經世濟物，古人有這箇心。若只是我自會得，自卷而懷之，却是私。德明。

「志伊尹之所志，學顔子之所學」，志固是要立得大，然其中又自有先後緩急之序，「致廣大而盡精微」。若曰未到伊尹田地做未得，不成塊然喫飯，都不思量天下之事！若是見州郡所行事有不可人意，或百姓遭酷虐，自家寧不惻然動心？若是朝夕憂慮，以天下國家爲念，又那裏教你恁地來？

❶「官」，萬曆本作「宦」。

或曰：聖賢憂世之志，樂天之誠，蓋有並行而不相悖者，如此方得。曰：然。便是怕人倒向一邊去。今人若不塊然不以天下爲志，便又切切然理會不干己事。如世間一樣學問，專理會典故世務，便是如此。「古之欲明明德於天下者」，合下學，便是學此事。既曰「欲明明德於天下」，不成只恁地空說！裏面有幾多工夫。僩。

問：「過則聖，及則賢。」若過於顏子，則工夫又更絶細，此固易見。不知過伊尹時如何說？曰：只是更加些從容而已，過之，便似孔子。伊尹終是有擔當底意思多。僩。

動静

「動而無静，静而無動者，物也。」此言形而下之器也。形而下者，則不能通，故方其動時，則無了那静；方其静時，則無了那動。如水只是水，火只是火。就人言之，語則不嘿，嘿則不語。以物言之，飛則不植，植則不飛是也。「動而無動，静而無静」，非不動不静，此言形而上之理也。理則神而莫測，方其動時，未嘗不静，故曰「無動」；方其静時，未嘗不動，故曰「無静」。静中有動，動中有静；静而能動，動而能静；陽中有陰，陰中有陽，錯綜無窮是也。下曰：「水陰根陽，火陽根陰。」水陰火陽，物也，形而下者也；所以根陰根陽，理也，形而上者也。直卿云：兼兩意言之，方備。言理之動静，則静中有動，動中有静，其體也；静而能動，動而能静，其用也。言物之動静，則動者無静，静者無動，其體也；動者則不能静，静者則不能動，其用也。端蒙。

問「動而無動，靜而無靜」。曰：此說「動而生陽，動極而靜；靜而生陰，靜極復動」。此自有箇神在其間，不屬陰，不屬陽，故曰「陰陽不測之謂神」。且如晝動夜靜，在晝間，神不與之俱動；在夜間，神不與之俱靜。神又自是神，神却變得晝夜，晝夜却變不得神。神妙萬物。如說「水陰根陽，火陽根陰」，已是有形象底，是說粗底了。又曰：靜者爲主，故以蒙、艮終云。植。

問：「動而無動，靜而無靜，神也」，此理如何？曰：譬之晝夜，晝固是屬動，然動却來管那神不得；夜固是屬靜，靜亦來管那神不得。蓋神之爲物，自是超然於形器之表，貫動靜而言，其體常如是而已矣。時舉。

「動靜」章所謂神者，初不離乎物。如天地，物也。天之收斂，豈專乎動？地之發生，豈專乎靜？此即神也。閎祖。

問：「動而無靜，靜而無動，物也；靜而無靜，動而無動，神也。」所謂物者，不知人在其中否？曰：人在其中。曰：所謂神者，是天地之造化否？曰：神即此理也。問：物則拘於有形，人則動而有靜，靜而有動，如何却同萬物而言？曰：人固是靜中動、動中靜，亦謂之物。凡言物者，指形器有定體而言，然自有一箇變通底在其中。須知器即道、道即器，莫離道而言器可也。凡物皆有此理。且如這竹椅，固是一器，到適用處，便有箇道在其中。又問神曰：神在天地中，所以妙萬物者，如水爲陰則根陽，火爲陽則根陰。云云。先生曰：文字不可泛看，須是逐句逐段理會。此一段未透，又去看別段，便鶻突去，如何會透徹，如何會貫通？且如此段未說理會到十分，亦且理會七分，看來看去，直至無道理得説，却又再换一段看。疏略之病，是今世學者通患。不特今時如此，前輩看文字，蓋有一覽而盡者，亦恐只是無究竟。問：經書須逐句理會。至如史書易曉，只看大綱，如何？曰：較之經書不同，然亦自是草率不得。須當看人物是如何，治體是如何，國勢是如何，皆當子細。因舉上蔡看明道讀史：「逐行看過，不蹉一字。」寓。

至之問：「水陰根陽，火陽根陰」與「五行陰陽，陰陽太極」爲一截，「四時運行，萬物終始」與「混兮闢兮，其無窮兮」爲一截。「混兮」是「利貞，誠之復」，「闢兮」是「元亨，誠之通」。注下「自五而一，自五而萬」之説，則是太極常在貞上，恐未穩。先生大以爲然，曰：便是猶有此等硬説處。直卿云：自《易》説「元亨利貞」，直到濂溪、康節始發出來。○方子。

「混兮闢兮」，混，言太極；闢，言爲陰陽五行以後。故末句曰：「其無窮兮。」言既闢之後，爲陰陽五行，爲萬物無窮盡也。人傑。

樂上

《通書》論樂意，極可觀，首尾有條理。只是淡與不淡，和與不和，前輩所見各異。邵康節須是二四六八，周子只是二四中添一土爲五行，如剛柔添善惡，又添中於其間，周子之説也。可學。

問：《通書》注云：「而其制作之妙，真有以得乎聲氣之元。」不知而今尚可尋究否？曰：今所争，秖是黄鍾一宫耳。這裏高則都高，這裏低則都低，蓋難得其中耳。

問：胡安定樂如何？曰：亦是一家。榦。

聖學

問：伊川云：「爲士必志於聖人。」周子乃云：「一爲要，一者，無欲也。」何如？曰：若注釋古聖賢之書，恐認當時聖賢之意不親切，或有悮處。此書乃周子自著，不應有差。「一者，無欲」，一，便是無欲。今試看無欲之時，心豈不一？又問：比主一之敬如何？曰：無欲之與敬，二字分明。要之，持敬頗似費力，不如無欲撇脱。人只爲有欲，此心便千頭萬緒。此章之言，甚爲緊切，學者不可不知。驤。

問：一是純一静虚，是此心如明鑑止水，無一豪私欲填於其中。故其動也，無非從天理流出，無一豪私欲撓之。静虚是體，動直是用。曰：也是如此。静虚易看，動直難看。静虚，只是伊川云「中有主則虚，虚則邪不能入」是也。若物來奪之，則實；實則暗，暗則塞。動直，只是其動也更無所礙。若少有私欲，便礙便曲。要恁地做，又不要恁地做，便自有窒礙，便不是直。曲則私，私則狹。端蒙。

或問：聖可學乎？云云。一爲要。「這箇是分明底一，不是鶻突底一。」問：如何是鶻突底一？曰：須是理會得敬落着處。若只塊然守一箇「敬」字，便不成箇敬。這箇亦只是説箇大概。明通，在己也；公溥，接物也。須是就静虚中涵養始得。明通，方能公溥。若便要公溥，定不解得。静虚、明通，「精義入神」也；動直、公溥，「利用安身」也。又曰：一，即所謂太極。静虚、明通，即《圖》之陰静；動直、公溥，即《圖》之陽動。賀孫。

問：「聖學」章，一者，是表裏俱一，純徹無二。少有纖豪私欲，便二矣。内一則静虚，外一則動直，而明通、公溥，則又無時不一也。一者，此心渾然太極之體；無欲者，心體粹然無極之真；静虚者，體之未發，豁然絶無一物之累，陰之性也；動直者，用之流行，坦然由中道而出，陽之情也。明屬火，通屬木，公屬金，溥屬水。明通，則静極而動，陰生陽也；公溥，則動極而静，陽生陰也。而無欲者，又所以貫動静、明通、公溥而統于一，則終始表裏一太極也。不審是否？曰：只四象分得未是。此界兩邊説，明屬静邊，通屬動邊，公屬動邊，溥屬静邊。明是貞，屬水；通是元，屬木；公是亨，屬火；溥是利，屬金。只恁地循環去。明，是萬物收斂醒定在這裏；通，是萬物初發達；公，是萬物齊盛；溥，是秋來萬物溥遍成遂。各自分去，所謂「各正性命」。曰：在人言之，則如何？曰：明，是曉得事物；通，是透徹無窒礙；公，是正無偏陂；溥，是溥遍萬事，便各有箇理去。直卿曰：通者，明之極；溥者，公之極。曰：亦是。如後所謂「誠立明通」，意又別。彼處以「明」字爲重。立，如「三十而立」；通，則不惑、知天命、耳順也。淳。

安卿問：「明通公溥」，於四象曷配？曰：明者，明於己，水也，正之義也；通，則行無窒礙，木也，元之義也；公者，公於己，火也，亨之義也；溥，則物各得其平之意，金也，利之義也。利，如「乾道變化，各正性命」之意。明通者，静而動；公溥者，動而静。砥。

問：履之記先生語，以明配水，通配木，公配火，溥配金。溥何以配金？曰：

溥如何配金？溥正是配水。此四字只是依春、夏、秋、冬之序，相配將去。明配木，仁、元。通配火，禮、亨。公配金，義、利。溥配水，智、貞。想是他記錯了。僩。

問：「明通公溥」，於四象何所配？曰：只是春、夏、秋、冬模樣。曰：明是配冬否？曰：似是就動處說。曰：便似是元否？曰：是。然這處亦是偶然相合，不是正恁地說。又曰：也有恁地相似處。「吉凶者，失得之象也；悔吝者，憂虞之象也。」悔，便是悔惡向善意。如曰「震无咎者，存乎悔」，非如「迷復」字意。吝，是未至於惡，只管吝，漸漸入惡。「剛柔者，晝夜之象也；變化者，進退之象也。」變是進，化是退，便與悔吝相似。且以一歲言之，自冬至至春分，是進到一半，所以謂之分；自春分至夏至，是進到極處，故謂之至。進之過，則退。至秋分，是退到一半處；到冬至，也是退到極處。天下物事，皆只有此兩箇。問：人只要全得未極以前底否？曰：若以善惡配言，則聖人到那善之極處，又自有一箇道理，不到得「履霜堅冰至」處。若以陰陽言，則他自是陰了又陽，陽了又陰，也只得順他。《易》裏才見陰生，便百種去裁抑他，固是如此。若一向是陽，則萬物何由得成？他自是恁地。國家氣數盛衰，亦恁地。堯到七十載時，也自衰了，便所以求得一箇舜，分付與他，又自重新轉過。若一向做去，到死後也衰了。文、武恁地，到成、康也只得恁地持盈守成。到這處極了，所以昭王便一向衰，扶不起。漢至宣帝以後，便一向衰。直至光武，又只得一二世，便一向扶不起，國統屢絶。劉曰：光武便如康節所謂秋之春時節。曰：是。賀孫。

理性命

彰，言道之顯；微，言道之隱。「匪靈弗瑩」，言彰與微，須靈乃能了然照見，無滯礙也。此三句是言理。別一本「靈」作「虛」，義短。「剛善、剛惡，柔亦如之，中焉止矣。」此三句言性。「二氣五行」以下，並言命。實，是實理。人傑。

「厥彰厥微」，只是說理有大小、精粗，如人事中，自有難曉底道理。如君仁臣忠、父慈子孝，此理甚顯然。若陰陽、性命、鬼神往來，則不亦微乎！端蒙。

問「五殊二實」。曰：分而言之有五，總而言之只是陰陽。節。

鄭問：「理性命」章，何以下「分」字？曰：不是割成片去，只如月映萬川相似。淳。

「萬一各正，小大有定」，言萬箇是一箇，一箇是萬箇。蓋體統是一太極，然又一物各具一太極。所謂「萬一各正」，猶言「各正性命」也。端蒙。

叓問「五殊二實」一段。先生說了，又云：《中庸》如「天之無不覆幬」，「地之無不持載」，止是一箇大底包在中間；又有「四時」「錯行」，「日月」「代明」，自有細小去處。「道並行而不相悖」，「萬物並育而不相害」。並行並育，便是那天地覆載；不相悖不相害，便是那錯行代明底。「小德川流」是說小細底，「大德敦化」是那大底。大底包小底，小底分大底。千五百年間，不知人如何讀這箇，都似不理會得這道理。又云：「一實萬分，萬一各正」，便是「理一分殊」處。植。

問：「理性命」章，注云：「自其本而之

末，則一理之實，而萬物分之以爲體，故萬物各有一太極。」如此，則是太極有分裂乎？曰：本只是一太極，而萬物各有稟受，又自各全具一太極爾。如月在天，只一而已；及散在江湖，則隨處而見，不可謂月已分也。謨。

顏　子

問顏子「能化而齊」。曰：此與「大而化之」之「化」異。但言消化却富貴貧賤之念，方能齊。齊，亦一之意。去僞。

師　友

杜斿問：濂溪言「道至貴者，不一而足」。曰：周先生是見世間愚輩爲外物所搖動，如墮在火坑中，不忍見他，故如是説「不一」。世人心不在殼子裏，如發狂相似，只是自不覺。浙間只是權譎功利之淵藪。三二十年後，其風必熾，爲害不小。某六七十歲，居此世不久，旦夕便死。只與諸君子在此同説，後來必驗。節。

勢

問「極重不可反，知其重而亟反之可也」。曰：是説天下之勢，如秦至始皇强大，六國便不可敵。東漢之末，宦官權重，便不可除。紹興初，只斬陳少陽，便成江左之勢。極重，則反之也難；識其重之機而反之，則易。人傑。

文辭

「文所以載道」，一章之大意。「輪轅飾而人弗庸，徒飾也」，言有載道之文而人弗用也。「況虛車乎」，此不載道之文也。自「篤其實」至「行而不遠」，是輪轅飾而人庸之者也。自「不賢者」至「强之不從也」，是弗庸者也。自「不知務道德」至「藝而已」，虛車也。端蒙。

聖蘊

或問「發聖人之蘊，教萬世無窮者，顏子也」。曰：夫子之道如天，惟顏子盡得之。夫子許多大意思，盡在顏子身上發見。譬如天地生一瑞物，即此物上盡可以見天地純粹之氣。謂之發者，乃「亦足以發」之「發」，不必待顏子言，然後謂之發也。去僞。

精蘊

「聖人之精，畫卦以示；聖人之蘊，因卦以發。」濂溪看《易》，却須看得活。方子。

精，謂心之精微也；蘊，謂德所蘊蓄也。端蒙。

「聖人之蘊，因卦以發。」《易》本未有許多道理，因此卦，遂將許多道理搭在上面，所謂「因卦以發」者也。至。

問「聖人之精，聖人之蘊」。曰：精，是精微之意；蘊，是包許多道理。又問：伏羲始畫，而其蘊亦已發見於此否？曰：謂之已具於此，則可；謂之已發見於此，則不可。方其初畫，也未有乾四德意思，到孔子始推出來。然文王、孔子雖能推出意思，而其道理亦不出伏羲始畫之中，故謂之蘊。蘊，如「衣敝蘊袍」之「蘊」，是包得在裏面。砥。○饒録云：方其初畫出，❶未有今《易》中許多事。到文王、孔子推得出來，❷而其理亦不外乎始畫。

精，是聖人本意；蘊，是偏旁帶來道理。如《春秋》，聖人本意只是載那事，要見世變：「禮樂征伐，自諸侯出」，「臣弒其君，子弒其父」，如此而已。就那事上見得是非、美惡、曲折，便是「因卦以發」底。如「《易》有太極，是生兩儀，兩儀生四象，四象生八卦」，是聖人本意底；如文王《係辭》等、孔子之言，皆是因而發底，不可一例作重看。淳。

乾損益動

《通書》曰「乾乾不息」者，「懲忿窒慾，遷善改過」不息是也。節。

「乾乾不息」者，體；「日往月來，寒往暑來」者，用。有體則有用，有用則有體，不可分先後說。僩。

第一句言「乾乾不息」，第二句言損，第三句言益者，蓋以解第一句。若要不息，須着去忿慾而有所遷改。中「乾之用其善是」，「其」字疑是「莫」字，蓋與下兩句相對。若只是「其」字，則無義理，說不通。人傑。

問：此章前面「懲忿窒慾，遷善改過」，皆是自脩底事。後面忽說動者，何故？曰：所謂「懲忿窒慾，遷善改過」，皆是動上有這般過失，須於方動之時審之，方無凶悔吝，所以再說箇「動」。僩。

❶「出」下，萬曆本有「來」字。

❷「推」，萬曆本作「足」。

蒙艮

問：「艮其背」，背非見也。曰：這也只如「非禮勿視」，非謂耳無所聞，目無所見也。「姦聲亂色，不留聰明；淫樂慝禮，不接心術」，「艮其背」者，只如此耳。程子解「艮其背」，謂「止於所不見」，恐如此説費力。所謂背者，只是所當止也。人身四體皆動，惟背不動，所當止也。看下文「艮其止」，「止」字解「背」字，所以謂之「止其所」。止所當止，如「人君止於仁，人臣止於敬」，全是天理，更無人欲，則内不見己，外不見人，只見有理。所以云「艮其背，不獲其身；行其庭，不見其人」，正謂此也。砥。○寓録别出。

問：「艮其背」，背非見也。曰：只如「非禮勿視」，「姦聲亂色，不留聰明；淫樂慝禮，不接心術」，非是耳無所聞，目無所見。程子解「艮其背」，謂「止於其所不見」，即是此説，但《易》意恐不如此。卦《彖》下「止」，便是去止那上面「止」。「艮其止」一句，若不是「止」字誤，本是「背」字，便是「艮其止」句解「艮其背」一句。❶「艮其止」，是止於所當止，如《大學》「君止於仁，臣止於敬」之類。程子解此下文却好，❷不知上如何又恁地説？人之四肢皆能動，惟背不動，有止之象。「艮其背」，是止於所當止之地。「不獲其身，行其庭不見其人」，萬物各止其所，便都純是理。也不見有己，也不見有人，都只見道理。寓。

❶「是」，原作「其」，今據朝鮮本改。
❷「下文」，原作「不及」，今據朝鮮本改。

問：「止，非爲也；爲，不止矣。」何謂也？曰：止，便不作爲；作爲，便不是止。曰：止是以心言否？曰：是。淳舉《易傳》「内欲不萌，外物不接」。曰：即是這止。淳。

後　録

濂溪言「寡欲以至於無」，蓋恐人以寡欲爲便得了，故言不止於寡欲而已，必至於無而後可耳。然無底工夫，則由於能寡欲。到無欲，非聖人不能也。曰：然則「欲」字如何？曰：不同。此寡欲，則是合不當如此者，如私欲之類。若是飢而欲食、渴而欲飲，則此欲亦豈能無？但亦是合當如此者。端蒙。

「誠立明通」，「立」字輕，只如「三十而立」之「立」。「明」字就見處説，如「知天命」以上之事。端蒙。

劉問：心既誠矣，固不用養，然亦當操存而不失否？曰：誠，是實也。到這裏已成就了，極其實，決定恁地，不解失了。砥録云：誠，實也。存養到實處，則心純乎理，更無些子來雜，❶又如何持守？何用養？何用操存？又問「反身而誠」。曰：此心純一於理，徹底皆實，無夾雜，亦無虚僞。寓。○砥少異。

問「會元」之期。曰：元氣會則生聖賢，如曆家推朔旦冬至夜半甲子。所謂「元氣會」，亦似此般模樣。寓。

拙　賦

《拙賦》「天下拙，刑政徹」，其言似莊、老。謨。

❶「來」，萬曆本作「夾」。

朱子語類卷第九十五

程子之書一 凡入《近思録》者，皆依次第類爲此卷。

《近思録》首卷所論誠、中、仁三者，發明義理，固是有許多名，只是一理，但須隨事别之。如説誠，便只是實然底道理。譬如天地之於萬物，陰便實然是陰，陽便實然是陽，無一豪不真實處；中，只是喜怒哀樂未發之理；仁，便如天地發育萬物，人無私意，便與天地相似。但天地無一息間斷，「聖希天」處正在此。仁、義、禮、智，便如四柱，仁又包括四者。如《易》之「元、亨、利、貞」，必統於元；如時之春、秋、冬、夏，皆本於春。析而言之，各有所指而已。謨。

問：伊川言：「喜怒哀樂未發謂之中，中也者，寂然不動是也。」南軒言：「伊川此處有小差，所謂喜怒哀樂之中，言衆人之常性；寂然不動者，聖人之道心。」又南軒辨吕與叔《論中書》，説亦如此。今載《近思録》，如何？曰：前輩多如此説，不但欽夫，自五峰發此論，某自是曉不得。今湖南學者往往守此説，牢不可破。某看來，「寂然不動」，衆人皆有是心；至「感而遂通」，惟聖人能之，衆人却不然。蓋衆人雖具此心，未發時已自汨亂了，思慮紛擾，夢寐顛倒，曾無操存之道；至感發處，如何得會如聖人中節？寓。

「心一也，有指體而言者，有指用而言者。」伊川此語，與横渠「心統性情」相似。淳。

伊川曰：「四德之元，猶五常之仁，偏言則主一事，專言則包四者。」若不得他如此説出，如何明得？

問：仁既偏言則一事，如何又可包四者？曰：偏言之仁，便是包四者底；包四者底，便是偏言之仁。節。

郭兄問：偏言則一事，專言則包四者？曰：以專言言之，則一者包四者；以偏言言之，則四者不離一者也。卓。

仁之包四德，猶冢宰之統六官。閎祖。

問：《論語》中言仁處，皆是包四者？曰：有是包四者底，有是偏言底。如「克己復禮爲仁」，「巧言令色鮮矣仁」，便是包四者。節。

問：仁何以能包四者？曰：人只是這一箇心，就裏面分爲四者。且以惻隱論之：本只是這惻隱，遇當辭遜則爲辭遜，不安處便爲羞惡，分别處便爲是非。若無一箇動底醒底在裏面，便也不知羞惡，不知辭遜，不知是非。譬如天地，只是一箇春氣。振録作「春生之氣」。發生之初，爲春氣；發生得過，李録云：長得過。便爲夏；收斂，便爲秋；消縮盡，便爲冬。明年又從春起，渾然只是一箇發生之氣。節。○方子、振同。

問：仁包四者，只就生意上看否？曰：統是一箇生意。如四時，只初生底便是春，夏天長，亦只是長這生底；秋天成，亦只是遂這生底，若割斷便死了，不能成遂矣；冬天堅實，亦只是實這生底。如穀九分熟，一分未熟，若割斷，亦死了。到十分熟，方割來，這生意又藏在裏面。明年熟，❶亦只是這箇生。如惻隱、羞惡、辭遜、是非，

❶「熟」，朝鮮本作「種」。

都是一箇生意。當惻隱，若無生意，這裏便死了，亦不解惻隱；當羞惡，若無生意，這裏便死了，亦不解羞惡。這裏無生意，亦不解辭遜，亦不解是非，心都無活底意思。仁，渾淪言，則渾淪都是一箇，義、禮、知都是仁；對言，則仁義與禮智一般。淳。○寓録云：安卿問：仁包四者，就初意上看？就生意上看？曰：統是箇生意。四時雖異，生意則同。劈頭是春生，到夏張旺，❶是張旺那生底；秋來成遂，是成遂那生底；冬來堅實，亦只堅實那生底。草木未華實，去摧折他，便割斷了生意，便死了，如何會到成實？如穀有兩分未熟，只成七八分穀。仁義禮智都只是箇生意，當惻隱而不惻隱，便無生意，便死了；羞惡固是義，當羞惡而無羞惡，這生意亦死了。以至當辭遜而失其辭遜，是非而失其是非，心便死了，全無那活底意思。

問：四德之元，猶五常之仁，偏言則一事，專言則包四者？曰：須先識得元與仁是箇甚物事，更就自家身上看甚麽是仁，甚麽是義、禮、智。既識得這箇，便見得這一箇能包得那數箇。若有人問自家：「如何一箇便包得數箇？」只答云：「只爲是一箇。」問直卿曰：公於此處見得分明否？曰：向來看康節詩，見得這意思。如謂「天根月窟閑來往，三十六宫都是春」，正與程子所謂「静後見萬物皆有春意」同。且如這箇棹子，安頓得恰好時，便是仁。蓋無乖戾，便是生意。窮天地、亘古今，只是一箇生意，故曰「仁者與物無對」。以其無往非仁，此所以仁包四德也。曰：如此體仁，便不是，便不是生底意思。棹子安頓得恰好，只可言中，不可謂之仁。元只是初底便是，如木之萌，如草之芽；其在人，如惻然有隱，初來底意思便是。榦録作：要理會得仁，當就

❶「張旺」，萬曆本作「長養」，下同。

初處看。故元、亨、利、貞，而元爲四德之首。就初生看處，便見得仁。所以程子謂「看雞雛可以觀仁」，爲是那嫩小底便是仁底意思在。幹録作：亦是看其初意思。問：如所謂「初來底意思便是」，不知思慮之萌不得其正時如何？曰：這便是地頭着賊，便是那「元」字上着賊了；如合施爲而不曾施爲時，便是「亨」底地頭着賊了；如合收斂而不曾收斂時，便是「利」底地頭着賊了；如合貞静而不能貞静時，便是「貞」底地頭着賊了。幹録作：問：物理固如此，就人心思慮上觀之，如何？曰：思慮方萌，持守得定，便是仁。如思慮方萌錯了，便是賊其仁；當施爲時錯了，便是賊其禮；當收斂時錯了，便是賊其義；當貞静時錯了，便是賊其智。凡物皆有箇如此道理。以一身觀之，「元」如頭，「亨」便是手足，「利」便是胸腹，「貞」便是那元氣所歸宿處，所以人頭亦謂之「元首」。穆姜亦曰：「元者，體之長也。」今若能知得所謂「元之元，元之亨，元之利，元之貞」，上面一箇「元」字，便是包那四箇；下面「元」字，則是「偏言則一事」者。恁地説，則大煞分明了。須要知得所謂「元之元，亨之元，利之元，貞之元」者，蓋見得此，則知得所謂只是一箇也。若以一歲之體言之，則春便是元之元；所謂「首夏清和」者，便是亨之元；孟秋之月，便是利之元；到那初冬十月，便是貞之元也。只是初底意思便是。幹録作：如春、夏、秋、冬，春爲一歲之首，由是而爲夏、爲秋、爲冬，皆自此生出。所以謂仁包四德者，只緣四箇是一箇，只是一箇元，❶却有「元之元，元之亨，元之利，元之貞」。又有「亨之元，利之元，貞之元」。曉得此意，則仁包四者尤明白。❷道夫曰：如先生之言，正是程子説「復其見天地之

❶「一」，萬曆本作「三」。
❷「白」下，萬曆本有「了」字。

心」。復之初爻，便是天地生物之心也。曰：今只將公所見，看所謂「心，譬如穀種，生之性便是仁，陽氣發處乃情也」，觀之便見。久之，復曰：正如天官冢宰，以分職言之，特六卿之一耳；而曰「建邦之六典」，則又統六卿也。道夫。○榦録稍異。

問：曩者論仁包四者，蒙教以初底意思看仁。昨觀《孟子》「四端」處，似頗認得此意。曰：如何？曰：仁者生之理，而動之機也。惟其運轉流通，無所間斷，故謂之心，故能貫通四者。曰：這自是難説，他自活。今若恁地看得來，只見得一邊，只見得他用處，不見他體了。問：生之理便是體否？曰：若要見得分明，只看程先生説「心，譬如穀種，生之性便是仁」，便分明。若更要真實識得仁之體，只看夫子所謂「克己復禮」，克去己私，如何便喚得做仁。曰：若如此看，則程子所謂「公」字，愈覺親切。曰：公也只是仁底殼子，盡他未得在。畢竟裏面是箇甚物事？「生之性」也只是狀得仁之體。道夫。

直卿問：仁包四德，如「元者，善之長」。從四時生物意思觀之，則陰陽都偏了。曰：如此，則秋冬都無生物氣象。但生生之意，至此退了；到得退未盡處，則陽氣依舊在。且如陰陽，其初亦只是一箇，進便喚做陽，退便喚做陰。道夫。

問：仁包四者。然惻隱之端，如何貫得是非、羞惡、辭遜之類？曰：惻隱只是動處。接事物時，皆是此心先擁出來，其間却自有羞惡、是非之別，所以惻隱又貫四端。如春和則發生，夏則長茂，以至秋冬，皆是一氣，只是這箇生意。問：「偏言則曰愛之理，專言則曰心之德」，如何？曰：偏言是指其一端，因惻隱之發而知其有是愛之理；專言則五性之理兼舉而言之，而仁則包乎四者是也。謨。

問：仁可包義、智、禮。惻隱如何包羞惡二端？曰：但看羞惡時自有一般惻怛底意思，便可見。曰：仁包三者，何以見？曰：但以春言：春本主生，夏、秋、冬亦只是此生氣，或長養、或斂藏有間耳。可學。

伊川言：「天所賦爲命，物所受爲性。」理一也，自天之所賦與萬物言之，故謂之命；以人物之所禀受於天言之，故謂之性。其實，所從言之地頭不同耳。端蒙。

唐傑問：《近思録》既載「鬼神者，造化之跡」，又載「鬼神者，二氣之良能」，似乎重了。曰：「造化之跡」，是日月、星辰、風雨之屬；「二氣良能」，是屈伸、往來之理。蓋卿。

人性無不善，雖桀、紂之爲窮凶極惡，也知此事是惡。但則是我要恁地做，不奈何，此便是人欲奪了。銖。

伊川言：「在物爲理。」凡物皆有理，蓋理不外乎事物之間。「處物爲義」，義，宜也。是非可否處之得宜，所謂義也。端蒙。

「在物爲理，處物爲義」，理是在此物上便有此理；義是於此物上自家處置合如此，便是義。義便有箇區處。㽦。

問「在物爲理，處物爲義」。曰：且如這卓子是物，於理可以安頓物事。我把他如此用，便是義。友仁。

問「忠信所以進德」至「對越在天也」。曰：此一段，只是解箇「終日乾乾」。在天之剛健者，便是天之乾；在人之剛健者，便是人之乾。其體則謂之易，便是横渠所謂「坱然太虚，升降飛揚，未嘗止息」者。自此而下，雖有許多般，要之，「形而上者謂之道，形而下者謂之器」，皆是實理。以時節分段言之，便有古今；以血氣支體言之，便有人己。理却只是一箇理也。道夫。

「忠信所以進德」，至「君子當終日對越在天也」，這箇只是解一箇「終日乾乾」。「忠信進德，脩辭立誠」，便無間斷，便是「終日乾乾」，不必更說「終日對越在天」。下面說「上天之載，無聲無臭」，云云。便是說許多事，都只是一箇天。賀孫。

問：詳此一段意，只是體當這箇實理。雖說出有許多般，其實一理也。曰：此只是解「終日乾乾」，故說此一段。從「上天之載，無聲無臭」說起。雖是「無聲無臭」，其闔闢變化之體，則謂之易；然所以能闔闢變化之理，則謂之道；其功用著見處，則謂之神，此皆就天上說。及說到「命于人，則謂之性；率性，則謂之道；修道，則謂之教」，是就人身上說。上下說得如此子細，都說了，可謂盡矣。故說神「如在其上，如在其左右」，又皆是此理顯著之跡。看甚大事、小事，都離這箇物事不得。上而天地鬼神離這箇不得，下而萬事萬物都不出此，故曰「徹上徹下，不過如此」。形而上者，無形無影是此理；形而下者，有情有狀是此器。然有此器則有此理，有此理則有此器，未嘗相離，却不是於形器之外別有所謂理。亘古亘今，萬事萬物，皆只是這箇，所以說「但得道在，不係今與後，己與人」。❶ 叔蒙問：不出這體、用，其體則謂之性，其用則謂之道？曰：道只是統言此理，不可便以道爲用。仁、義、禮、智、信是理，道便是統言此理。直卿云：「道」字看來亦兼體、用，

❶「離」下，萬曆本有「了」字。

如說「其理則謂之道」，是指體言；又說「率性則謂之道」，是指用言。曰：此語上是就天上說，下是就人身上說。直卿又云：只是德又自兼體、用言。如《通書》云：「動而正曰道，用而和曰德。」曰：正是理，雖動而得其正理，便是道；若動而不正，則不是道。和亦只是順理，用而和順，便是得此理於身；若用而不和順，則此理不得於身。故下云：「匪仁，匪義，匪禮，匪智，匪信，悉邪也。」只是此理。故又云：「君子慎動。」直卿問：《太極圖》只說「動而生陽，靜而生陰」，《通書》又說箇「幾」，此是動靜之間，又有此一項。又云：「智」字自與「知識」之「知」不同。智是具是非之理，知識便是察識得這箇物事好惡。又問：神是氣之至妙處，❶所以管攝動靜。十年前，曾聞先生說，神亦只是形而下者。賀孫問：神既是管攝此身，則心又安在？曰：神即是心之至妙處，衮在氣裏說，又只是氣，然神又是氣之精妙處，到得氣，又是麄了。精又麄，形又麄。至於說魂、說魄，皆是說到麄處。賀孫。○寓録云：直卿云：看來「神」字本不專說氣，也可就理上說。先生只就形而下者說。先生曰：所以某就形而下說，畢竟就氣處多，發出光彩便是神。味道問：神如此說，心又在那裏？曰：神便在心裏，疑在裏面爲精，發出光彩爲神。精屬陰，神屬陽。說到魂魄、鬼神，又是說到大段麄處。

問：「上天之載，無聲無臭，其體則謂之易」，如何看「體」字？曰：體，是體質之「體」，猶言骨子也。易者，陰陽錯總，❷交換代易之謂，如寒暑、晝夜，闔闢、往來。天地之間，陰陽交錯，而實理流行，蓋與道爲體

❶「氣」，萬曆本作「心」。
❷「總」，萬曆本作「綜」。

也。寒暑、晝夜，闔闢、往來，而實理於是流行其間，非此，則實理無所頓放。猶君臣、父子、夫婦、長幼、朋友，有此五者，而實理寓焉。故曰「其體則謂之易」，言易爲此理之體質也。程子解「逝者如斯，❶不舍晝夜」曰：「此道體也。天運而不已，日往則月來，寒往則暑來，水流而不息，物生而不窮，皆與道爲體。」《集註》曰：「天地之化，往者過，來者續，無一息之停，乃道體之本然也。」即是此意。○銖。

「其體則謂之易」，在人則心也；「其理則謂之道」，在人則性也；「其用則謂之神」，在人則情也。所謂易者，變化錯綜，如陰陽、晝夜，雷風、水火，反復流轉，縱橫經緯而不已也。人心則語默、動靜，變化不測者是也。體，是形體也，賀孫録云：體非「體用」之謂。言體，則亦是形而下者；其理則形而上者也。故程子曰：「《易》中只是言反復往來上下。」亦是意也。端蒙。

「以其體謂之易，以其理謂之道」，這正如心、性、情相似。易便是心，道便是性。易，變易也，如奕碁相似。寒了暑，暑了寒，日往而月來，春夏爲陽，秋冬爲陰，一陰一陽，只管恁地相易。賀孫。

「其體則謂之易，其理則謂之道，其用則謂之神。」人傑謂：陰陽、闔闢，屈伸、往來，則謂之易；皆是自然，皆有定理，則謂之道；造化功用，不可測度，則謂之神。程子又曰：「其命于人，則謂之性；率性，則謂之道；脩道，則謂之教；只是就人道上説。」人傑謂：《中庸》大旨，則「天命之謂性，率性之謂道」，是通人物而言；「脩道之謂教」，則聖賢所以扶世立教，垂法後世者，皆

❶「逝」，原作「適」，今據萬曆本改。

是也。先生曰：就人一身言之：易，猶心也；道，猶性也；神，猶情也。翌日再問云：既就人身言之，却以就人身者就天地言之，可乎？曰：天命流行，所以主宰、管攝是理者，即其心也；而有是理者，即其性也。如所以爲春夏，所以爲秋冬之理是也；至發育萬物者，即其情也。人傑。○㽦録別出。

正淳問：「其體則謂之易」，只屈伸、往來之義是否？曰：義則不是。只陰陽屈伸，便是形體。又問：昨日以天地之心、情、性在人上言之，今却以人之心、性、情就天上言之，如何？曰：春、夏、秋、冬便是天地之心；天命流行，有所主宰，其所以爲春、夏、秋、冬，便是性；造化發用，便是情。又問：恐心大性小？曰：此不可以小大論。若以能爲春、夏、秋、冬者爲性，亦未是。只是所以爲此者，是合下有此道理。謂如以鏡子爲心，其光之照見物處便是情，其所以能光者是性。因甚把木板子來，却照不見？爲他元没這光底道理。㽦。

「其體則謂之易，其理則謂之道，其功用則謂之鬼神。」易是陰陽屈伸，隨時變易。大抵古今只是大闔闢、小闔闢，今人說《易》，都無着摸。聖人便於六十四卦，只以陰陽、奇耦寫出來。至於所以爲陰陽、爲古今，乃是此道理。及至忽然生物，或在此、或在彼，如花木之類驀然而出，華時都華，實時都實，生氣便發出來，只此便是神。如在人，仁、義、禮、智，惻隱、羞惡，心便能管攝。其爲喜怒哀樂，即情之發用處。㽦。

「其體則謂之易，其理則謂之道，其用則謂之神。」此三句是說自然底。下面云「其命于人，則謂之性」，此是就人上說。謂之「命于人」，這「人」字便是「心」字。夔孫。

問：此一段自「浩然之氣」以上，自是說道。下面說神「如在其上，如在其左右」，不知如何？曰：一段皆是明道體無乎不在。名雖不同，只是一理發出，是箇無始無終底意。林易簡問：莫是「動静無端，陰陽無始」底道理否？曰：不可如此類泥着，但見梗礙耳。某舊見伊川說仁，令將聖賢所言仁處類聚看，看來恐如此不得。古人言語，各隨所說見意，那邊自如彼說，這邊自如此說。要一一來比並不得。又曰：文字且子細逐件理會，待看得多，自有箇見處。林曰：某且要知盡許多疑了，方可下手做。曰：若要知了，如何便知得了？不如且就知得處逐旋做去，知得一件做一件，知得兩件做兩件，貪多不濟事。如此用工夫，恐怕輕費了時月。某謂少看有功却多，泛泛然多看，全然無益。今人大抵有貪多之病，初來只是一箇小没理會，下梢成一箇大没理會。寓。

明道「醫書手足不仁」止「可以得仁之體」一段，以意推之，蓋謂「仁者，天地生物之心，而人物所得以爲心，則是天地、人物莫不同有是心，而心德未嘗不貫通也」。雖其爲天地、爲人物，各有不同，然其實則有一條脉絡相貫。故體認得此心，而有以存養之，則心理無所不到，而自然無不愛矣。才少有私欲蔽之，則便間斷發出來，愛便有不到處。故世之忍心無恩者，只是私欲蔽錮，不曾認得我與天地萬物心相貫通之理。故求仁之切要，只在不失其本心而已。若夫「博施濟衆」，則自是功用，故曰「何干仁事」，言不於此而得也。仁，至難言，亦以全體精微，未易言也。止曰「立人」、「達人」，則有以指夫仁者之心，而使於此觀，則仁之體庶幾不外是心而得之爾。然又嘗以伊川「穀種」之説推之，其「心猶穀種，生之性便是仁，陽氣發動乃情也」，蓋所謂「生之性」，即仁之體，發處即仁之用也。若夫「博施濟衆」，則又是穀之成實，而利及於人之謂。以是觀之，仁、聖可知矣。先生云：「何干仁事」，謂仁不於此得，則可；以爲聖、仁全無干涉，則不可。又云：氣有不貫，血脉都在這「氣」字上。着心看，則意好。又云：「何事於仁」，言何止是仁？必也仁之成德。猶曰「何止於木？必也木之成就；何止於穀？必也穀之成禾」之意耳。端蒙。

伊川《語録》中説「仁者以天地萬物爲一體」，説得太深，無捉摸處。《易傳》其手筆只云：「四德之元，猶五常之仁，偏言則一事，專言則包四者。」又曰：「仁者天下之公，善之本也。」《易傳》只此兩處説仁，説得極平實，學者當精看此等處。銖。

「生之謂性」一條難説，須子細看。此一條，伊川説得亦未甚盡。「生之謂性」，是生下來唤做性底，便有氣禀夾雜，便不是理底性了。前輩説甚「性惡」、「善惡混」，都是不曾識性。到伊川説「性即理也」，無人道得到這處。理，便是天理，又那得有惡！孟子説「性善」，便都是説理善；雖是就發處説，然亦就理之發處説。如曰「乃若其情」，曰「非才之罪」。又曰：「生之謂性」，如椀盛水後，人便以椀爲水，水却本清，椀却有净有不净。問：雖是氣禀，亦尚可變得否？曰：然最難。須是「人一能之，己百之；人十能之，己千之」，方得。若只恁地待他自變，他也未與你卒乍變得在。這道理無他巧，只是熟，以是專一。❶賀孫。

「人生氣禀，理有善惡。」此「理」字不是説實理，猶云理當如此。僩。

「人生氣禀，理有善惡。」理，只作「合」字看。端蒙。

「生之謂性」一段，當作三節看，其間有言天命者，有言氣質者。「生之謂性」是一節，「水流就下」是一節，「清濁」又是一節。㽦。

問：「生之謂性」一段難看。自起頭至「惡亦不可不謂之性也」，成兩三截。曰：此一段極難看。但細尋語脉，却亦可曉。上云「不是兩物相對而生」，蓋言性善也。曰：既言性善，下却言「善固性也，然惡亦不可不謂之性」，却是言氣禀之性，似與上文不相接。曰：不是言氣禀之性。蓋言性本善，而今乃惡，亦是此性爲惡所汩，正如水爲泥沙所混，不成不唤做水！曰：適所問，乃南軒之論。曰：敬夫議論出得太早，多有差舛。此間有渠《論孟解》，士大夫多求之者，又難爲拒之。又問：「人生而静」，當作斷句。曰：只是連下文「而不容説」作句。性自禀賦而言，人生而静以上，未有形氣，理未有所受，安得謂之性？又問「纔説性時，便已不是性」。此處先生所答，記得不切，不敢録。次夜再問，别録在後。又問：凡人説性，只是説「繼之者善也」。「繼之者善」，如何便指作性？曰：吾友疑得極是。此却是就人身上説「繼之者善」。若就向上説，則天理方流出，亦不可謂之性。曰：「生之謂性」，性即氣，氣即性。此言人生性與氣混合者。曰：有此氣爲人，則理具於身，方可

❶「以」，萬曆本作「只」。

謂之性。又問：向滕德粹問「生之謂性」，先生曰：「且從程先生之説，亦好。」當時再三請益，先生不答。後來子細看，此蓋告子之言。若果如程先生之説，亦無害。而渠意直是指氣爲性，與程先生之意不同。曰：程先生之言，亦是認告子語脉不著。❶果如此説，則孟子何必排之？則知其發端固非矣。大抵諸儒説性，多説著氣。如佛氏亦只是認知覺作用爲性。又問：《孟注》云：「近世蘇氏、胡氏之説近此。」某觀二家之説，❷似亦不執着氣。曰：其流必至此。又問：胡氏説「性不可以善惡名」，似只要形容得性如此之大。曰：不是要形容，只是見不明。若見得明，則自不如此。敬夫向亦執此説。嘗語之云：「凡物皆有對，今乃欲作尖邪物，何故？」程先生論性，只云「性即理也」，豈不是見得明？是真有功於聖門。又問：「繼之者善也，成之者性也」，至程先生始分明。曰：以前無人如此説。若不是見得，安能及此？第二夜復問：昨夜問「生之謂性」一段，意有未盡。不知「纔説性，便不是性」，此是就性未稟時説？已稟時説？曰：就已稟時説。性者，渾然天理而已。纔説性時，則已帶氣矣。所謂「離了陰陽更無道」，此中最宜分別。又問：「水流而就下」以後，此是説氣稟否？若説氣稟，則生下已定，安得有遠近之別？曰：此是夾習説。饒本云：此是説氣。○可學。

問：「生之謂性」一章，泳切意自「生之謂性」至「然惡亦不可不謂之性也」，是本來之性與氣質之性兼説。劈頭只指箇「生」字

❶「著」，萬曆本作「差」。
❷「某」，原作「甚」，今據朝鮮本改。

說，是兼二者了。曰：那「性」字却如何？泳曰：恐只是都說做性。泳又問：舊來因此以水喻性，遂謂天道純然一理，便是那水本來清；陰陽五行交錯雜揉而有昏濁，便是那水被泥污了。昏濁可以復清者，只緣他母子清。曰：然。那下愚不移底人，却是那臭穢底水。問：也須可以澄治？曰：也減得些分數。因言：舊時人嘗裝惠山泉去京師，或時臭了。京師人會洗水，將沙石在筧中，上面傾水，從筧中下去。如此十數番，便漸如故。或問：下愚亦可以澄治否？泳云：恐他自不肯去澄治了。曰：那水雖臭，想也未至污穢在。問：物如此更推不去，却似那臭泥相似？曰：是如此。又問：自「蓋生之謂性」至「猶水流而就下也」一節，是說本來之性。曰：「蓋生之謂性」，却是如何？泳曰：只是提起那一句說。又問：「人生而静以上不容說」，「人生而静」是說那初生時，更說向上去，便只是天命了。曰：所以「大哉乾元！萬物資始」，只說是「誠之源也」。至「乾道變化，各正性命」，方是性在。「凡人說性，只是說繼之者善也」，便兼氣質了。問：恐只是兼了情？曰：情便兼質了。所以孟子答告子問性，却說「乃若其情則可以爲善矣」；說仁、義、禮、智，却說惻隱、羞惡、恭敬、是非去。蓋性無形影，情却有實事，只得從情上說入去。問：因情以知性，恰似因流以知源。舊聞蔡季通問康叔臨云：「凡物有兩端。惻隱爲仁之端，是頭端是尾端？」叔臨以爲尾端。近聞周莊仲說，先生云「不須如此分」。曰：公如何說？曰：惻隱是性之動處。因其動處，以知其本體，是因流以知其源，恐只是尾端。曰：是如此。又問「皆水也」至「然不可以濁者不爲水也」一節。曰：這水只是説氣質。泳曰：切謂因物欲之淺深，可以見氣質之昏明；猶因惻隱、羞惡，可以見仁義之端。曰：也是如此。或問：氣清底人，自無物欲。曰：也如此説不得。口之欲味，耳之欲聲，人人皆然。雖是稟得氣清，纔不檢束，便流於欲去。又問：「如此，則人不可不加澄治之功」，至「置在一隅也」一節，是説人求以變化氣質。然變了氣質，復還本然之性，亦不是在外面添得。曰：是如此。又問：「水之清，則性善之謂也」至於「舜、禹有天下，而不與焉者也」一節，是言學者去求道，不是外面添。聖人之教人，亦不是强人分外做。曰：「此理天命也」一句，亦可見。胡泳。

或問「生之謂性」一段。曰：此段引譬喻亦叢雜。如説水流而就下了，又説從清濁處去，與就下不相續。這處只要認得大意可也。又曰：「然惡亦不可不謂之性」一句，又似有惡性相似。須是子細看。義剛。

問：「惡亦不可不謂之性」，先生舊做《明道論性説》云：「氣之惡者，其性亦無不善，故惡亦不可不謂之性。」明道又云：「善惡皆天理。謂之惡者，本非惡，但或過或不及，便如此。蓋天下無性外之物，本皆善而流於惡耳。」如此，則惡專是氣稟，不干性事，如何説惡亦不可不謂之性？曰：既是氣稟惡，便也牽引得那性不好。蓋性只是搭附在氣稟上，既是氣稟不好，便和那性壞了。所以説濁亦不可不謂之水，水本是清，却因人撓之，故濁也。又問：先生嘗云「性不可以物譬」，明道以水喻性，還有病否？曰：若比來比去，也終有病。只是不以這箇比，又不能得分曉。僩。

「善固性也，然惡亦不可不謂之性也」，疑與《孟子》牴牾。曰：這般所在難説，卒乍理會未得。某舊時初看，亦自疑。但看來看去，自是分明。今定是不錯，不相誤，只着工夫子細看。莫據己見，便説前輩説得不是。又問：草木與人物之性一乎？曰：須知其異而不害其爲同，知其同而不害其爲異，方得。木之。

正淳問：性善，大抵程氏説善惡處，説得「善」字重，「惡」字輕。曰：「善固性也，惡亦不可不謂之性也」，此是氣質之性。蓋理之與氣雖同，畢竟先有此理而後有此氣。又問郭氏《性圖》。曰：「性善」字且做在上，其下不當同以「善惡」對出于下。不得已時，「善」字下再寫一「善」，却傍出一「惡」字，倒着，以見惡只是反於善。且如此，猶自可説。正淳謂：自不當寫出來。曰：然。畓。

問「人生而静以上不容説」一段。曰：「人生而静以上」，即是人物未生時。人物未生時，只可謂之理，説性未得，此所謂「在天曰命」也。「纔説性時，便已不是性」者，言纔謂之性，便是人生以後，此理已墮在形氣之中，不全是性之本體矣，故曰「便已不是性也」，此所謂「在人曰性」也。大抵人有此形氣，則是此理始具於形氣之中，而謂之性。纔是説性，便已涉乎有生而兼乎氣質，不得爲性之本體也。然性之本體，亦未嘗雜。要人就此上面見得其本體元未嘗離，亦未嘗雜耳。「凡人説性，只是説繼之者善也」者，言性不可形容，而善言性者，不過即其發見之端而言之，而性之理固可默識矣，如孟子言「性善」與「四端」是也。未有形氣，渾然天理，未有降付，故只謂之理；已有形氣，是理降而在人，具於形氣之中，方謂之性。已涉乎氣矣，便不能超然專説得理也。程子曰「天所賦爲命，物所受爲性」，又曰「在天曰命，在人曰性」是也。○銖。

明道論性一章，「人生而静」，静者固其性。然只有「生」字，便帶却氣質了。但「生」字以上又不容説，蓋此道理未有形見處。故今才説性，便須帶着氣質，無能懸空説得性者。「繼之者善」，本是説造化發育之功，明道此處却是就人性發用處説，如孟子所謂「乃若其情，則可以爲善」之類是也。伊川言：「極本窮源之性，乃是對氣質之性而言。」言氣質之稟，雖有善惡之不同，然極本窮源而論之，則性未嘗不善也。端蒙。

問「人生而静以上」一段。曰：程先生説性，有本然之性，有氣質之性。人具此形體，便是氣質之性。才説性，此「性」字是雜氣質與本來性説，便已不是性。這「性」字却是本然性。才説氣質底，便不是本然底也。「人生而静」以下，方有形體可説；以上，是未有形體，如何説？賀孫。

曾問「人生而静以上不容説」。曰：此是未有人生之時，但有天理，更不可言性。人生而後，方有這氣稟，有這物欲，方可言性。卓。

「人生而静以上不容説」，此只是理；「才説性時，便已不是性」，此是氣質。要之，假合而後成。文蔚。

「人生而静」，已是夾形氣，專説性不得。此處宜體認。可學。

或問：説「人生而静以上不容説」，爲天命之不已；感物而動，酬酢萬殊，爲天命之流行。不已，便是流行，不知上一截如何下語？曰：「人生而静以上不容説」，乃天命之本體也。人傑。

問「人生而静以上」一段。曰：有兩箇「性」字：有所謂「理之性」，有所謂「氣質之性」。下一「性」字是理。「人生而静」，此「生」字已自帶氣質了。「生而静以上」，便只是理，不容説；「才説性時」，便只説得氣質，不是理也。淳。

「才説性，便已不是性也」，蓋才説性時，便是兼氣稟而言矣。❶「人生而静以上不容説」，「人生而静以上」，只説得箇「人生而静」，上面不通説。蓋性須是箇氣質，方説得箇「性」字。若「人生而静以上」，只説得箇天道，下「性」字不得。所以子貢曰「夫子之言性與天道，不可得而聞也」，便是如此。所謂「天命之謂性」者，是就人身中指出這箇是天命之性，不雜氣稟者而言爾。若才説性時，則便是夾氣稟而言，所以説時便已不是性也。濂溪説：「性者，剛、柔、善、惡、中而已矣。」濂溪説性，只是此五者。他又自有説仁、義、禮、智底性時。若論氣稟之性，則不出此五者。然氣稟底性，便是那四端底性，非别有一種性也。然所謂「剛、柔、善、惡、中」者，天下之性固不出此五者。然細推之，極多般様，千般百種，不可窮究，但不離此五者爾。僩。

「人生而静以上不容説」，是只説性。如説善，即是有性了，方説得善。方。

問：《近思録》中説性，似有兩種，何也？曰：此説往往人都錯看了。才説性，便有不是。人性本善而已，才墮入氣質中，便薰染得不好了。雖薰染得不好，然本性却依舊在此，全在學者着力。今人却言有本性，又有氣質之性，此大害理。去僞。

❶「稟」，萬曆本作「質」。

問：「凡人説性，只是説繼之者善也。」這「繼」字，莫是主於接續承受底意思否？曰：主於人之發用處言之。道夫。

程子云：「凡人説性，只是説繼之者善。孟子言『性善』是也。」《易》中所言，蓋是説天命流行處，明道却將來就人發處説。孟子言「性善」，亦是就發處説，故其言曰「乃若其情，則可以爲善矣」。蓋因其發處之善，是以知其本無不善，猶循流而知其源也。故孟子説「四端」，亦多就發處説。《易》中以天命言，程子就人言，蓋人便是一箇小天地耳。端蒙。

「夫所謂『繼之者善也』者，猶水流而就下也。」此「繼之者善」，指發處而言之也。性之在人，猶水之在山，其清不可得而見也。流出而見其清，然後知其本清也。所以孟子只就「見孺子入井，皆有怵惕惻隱之心」處，指以示人，使知性之本善者也。《易》所謂「繼之者善也」，在性之先；此所引「繼之者善也」，在性之後。蓋《易》以天道之流行者言，此以人性之發見者言。明天道流行如此，所以人性發見亦如此。如後段所謂「其體則謂之易，其理則謂之道，其用則謂之神」。某嘗謂：易在人便是心，道在人便是性，神在人便是情。緣他本原如此，所以生出來箇箇亦如此。一本故也。閎祖。

問：或謂明道所説「凡人説性，只是説繼之者善」，與《易》所謂「繼之者善」意不同。明道是言氣質之性亦未嘗不善，如孔子「性相近」之意。曰：明道説「繼之者善」，固與《易》意不同。但以爲此段只説氣質之性，則非也。明道此段，有言氣質之性處，有言天命之性處。近陳後之寫來，只於此段「性」字下，各註某處是説天命之性，某處是説氣質之性。若識得此數字分明有着落，則此段儘易看。銖。

問：明道言：「今人説性，多是説『繼之者善』，如孟子言『性善』是也。」此莫是説性之本體不可言，凡言性者，只是説性之流出處，如孟子言「乃若其情，則可以爲善矣」之類否？先生點頭。後江西一學者問此，先生答書云：「《易大傳》言『繼善』，是指未生之前；《孟子》言『性善』，是指已生之後。」是夕，復語文蔚曰：今日答書，覺得未是。文蔚曰：莫是《易》言「繼善」，是説天道流行處；《孟子》言「性善」，是説人性流出處？《易》與《孟子》就天人分上各以流出處言，明道則假彼以明此耳，非如先生未生、已生之云？曰：然。文蔚。

「繼之者善也」，周子是説生生之善，程子説作人性之善，用處各自不同。若以此觀彼，心有窒礙。人傑。

問：伊川云：「萬物之生意最可觀。」曰：物之初生，其本未遠，固好看。及幹成葉茂，便不好看。如赤子入井時，惻隱、怵惕之心，只些子仁，見得時却好看。到得發政施仁，其仁固廣，便看不見得何處是仁。賜。

問：「萬物之生意最可觀，此元者善之長也，斯所謂仁也。」此只是先生向所謂「初」之意否？曰：萬物之生，天命流行，自始至終，無非此理；但初生之際，淳粹未散，尤易見爾。只如元、亨、利、貞皆是善，而元則爲善之長，亨、利、貞皆是那裏來。仁、義、禮、智亦皆善也，而仁則爲萬善之首，義、禮、智皆從這裏出爾。道夫。

問：「天地萬物之理，無獨必有對。」

對，是物也，理安得有對？曰：如高下、小大、清濁之類，皆是。曰：高下、小大、清濁，又是物也，如何？曰：有高必有下，有大必有小，皆是理必當如此。如天之生物，不能獨陰，必有陽；不能獨陽，必有陰：皆是對。這對處，不是理對，其所以有對者，是理合當恁地。淳。

「天地萬物之理，無獨必有對。」問：如何便至「不知手之舞之，足之蹈之」？曰：真箇是未有無對者。看得破時，真箇是差異好笑。且如一陰一陽，便有對；至於太極，却對甚底？曰：太極有無極對。曰：此只是一句。如金、木、水、火、土，即土亦似無對，然皆有對。太極便與陰陽相對。此是「形而上者謂之道，形而下者謂之器」，便對過，却是橫對了。土便與金、木、水、火相對。蓋金、木、水、火是有方所，土却無方所，亦對得過。必大録云：四物皆資土故也。胡氏謂「善不與惡對」。惡是反善，如仁與不仁，如何不可對？若不相對，覺説得天下事都尖斜了，没箇是處。必大録云：湖南學者云，善無對。不知惡乃善之對，惡者反乎善者也。○㽦。必大同。

問：「天下之理，無獨必有對。」有動必有靜，有陰必有陽，以至屈伸、消長、盛衰之類，莫不皆然。還是他合下便如此邪？曰：自是他合下來如此，一便對二，形而上便對形而下。然就一言之，一中又自有對。且如眼前一物，便有背有面，有上有下，有內有外。二又各自爲對。雖説「無獨必有對」，然獨中又自有對。且如碁盤路兩兩相對，末梢中間只空一路，若似無對，然此一路對了三百六十路，此所謂一對萬，道對器也。銖。

天下之物未嘗無對，有陰便有陽，有仁

便有義，有善便有惡，有語便有嘿，有動便有静，然又却只是一箇道理。如人行出去是這脚，行歸亦是這脚。譬如口中之氣，嘘則爲温，吸則爲寒耳。雉。

問：陰陽、晝夜，善惡、是非、君臣、上下，此天地萬物無獨必有對之意否？曰：這也只如喜怒哀樂之中，便有箇既發而中節之和在裏相似。道夫。

問：「天地之間，亭亭當當，直上直下，出便不是」，如何？曰：喜怒哀樂未發謂之中，「亭亭當當，直上直下」等語，皆是形容中之在我，其體段如此。「出則不是」者，出便是已發。發而中節，只可謂之和，不可謂之中矣，故曰「出便不是」。謨。

問「亭亭當當」之説。曰：此俗語也，蓋不偏不倚、直上直下之意也。問：敬固非中，惟「敬而無失」，乃所以爲中否？曰：只是常敬，便是「喜怒哀樂未發之中」也。道夫。

「天地間，亭亭當當、直上直下之正理，出則不是。如此則是内。敬而無失最盡。」居敬。方謂「居」字好。○方。

問：無妄，誠之道。不欺，則所以求誠否？曰：無妄者，聖人也。謂聖人爲無妄，則可；謂聖人爲不欺，則不可。又問：此正所謂「誠者天之道，思誠者人之道」否？曰：然。無妄，是自然之誠；不欺，是着力去做底。道夫。

「無妄之謂誠」，是天道；「不欺其次矣」，是人道。《中庸》所謂「思誠」者是也。㽦。

味道問「無妄之謂誠，不欺其次也」。曰：非無妄故能誠，無妄便是誠。無妄，是四方八面都去得；不欺，猶是兩箇物事相對。寓。

或問「無妄之謂誠，不欺其次矣」。曰：無妄，是兼天地萬物所同得底渾淪道理；不欺，是就一邊說。泳問：不欺，是就人身說否？曰：然。胡泳。

無妄，自是我無妄，故誠；不欺者，對物而言之，故次之。祖道。

問：「沖漠無朕」至「教入塗轍」。他所謂塗轍者，莫只是以人所當行者言之？凡所當行之事，皆是先有此理；却不是臨行事時，旋去尋討道理。曰：此言未有這事，先有這理。如未有君臣，已先有君臣之理；未有父子，已先有父子之理。不成元無此理，直待有君臣、父子，却旋將道理入在裏面！又問：「既是塗轍，却只是一箇塗轍」，是如何？曰：是這一箇事，便只是這一箇道理。精粗一貫，元無兩樣。今人只見前面一段事無形無兆，將謂是空蕩蕩，却不知道「沖漠無朕，萬象森然已具」。如釋氏便只是說「空」，老氏便只是說「無」，却不知道莫實於理。曰：「未應不是先，已應不是後」，「應」字是應務之「應」否？曰：未應，是未應此事；已應，是已應此事。未應固是先，却只是後來事，已應固是後，却只是未應時理。文蔚。

「未應不是先，已應不是後」，如未有君臣，已先有君臣之理在這裏。不是先本無，却待安排也。「既是塗轍，却只是一箇塗轍」，如既有君君臣臣底塗轍，却是元有君臣之理也。升卿。

子升問「沖漠無朕」一段。曰：未有事物之時，此理已具，少間應處只是此理。所謂塗轍，即是所由之路。如父之慈，子之孝，只是一條路從源頭下來。木之。

或問「未應不是先」一條。曰：未應，如未有此物，而此理已具；到有此物，亦只是這箇道理。塗轍，是車行處。且如未有塗轍，而車行必有塗轍之理。賀孫。

問「冲漠無朕」一段。曰：此只是説「無極而太極」。又問：下文「既是塗轍，却只是一箇塗轍」，是如何？曰：恐是記者欠了字，亦曉不得。又曰：某前日説，只從陰陽處看，則所謂太極者，便只是在陰陽裏；所謂陰陽者，便只是在太極裏。而今人説陰陽上面別有一箇無形無影底物是太極，非也。夔孫。○他本小異。

問：「近取諸身，百理皆具」，且是言人之一身與天地相爲流通，無一之不相似。至下言「屈伸往來之義，只於鼻息之間見之」，却只是説上意一脚否？曰：然。又問：屈伸往來，只是理自如此。亦猶一闔一闢，闔固爲闢之基，而闢亦爲闔之基否？曰：氣雖有屈伸，要之，方伸之氣，自非既屈之氣。氣雖屈，而物亦自一面生出。此所謂「生生之理」，自然不息也。道夫。

問：屈伸往來，氣也。程子云「只是理」，何也？曰：其所以屈伸往來者，是理必如此。「一陰一陽之謂道」，陰陽，氣也，其所以一陰一陽循環而不已者，乃道也。淳。

明道言：「天地之間，只有一箇感應而已。」蓋陰陽之變化，萬物之生成，情僞之相通，事爲之終始，一爲感，則一爲應，循環相代，所以不已也。端蒙。

問天下只有箇感應。曰：事事物物，皆有感應。寤寐、語默、動静亦然。譬如氣聚則風起，風止則氣復聚。賜。

「感應」二字有二義：以感對應而言，

則彼感而此應；專於感而言，則感又兼應意，如感恩感德之類。端蒙。

問：感，只是内感？曰：物固有自内感者。然亦不專是内感，固有自外感者。所謂内感，如一動一静，一往一來，此只是一物先後自相感。如人語極須默，默極須語，此便是内感。若有人自外來唤自家，只得唤做外感。感於内者自是内，感於外者自是外。如此看，方周遍平正。只做内感，便偏頗了。䕫孫。

心性以穀種論，則包裹底是心；有秫種，有粳種，隨那種發出不同，這便是性。心是箇發出底，池本作：心似箇没思量底。他只會生。又如服藥，喫了會治病，此是藥力；或温或凉，便是藥性。至於喫了有温證、有凉證，這便是情。䕫孫。

履之問：「心本善，發於思慮，則有善不善」章，如何？曰：疑此段微有未穩處。蓋凡事莫非心之所爲，雖放僻邪侈，亦是心之爲也。善惡但如反覆手耳，翻一轉便是惡，止安頓不着，也便是不善。如當惻隱而羞惡，當羞惡而惻隱，便不是。又問：心之用雖有不善，亦不可謂之非心否？曰：然。伯羽。

問：「發於思慮，則有善不善。」看來不善之發有二：有自思慮上不知不覺自發出來者，有因外誘然後引動此思慮者。閑邪之道，當無所不用其力。於思慮上發時，便加省察，更不使形於事爲。於物誘之際，又當於視、聽、言、動上理會取。然其要又只在持敬。唯敬，則身心内外肅然，交致其功，則自無二者之病。曰：謂發處有兩端，固是。然畢竟從思慮上發者，也只是外來底。天理渾是一箇。只不善，便是不從天理出來，不從天理出來，便是出外底了。視、聽、言、動，該貫内外，亦不可謂專是外面功夫。若以爲在内自有一件功夫，在外又有一件功夫，則内外支離，無此道理。須是「誠之於思，守之於爲」，内外交致其功可也。端蒙。

問：「心本善，發於思慮，則有善不善。」程子之意，是指心之本體有善而無惡，及其發處，則不能無善惡也。胡五峰云：「人有不仁，心無不仁。」先生以爲下句有病。如顔子「其心三月不違仁」，是心之仁也；至三月之外，未免少有私欲，心便不仁，豈可直以爲心無不仁乎？端蒙近以先生之意推之，莫是五峰不曾分别得體與發處言之否？曰：只爲他説得不備。若云「人有不仁，心無不仁；心有不仁，心之本體無不仁」，則意方足耳。端蒙。

問：「『心既發，則可謂之情，不可謂之心』，如何？」曰：心是貫徹上下，不可只於一處看。可學。

「既發，則可謂之情，不可謂之心」，此句亦未穩。淳。

「心，生道也。」此句是張思叔所記，疑有欠闕處。必是當時改作行文，所以失其文意。伯豐云：何故入在《近思録》中？曰：如何敢不載？但只恐有闕文，此四字説不盡。𦬊。

「心，生道也。人有是心，斯具是形以生，惻隱之心，生道也。」如何？曰：天地生物之心是仁；人之稟賦，接得此天地之心，方能有生。故惻隱之心在人，亦爲生道也。謨。

「心，生道也。」心乃生之道。「惻隱之心，人之生道也」，乃是得天之心以生。生物便是天之心。可學。

問：「心，生道也」一段，上面「心，生道」，莫是指天地生物之心？下面「惻隱之心，人之生道」，莫是指人所得天地之心以爲心？蓋在天只有此理，若無那形質，則此理無安頓處。故曰「有是心，斯具是形以生」。上面猶言「繼善」，下面猶言「成性」。曰：上面「心，生道也」，全然做天底，也不得。蓋理只是一箇渾然底，人與天地混合無間。端蒙。

「有是心，斯具是形以生。」是心乃屬天地，未屬我在，此乃是衆人者。至下面「各正性命」，則方是我底，故又曰「惻隱之心，人之生道也」。仁者，天地生物之心，而人物之所得以爲心。人未得之，此理亦未嘗不在天地之間。只是人有是心，便自具是理以生。又不可道有心了，却討一物來安頓放裏面。似恁地處難看，須自體認得。端蒙。

伊川云：「心，生道也。」方云：生道者，是本然也，所以生者也。曰：是人爲天地之心意。本文云。又曰：生，亦是生生之意。蓋有是惻隱心，❶則有是形。方曰：滿腔子是惻隱之心。方。

敬子解「不求諸心而求諸迹，以博聞强記、巧文麗詞爲工」，以爲：人不知性，故怠於爲希聖之學，而樂於爲希名慕利之學。曰：不是他樂於爲希名慕利之學，是他不知聖之可學，別無可做，只得向那裏去。若知得有箇道理，可以學做聖人，他豈不願爲！緣他不知聖人之可學，「飽食終日，無所用心」，不成空過？須討箇業次弄，或爲

❶「蓋」，原爲空格，今據萬曆本補。

詩，或作文。是他没著渾身處，只得向那裏去，俗語所謂「無圖之輩」是也。因曰：世上萬般皆下品，若見得這道理高，見世間萬般皆低。故這一段緊要處，只在「先明諸心」上。蓋「先明諸心」了，方知得聖之可學；有下手處，方就這裏做工夫。若不就此，如何地做？僩。○以下第二卷。○《好學論》入《集注》者，已附本章。

舜弼問：《定性書》也難理會。曰：也不難。「定性」字，説得也詫異。此「性」字，是箇「心」字意。明道言語甚圓轉，初讀未曉得，都没理會；子細看，却成段相應。此書在鄠時作，年甚少。淳。

明道《定性書》自胸中瀉出，如有物在後面逼逐他相似，皆寫不辦。直卿曰：此正所謂「有造道之言」。曰：然。只是一篇之中，都不見一箇下手處。蜚卿曰：「擴然而大公，❶物來而順應」，這莫是下工處否？曰：這是説已成處。且如今人私欲萬端，紛紛擾擾，無可奈何，如何得他大公？所見與理皆是背馳，如何便得他順應？道夫曰：這便是先生前日所謂「也須存得這箇在」。曰：也不由你存。此心紛擾，看着甚方法，也不能得他住。這須是見得，須是知得天下之理，都着一豪私意不得方是，所謂「知止而後有定」也。不然，只見得他如生龍活虎相似，更把捉不得。道夫。

問：《定性書》云：「大率患在於自私而用智。自私，則不能以有爲爲應迹；用智，則不能以明覺爲自然。」曰：此一書，首尾只此兩項。伊川文字段數分明，明道多只憑成片説將去，初看似無統，子細理會，中

❶ 「廓」，萬曆本作「擴」。

間自有路脉貫串將去。「君子之學，莫若擴然而大公，物來而順應」，自後許多説話，都只是此二句意。「艮其背，不獲其身；行其庭，不見其人」，此是説「擴然而大公」。孟子曰：「所惡於智者，爲其鑿也。」此是説「物來而順應」。「第能於怒時遽忘其怒，而觀理之是非。」「遽忘其怒」是應「廓然而大公」，「而觀理之是非」是應「物來而順應」。這須子細去看，方始得。賀孫。

明道答横渠「定性未能不動」一章，明道意，言不惡事物，亦不逐事物。今人惡則全絶之，逐則又爲物引將去。惟不拒不流，泛應曲當，則善矣。蓋横渠有意於絶外物而定其内。明道意以爲須是内外合一，「動亦定，静亦定」，則應物之際，自然不累於物。苟只静時能定，則動時恐却被物誘去矣。端蒙。

問：聖人「動亦定，静亦定」。所謂定者，是體否？曰：是。曰：此是惡物來感時定？抑善惡來皆定？曰：惡物來不感，這裏自不接。曰：善物則如何？曰：當應便應，有許多分數來，便有許多分數應。這裏自定。曰：「子哭之慟」，而何以見其爲定？曰：此是當應也。須是「廓然而大公，物來而順應」。再三誦此語，以爲説得圓。淳。

問：聖人定處未詳。曰：「知止而後有定」，只看此一句，便了得萬物各有當止之所。知得，則此心自不爲物動。曰：舜「號泣于旻天」，「象憂亦憂，象喜亦喜」。當此時，何以見其爲定？曰：此是當應而應，當應而應便是定。若不當應而應，便是亂了；當應而不應，則又是死了。淳。

問：「天地之常，以其心普萬物而無

心;聖人之常,以其情順萬事而無情。故君子之學,莫若擴然而大公,物來而順應。」學者卒未到此,奈何?曰:雖未到此,規模也是恁地。「擴然大公」,只是除却私意,事物之來,順他道理應之。且如有一事,自家見得道理是恁地,却有箇偏曲底意思,要爲那人,便是不公,便逆了這道理,不能順應。聖人自有聖人大公,賢人自有賢人大公,學者自有學者大公。又問:聖賢大公,固未敢請。學者之心,當如何?曰:也只要存得這箇在,克去私意。這兩句是有頭有尾説話。大公,是包説;順應,是就裏面細説。公是忠,便是「維天之命,於穆不已」;順應便是「乾道變化,各正性命」。道夫。

「擴然而大公」,是「寂然不動」;「物來而順應」,是「感而遂通」。僩。

趙致道問:「自私者,則不能以有爲爲應迹;用智者,則不能以明覺爲自然。」所謂「天地之常,以其心普萬物而無心;聖人之常,以其情順萬事而無情」。所謂「普萬物」、「順萬事」者,即「廓然而大公」之謂;「無心」、「無情」者,即「物來而順應」之謂。自私,則不能「廓然而大公」,所以不能「以有爲爲應迹」;用智,則不能「物來而順應」,所以不能「以明覺爲自然」。銖。

明道云:「不能以有爲爲應迹。」應迹,謂應事物之迹。若心,則未嘗動也。端蒙。

問:昨日因説程子謂釋氏自私,味道舉明道《答横渠書》中語,先生曰:「此却是舉常人自私處言之。」若據自私而用智,與後面治怒之説,則似乎説得淺。若看得説那「自私,則不能以有爲爲應迹;用智,則不能以明覺爲自然」,則所指亦大闊矣。先生曰：固然。但明道總人之私意言耳。味道又舉「反鑑索照」與夫「惡外物」之説。先生曰：此亦是私意。蓋自常人之私意與佛之自私，皆一私也，但非是專指佛之自私言耳。又曰：此是程子因横渠病處箴之。然有一般人，其中空疏，不能應物；又有一般人，溺於空虛，不肯應物：皆是自私。若能「豁然而大公」，則上不陷於空寂，下不累於物欲，自能「物來而順應」。廣。○賀孫録云：漢卿前日説「佛是自私」。味道舉明道「自私用智」之語，亦是此意。先生答以「此自私説較麄，是常人之自私」。某細思之，如「自私則不能以有爲爲應迹，用智則不能以明覺爲自然」，亦是説得煞細，恐只是佛氏之自私。先生曰：此説得較闊，兼兩意也。是見横渠説得有這病，故如此説。賀孫云：「今以惡外物之心，求照無物之地，猶反鑑而索照也」，亦是説絶外物而求定之意。曰：然。但所謂「自私而用智」，如世人一等嗜欲，也是不能「以有爲爲應迹」；如異端絶滅外物，也是不能「以有爲爲應迹」。若「廓然大公，物來順應」，便都不如此，上不淪於空寂，下不累於物欲。

問：《定性書》所論，固是不可有意於除外誘，然此地位高者之事。在初學，恐亦不得不然否？曰：初學也不解如此，外誘如何除得？有當應者，亦只得順他，便看理如何。理當應便應，不當應便不應。此篇大綱，只在「擴然而大公，物來而順應」兩句。其他引《易》、《孟子》，皆是如此。末謂「第能於怒時遽忘其怒，而觀理之是非」，一篇着力緊要，只在此一句。「遽忘其怒」，便是「擴然大公」；「觀理之是非」，便是「物來順應」。明道言語渾淪，子細看，節節有條理。曰：「内外兩忘」，是内不自私，外應不鑿否？曰：是。大抵不可以在内者爲是，而在外者爲非，只得隨理順應。淳。

先生舉人情易發而難制者，惟怒爲甚。

惟能於怒時遽忘其怒，而觀理之是非。舊時謂觀理之是非，才見己是而人非，則其爭愈力。後來看不如此。如孟子所謂「我必不仁也」，「其自反而仁矣」，「其横逆由是也」，則曰「此亦妄人而已矣」。璘。

人情易發而難制。明道云：「人能於怒時遽忘其怒，亦可見外誘之不足畏，而於道亦思過半矣。」此語可見。然有一説，若知其理之曲直，不必校，却好；若見其直而又怒，則愈甚。大抵理只是此理，不在外求。若於外復有一理時，却難，爲只有此理故。可學。

問：聖人恐無怒容否？曰：怎生無怒容？合當怒時，必亦形於色。如要去治那人之罪，自爲笑容，則不可。曰：如此，則恐涉忿厲之氣否？❶曰：天之怒，雷霆亦震。舜誅四凶，當其時亦須怒。但當怒而怒，便中節；事過便消了，更不積。淳。

問：《定性書》是正心誠意功夫否？曰：正心誠意以後事。寓。

伊川謂：「雖無邪心，苟不合正理，即妄也。」如楊、墨，何嘗有邪心？只是不合正理。義剛。

先生以伊川《答方道輔書》示學者，曰：他只恁平鋪，無緊要説出來。只是要移易他一兩字，也不得；要改動他一句，也不得。道夫。

問：蘇季明以治經爲傳道居業之實，❷居常講習只是空言無益，質之兩先生。何如？曰：季明是横渠門人，祖横渠「修辭」之説，以立言傳後爲修辭，是爲居業。明道

❶「厲」，萬曆本作「怒」。
❷「實」，萬曆本作「事」。

與説《易》上「修辭」不恁地。修辭，只是如「非禮勿言」。若脩其言辭，正爲立己之誠意，乃是體當自家「敬以直内，義以方外」之實事，便是理會敬義之實事，便是表裏相應。「敬以直内，義以方外」，便是立誠。道之浩浩，何處下手？惟立誠才有可居之處，有可居之處則可以脩業。業便是逐日底事業，恰似日課一般。「忠信所以進德」，爲實下手處。如是心中實見得理之不妄，「如惡惡臭，如好好色」，常常恁地，則德不期而進矣。誠，便即是忠信；脩省言辭，便是要立得這忠信。若口不擇言，只管逢事便説，則忠信亦被汩没動蕩，立不住了。明道便只辨他「脩辭」二字，便只理會其大規模。伊川却與辨治經，便理會細密，都無縫罅。又曰：伊川也辨他不盡。如講習，不止只是治經。若平日所以講習，父慈子孝、兄友弟恭與應事接物，有合講者，或更切於治經，亦不爲無益。此更是一箇大病痛。賀孫。

「孟子才高，學之無可依據」，爲他元來見識自高。顔子才雖未嘗不高，然其學却細膩切實，所以學者有用力處。孟子終是麄。端蒙。

伊川曰：「學者須是學顔子。」孟子説得麄，不甚子細。只是他才高，自至那地位。若學者學他，或會錯認了他意思。若顔子説話，便可下手做；孟子底，更須解説方得。賀孫。

蔡問：「孟子無可依據，學者當學顔子。」如養氣處，豈得謂無可依據？❶曰：孟子皆是要用。顔子曾就己做工夫，❷所以

❶「謂」，萬曆本作「爲」。
❷「曾」，萬曆本作「須」。

學顏子則不錯。淳。

問：「且省外事，但明乎善，唯進誠心」，只是教人「鞭辟近裏」。切謂明善是致知，誠心是誠意否？曰：知至即便意誠，善才明，誠心便進。又問：「其文章雖不中，不遠矣」，便是應那「省外事」一句否？曰：然。外事所可省者即省之，所不可省者亦强省不得。善，只是那每事之至理；文章是威儀制度。所守不約，汎濫無功，説得極切。這般處，只管將來玩味，則道理自然都見。又曰：這般次第，是呂與叔自關中來初見二程時説話。蓋横渠多教人禮文制度之事，他學者只管用心，❶不近裏，故以此説教之。然只可施之與叔諸人。若與龜山言，便不着地頭了。公今看了《近思録》，看別經書，須將《遺書》兼看。蓋他一人是一箇病痛，故程先生説得各各自有精采。道夫。

「且省外事，但明乎善，惟進誠心」，是且理會自家切己處。明善了，又更須看自家進誠心與未。賀孫。

「學者識得仁體，實有諸己，只要義理栽培。」識得與實有，須做兩句看。識得，是知之也；實有，是得之也。若只識得，只是知有此物；却須實有諸己，方是己物也。㽦。

問：明道説「學者識得仁體，實有諸己，只要義理栽培」一段，只緣他源頭是箇不忍之心，生生不窮，故人得以生者，其流動發生之機亦未嘗息。故推其愛，則視夫天地萬物均受此氣，均得此理，則無所不當愛。曰：這道理只熟看，久之自見，如此硬揞定説不得。如云從他源頭上便有箇不忍

❶「只」，萬曆本作「自」。

之心，生生不窮，此語有病。他源頭上未有物可不忍在，未説到不忍在。只有箇陰陽五行，有闔闢，有動静，自是用生，不是要生。到得説生物時，又是流行已後。既是此氣流行不息，自是生物，自是愛。假使天地之間净盡無一物，只留得這一箇物事，他也自愛。如云均受此氣，均得此理所以須用愛，也未説到這裏在。❶此又是説後來事。此理之愛，如春之温，天生自然如此。如火相似，炙着底自然熱，不是使他熱也。因舉《東見録》中明道曰「學者須先識仁。仁者，渾然與物同體，義、禮、智、信皆仁也」，云云。極好，當添入《近思録》中。僩。

心只是放寬平，便大；不要先有一私意隔礙，便大。心大，則自然不急迫。如有禍患之來，亦未須驚恐；或有所獲，亦未要便歡喜在。少間亦未必，禍更轉爲福，福更轉爲禍。荀子言：「君子大心則天而道，小心則畏義而節。」蓋君子心大則是天心，心小則文王之翼翼，皆爲好也；小人心大則放肆，心小則是褊隘私吝，皆不好也。賀孫。

明道以上蔡記誦爲玩物喪志，蓋爲其意不是理會道理，只是誇多鬬靡爲能。若明道看史不蹉一字，則意思自别。此正爲己、爲人之分。賀孫。

問：「禮樂只在進反之間，便得情性之正。」《記》曰：「禮主其減，樂主其盈。禮減而進，以進爲文；樂盈而反，以反爲文。」恐減與盈，是禮樂之體本如此；進與反，却是用功處否？曰：減，是退讓、撙節、收斂底意思，是禮之體本如此。進者，力行之謂。盈，是和説、舒散、快滿底意思，是樂之體如

❶「到」，萬曆本作「得」。

此。反者，退斂之謂。「禮主其減」，却欲進一步向前着力去做；「樂主其盈」，却須退斂節制，收拾歸裏。如此，則禮減而却進，樂盈而却反，所以爲得情性之正也，故曰「減而不進則消，盈而不反則亡」也。因問：如此，則禮樂相爲用矣。曰：然。銖。

問：「禮樂只在進反之間，便得性情之正」，何謂也？曰：《記》謂「禮減而進，以進爲文；樂盈而反，以反爲文」。禮，如凡事儉約，如收斂恭敬，便是減；須當着力向前去做，便是進，故以進爲文。樂，如歌詠和樂，便是盈；須當有箇節制，和而不流，便是反，故以反爲文。禮減而却進前去，樂盈而却反退來，便是得情性之正。淳。

「禮主其減」者，禮主於撙節、退遜、檢束；然以其難行，故須勇猛力進始得，故以進爲文。「樂主其盈」者，樂主於舒暢發越；然一向如此，必至於流蕩，故以反爲文。禮之進、樂之反，便得情性之正。又曰：主減者當進，須力行將去；主盈者當反，須回顧身心。賀孫。

禮樂進反。「禮主於減」，謂主於斂束；然斂束太甚，則將久意消了，做不去，故以進爲文，則欲勉行之。「樂主於盈」，謂和樂洋溢；然太過則流，故以反爲文，則欲回來減些子。故進反之間，便得情性之正。不然，則流矣。端蒙。

問「禮樂進反」之説。曰：「禮主其減，樂主其盈。禮減而進，以進爲文；樂盈而反，以反爲文。」禮以謙遜退貶爲尚，故主減；然非人之所樂，故須强勉做將去，方得。樂以發揚蹈厲爲尚，故主盈；然樂只管充滿而不反，則又也無收殺，故須反，方得。故云：「禮減而不進則銷，樂盈而不反則放。」故禮有報而樂有反，所以程子謂：「只在進反之間，便得性情之正。」道夫。

「天分」，即天理也。父安其父之分，子安其子之分，君安其君之分，臣安其臣之分，則安得私！故雖「行一不義，殺一不辜，而得天下」，有所「不爲」。賀孫。

「論學便要明理，論治便須識體」，這「體」字，是事理合當做處。凡事皆有箇體，皆有箇當然處。問：是體段之「體」否？曰：也是如此。又問：如爲朝廷有朝廷之體，爲一國有一國之體，爲州縣有州縣之體否？曰：然。是箇大體有格局當做處。如作州縣，便合治告訐，除盜賊，勸農桑，抑末作；如朝廷，便須開言路，通下情，消朋黨；如爲大吏，便須求賢才，去贓吏，除暴斂，均力役。這箇都是定底格局，合當如此做。或問云云。曰：不消如此說，只怕人傷了那大體。如大事不曾做得，却以小事爲當急，便害了那大體。如爲天子近臣，合當謇諤正直，又却恬退寡默；及至處鄉里，合當閉門自守，躬廉退之節，又却向前要做事：這箇便都傷了那大體。如今人議論，都是如此。合當舉賢才而不舉，而曰我遠權勢；合當去姦惡而不去，而曰不爲已甚。且如國家遭汴都之禍，國於東南，所謂大體者，正在於復中原，雪讎耻，却曰休兵息民，兼愛南北！正使真箇能如此，猶不是，况爲此說者，其實只是懶計而已！僩。

「根本須是先培壅」，涵養持敬，便是栽培。賀孫。

問「根本須是先培壅，然後可立趨向」。曰：此段只如「弟子入孝出弟，行謹言信，愛衆親仁，行有餘力則以學文」之意耳。先只是從實上培壅一箇根脚，却學文做工夫去。端蒙。

仲思問「敬義夾持直上，達天德自此」。曰：最是他下得「夾持」兩字好。敬主乎中，義防於外，二者相夾持。要放下霎時也不得，只得直上去，故便達天德。

「敬義夾持直上，達天德自此。」表裏夾持，更無東西走作去處，上面只更有箇天德。「忠信所以進德，脩辭立其誠，所以居業」者，乾道也；「敬以直内，義以方外」者，坤道也，只是健順。又曰：「非禮勿視、聽、言、動者，乾道；「出門如見大賓，使民如承大祭」者，坤道。又曰：公但看進德立誠，是甚麽樣强健！賀孫。

「敬義夾持直上，達天德自此。」直上者，無許多人欲牽惹也。方。

因説敬恕，先生舉明道語云：「敬義夾持直上，達天德自此。」而今有一樣人，裏面謹嚴，外面却藞苴；❶有人外面恁地寬恕，裏面却都是私意了。内外夾持，如有人在裏面把住，一人在門外把住，❷不由他不上去。夔孫。

問：「正其義不謀其利，明其道不計其功」，道、義如何分別？曰：道、義是箇體、用。道是大綱説，義是就一事上説。義是道中之細分別，功是就道中做得功效出來。寓。

問：「正其義」者，凡處此一事，但當處置使合宜，而不可有謀利占便宜之心；「明其道」，則處此事使合義，❸是乃所以爲明其道，而不可有計後日功效之心。正義不謀利，在處事之先；明道不計功，在處事之

❶「苴」，萬曆本作「直」。
❷「住」，萬曆本作「持」。
❸「使」，原作「便」，今據朝鮮本改。

後。如此看，可否？曰：恁地説，也得。他本是合掌説，看來也須微有先後之序。個。○子蒙録云：或問：正義在先，明道在後。曰：未有先後，此只是合掌底意思。

「正其義不謀其利，明其道不計其功」，或曰事成之謂利，所以有義；功成則是道，便不是。「惠迪吉，從逆凶」，然惠迪亦未必皆吉。可學。

楊問：「膽欲大而心欲小」，如何？曰：膽大是「千萬人吾往」處，天下萬物不足以動其心；「貧賤不能移，威武不能屈」，皆是膽大。小心是畏敬之謂，文王「小心翼翼」，曾子「戰戰兢兢」，「臨深」「履薄」是也。問：横渠言「心大則百物皆通，心小則百物皆病」，何如？曰：此心小是卑陋狹隘，事物來都没奈何，打不去，只管見礙，皆是病。如要敬則礙和，要仁則礙義，要剛則礙柔。這裏只看得一箇，更着兩箇不得。爲敬，便一向拘拘；爲和，便一向放肆，没理會。仁，便煦煦姑息；義，便麄暴決裂。心大，便能容天下萬物。有這物則有這理，有那物即有那道理。「並行而不相悖，並育而不相害。」寓。

「膽欲大而心欲小」，「戰戰兢兢，如臨深淵」，方能爲「赳赳武夫，公侯干城」之事。德明。

蜚卿云：「智欲圓而行欲方，膽欲大而心欲小。」妄意四者缺一不可。曰：圓而不方則譎詐，方而不圓則執而不通。志不大則卑陋，心不小則狂妄。江西諸人便是志大而心不小者也。道夫。

或問：「智欲圓而行欲方」，智雖圓轉，❶若行不方正而合於義，則相將流於權

❶「雖」，萬曆本作「欲」。

謀譎詐之中，所謂「智欲圓而行欲方也」。曰：也是如此。又曰：智是對仁、義、禮、智、信而言，須是知得是非，方謂之智；不然，便是不智。子蒙。

問「學不言而自得者，乃自得也」。曰：道理本自廣大，只是潛心積慮，緩緩養將去，自然透熟。若急迫求之，則是起意去趕趁他，只是私意而已，安足以入道！僩。

問：「視聽、思慮、動作，皆天也，人但於中要識得真與妄耳。」真、妄是於那發處別識得天理、人欲之分。如何？曰：皆天也，言視聽、思慮、動作皆是天理。其順發出來，無非當然之理，即所謂真；其妄者，却是反乎天理者也。雖是妄，亦無非天理，只是發得不當地頭。譬如一草木合在山上，此是本分；今却移在水中。其爲草木固無以異，只是那地頭不是。恰如「善固性也，惡亦不可不謂之性」之意。端蒙。

問：視聽、思慮、動作，皆天之所爲。及發而不中節，則是妄。故學者須要識別之。曰：妄是私意，不是不中節。道夫曰：這正是顏子之所謂「非禮」者。曰：非禮處便是私意。道夫。

役智力於農圃，内不足以成己，外不足以治人，是濟甚事！賀孫。

「進德則自忠恕」，是從這裏做出來；「其致則公平」，言其極則公平也。端蒙。

問公只是仁底道理，仁却是箇流動發生底道理。故「公而以人體之」，方謂之仁否？曰：此便是難説。「公而以人體之」，此一句本微有病。然若真箇曉得，方知這一句説得好，所以程先生又曰「公近仁」。蓋這箇仁便在這「人」字上。你元自有這仁，合下便帶得來。只爲不公，所以蔽塞了不出來；若能公，仁便流行。譬如溝中水，被沙土罨靸壅塞了，故水不流；若能擔去沙土罨靸，水便流矣。又非是去外面別擔水來放溝中，是溝中元有此水，只是被物事壅遏了。去其壅塞，水便流行。如「克己復禮爲仁」，所謂「克己復禮」者，去其私而已矣。能去其私，則天理便自流行。不是克己了又別討箇天理來放在裏面也，故曰「公近仁」。又問：「公所以能恕，所以能愛；恕則仁之施，愛則仁之用。」愛是仁之發處，恕是推其愛之之心以及物否？曰：如公所言，亦非不是。只是自是凑合不着，都無滋味。若道理只是如此看，又更做甚麼？所以只見不長進，正緣看那物事没滋味。又問：莫是帶那上文「公」字説否？曰：然。恕與愛本皆出於仁，然非公則安能恕？安能愛？又問：愛只是合下發處便愛，未有以及物在，恕則方能推己以及物否？曰：仁之發處自是愛，恕是推那愛底，愛是恕之所推者。若不是恕去推，那愛也不能及物，也不能親親、仁民、愛物，只是自愛而已。若裏面元無那愛，又只推箇甚麼？如開溝相似，是裏面元有這水，所以開著便有水來。若裏面元無此水，如何會開著便有水？若不是去開溝，縱有此水，也如何得他流出來？愛，水也；開之者，恕也。又問：若不是推其愛以及物，縱有此愛，也無可得及物否？曰：不是無可得及物，若不能推，則不能及物。此等處容易曉，如何恁地難看？僩。

問：「仁之道，只消道一『公』字。公是仁之理，公而以人體之，故曰仁。」竊謂仁是本有之理，公是克己功夫到處。公所以能仁。所謂「公而以人體之」者，若曰己私既盡，只就人身上看，便是仁。體，猶骨也，如「體物不可違」之「體」，❶「貞者事之榦」之類，非「體認」之「體」也。曰：公是仁之方法，人是仁之材料。有此人，方有此仁。蓋有形氣，便具此生理。若無私意間隔，則人身上全體皆是仁。如無此形質，則生意都不湊泊他。所謂「體」者，便作「體認」之「體」，亦不妨。體認者，是將此身去裏面體察，如《中庸》「體群臣」之「體」也。銖。

問：向日問「公而以人體之，則爲仁」，先生曰：「體，作『體認』之『體』亦不妨。」銖思之，未達。切謂有此人則具此仁。然人所以不仁者，以其私也。能無私心則此理流行，即此人而此仁在矣。非是公後又要去體認尋討也。先生顧楊至之謂曰：「仁」字，叔重説得是了，但説「體」字未是。❷體者，乃是以人而體公。蓋人撑起這公作骨子，則無私心而仁矣。蓋公只是一箇公理，仁是人心本仁。人而不公，則害夫仁。故必體此公在人身上以爲之體，則無所害其仁，而仁流行矣。作如此看，方是。銖。

問：「公而以人體之」，如何？曰：仁者心之德，在我本有此理。公却是克己之極功，惟公然後能仁。所謂「公而以人體之」者，蓋曰克盡己私之後，就自家身上看，便見得仁也。謨。

「公而以人體之，故爲仁。」蓋公猶無塵也，人猶鏡也，仁則猶鏡之光明也。鏡無纖塵則光明，人能無一豪之私欲則仁。然鏡之明，非自外求也，只是鏡元來自有這光明，今不爲塵所昏爾。人之仁，亦非自外得

❶「違」，萬曆本作「遺」。
❷「説」，萬曆本作「認」。

也，只是人心元來自有這仁，今不爲私欲所蔽爾。故人無私欲，則心之體、用廣大流行，而無時不仁，所以能愛能恕。仁之名不從公來，乃是從人來，故曰「公而以人體之，則爲仁」。○端蒙。

「仁之道，只消道一『公』字，非以公爲仁，須是公而以人體之。」伊川自曰「不可以公爲仁」。世有以公爲心而慘刻不恤者，須公而有惻隱之心，此功夫却在「人」字上。蓋人體之以公方是仁，若以私欲，則不仁矣。僩。

公而以人體之爲仁，仁是人心所固有之理。公則仁，私則不仁。未可便以公爲仁，須是體之以人方是仁。公、恕、愛，皆所以言仁者也。公在仁之前，恕與愛在仁之後。公則能仁，仁則能愛、能恕故也。謨。

李問：仁，欲以公、愛、恕三者合而觀之，如何？曰：公在仁之先，愛、恕在仁之後。又問「公而以人體之」一句。曰：緊要在「人」字上。仁只是箇人。淳。

公所以爲仁。故伊川云：「非是以公便爲仁，公而以人體之。」仁譬如水泉，私譬如沙石能壅却泉，公乃所以决去沙石者也。沙石去而水泉出，私去而仁復也。德明。

謂仁只是公，固若未盡；謂公近仁耳，又似太疏。伊川曰：「只是一箇『公』字。」學者問仁，則常教他將「公」字思量。此是先生晚年語，平淡中有意味。顯道記憶語及入關《語録》亦有數段，更宜參之。鎬。

或問：「恕則仁之施，愛則仁之用」，施與用如何分別？曰：恕之所施，施其愛爾；不恕，則雖有愛而不能及人也。銖。

問：「恕則仁之施，愛則仁之用」，施與用何以別？曰：施是從這裏流出，用是就事說。推己爲恕，恕是從己流出去及那物；愛是才調恁地。愛如水，恕如水之流。又問：先生謂「愛如水，恕如水之流」，淳退而思，有所未合。竊謂仁如水，愛如水之潤，恕如水之流，不審如何？曰：說得好。昨日說過了。淳。

問：「恕則仁之施，愛則仁之用」，施與用如何分？曰：恕是分俵那愛底。如一桶水，愛是水，恕是分俵此水何處一杓，故謂之施。愛是仁之用，恕所以施愛者。銖。

「恕則仁之施，愛則仁之用」，「施」、「用」兩字，移動全不得。這般處，惟有孔、孟能如此。下自荀、楊諸人便不能，便可移易。昔有言「盡己之謂忠，盡物之謂恕」，伊川言：「盡物只可言信，推己之謂恕。」蓋恕是推己，只可言施。如此等處，極當細看。道夫。

或問：「力行」如何是「淺近語」？曰：不明道理，只是硬行。又問：何以爲「淺近」？曰：他只是見聖賢所爲，心下愛，硬依他行。這是私意，不是當行。若見得道理時，皆是當恁地行。又問：「這一點意氣能得幾時子」，❶是如何？曰：久時，將次只是恁地休了。節。

「涵養須用敬，進學則在致知。」無事時，且存養在這裏，提撕警覺，不要放肆。到講習應接時，❷便當思量義理。淳。

楊子順問：「涵養須用敬」，涵養甚難，心中一起一滅，如何得主一？曰：人心如何教他不思？如「周公思兼三王，以施四事」，豈是無思？但不出於私則可。曰：

❶「子」，萬曆本作「了」。
❷「到」，萬曆本作「則」。

某多被思慮紛擾，思這一事，又牽走那事去。雖知得，亦自難止。曰：既知得不是，便當絶斷了。淳。

涵養此心須用敬。譬之養赤子，方血氣未壯實之時，且須時其起居飲食，養之於屋室之中而謹顧守之，則有向成之期。才方乳保，却每日暴露於風日之中，偃然不顧，豈不致疾而害其生耶！大雅。

問：伊川謂：「敬，是涵養一事。」敬不足以盡涵養否？曰：五色養其目，聲音養其耳，義理養其心，皆是養也。賀孫。

用之問：學者忌先立標準，❶如何？曰：如「必有事焉而勿正」之謂。而今雖道是要學聖人，亦且從下頭做將去。若日日恁地比較，也不得。雖則是曰：「舜何人也？予何人也？」若只管將來比較，不去做工夫，又何益？賀孫。

問：學者做工夫，須以聖人爲標準，如何却説不得立標準？曰：學者固當以聖人爲師，然亦何須得先立標準？才立標準，心裏便計較思量幾時得到聖人，處聖人田地又如何，便有箇先獲底心。顔淵曰：「舜何人也？予何人也？有爲者亦若是。」也只是如此平説，教人須以聖賢自期。又何須先立標準？只認下著頭做，❷少間自有所至。僩。

尹和靜從伊川半年後，方得見《西銘》、《大學》，不知那半年是在做甚麽？想見只是且教他聽説話。曾光祖云：也是初入其門，未知次第，驟將與他看未得。先生曰：豈不是如此？又曰：《西銘》本不曾説「理

❶「忌」，萬曆本作「思」。
❷「認」，萬曆本作「恁」。

一分殊」，因人疑後，方説此一句。義剛。

問：尹彦明見程子後，半年方得《大學》、《西銘》看，此意如何？曰：也是教他自就切己處思量，自看平時箇是不是，未欲便把那書與之讀。曰：如此，則末後以此二書併授之，還是以尹子已得此意？還是以二書互相發故？曰：他好把《西銘》與學者看。他也是要教他知，天地間有箇道理恁地開闊。道夫。

昨夜説，尹彦明見伊川後，半年方得《大學》、《西銘》看。此意思也好，也有病。蓋且養他氣質，淘潠去了那許多不好底意思。如《學記》所謂「未卜禘，不視學，游其志也」之意。此意思固好，然也有病者，蓋天下有多少書，若半年間都不教他看一字，幾時讀得天下許多書？所以尹彦明終竟後來工夫少了。《易》曰：「盛德大業，至矣哉！」「富有之謂大業。」須是如此，方得。天下事無所不當理會者，纔工夫不到，業無由得大；少間措諸事業，便有欠缺，此便是病。或曰：想得當時《大學》亦未成倫緒，難看在。曰：然。尹彦明看得好，想見煞著日月看。臨了連格物也看錯了，所以深不信伊川「今日格一件，明日格一件」之説，是看箇甚麽？或曰：和静才力極短，當初做經筵不見得；若使當難劇，❶想見做不去。曰：只他做經筵，也不奈何，説得話都不痛快，所以難。能解經而通世務者，無如胡文定。然教他做經筵，又却不肯。❷一向辭去，要做《春秋解》，不知是甚意思。蓋他有退而著書立言以垂後世底意思，無那措

❶「使」，萬曆本作「便」。
❷「却」，萬曆本作「都」。

諸事業底心。縱使你做得了將上去，知得人君是看不看？若朝夕在左右説，豈不大有益？是合下不合有這著書垂世底意思故也。人説話也難。有説得響，感動得人者，如明道會説。所以上蔡説，才到明道處，聽得他説話，意思便不同。蓋他説得響，自是感發人。伊川便不似他。伊川説話方，終是難感動人。或曰：如與東坡門説話，固是他門不是，然終是伊川説話有不相乳入處。曰：便是説話難。只是這一樣説話，只經一人口説，便自不同。有説得感動人者，有説得不愛聽者。近世所見會説話，説得響，令人感動者，無如陸子静。可惜如伯恭都不會説話，更不可曉，只通寒暄也聽不得。自是他聲音難曉，子約尤甚。僩。

問：謝氏説「何思何慮」處，程子道「恰好着工夫」，此是着何工夫？曰：人所患者，不能見得大體。謝氏合下便見得大體處，只是下學之功夫却欠。程子道「恰好着工夫」，便是教他着下學底工夫。淳。

朱子語類卷第九十六 共計十五板

程子之書二

《遺書》云「不信其師」，乃知當時有不信者。方。○第三卷。

「學原於思」，思所以起發其聰明。端蒙。

六經浩渺，乍難盡曉。且見得路逕後，各自立得一箇門庭。問：如何是門庭？曰：是讀書之法。如讀此一書，須知此書當如何讀。伊川教人看《易》，以王輔嗣、胡翼之、王介父三人《易》解看，此便是讀書之門庭。緣當時諸經都未有成說，學者乍難捉摸，故教人如此。或問：如《詩》是吟詠情性，❶讀《詩》者便當以此求之否？曰：然。僩。

「學者全體此心。學雖未盡，若事物之來，不可不應。」此亦只是言其大概，且存得此心在這裏。「若事物之來，不可不應，且隨自家力量應之，雖不中，不遠矣。」更須下工夫，方到得細密的當，至於至善處，此亦且是爲初學言。如龜山却是恁地，初間只管道是且隨力量恁地，更不理會細密處，下梢都衰塌了。賀孫。

「學者全體此心」，只是全得此心，不爲私欲汩没，非是更有一心能體此心也。此等當以意會。端蒙。

「只是心生」，言只是敬心不熟也。「恭者，私爲之恭」，言恭只是人爲。「禮者，非

❶「情性」，萬曆本作「性情」。

體之禮」，言只是禮，無可捉摸。故人爲之恭，必循自然底道理，則自在也。端蒙。

明道曰：「雖則心操之則存，捨之則亡，然而持之太甚，便是必有事焉而正之也。亦須且恁去。」其説蓋曰，雖是「必有事焉而勿正」，亦須且恁地把捉操持，不可便放下了。「敬而勿失」，即所以中也。「敬而無失」，本不是中，只是「敬而無失」便見得中底氣象。此如「公不是仁，然公而無私則仁」。又曰：中，是本來底，須是做工夫，此理方著。司馬子微《坐忘論》，是所謂坐馳也。他只是要得恁地虛静，都無事。但只管要得忘，便不忘，是馳也。明道説：「張天祺不思量事後，須强把他這心來制縛，亦須寄寓在一箇形象，皆非自然。君實又只管念箇『中』字，此又爲『中』所制縛。且『中』字亦何形象？」他是不思量事，又思量箇不思量底，寄寓一箇形象在這裏。如釋氏教人，便有些是這箇道理。如曰「如何是佛」，云云，胡亂掉一語，教人只管去思量。又不是道理，又别無可思量，心只管在這上行思坐想，久後忽然有悟。「中」字亦有何形象？又去那處討得箇「中」？心本來是錯亂了，又添這一箇物事在裏面。這頭討「中」又不得，那頭又討不得，如何會討得？天祺雖是硬捉，又且把定得一箇物事在這裏。温公只管念箇「中」字，又更生出頭緒多，他所以説終夜睡不得。又曰：天祺是硬截，温公是死守，旋旋去尋討箇「中」。伊川即曰「持其志」，所以教人且就裏面理會。譬如人有箇家，不自作主，却倩别人來作主。賀孫。

伯豐説：「敬而無失」，則不偏不倚，斯能中矣。曰：説得慢了。只「敬而無失」，便不偏不倚，只此便是中。僩。

「敬而無失。」問：莫是心純於敬，在思慮，則無一豪之不敬；在事爲，則無一事之不敬？曰：只是常敬。敬，即所以中。端蒙。

問：「聖人不記事，所以常記得；今人忘事，以其記事」，何也？曰：聖人之心虚明，便能如此。常人記事、忘事，只是着意之故。淳。

李德之問：明道因修橋尋長梁，後每見林木之佳者，必起計度之心，因語學者：「心不可有一事。」某切謂，凡事須思而後通，安可謂「心不可有一事」？曰：事如何不思？但事過則不留於心可也。明道肚裏有一條梁，不知今人有幾條梁柱在肚裏。佛家有「流注想」。水本流將去，有些滲漏處，便留滯。蓋卿。

「心要在腔殼子裏」，心要有主宰。繼自今，便截胸中膠擾，敬以窮理。德明。

問：「心要在腔子裏」，若慮事應物時，心當如何？曰：思慮應接，亦不可廢。但身在此，則心合在此。曰：然則方其應接時，則心在事上；事去，則此心亦合管着。曰：固是要如此。德明。

或問「心要在腔子裏」。曰：人一箇心，終日放在那裏去，得幾時在這裏？孟子所以只管教人「求放心」。今人終日放去，一箇身恰似箇無梢工底船，流東流西，船上人皆不知。某嘗謂，人未讀書，且先收斂得身心在這裏，然後可以讀書求得義理。而今硬捉在這裏讀書，心飛揚那裏去，如何得會長進？賀孫。

或問：「心要在腔子裏」，如何得在腔子裏？曰：敬，便在腔子裏。又問：如何得會敬？曰：只管恁地衮做甚麽？才説到敬，便是更無可説。賀孫。

問：「人心要活，則周流無窮而不滯於一隅。」如何是活？曰：心無私，便可推行。活者，不死之謂。可學。

李丈問：「『天地設位，而易行乎其中』，只是敬」，如何？曰：易是自然造化。聖人本意只説自然造化流行，程子是將來就人身上説。敬，則這道理流行，㽦録云：敬便易行也。不敬，便間斷了。前輩引經文，多是借來説己意。如「必有事焉，而勿正，心勿忘，勿助長」，孟子意是説做工夫處，程子却引來「鳶飛魚躍」處，説自然道理。若知得「鳶飛魚躍」，便了此一語。又如「必有事焉」，程子謂有事於敬，此處那有敬意？亦是借來做自己説。孟子所謂有事，只是集義；勿正，是勿望氣之生。義集，則氣自然生。我只集義，不要等待氣之生。若等待，便辛苦，便去助氣使他長了。氣不至於浩然，便作起令張旺，謂己剛毅，無所屈撓，便要發揮去做事，便是助長。淳。

問：「『天地設位，而易行乎其中』，只是敬，敬則無間斷。」不知易何以言敬？曰：伊川門説得闊，使人難曉。曰：下面云：「誠，敬而已矣。」恐是説天地間一箇實理如此？曰：就天地之間言之，是實理；就人身上言之，惟敬，然後見得心之實處流行不息。敬才間斷，便不誠；不誠，便無物，是息也。德明。

問：「『天地設位，而易行乎其中』，只是敬也，敬則無間斷。」天、地、人只是一箇道理。天地設位，而變易之理不窮，所以天地生生不息。人亦全得此理，只是氣稟物欲所昏，故須持敬治之，則本然之理自無間斷。曰：也是如此。天地也似有箇主宰，方始恁地變易，便是天地底敬。天理只是直上去，更無四邊滲漏，更無走作。賀孫。

問：程子曰：「『敬以直内，義以方外』，仁也。」如何以此便謂之仁？曰：亦是仁也。若能到私欲浄盡，天理流行處，皆可謂之仁。如「博學篤志，切問近思」，能如是，則仁亦在其中。寓録作：便可爲仁。如「克己復禮」，亦是仁；「出門如見大賓，使民如承大祭」，亦是仁；「居處恭，執事敬，與人忠」，亦是仁。看從那路入。但從一路入，做到極處，皆是仁。淳。○寓同。

問：「不有躬，無攸利。」不立己後，雖向好事，猶爲化物。不得以天下萬物撓己。己立後，自能了當得天下萬物。曰：下面是伊川解《易》上句；後二句又是覆解此意，在乎以立己爲先，應事爲後。今人平日講究所以治國平天下之道，而自家身己全未曾理會得。若能理會自家身己，雖與外事若茫然不相接，然明德在這裏了，新民只見成推將去。賀孫。

問：「不立己後，雖向好事，猶爲化物」，何也？曰：己不立，則在我無主宰矣。雖向好事，亦只是見那事物好，隨那事物去，便是爲物所化。淳。

問「主一」。曰：做這一事，且做一事；做了這一事，却做這一事。❶今人做這一事未了，又要做那一事，心下千頭萬緒。節。

蜚卿問：「主一」，如何用工？曰：不當恁地問。主一只是主一，不必更於主一上問道理。如人喫飯，喫了便飽，却問人「如何是喫飯」？先賢説得甚分明，也只得

❶「這」，萬曆本作「那」。

恁地說，在人自體認取。主一只是專一。驤。

厚之問「或人專守主一」。曰：主一亦是。然程子論主一，却不然，又要有用，豈是守塊然之主一？呂與叔問主一，程子云：「只是專一。」今欲主一，而於事乃處置不下，則與程子所言自不同。可學。

或謂：主一，不是主一事。如一日萬幾，須要並應。曰：一日萬幾，也無並應底道理，須還他逐一件理會，但只是聰明底人却見得快。端蒙。

主一，兼動靜而言。

問「閑邪，則固一矣；主一，則更不消言閑邪」。曰：只是覺見邪在這裏，要去閑他，則這心便一了。所以說道「閑邪，則固一矣」；既一，則邪便自不能入，更不消說又去閑邪。恰如知得外面有賊，今夜用須防他，則便惺了；既惺了，不須更說防賊。賀孫。

或問：「閑邪」、「主一」，如何？曰：主一，似「持其志」；閑邪，似「無暴其氣」。閑邪只是要邪氣不得入，主一則守之於內。二者不可有偏，此內外交相養之道也。去僞。

用之問：有言：「未感時，知何所寓？曰：操則存，舍則亡，出入無時，莫知其鄉。」更怎生尋所寓，只是「有操而已」？曰：這處難說，只爭一豪子。只是看來看去，待自見得。若未感時，又更操這所寓，便是有兩箇物事。所以道「只有操而已」。只操，便是主宰在這裏。如「克己復禮」，不是「克己復禮」三四箇字排在這裏。「克」、「復」二字，只是拖帶下面二字，要挑撥出天理、人欲。非禮勿視、聽、言、動，不是「非禮」是一箇物事，「禮」又是一箇物事，「勿」

又是一箇物事。只是勿，便是箇主宰。若恁地持守勿令走作，也由他；若不收斂，一向放倒去，也由他。釋氏這處便説得驚天動地，聖人只渾淪説在這裏，教人自去看。賀孫。

問：程子謂「有主則虛」，又謂「有主則實」。曰：有主於中，外邪不能入，便是虛；有主於中，理義甚實，便是實。淳。

外患不能入，是「有主則實」也；外邪不能入，是「有主則虛」也。自家心裏，只有這箇爲主，别無物事，外邪從何處入？豈不謂之虛乎？然他説「有主則虛」者，「實」字便已在「有主」上了。又曰：「有主則實」者，自家心裏有主，外患所不能入，此非實而何？「無主則實」者，自家心裏既無以爲之主，則外邪却入來實其中，此又安得不謂之實乎？道夫。

「中有主則實，實則外患不能入」，此重在「主」字上；「有主則虛，虛則邪不能入」，重在「敬」字上。言敬則自虛静，故邪不得而奸之也。端蒙。

問：「有主則實」，又曰「有主則虛」，如何分别？曰：只是有主於中，外邪不能入。自其有主於中言之，則謂之實；自其外邪不入言之，則謂之虛。又曰：若無主於中，則目之欲，也從這裏入；耳之欲，也從這裏入；鼻之欲，也從這裏入。大凡有所欲，皆入這裏，便滿了，如何得虛？淳録云：皆入這裏來，這裏面便滿了。以手指心，曰：如何得虛？因舉林擇之作《主一銘》云：「有主則虛，神守其都；無主則實，鬼闞其室。」又曰：「有主則實」，既言「有主」，便已是實了，却似多了一「實」字。看來這箇「實」字，謂中有主則外物不能入矣。又曰：程子既言「有主則實」，又言「有主則虚」，此不可泥看。須看大意各有不同，始得。凡讀書，且看他上下意是如何，❶不可泥着一字。如楊子言「於仁也柔，於義也剛」，到《易》中言，剛却是仁，柔却是義。又《論語》「學不厭，知也；教不倦，仁也」。到《中庸》，又謂「成己，仁也；成物，知也」。各隨本文意看，自不相礙。寓。

「主一之謂敬，無適之謂一。」敬，主於一，做這件事，更不做别事。無適，是不走作。泳。

問：何謂「主一」？曰：「無適之謂一。」一，只是不走作。又問：思其所當思，如何？曰：却不妨。但不可胡思，且只得思一件事。如思此一事，又别思一事，❷便不可。銖。

「無適之謂一。」無適，是箇不走作。且如在這裏坐，只在這裏坐，莫思量出門；前去在門前立，莫思量别處去。聖人説：「不有博奕者乎？爲之猶賢乎已。」博奕豈是好事？與其營營膠擾，不若但將此心殺在博奕上。驤。

問「主一無適」。只是莫走作。且如讀書時只讀書，著衣時只著衣。理會一事時，只理會一事，了此一件，又作一件，此「主一無適」之義。蜚卿曰：某作事時，多不能主一。曰：只是心不定。人亦須是定其心。曰：非不欲主一，然竟不能。曰：這箇須是習。程子也教人習。曰：莫是氣質薄否？曰：然。亦須涵養本原，則自然别。道夫。

伊川云：「主一之謂敬，無適之謂一。」

❶「且」，萬曆本作「則」。
❷「一」下，萬曆本有「件」字。

又曰：「人心常要活，則周流無窮而不滯於一隅。」或者疑主一則滯，滯則不能周流無窮矣。道夫切謂：主一則此心便存，心存則物來順應，何有乎滯？曰：固是。然所謂主一者，何嘗滯於一事？不主一，則方理會此事，而心留於彼，這却是滯於一隅。又問：以大綱言之，有一人焉，方應此事未畢，而復有一事至，則當何如？曰：也須是做一件了，又理會一件，亦無雜然而應之理。但甚不得已，則權其輕重可也。道夫。

問：伊川答蘇季明云：「求中於喜怒哀樂，却是已發。」某觀延平亦謂「驗喜怒哀樂未發之前爲如何」，此説又似與季明同。曰：但欲見其如此耳。然亦有病，若不得其道，則流於空。故程子云：「今只道敬。」又問：既發、未發，不合分作兩處，故不許。如《中庸》説，固無害。曰：然。可學。

問：舊看程先生所答蘇季明「喜怒哀樂未發，耳無聞，目無見」之説，亦不甚曉。昨見先生《答吕子約書》，以爲目之有見，耳之有聞，心之有知未發，與目之有視，耳之有聽，心之有思已發不同，方曉然無疑。不知足之履，手之持，亦可分未發、已發否？曰：便是書不如此讀，聖人只教你去喜怒哀樂上討未發、已發，却何嘗教你去手持足履上分未發、已發？都不干事。且如眼見一箇物事，心裏愛，便是已發，便屬喜；見箇物事惡之，便屬怒。若見箇物事心裏不喜不怒，有何干涉？或作：一似閑，如何謂之已發？○僩。

問：蘇季明問「静坐時，乃説未發之前」，伊川以祭祀「前旒黈纊」答之。據祭祀時，恭敬之心，向於神明，此是已略發？還只是未發？曰：只是如此恭敬，未有喜怒哀樂，亦未有思，喚做已發不得。然「前旒黈纊」，非謂全不見聞。若全不見聞，則薦奠有時而不知，拜伏有時而不能起矣。淳。○義剛同。

用之問「蘇季明問喜怒哀樂未發之前求中」一條。曰：此條記得極好，只中間説「謂之無物則不可，然静中須有箇覺處」，此二句似反説。「無物」字，恐當作「有物」字。涵養於喜怒哀樂未發之前，只是「戒慎乎其所不睹，恐懼乎其所不聞」，全未有一箇動綻。大綱且約住執持在這裏，到謹獨處，便是發了。「莫見乎隱，莫顯乎微」，雖未大段發出，便已有一豪一分見了，便就這處分別從善去惡。「雖耳無聞、目無見，然見聞之理在始得。」雖是耳無聞、目無見，然須是常有箇主宰執持底在這裏，始得。不是一向放倒，又不是一向空寂了。問：非禮勿視、聽、言、動，是此意否？曰：此亦是有意了，便是已發。只是「敬而無失」，所以爲中。大綱且執持在這裏。下面説復卦，便是説静中有動，不是如瞌睡底静，中間常自有箇主宰執持。後又説艮卦，又是説動中要静。復卦便是一箇大飜轉底艮卦，艮卦便是兩箇飜轉底復卦。復是五陰下一陽，艮是二陰上一陽。陽是動底物事，陰是静底物事。凡陽在下，便是震動意思；在中，便是陷在二陰之中，如人陷在窟裏相似；在上，則没去處了，只得止，故曰「艮其止」。陰是柔媚底物事，在下，則巽順陰柔，不能自立，須附於陽；在中，則是附麗之象；在上，則説，蓋柔媚之物，在上則歡悦。賀孫。

問：未發之前，當戒謹恐懼，提撕警覺，則亦是知覺。而伊川謂「既有知覺，却是動」，何也？曰：未發之前，須常惺地醒，不是瞑然不省。若瞑然不省，則道理何在？成甚麽「大本」？曰：常醒，便是知覺否？曰：固是知覺。曰：知覺便是動否？曰：固是動。曰：何以謂之未發？曰：未發之前，不是瞑然不省，怎生説做静得？然知覺雖是動，不害其爲未動。若喜怒哀樂，則又别也。曰：恐此處知覺雖是動，而喜怒哀樂却未發否？先生首肯，曰：是。下面説「復見天地之心」，説得好。復，一陽生，豈不是動？曰：一陽雖動，然未發生萬物，便是喜怒哀樂未發否？曰：是。淳。

問：前日論「既有知覺，却是動也」，某彼時一向泥言句了。❶及退而思，大抵心本是箇活物，無間於已發、未發，常恁地活。伊川所謂「動」字，只似「活」字。其曰「怎生言静」，而以復説證之，只是明静中不是寂然不省故爾。不審是否？曰：説得已是了。但「寂」字未是。寂，含活意，感則便動，不只是昏然不省也。淳。

正淳問「静中有知覺」。曰：此是坤中不能無陽，到動處却是復。只將十二卦排，便見。方子。

問：蘇季明問喜怒哀樂未發之前，下「動」字？下「静」字？伊川曰：「謂之静則可，静中須有物始得。」所謂「静中有物」者，莫是喜怒哀樂雖未形，而含喜怒哀樂之理否？曰：喜怒哀樂乃是感物而有，猶鏡中之影。鏡未照物，安得有影？曰：然則「静中有物」，乃鏡中之光明？曰：此却説得近似。但只是比類。所謂「静中有物」者，只是知覺便是。曰：伊川却云「纔説知

❶「向泥」二字，原爲墨丁，今據朝鮮本補。

覺，便是動」。曰：此恐伊川説得太過。若云知箇甚底，覺箇甚底，如知得寒，覺得暖，便是知覺一箇物事。今未曾知覺甚事，但有知覺在，何妨其爲静？不成静坐便只是瞌睡！文蔚。

問：程子云：「須是静中有物，始得。」此莫是先生所謂「知覺不昧」之意否？曰：此只是言静時那道理自在，却不是塊然如死底物也。端蒙。

「静中有物」，如何？曰：有聞見之理在，即是「静中有物」。問：敬莫是静否？曰：敬則自然静，不可將静來唤做敬。去僞。

問：伊川言：「静中須有物，始得。」此物云何？曰：只太極也。洽。

蘇季明嘗患思慮不定，或思一事未了，他事如麻又生。伊川曰：「不可。此不誠之本也。須是習，習能專一時便好。❶不拘思慮與應事，皆要專一。」而今學問，只是要一箇專一。若參禪修養，亦皆是專一，方有功。修養家無底事，他硬想成有；釋氏有底，硬想成無：只是專一。然他底却難。自家道理本來却是有，只要人去理會得，却甚順，却甚易。或問：專一可以至誠敬否？曰：誠與敬不同，誠是實理，是人前背後都恁地，做一件事直是做到十分，便是誠。若只做得兩三分，説道今且謾恁地做，恁地也得，不恁地也得，便是不誠。敬是戒謹恐懼意。又問：恭與敬，如何？曰：恭是主容貌而言，「貌曰恭。」「手容恭。」敬是主事而言。「執事敬。」「事思敬。」問：敬如何是主事而言？曰：而今做一件事，須是專心在上面，方得。不道是不好事。而今若讀《論

❶「習習」，萬曆本作「事事」。

語》，心又在《孟子》上，如何理會得？若做這一件事，心又在那事，永做不得。又曰：敬是畏底意思。又曰：敬是就心上説，恭是對人而言。又曰：若有事時，則此心便即專在這一事上；無事，則此心湛然。又曰：恭是謹，敬是畏，莊是嚴。「嚴威儼恪，非所以事親」，是莊於這處使不得。若以臨下，則須是莊。「臨之以莊，則敬。」「不莊以涖之，則民不敬。」賀孫。

問：「以心使心」，此句有病否？曰：無病。其意只要此心有所主宰。燾。

問：「以心使心」，如何？曰：平使之。今人都由心，則是妄使矣。恐有誤字。○可學。

「大率把捉不定，皆是不仁。」問曰：心之本體，湛然虛明，無一豪私欲之累，則心德未嘗不存矣。把捉不定，則爲私欲所亂，是心外馳，而其德亡矣。曰：如公所言，則是把捉不定，故謂之不仁。今此但曰「皆是不仁」，乃是言惟其不仁，所以致把捉不定也。端蒙。

「心定者，其言重以舒」兩句，言發於心，心定，則言必審，故的確而舒遲；不定，則内必紛擾，有不待思而發，故淺易而急迫。此亦志動氣之驗也。直卿。○端蒙。

明道在扶溝時，謝、游諸公皆在彼問學。明道一日曰：「諸公在此，只是學某説話，何不去力行？」二公云：「某等無可行者。」明道曰：「無可行時，且去静坐。」蓋静坐時，便涵養得本原稍定，雖是不免逐物，及自覺而收斂歸來，也有箇着落。譬如人出外去，才歸家時，便自有箇着身處。若是不曾存養得箇本原，茫茫然逐物在外，便要收斂歸來，也無箇着身處也。廣。

伊川見人静坐，如何便歎其善學？

曰：這却是一箇總要處。

安卿問：伊川言：「目畏尖物，此理須克去。室中率置尖物，必不刺人。」此是如何？曰：疑病每如此。尖物元不曾刺人，他眼病，只管見尖物來刺人耳。伊川又一處説此稍詳。有人眼病，嘗見獅子。伊川教他見獅子則捉來。其人一面去捉，捉來捉去，捉不着，遂不見獅子了。寓。○第五卷。

問：前輩説，治懼，室中率置尖物。曰：那箇本不能害人，心下要恁地懼，且習教不如此妄怕。問：習在危堦上行底，亦此意否？曰：那箇却分明是危，只教習，教不怕着。問：習得不怕，少間到危疑之際，心亦不動否？曰：是如此。胡泳。

或問：程子有言：「舍己從人，最爲難事。己者，我之所有。雖痛舍之，猶懼守己者固，而從人者輕也。」此説發明得好。曰：此程子爲學者言之。若聖人分上，則不如此也。「無適也，無莫也，義之與比。」曰「痛舍」，則大段費力矣。廣。

問：「飢食渴飲，冬裘夏葛」，何以謂之天職？曰：這是天教我如此。飢便食，渴便飲，只得順他。窮口腹之欲，便不是。蓋天只教我飢則食，渴則飲，何曾教我窮口腹之欲？淳。

問：「取甥女歸嫁」一段，與前孤孀不可再嫁相反，何也？曰：大綱恁地，但人亦有不能盡者。淳。○第六卷。

問：程子曰「義安處便爲利」，只是當然而然，便安否？曰：是。也只萬物各得其分，便是利。君得其爲君，臣得其爲臣，父得其爲父，子得其爲子，何利如之！此「利」字，即《易》所謂「利者義之和」，利便是義之和處。然那句解得不似，此語却親切，正好去解那句。義初似不和而却和。截然不可犯，似不和；分别後，萬物各得其所，便是和。不和生於不義，義則和而無不利矣。淳。○寓録云：義則無不和，和則無不利矣。○第七卷。

程子曰：「爲政須要有綱紀文章，謹權審量，讀法平價，皆不可闕。」所謂文章者，便是文飾那謹權審量、讀法平價之類耳。僩。○第八卷。

問：「必有《關雎》、《麟趾》之意，然後可以行《周官》之法度」，只是要得誠意素孚否？曰：須是自閨門衽席之微，積累到熏蒸洋溢，天下無一民一物不被其化，然後可以行《周官》之法度。不然，則爲王莽矣。楊雄不曾説到此。後世論治，皆欠此一意。淳。

問：「介甫言律」一條，何意也？曰：伯恭以凡事皆具，惟律不説，偶有此條，遂謾載之。淳。○第九卷。

「律是八分書」，言八分方是。方子。

「律是八分書」，是欠些教化處。必大。

「不安今之法令」，謂在下位者。閎祖。○第十卷。

厚之問：「感慨殺身者易，從容就義爲難」，如何是從容就義？曰：從容，謂徐徐。但義理不精，則思之再三；或汩於利害，却悔了，此所以爲難。曰：管仲如何？曰：管仲自是不死，不問子糾正不正。可學。

厚之問：伊川不答温公給事中事，如何？曰：自是不容預。如兩人有公事在官，爲守令者來問，自不當答。問者已是失。曰：此莫是避嫌否？曰：不然。本原已不是，與避嫌異。可學。

游定夫編明道語，言釋氏有「敬以直

內」，無「義以方外」。呂與叔編則曰：「有『敬以直内』，無『義以方外』，則與直内底也不是。」又曰：「敬以直内」，所以「義以方外」也。又曰：游定夫晚年亦學禪。節。○第十三卷。

問：佛家如何有「敬以直内」？曰：他有箇覺察，可以「敬以直内」，然與吾儒亦不同。他本是箇不耐煩底人，故盡欲掃去。吾儒便有是有，無是無，於應事接物只要處得是。榦。

問「顏子春生，孟子并秋殺盡見」。曰：仲尼無不包，顏子方露出春生之意，如「無伐善，無施勞」是也。使此更不露，便是孔子。孟子便如秋殺，都發出來，露其才。如所謂英氣，是發用處都見也。又曰：明道下二句便是解上三句，獨「時焉而已」難曉。伯羽。○第十四卷。

問：孟子則露其才，蓋以「時焉而已」。直卿云：或曰「非常如此，❶蓋時出之耳」，或曰「戰國之習俗如此」，或曰「世衰道微，孟子不得已焉耳」。三者孰是？曰：恐只是習俗之説較穩。大抵自堯、舜以來至於本朝，一代各自是一樣，氣象不同。伯羽。

問：「孟子露其才，蓋亦時然而已。」豈孟子亦有戰國之習否？曰：亦是戰國之習。如三代人物，自是一般氣象；《左傳》所載春秋人物，又是一般氣象；戰國人物，又是一般氣象。淳。

論大成從祀，因問：伊川於毛公，不知何所主而取之？曰：程子不知何所見而然。嘗考之《詩傳》，其緊要處有數處。如《關雎》所謂「夫婦有別，則父子親；父子

❶「常」，萬曆本作「當」。

親，則君臣敬；君臣敬，則朝廷正；朝廷正，則王化成」。要之，亦不多見。只是其氣象大概好。問：退之一文士耳，何以從祀？曰：有闢佛、老之功。曰：如程子取其《原道》一篇，蓋嘗讀之，只打頭三句便也未穩。曰：且言其大概耳。便如董仲舒，也則有疏處。蜚卿曰：伊川謂《西銘》乃《原道》之祖，如何？曰：《西銘》更從上面說來。《原道》言「率性之謂道」，《西銘》連「天命之謂性」說了。道夫問：如他說「定名」、「虚位」，如何？曰：後人多譏議之。但某嘗謂，便如此說也無害。蓋此仁也，此義也，便是定名；此仁之道、仁之德，此義之道、義之德，則道德是總名，乃虛位也。且須知他此語爲老子設，方得。蓋老子謂「失道而後德，失德而後仁，失仁而後義，失義而後禮，失禮而後智」，所以《原道》後面又云：「吾之所謂道德，合仁與義言之也。」須先知得他爲老子設，方看得。曰：如他謂「軻之死，不得其傳」，程子以爲非見得真實，不能出此語，而屏山以爲「孤聖道，絶後學」，何如？先生笑曰：屏山只要說釋子道流皆得其傳耳。又問：如《十論》之作，於夫子全以死生爲言，似以此爲大事了。久之，乃曰：他本是釋學，但只是翻謄出來，說許多話耳。道夫。

問：「諸葛亮有儒者氣象」，如何？曰：孔明學不甚正，但資質好，有正大氣象。問：取劉璋一事，如何？曰：此却不是。又問：孔明何故不能一天下？曰：人謂曹操父子爲漢賊，以某觀之，孫權真漢賊耳。先主、孔明正做得好時，被孫權來戰兩陣，到這裏便難向前了。權又結托曹氏父子。權之爲人，正如偷去劉氏一物，知劉氏之興，必來取此物，不若結托曹氏，以賊托賊。使曹氏勝，我不害守得一隅；曹氏亡，則吾亦初無利害。煇。

《遺書》第一卷言：「韓愈近世豪傑，楊子雲豈得如愈？」第六卷則曰：「楊子之學實，韓子之學華，華則涉道淺。」二說取予，似相牴牾。曰：只以言性論之，則楊子「善惡混」之說，所見僅足以比告子。若退之見得到處，却甚峻絶。「性分三品」，正是說氣質之性。至程門說破「氣」字，方有去着。此退之所以不易及，而第二說未得其實也。謨。

自古罕有人說得端的，惟退之《原道》庶幾近之，却說見大體。程子謂「能作許大識見尋求」，真箇如此。他資才甚高，然那時更無人制服他，便做大了，謂「世無孔子，不當在弟子之列」。文中子不曾有說見道體處，只就外面硬生許多話，硬將古今事變來厭捺說，或笑似太公家教。淳。

明道行狀說孝弟禮樂處，上兩句說心，下兩句說用。可學。

問：「盡性至命，必本於孝弟。」盡性至命是聖人事，然必從孝弟做起否？曰：固是。又問：伊川說：「就孝弟中，便可盡性至命。今時非無孝弟人，而不能盡性至命者，由之而不知也。」謂即孝弟便可至命，看來孝弟上面更有幾多事，如何只是孝弟便至命？曰：知得這孝弟之理，便是盡性至命，也只如此。若是做時，須是從孝弟上推將去，方始知得性命。如「孝弟爲仁之本」，不成孝弟便是仁了！但是爲仁自孝弟始。若是聖人，如舜之孝，王季之友，便是盡性至命事。又問：程子以窮理、盡性、至命爲一事，横渠以爲不然。曰：若是學者，便須節節做去；若是聖人，便只是一事。二先生說，須逐箇看。問：「季路問鬼神」章，先生意亦如此。蓋幽明始終，固無二理。然既是人，便與神自是各一箇道理；既是生，便與死各自一箇道理。所以程先生云「一而二，二而一也」。曰：他已說出，但人不去看。有王某者，便罵「學不躐等」之說，說只是一箇道理。看來他却只見箇「一」字，不見箇「二」字。又有說判然是兩物底，似又見箇「二」字，不見箇「一」字。且看孔子以「未能」對「焉能」說，便是有次第了。夔孫。

問：周子窗前草不除去，云「與自家意思一般」。此是取其生生自得之意邪？抑於生物中欲觀天理流行處邪？曰：此不要解。得那田地，自理會得。須看自家意思與那草底意思如何是一般？淳。○道夫録云：難言。須是自家到那地位，方看得。要須見得那草與自家意思一般處。

問：周子窗前草不除去，即是謂生意與自家一般。曰：他也只是偶然見與自家意思相契。又問：橫渠驢鳴，是天機自動意思？曰：固是。但也是偶然見他如此。如謂草與自家意一般，木葉便不與自家意思一般乎？如驢鳴與自家呼喚一般，馬鳴却便不與自家一般乎？❶問：程子「觀天地生物氣象」，也是如此？曰：他也只是偶然見如此，便說出來示人。而今不成只管去守看生物氣象！問：「觀雞雛可以觀仁」，此則須有意，謂是生意初發見處？曰：只是爲他皮殼尚薄，可觀。大雞非不可以觀仁，但爲他皮殼麄了。夔孫。

❶「却」，原爲空格，今據萬曆本補。

必大曰：「子厚聞皇子生，喜甚；見餓殍，❶食便不美。」昔正淳嘗云：「與人同休戚。」陸子壽曰：此主張題目耳。先生問：曾致思否？對曰：皆是均氣同體，惟在我者至公無私，故能無間斷而與之同休戚也。曰：固是如此，然亦只說得一截。如此說時，真是主張題目，實不曾識得。今土木何嘗有私？然與他物不相管。人則元有此心，故至公無私便都管攝之，無間斷也。必大。

❶「餓」，萬曆本作「飢」。

朱子語類卷第九十七 二十二版

程子之書三 此卷係《遺書》中非入《近思》與四書等注者，以類而從，别爲一卷，文集附。

或問：尹和靖言看語録，伊川云：「某在，何必看此？」此語如何？曰：伊川在，便不必看；伊川不在了，如何不看？蓋卿録云：若伊川不在，則何可不讀？只是門人所編，各隨所見淺深，却要自家分别它是非。前輩有言不必觀語録，只看《易傳》等書自好。天下亦無恁地道理。如此，則只當讀六經，不當看《論》、《孟》矣。天下事無高無下，無小無大，若切己下功夫，件件是自家底；若不下工夫，揀書來看，❶亦無益。先生又言：語録是雜載。只如閑説一件話，偶然引上經史上便把來編了；明日人又隨上面去看。直是有學力，方能分曉。謙。○以下論語録。

問：《遺書》中有十餘段説佛處，似皆云形上、直内，與聖人同；却有一兩處云：「要之，其直内者亦自不是。」此語見得甚分明。不知其它所載，莫是傳録之差？曰：固是。纔經李端伯、吕與叔、劉質夫記，便真；至游定夫，便錯。可惜端伯、與叔、質夫早喪，使此三人者在，於程門之道，必有發明。可學謂：此事所係非輕，先生盍作一段文字爲辨明之？曰：須待爲之。因説：芮國器嘗云：「天下無二道，聖人無兩

❶「揀」，萬曆本作「擇」。

心，如何要排佛？」曰：只爲無二道，故着不得它。佛法只是作一無頭話相欺誑，故且恁地過，若分明説出，便窮。可學。

記録言語難，故程子謂：「若不得某之心，則是記得它底意思。今《遺書》某所以各存所記人之姓名者，蓋欲人辨識得耳。」今觀上蔡所記，則十分中自有三分以上是上蔡意思了，故其所記，多有激揚發越之意；游氏所説，則有温純不决之意；李端伯所記，則平正；質夫所記雖簡約，然甚明切。看得來劉質夫那人煞高，惜乎不壽。廣。

伊川語，各隨學者意所録。不應一人之説，其不同如此：游録語慢，上蔡語險，劉質夫語簡，永嘉諸公語絮。振。

李端伯語録宏肆，劉質夫語記其髓。方。

坐客有問侯先生語録異同者。曰：侯氏之説多未通。胡先生嘗薦之羅。他録作「楊」。❶後延平先生與相會，頗謂胡先生稱之過當。因言其人輕躁不定，羅先生雖以凜然嚴毅之容與相待，度其頗難之。但云，其游程門之久，甚能言程門之事。然於道理未有所見，故其説前後相反，没理會。有《與龜山》一書。賀孫。

張思叔語録多作文，故有失其本意處，不若只録語録爲善。方子。

楊志仁問明道説話。曰：最難看。須是輕輕地挨傍它，描摸它意思，方得。若將來解，解不得。須是看得道理大段熟，方可看。節。

先生問：近來全無所問，是在此做甚

❶「他」，萬曆本作「池」。

工夫？義剛對：數日偶看《遺書》數版入心，遂乘興看數日。先生曰：《遺書》録明道語，多有只載古人全句，不添一字底。如曰「思無邪」，如曰「聖人以此齊戒，以神明其德夫」，皆是。亦有重出者，是當時舉此句教人去思量。先生語至此，整容而誦：「聖人以此齊戒，以神明其德夫！」曰：便是聖人也要神明。這箇本是一箇靈聖底物事，自家齊戒，便會靈聖；不齊戒，便不靈聖。古人所以七日戒，三日齊。胡叔器曰：齊戒只是敬。曰：固是敬，但齊較謹於戒。湛然純一之謂齊，肅然警惕之謂戒。到湛然純一時，那肅然警惕也無了。義剛。

胡明仲文伊川之語而成書，凡五日而畢。世傳《河南夫子書》，乃其略也。方。

問：欲取《程氏遺書》中緊要言語，分爲門類，作一處看，庶得前後言語互相發明，易於融會。如何？曰：若編得，也好。只恐言仁處或説着義，言性處或説着命，難入類耳。浩。

學者宜先看《遺書》，次看尹和靖文字，後乃看上蔡文字，以發光彩，且已不迷其説也。季通語。○方。

伊川説尹曰：「夫子没而微言絶，異端起而大義乖。不知數十年後，人將謂我是何如人。」似説怪異模樣。❶ ○又《三録》中説，且得它見得不錯，已是好。所以楊、謝如此。○方。

改文字自是難。有時意思或不好，便把來改；待得再看，又反不如前底。是以此見皆在此心如何，纔昏便不得。或有所遷就，或有所回避，或先有所主張，隨其意

❶「似」，萬曆本作「作」。

之所重，義理便差了。器之問：程子語有何疑處？曰：此等恐録得差，或恐是一時有箇意思説出，或是未定之論。今最怕把人未定之論便喚做是，❶也是切害。如今言語最是難得一一恰好。或有一時意思見得是如此，它日所見或未必然。惟聖人説出，句句字字都恰好。這只是這箇心，只是聖人之心平一。賀孫。

記録言語有不同處。如伊川江行事，有二處載。一本云：「伊川自涪陵舟行遇風，舟人皆懼，惟伊川不動。岸上有負薪者，遥謂之曰：『達後如此，捨後如此。』伊川欲答之，而舟去已遠矣。」一本謂：「既至岸，或問其故。伊川曰：『心存誠敬爾。』或曰：『心存誠敬，曷若無心？』伊川欲與之言，已忽不見矣。」某嘗謂前説不然。蓋風濤洶湧之際，負薪者何以見其不懼？而語言又何以相聞邪？「孰若無心」之説，謂隱者既言，則趍而辟之可也。謂其忽然不見，則若鬼物然，必不然矣。又況達之與捨，只是一事，安得有分別邪？人傑。

論日之行到寅，寅上光；到卯，卯上光。電是陰陽相軋，如以石相磨而火生。長安西風而雨，因食韭，言天地間寒暖有先後。或傳京師少雷，恐是地有高下。霹靂震死，是惡氣相撃搏。凡此數條者，果皆有此理否？曰：此皆一時談論所及，學者記録如此。要之，天地陰陽變化之機，日月星辰運行之度，各有成説，而未可以立談判也。康節詩有「思入風雲變化中」之語。前輩窮理，何事不極其至？今所疑數條，其間必自有説。且「洊雷震，君子以恐懼修

❶「最」，萬曆本作「且」。

省」。聖人垂訓如此，則霹靂震死等事，理之所有，不可以爲無也。謨。○以下天地性理。

伊川云：「測景以三萬里爲準，若有窮然，有至一邊已及一萬五千里者，而天地之運蓋如初也。」此言蓋誤。所謂「升降一萬五千里中」者，謂冬夏日行南陸、北陸之間，相去一萬五千里耳，非謂周天只三萬里。閎祖。

《程氏遺書》一段説日月處，諸本皆云：「不如三焦説周回而行。」不曉其義。後見一本云：「不如舊説周回而行。」乃傳寫之誤。雉。

十五卷：「必有無種之人，生於海島。」十八卷：「太古之時，人有牛首蛇身。」「金山得龍卵，龍湧水入寺，取卵而去。」「涪州見村民化虎。」此數條，皆記録者之誕。曰：以太極之旨而論氣化之事，則厥初生民，何種之有？此言海島無人之處，必有無種之人，不足多怪也。龍亦是天地間所有之物，有此物，則有此理，取卵而去，容或有之。村民化虎，其説可疑。或恐此人氣惡如虎，它有所感召，未足深較也。謨。

問：《遺書》中有數段皆云：人與物共有此理，只是氣昏推不得。此莫只是大綱言其本同出？若論其得此理，莫已不同？曰：同。曰：既同，則所以分人物之性者，却是於通塞上别。如人雖氣禀異而終可同，物則終不可同。然則謂之理同則可，謂之性同則不可。曰：固然。但隨其光明發見處可見，如螻蟻、君臣之類。但其禀形既别，則無復與人通之理。如獼猴形與人略似，則便有能解；野狐能人立，故能爲怪。❶

❶「怪」，原作「性」，今據朝鮮本改。

如猪則極昏。如草木之類，荔枝、牡丹乃發出許多精英，此最難曉。可學。

伊川説海漚一段，與横渠「水水」説不争多。❶可學。

問：程子説性一條云：「學者須要識得仁體。若知見得，便須立誠敬以存之。」是如何？曰：公看此段要緊是那句？曰：是「誠敬」二字上。曰：便是公不會看文字。它説要識仁，要知見得，方説到誠敬。末云：「吾之心，即天地之心；吾之理，即萬物之理；一日之運，即一歲之運。」這幾句説得甚好。人也會解得，只是未必實見得。向編《近思録》欲收此段，伯恭以爲怕人曉不得，錯認了。程先生又説「性即理也」，更説得親切。曰：佛氏所以得罪於聖人，止緣它只知有一身，而不知有天地萬物。曰：如今人又忒煞不就自身己理會。又問：「性即理」何如？曰：物物皆有性，便皆有其理。曰：枯槁之物，亦有理乎？曰：不論枯槁，它本來都有道理。因指案上花瓶云：花瓶便有花瓶底道理，書燈便有書燈底道理。水之潤下，火之炎上，金之從革，木之曲直，土之稼穡，一一都有性，都有理。人若用之，又着順它理，始得。若把金來削做木用，把木來鎔做金用，便無此理。曰：「《西銘》之意，與物同體」，體莫是仁否？曰：固是如此。然怎生見得意思是如此？與物同體固是仁，只便把與物同體做仁不得。恁地只説得箇仁之軀殼。須實見得，方説得親切。如一椀燈，初不識之，只見人説如何是燈光，只恁地摶摸，只是不親切。只是便把光做燈不得。賀孫。

❶「水水」，朝鮮本作「冰水」。

明道言「學者須先識仁」一段，説話極好。只是説得太廣，學者難入。人傑。

問：一段説性命，下却云「見於事業之謂理」。「理」字不甚切。曰：意謂理有善有惡，但不甚安。良久，又曰：上兩句正是「天命之謂性」，下一句是「率性之謂道」。《中庸》是就天性上言，此是就事物上言，亦無害。可學。

呂與叔謂養氣可以爲養心之助。程先生以爲不然，養心只是養心，又何必助？如爲孝，只是爲孝，又何必以一事助之？某看得來，又不止此。蓋才養氣，則其心便在氣上了，此所以爲不可也。廣。

呂與叔言養氣可以爲養心之助，程先生大以爲不然。某初亦疑之，近春來方信。心死在養氣上，氣雖得其養，却不是養心了。方子。

問：呂與叔有養氣之説，伊川有數處皆不予之。養氣莫亦不妨？只是認此爲道，却不是。曰：然。又問：一處説及平日思慮，如何？曰：此處正是微涉於道，故正之。可學。

《遺書》論命處，注云：「聖人非不知命，然於人事不得不盡。」如何？曰：人固有命，只是不可不「順受其正」，如「知命者不立乎巖牆之下」是也。若謂其有命，却去巖牆之下立，萬一到覆壓處，❶却是專言命不得。人事盡處，便是命。去僞。

問：「觀鷄雛，此可觀仁」，何也？曰：凡物皆可觀，此偶見雞雛而言耳。小小之物，生理悉具。○必大。

仲思問：《遺書》云，看雞雛可以觀仁，

❶「到」，萬曆本作「倒」。

如何？曰：既通道理後，這般箇久久自知之。《記》曰：「善問者如攻堅木，先其易者，後其節目。」❶所以游先生問「陰陽不測之謂神」，而程子問之曰：「公是揀難底問？是疑後問？」故昨日與公説讀書，須看一句後，又看一句；讀一章後，又讀一章。格物須格一物後，又格一物。見這箇物事道理既多，則難者道理自然識得。驤。

問：《遺書》謂切脉可以體仁，莫是心誠求之之意否？曰：還是切脉底是仁？那脉是仁？曰：切脉是仁。曰：若如此，則當切脉時，又用着箇意思去體仁。復問蜚卿曰：仲思所説如何？曰：以伯羽觀之，恐是觀雞雛之意。曰：如何？曰：雞雛便是仁也。曰：切脉體仁又如何？曰：脉是那血氣周流，切脉則便可以見仁。曰：然。恐只是恁地。脉理貫通乎一身，仁之理亦是恁地。又問：雞雛如何是仁？道夫曰：先生嘗謂初與嫩底便是。曰：如此看，較分明。蓋當是時飲啄自如，未有所謂争鬪侵陵之患者，只此便是仁也。道夫。

致道問：「仁則一，不仁則二」，如何？曰：仁則公，公則通，天下只是一箇道理。不仁，則是私意，故變詐百出而不一也。時舉。

問：和静語録中有兩段言仁：一云：『某謂仁者，公而已。』伊川曰：『何謂也？』曰：『能好人，能惡人。』伊川曰：『善涵養。』」又云：「『某以仁，惟公可盡之。』伊川曰：『思而至此，學者所難及也。天心所以至仁者，惟公耳。人能至公，便是仁。』」先生曰：「人能至公，便是仁」，此句未安。然和静言仁，所見如此。問：伊川何不以

❶「節目」，萬曆本作「難者」。

一二語告之？曰：未知其如何。可學。

伊川言：「一心之謂誠，盡心之謂忠。」某看忠有些子是誠之用。❶「如惡惡臭，如好好色」，十分真實，恁地便是誠；若有八九分恁地，有一分不恁地，便是夾雜些虛僞在内，便是不誠。忠，便是盡心，盡心亦是恁地，便有些子是誠之用。賀孫。

「一心之謂誠，盡己之謂忠。」誠，是實理自然如此，此處却不曾帶那動，只恁地平放在這裏。忠，却是處事待物見得，却是向外説來。端蒙。

「盡心之謂忠，一心之謂誠。存於中之謂孚，見諸事之謂信。」問「中孚」之義，先生引伊川語。「孚」字從「爪」、從「子」，取鳥抱卵之義。言人心之所存者，實有是物也。僩。

問：誠，然後能敬。未知誠，須敬然後誠。「敬小誠大」，如何説？曰：必存此實理，方能敬。只是此一「敬」字，聖人與學者深淺自異。可學。

問：程子曰「天下善惡皆天理」，何也？曰：惻隱是善，於不當惻隱處惻隱，即是惡；剛斷是善，於不當剛斷處剛斷，即是惡。雖是惡，然原頭若無這物事，却如何做得？本皆天理，只是被人欲反平。了，故用之不善而爲惡耳。必大。

問：「善惡皆天理」，如何？曰：此只是指其過處言。如「惻隱之心，仁之端」，本是善，纔過，便至於姑息；「羞惡之心，義之端」，本是善，纔過，便至於殘忍。故它下面亦自云：「謂之惡者，本非惡，但或過或不及，便如此。」文蔚。

問：「天下善惡皆天理」，楊、墨之類，

❶「用」，原作「困」，今據朝鮮本、萬曆本改。

只是過不及，皆出於仁義，謂之天理，則可。如世之大惡，謂之天理，可乎？曰：本是天理，只是番了，便如此。如人之殘忍，便是番了惻隱。如放火殺人，可謂至惡，若把那去炊飯，殺其人之所當殺，豈不是天理？只緣番了。道理有背有面，順之則是，背之則非。緣有此理，方有此惡，如溝渠至濁，當初若無清冷底水，緣何有此？

或問：「善惡皆天理也」，若是過與不及，些小惡事，固可説天理。如世間大罪惡，如何亦是天理？曰：初來本心都自好，少間多被利害遮蔽。如殘賊之事，自反了惻隱之心，是自反其天理。賀孫問：既是反了天理，如何又説「皆天理也」？莫是殘賊底惡，初從羞惡上發；淫溺貪欲底惡，初從惻隱上發；後來多過差了，原其初發都是天理？曰：如此説，亦好。但所謂反者，亦是四端中自有相反處。如羞惡，自與惻隱相反；是非，自與辭遜相反。如公説，也是好意思，因而看得舊一句不通處出。如「用人之智去其詐，用人之勇去其暴」，這兩句意分曉。惟是「用人之仁去其貪」一句没分曉。今公説貪是愛上發來，也是。思之，是淳善底人易得含胡苟且，姑息貪戀。賀孫。

善，只是當恁地底；惡，只是不當恁地底。善惡皆是理，但善是那順底，惡是反轉來底。然以其反而不善，則知那善底自在，故「善惡皆理」也，然却不可道有惡底理。端蒙。

問：「天只是以生爲道，繼此生理便是善」，善便有一箇元底意思，生便是繼，如何分作兩截？曰：此亦先言其理之統如此，然亦未甚安。有一人云，「元」當作「無」，尤好笑。可學。

孟子説「性善」，是就用處發明人性之善；程子謂「乃極本窮原之性」，却就用處發明本理。人傑。

季容甫問：「中理在事，義在心」，如何？曰：中理，只是做得事來中理；義，則所以能中理者也。義，便有揀擇取舍，《易傳》曰「在物爲理，處物爲義」。㽦。

問：「天地設位」一段，明道云：見劉質夫録論人神處。「『天地設位』，合道『易』字，道它字不得。」不知此説如何？曰：明道説話，自有不論文義處。可學。

問：《遺書》有「古言乾、坤不用六子」一段，如何？曰：此一段，却主張是自然之理。又有一段，却不取。可學。

問《遺書》首卷「體道」之説。曰：體，猶體當、體究之「體」，言以自家身己去體那道。蓋聖賢所説無非道者，只要自家以此身去體它，令此道爲我之有也，如克己，便是體道工夫。僩。○以下爲學工夫。

謝氏記明道語「既得後，須放開」，此處恐不然。當初必是説「既得後，自然從容不迫」，它記得意錯了。謝氏後來便是放開。周恭叔又是放倒。因舉伊川謂「持之太甚，便是助長」，亦須且恁去。助長固是不好，然合下未能到從容處，亦須且恁去，猶愈於不能執捉者。淳。

「既得後，須放開」，此亦非謂須要放開，但謂既有所得，自然意思廣大，規模開擴。若未能如此，便是未有得，只是守耳。蓋以放開與否爲得與未得之驗。若謂有意放開，則大害事矣。上蔡謂周恭叔放開太早，此語亦有病也。

論《遺書》中説「放開」二字。先生曰：且理會收斂。問：昨日論横渠言「得尺守尺，得寸守寸」，先生却云「須放寬地步」，如何？曰：只是且放寬看將去，不要守殺了。橫渠説自好，但如今日所論，却是太局促了。德明。

先生問：《遺書》中「欲夾持這天理，則在德」一段，看得如何？必大對曰：《中庸》所謂「苟不至德，至道不凝焉」。先生默然久之。必大問：如何？曰：此亦説得，然只是引證。畢竟如何是德？曰：只是此道理，因講習躬行後，見得是我之所固有，故守而勿失耳。曰：尋常看「據於德」，如何説？必大以橫渠「得寸守寸，得尺守尺」對。曰：須先得了，方可守。如此説時，依舊認「德」字未着。今且説只是這道理，然須長長提撕，令在己者決定是做得如此。如方獨處默坐，未曾事君親、接朋友，然在我者已渾全是一箇孝弟、忠信底人。以此做出事來，事親則必孝，事君則必忠，與朋友交則必信，不待旋安排。蓋「存於中之謂德，見於事之謂行」。《易》曰：「君子以成德爲行」，正謂以此德而見諸事耳。德成於我者，若有一箇人在內，必定孝弟、忠信，斷不肯爲不孝、不弟、不忠、不信底事，與道家所謂「養成箇嬰兒在內」相似。凡人欲邊事，這箇人斷定不肯教自家做。故曰「默而成之，不言而信，存乎德行」。謂雖未曾説出來時，存於心中者，已斷是如此了，然後用得戒謹、恐懼、存養工夫。所以必用如此存養者，猶恐其或有時間斷故耳。程子所謂「須有不言而信者」，謂未言動時，已渾全是箇如此人，然却未有迹之可言，故曰言「難爲形狀」。又言：「學者須學文，知道者進德而已。有德，則不習無不利。」自初學者言之，它既未知此道理，則教它認何爲德，故必先令其學文。既學文後，知得此道理了，方可教其進德。聖人教人，既不令其躐等級做進德工夫，不令其止於學文而已。德既在己，則以此行之耳，不待外面勉强旋做，故曰「有德，則不習無不利」。凡此工夫，全在收斂近裏而已。《中庸》末章發明此意，至爲深切。自「衣錦尚絅」以下皆是，只暗暗地做工夫去。然此理自掩蔽不得，故曰「闇然而日章」。小人不曾做時，已報得滿地人知，然實不曾做得，故曰「的然而日亡」。「淡而不厭，簡而文，温而理」，皆是收斂近裏。「知遠之近，❶知風之自，知微之顯」，一句緊一句。先生再三誦此六言，曰：此工夫似淡而無味，然做時却自有可樂，故不厭；似乎簡略，然大小、精粗秩然有序，則又不止於簡而已。「温而理」，温厚似不可曉，而條目不可亂，是於有序中更有分別。如此入細做工夫，故能「知遠之近，知風之自，知微之顯」。夫見於遠者皆本於吾心，可謂至近矣，然猶以己對物言之。「知風之自」，則知凡見於視聽、舉動者，其是非得失，必有所從來，此則皆本於一身而言矣。至於「知微之顯」，則又説得愈密。夫一心至微也，然知其極，分明顯著。學者工夫能如此收斂來，方可言德，然亦未可便謂之德，但如此則可以入德矣。其下方言「尚不愧於屋漏」，蓋已能如此做入細工夫，知得分明了，方能謹獨涵養。其曰「不動而敬，不言而信」，蓋不動、不言時，已是箇敬信底人了。又引《詩》「不顯維德」、「予懷明德」、「德輶如毛」言之，一章之中皆是發明箇「德」字。然所謂德者，實無形狀，故以

❶「之」，原作「知」，今據朝鮮本改。

「無聲臭」終之。必大。

伊川云：「敬則無己可克。」其説高矣。然夫子當時只告顔子以「克己復禮」而已。蓋敬是常常存養底道理，克己是私欲發時便與克除去，兩不相妨。孔子告顔子克己之論，下面又有「爲仁由己，而由人乎哉」之語在。璘。

問：主敬不接視聽，須得如此否？曰：蓋有此樣人，如許渤之類。

「心要活」，活，是生活之「活」，對着死説。活是天理，死是人欲。必大録云：天理存則活，人欲用則死。周流無窮，活便能如此。𥲤。

伯豐問：程子曰「覺悟便是信」，如何？曰：未覺悟時，不能無疑，便半信半不信。已覺悟了，别無所疑，即是信。𥲤。

何以窒慾？伊川曰「思」，此莫是言慾心一萌，當思禮義以勝之否？曰：然。又問：思與敬，如何？曰：人於敬上未有用力處，且自思入，庶幾有箇巴攬處。「思」之一字，於學者最有力。去僞。

惟思爲能窒慾，如何？曰：思與觀同。如言「第能於怒時，遽忘其怒而觀理之是非」。蓋是非既見，自然欲不能行。升卿。

思可以勝慾，亦是。曰：莫是要喚醒否？曰：然。

蔡問：程子曰：「要息思慮，便是不息思慮。」曰：思慮息不得，只敬便都没了。淳。

上床斷不可思慮事，爲思慮了，没頓放處。如思慮處事，思慮了，又便做未得；如思量作文，思量了，又寫未得，遂只管展轉思量。起來便儘思量，不過如此。某舊來緣此不能寐，寧可呼燈來隨手寫了，方睡得着。程子贈温公數珠，只是令它數數而已，如道家數息是也。僴。

問：「事上之道莫若忠，待下之道莫若恕」，莫是因事言之？曰：此說不知如何，郭子和亦如此說。如絜矩，豈無事上之恕？可學。

程子曰：「積習儘有功。」禮在何處積習？在學者事到積習熟時，即和禮亦不見矣。必大。

問：「從善如登」，是進向上底意？抑難底意？曰：從善，積累之難；從惡，淪胥之易。從義却好，然却難；從惡，便陷得易了。淳。

問蘇季明「治經傳道」一段。曰：明道只在居業上說「忠信便是誠」。曰：「誠」字說來大，如何執捉以進德？曰：由致知、格物以至誠意處，則誠矣。曰：此是聖人事，學者如何用功？曰：此非說聖人，乃是言聖人之學如此。若學者，則又有說話。《乾》言聖人之學，故曰「忠信所以進德，修辭立其誠，所以居業」。《坤》言賢人之學，故曰「敬以直內，義以方外」。忠信便是在內，修辭是在外。問：何不說事，却說辭？曰：事尚可欺人，辭不可揜，故曰「言顧行，行顧言」。曰：既分聖、賢之學，其歸如何？曰：歸無異。但着乾所言，便有自然底意思；坤所言，只是作得持守，終無自然底氣象。正如孔子告顏淵以「克己」，而告仲弓以「敬恕」。曰：伊川云「敬則無己可克」，則又與顏淵無異矣。曰：不必如此看，且各就門户做。若到彼處自入得，尤好。只是其分界自如此。可學。

問：伊川語龜山：「勿好著書，著書則多言，多言則害道。」如何？曰：怕分却心，自是於道有害。大雅。

居甫問：伊川云：「隨時變易，乃能常久。」不知既變易，何以反能久？曰：一出一入乃能常，如春、夏、秋、冬，乃天地之常久。使寒而不暑，暑而不寒，安能常久！可學。

吕舍人記伊川說「人有三不幸」，以爲有高才能文章，亦謂之不幸。便是這事乖，少間盡被這些子能解擔閣了一生，更無暇子細理會義理。只從外面見得些皮膚，便說我已會得，筆下便寫得去，自然無暇去講究那精微。被人扛得來大，又被人以先生、長者目我，更不去下問。少間傳得滿鄉滿保，都是這般種子。横渠有一段說：「人多爲人以前輩見處，每事不肯下問，壞了一生。我寧終是不知。」此段最好看。僩。

自家既有此身，必有主宰。理會得主宰，然後隨自家力量窮理格物；而合做底事，不可放過些子。因引程子言：「如行兵，當先做活計。」節。

問：「以物待物」一段，上文云「安可使小者亦大」，下又云「用一心而處之」。意似相背。曰：「一心而處之」，只是言盡吾心耳。可學。

「樂意相關禽對語，生香不斷樹交花。」程子云：「可以見得浩然之氣。」先生云：此只是無間斷之意，看「相關」、「對語」，「不斷」、「交花」，便見得。端蒙。

問：《遺書》云：「堯、舜幾千年，其心至今在。」何謂也？曰：此是心之理，今則分明昭昭，具在面前。淳。○以下聖賢及先儒。

問伊川言「象憂亦憂，象喜亦喜，與孔子微服而過宋相類」。曰：舜知象之將殺己，而象憂則亦憂，象喜則亦喜。孔子知桓魋必不能害，而又微服過宋。此兩事若相拗，然皆是「道並行而不相悖」，故云相類。非謂舜與孔子事一一相類也。銖。○節録云：舜知象欲殺己而不防，夫子知桓魋不能我己而微服，❶此兩事甚相拗。故伊川曰「相類」。

問：伊川曰：「聖人與理爲一，無過不及，中而已。」敢問顔子擇乎中庸，未見其止，嘆夫子瞻前忽後；則過不及雖不見於言行，而亦嘗動於心矣。此亦是失否？曰：此一段說得好。聖人只是一箇中底道理。去僞。

問：「有顔子之德，則孟子之事功自有」，與說才、誠處一段不同。恐彼是說天資之才，與此才別。到得理明，無不可用，是理明則天資之才不用？曰：然。可學。

周茂叔納拜已受去，如何還？可學。

問：《遺書》中說孔、孟一段，看見不甚有異，南軒好提出。曰：明道云「我自做天裏」，此句只是帶過。後來却說是以天自處，便錯了。要之，此句亦是明道一時之意思如此。今必欲執以爲定說，却向空去了。可學。

問：《明道行狀》謂未及著書，而今有了翁所跋《中庸》，何如？曰：了翁初得此書，亦疑行狀所未嘗載，後乃謂非明道不能爲此。了翁之姪幾叟，龜山之壻也。翁移書曰：「近得一異書，吾姪不可不見。」幾叟至，次日，翁冠帶出此書。幾叟心知其書非是，未敢言。翁問曰：「何疑？」曰：「以某聞之龜山，乃與叔初年本也。」翁始覺，遂不復出。近日陸子静力主以爲真明道之書。某云：却不要與某爭。某所聞甚的，自有源流，非强說也。兼了翁所舉「知仁勇」之

❶「我」，萬曆本作「殺」。

類，却是道得着；至子静所舉，没意味也。道夫。

伊川前後進講，未嘗不齊戒，潛思存誠。如此，則未進講已前還有間斷否？曰：不然。尋常未嘗不誠，只是臨見君時，又加意爾，如孔子沐浴而告哀公是也。去僞。

問：伊川臨終時，或曰：「平生學底，正要今日用。」伊川開目曰：「説要用，便不是。」此是如何？曰：説要用，便是兩心。僩。

魏問：横渠言：「十五年學『恭而安』不成。」明道曰：「可知是學不成，有多少病在？」莫是如伊川説：「若不知得，只是覷却堯學它行事，無堯許多聰明睿知，怎生得似它動容周旋中禮？」曰：也是如此。更有多少病。良久，曰：人便是被一箇氣質局定，變得些子了，又更有些子；變得些子，又更有些子。又云：聖人「發憤忘食，樂以忘憂」，發憤便忘食，樂便忘憂，直是一刀兩段，千了萬當！聖人固不在説，但顔子得聖人説一句，直是傾腸倒肚，便都了；更無許多廉纖纏繞，絲來線去。問：横渠只是硬把捉，故不安否？曰：它只是學箇恭，自驗見不曾熟；不是學箇恭，又學箇安。

程先生幼年屢説須要井田封建，到晚年又説難行，見於《暢潛道録》。想是它經歷世故之多，見得事勢不可行。淳。

問「古不必驗」一段。曰：此是説井田。伊川高明，必見得是無不可行。然不如横渠更驗過，則行出去無窒礙。必大。

「古不必驗」，因横渠欲置田驗井田，故云爾。横渠説話，多有如此處。可學。

范純父言：「今人陳乞恩例，義當然

否，人皆以爲本分，不爲害。」伊川曰：「只爲而今士大夫道得箇『乞』字慣，却動不動又是乞也。」因問：陳乞封父祖，如何？伊川云：「此事體又別。」再三請益，但云：「其説甚長，待別時説。」先生云：某因説「甚長」之意思之，後來人只是投家狀，便是陳乞了，以至入仕，事事皆然。古者人有才德即舉用。當時這般封贈，朝廷自行之，何待陳乞！程先生之意恐然也。觀後來郊恩都不曾爲太中陳請，則乞封贈，程先生亦不爲之矣。揚。

問：伊川於陳乞封父母之問，云「待別時説」。過謂此自出朝廷合行之禮，當令有司檢舉行下，亦不必俟陳乞也。答云：如此，名義却正。過。

問：謝顯道初見明道，自負該博，史書盡卷不遺一字。明道曰：「賢却記得許多，可謂玩物喪志！」謝聞此言，❶汗流浹背，面發赤。明道曰：「即此是惻隱之心。」夫爲師問所析難，而愧形於顔色，與惻隱之心似不相屬。明道乃云爾者，何也？曰：此問却要商量，且何不曰「羞惡之心」，而謂之「惻隱之心」？諸公試各以己意言之。黎季成對曰：此恐是識痛痒底道理。先生未以爲然。次日，復以此請問。先生曰：只是謝顯道聞明道之言，動一動，爲它聞言而動，便是好處，却不可言學者必欲其動。且如惻隱、羞惡、辭遜、是非不是四件物，合下都有。「偏言則一事，總言則包四者」，觸其一，則心皆隨之。言惻隱之心，則羞惡、辭遜、是非在其中矣。又曰：此心之初發處乃是惻隱，如有春方有夏，有惻隱方有羞惡

❶「聞」，原作「問」，今據朝鮮本、萬曆本改。

也，如根蔕相連。蓋卿。

伊川問和靖：「近日看《大學》功夫如何？」和靖曰：「只看得『心廣體胖』處意思好。」伊川曰：「如何見得好？」尹但長吟「心廣體胖」一句而已。看它一似瞞人，然和靖不是瞞人底人。公等讀書，都不見這般意思。僩。

又舉程子之言，謂陳平「知宰相之體」。先生問：如何是「理陰陽」？過未對。曰：下面三語，便是「理陰陽」。過。○以下雜類。

問：程先生云：「自漢以來，儒者皆不識此。」曰：如仲舒語，只約度有這物事。韓退之雖知有這物事，又説得太闊疏了。燾。

魯叔問：温公薨背，程子以郊禮成，賀而不弔，如何？曰：這也可疑。或問：賀則不弔，而國家事體又重，則不弔似無可疑。曰：便是不恁地。所以東坡謂「子於是日哭，則不歌」，即不聞歌則不哭。蓋由哀而樂則難，由樂而哀則甚易。且如早作樂而暮聞親屬緦麻之戚，不成道既歌則不哭！這箇是一脚長，一脚短，不解得平。如所謂「三揖而進，一辭而退」，不成道辭亦當三？這所在以某觀之，也是伊川有些過處。道夫問：這事且看温公諱日與禮成日同，則弔之可也。或已在先，則更差一日，亦莫未有害否？曰：似乎在先。但勢不恁地，自是合如此。只如「進以禮，退以義」，「罪疑惟輕，功疑惟重」，天下事自是恁地秤停不得。道夫。

問：王祥孝感事，伊川説如何？曰：程先生多有此處，是要説物我一同。然孝是王祥，魚是水中物，不可不別。如説感應，亦只言己感，不須言物。可學。

問：伊川「奪嫡」之説，不合禮經，是當時有遺命，抑後人爲之邪？先生曰：亦不見得如何，只俟師聖如此説。問：此説是否？曰：亦不見得是如何。淳。

世間有鬼神馮依言語者，蓋屢見之，未可全不信。本卷何以曰「師巫降言無此理」？又好談鬼神者，假使實有聞見，亦未足信。或是心病，或是目病。《外書》却言「不信神怪不可」，被猛撞出來後，如何處置？先生曰：神怪之説，若猶未能自明，鮮有不惑者。學者惟當以正自守。而窮理之有無，久久當自見得。讀書講明義理，到此等處雖有不同，姑闕其疑以俟它日，未晚也。謨。

程先生謂：「莊生形容道體之語，儘有好處。老氏『谷神不死』一章最佳。」莊子云「嗜慾深者，天機淺」。此言最善。又曰：謹禮不透者，深看《莊子》。然則莊、老之學，未可以爲異端而不講之耶？曰：「君子不以人廢言」，言有可取，安得而不取之？如所謂「嗜慾深者，天機淺」，此語甚的當，不可盡以爲虛無之論而妄訾之也。謨曰：平時慮爲異教所汩，未嘗讀《莊》、《老》等書，今欲讀之，如何？曰：自有所主，則讀之何害？要在識其意所以異於聖人者如何爾。謨。○以下異端。

《遺書》説：「《老子》言雜，《陰符經》却不雜，然皆窺測天道而未盡者也。」程先生可謂言約而理盡，括盡二書曲折。友仁。

持國曰：「道家有三住：心住則氣住，氣住則神住。此所謂『存三守一』。」❶伯淳

❶「三」，原作「存」，今據朝鮮本及《河南程氏遺書》卷一改。

曰：此三住者，人終食之頃未有不離者，其要只在收放心。此則明道以持國之言爲然，而道家「三住」之説爲可取也。至第二卷，何以有曰「若言神住、氣住，則是浮屠入定之法。雖言養氣，亦是第二節事」。若是，則持國當日之論，容有未盡者，或所記未詳。如何？曰：二程夫子之爲教，各因其人而隨事發明之，故言之抑揚亦或不同。學者於此等處，必求其所以爲立言之意。倘自爲窒塞，則觸處有礙矣。與持國所言，自是於持國分上當如此説，然猶卒歸於收放心。至闢之以爲浮屠入定之説者，是必嚴其辭以啓迪後進，使先入之初，不惑乎異端之説云爾。謨。

《外書》録伊川語：「今僧家讀一卷經，便要一卷經中道理受用。儒者讀書，却只閑了，都無用處。」又明道嘗至禪房，方飯，見其趍進揖遜之盛，歎曰：「三代威儀，盡在是矣！」二説如何？曰：此皆歎辭也。前説歎後之學者不能着實做工夫，所以都無用處；後説歎吾儒禮儀反爲異端所切取。但其間記録未精，故語意不圓，所以爲可疑耳。謨。

李端伯所記第一條，力闢釋氏説出山河大地等語，歷舉而言之。至論聖人之道，則以爲明如日星。及其終也，以爲會得此「便是會禪」。至與侯世興講《孟子》「浩然之氣」，則舉禪語爲況云：「事則不無，擬心則差。」十五卷論《中庸》言「無聲無臭」，勝如釋氏言「非黃非白」，似又以《中庸》之言下與釋氏較勝負。至如所謂灑掃應對，與佛家默然處合；與陳瑩中論「天在山中，大畜是芥子納須彌」，所引釋氏語不一而足。如其闢異端之嚴，而記者多録此，何耶？

曰：韓持國本好佛學，明道與語，而有「便是會禪」之説者，蓋就其素所講明者因以入之。今人多説闢異端，往往於其教中茫然不知其説，馮虚妄語，宜不足以服之。如明道諸先生實嘗深究其説，盡得其所以爲虚誕怪僻之要領，故因言所及，各有其旨，未可以爲苟徇其説也。謨。

問：《遺書》首篇明道與韓持國論禪一段，看來韓持國只是曉得那低底禪。嘗見范蜀公與温公書，説韓持國爲禪作祟，要想得山河大地無寸土，不知還能無寸土否？可將大樂與喚醒歸這邊來。今觀明道答它：「至如山河大地之説，是它山河大地，又干你何事？」想是持國曾發此問來，故明道如此説。不知當初韓持國合下被甚人教得箇矮底禪如此？然范蜀公欲以大樂喚醒，不知怎生喚得它醒？它方欲盡掃世間之物歸于至静，而彼欲以鬧底物引之，亦拙矣。况范蜀公之樂，也可可地。用之問：此等説，如何是矮底禪？豈解更有一般高底禪？曰：不然。它説世間萬法皆是虚妄，然又都是真實。你攻得它前面一項破，它又有後面一項，攻它不破。如明道云：「若説幻爲不好底性，則請别尋一箇好底性來，换了此不好底性。」此語也攻它不破。它元不曾説這箇不是性，它也説「直指人心，見性成佛」，何嘗説這箇不是性？你説「性外無道，道外無性」，它又何嘗説「性外有道，道外有性」來？它之説，有十分與吾儒相似處，只終不是。若見得吾儒之説，則它之説不攻自破，所以孟子説「遁辭知其所窮」。它到説窮處，便又有一樣説話，如云世間萬法都是虚妄，然又都是真實。此又是如何？今不須窮它，窮得它一邊，它又有一邊，都莫問它。只看得自家「天命之謂性，率性之謂道」分曉了，却略將它説看過，便見它底不是。所以明道引孔子「予欲無言」，子貢曰：「子如不言，則小子何述焉？」子曰：「天何言哉？四時行焉，百物生焉，天何言哉！」只看這數句，幾多分曉！也不待解説，只是玩味久之，便見「天高地下，萬物散殊，而禮制行矣；流而不息，合同而化，而樂興焉」。「天有四時，春、秋、冬、夏，風雨霜露，無非教也；地載神氣，神氣風霆，風霆流形，庶物露生，無非教也。」多少分曉！只是人自昏了，所以道理也要箇聰明底人看，一看便見，也是快活人。而今如此費人口頰，猶自不曉。又曰：釋迦佛初間入山修行，它也只是厭惡世諦，爲一身之計。觀它修行大故用功，未有後來許多禪底説話。後來相傳，一向説開了。僩。

伊川謂：「釋氏之見，如管中窺天，只見直上，不見四旁。」某以爲不然。釋氏之見，蓋是瞥見水中天影耳。方子。

「禪家言性，猶日下置器」，謂輪迴也，如以蟻性與牛，是傾此于彼。方。

問：昨日先生説佛氏「但願空諸所有」，此固不是。然明道嘗説胸中不可有一事，如在試院推算康節數，明日問之便已忘了。此意恐亦是「空諸所有」底意。曰：此出上蔡《語録》中，只是録得它自意，無這般條貫。顔子「得一善，則拳拳服膺而不失」，孟子「必有事焉而勿忘」，何嘗要人如此？若是箇道理，須着存取。只如《易繫》説「過此以往，未之或知」，亦只是「雖欲從之，末由也已」之意。在它門説，便如鬼神變怪，有許多不可知底事。德明。○以下論記録之疑。

伊川曰：「實理者，實見得是，實見得非。」實理與實見不同。今合説，必記録有悞。蓋有那實理，人須是實見得。見得恁地確定，便有實見得，又都閑了。淳。

先生顧陳安卿曰：伊川説實理，有不可曉處。云「實見得是，實見得非」，恐是記者之誤，「見」字上必有漏落。理自是理，見自是見，蓋物物有那實理，人須是實見得。義剛曰：理在物，見在我。曰：是如此。義剛。

問：「不當以體會爲非心」，是如何？曰：此句曉未得。它本是闢横渠「心小性大」之説。心性則一，豈有小大？横渠却自説「心統性情」，不知怎生却恁地説。

問：「不當以體會爲非心，故有心小性大之説」，如何是體會？曰：此必是横渠有此語，今其書中失之矣。横渠云「心禦見聞，不弘於性」，却做兩般説。渠説「人能弘道，非道弘人」處云：「心能檢其性，人能弘道也；性不知檢其心，非道弘人也。」此意却好。又不知它當初把此心、性作如何分？横渠説話有差處，多如此。可學。

問：游定夫所記，如云「一息不存，非中也」，又曰「君子之道，無適不中，故其心與中庸合」。此處必是記録時失正意。曰：不知所記如何，其語極難曉。可學。

問：游定夫記程先生語，所謂：「一物不該，非中也；一事不爲，非中也；一息不存，非中也。何哉？爲其偏而已矣。」觀其意，蓋以「中」爲理，「偏」爲不周偏之意。「一物不該」、「一事不爲」，是説無物不有之意；「一息不存」，是説無時不然之意。是否？曰：便是它説「中」字不着。中之名義不如此。它説「偏」字，卻是一偏，一偏便不周遍，卻不妨。但定夫記此語不親切，不似程先生每常説話，緣它夾雜王氏學。當時王氏學盛行，熏炙得甚廣。一時名流如江民表、彭器資、鄒道卿、陳了翁，皆被熏染，大片説去。銖。

問：「自性而行，皆善也」以下，當初必是以同此性，而於其上如此分别記録，不真了。曰：然。可學。

問「稱性之善」一段。曰：不是。又問：心如何有形？曰：張敬夫極善此二字。曰：當初意思必是以心比性，有少模倣，故記如此。曰：然。可學。

「學者不可以不誠」一段，不是。可學。

問：「内外得」一段，亦大寬。曰：然。可學。

「物各付物，不役其知，便是致知，然最難。」此語未敢信，恐記者之誤。人傑。

問：《遺書》有一段云：「致知在格物，物來則知起。物各付物，不役其知，則意自誠。」比其它説不同，却不曾下格物工夫。曰：不知此一段如何。又問：「物來則知起」，似無害。但以下不是。曰：亦須格，方得。可學。

問「用方知，不用則不知」。曰：這説也是理會不得，怕只是如道家通得未來底事。某向與一術者對坐，忽然云：「當有某姓人送簡至矣。」久之，果然。扣之，則云：「某心先動了，故知。」所謂用與不用，怕如此。恐伊川那時自因問答去，今不可曉。要附在「至誠之道，可以前知」解中，只攙得鶻突，没理會。賀孫。

問：《遺書》中云：「聖人於《易》言無思無爲，此戒夫作爲。」此句須有錯。曰：疑當作「此非戒夫作爲」。可學。

問「思入風雲變態中」。曰：言窮理精深，雖風雲變態之理，思亦到。節。○以下《文集》。

明道詩：「不須愁日暮，天際是輕陰。」龜山《語録》説是時事。《梅臺詩》亦説時事。璘。

明道詩云「旁人不識予心樂，將爲偷閑學少年」。此是後生時，氣象眩露，無含蓄。

「有鍾粹美兮，會元之期。」元氣會則生聖賢。歷家謂十一月朔夜半甲子冬至，自是難得遇也。砥。

問：呂與叔問中處，「中者，道之所從出」，某看呂氏意，如曰「性者，道之所從出」云爾。「中，即性也」，亦是此意。只是名義未善，大意却不在此。如程先生云「中，即道也」，若不論其意，亦未安。曰：「中，即道也」，未安。謂道所從出，却是就人爲上説，已陷了。又云：「中，即道也」，却亦不妨。又問：「若謂性與道，大本與達道，可混爲一，即未安」以下云云，至「安得不爲二乎」，程先生語似相矛盾。曰：大本達道，性道雖同出，要須於中識所以異。又問：「中之爲義，自過不及而立名。」此段説「中」，與平日異。只爲呂氏形容「中」太過，故就其既發告之。曰：然。又問「若只以中爲性」以下云云，至「却爲近之」。曰：此語不可曉。當時問時，辭意亦自窘束。又問：「不倚之謂中，不雜之謂和」，如何？曰：有物方倚得。中未有物，如何倚？曰：若是，當倒説：中，則不倚。曰：亦未是。不如不偏好。又問：中發出則自不雜，是要見工夫處，故以爲未安。曰：不雜，訓和不得，可以訓不純。游定夫云「不乖之謂和」，却好。又問：「赤子之心」處，此是一篇大節目。程先生云：「豪釐有異，得爲大本乎？」看呂氏此處，不特豪釐差，乃大段差。然豪釐差亦不得。聖人之心如明鏡止水，赤子之心如何比得？曰：未論聖人，與叔之失，却是認赤子之已發者皆爲未發。曰：固是如此。然若論未發時，衆人心亦不可與聖人同。曰：如何不同？若如此說，却是天理別在一處去了。曰：如此說，即《中庸》所謂「未發之中」，如何？曰：此却是要存其心，又是一段事。今人未發時心多擾擾，然亦有不擾擾時，當於此看。大抵此書答辭，亦有反爲所窘處。當初不若只與論聖人之心如此，赤子之心如彼，則自分明。又問：引《孟子》「心爲甚」，如何？曰：《孟子》乃是論心自度，非是心度物。又問：引「允執厥中」，如何？曰：它把做已發言，故如此說。曰：「聖人智周」以下，終未深達。又云「言未有異」，又終未覺。又云「固未嘗以已發不同處指爲大本」。雖如此說，然所指又別。曰：然。曰：南軒云「心體昭昭」處，分作兩段。曰：不是如此，此說極好。敬夫初唱道時，好如此說話。又問：此一篇前項，只是名義失，最失處在赤子之心。曰：然。可學。

鄭問呂氏與伊川論中書。曰：呂說大概亦是，只不合將「赤子之心」一句插在那裏，便做病。赤子飢便啼，寒便哭，把做未發不得。如大人心千重百折，❶赤子之心無恁勞攘，只不過飢便啼、寒便哭而已。未有所謂喜、所謂怒、所謂哀、所謂樂，其與聖人不同者只些子。問：南軒辨心體昭昭爲已發，如何？曰：不消如此。伊川只是改它

❶「百」，萬曆本作「萬」。

赤子未發，南軒又要去討它病。淳。

施問「赤子之心」。曰：程子道是已發而未遠，如赤子飢則啼、渴則飲，便是已發。寓。

今人呼墓地前爲「明堂」。嘗見伊川《集》中書爲「券臺」，不曉所以。南軒欲改之，某云不可，且留著。後見唐人文字中，言某朝詔改爲「券臺」。僩。

朱子語類卷第九十八 計二十一板

張子之書一 凡入《近思》者爲此卷。

張横渠《語録》用關陝方言，甚者皆不可曉。《近思録》所載，皆易曉者。揚。

問「氣坱然太虚，升降飛揚，未嘗止息」。曰：此張子所謂「虚空即氣」也。蓋天在四畔，地居其中，減得一尺地，遂有一尺氣，但人不見耳。此是未成形者。問：虚實以陰陽言否？曰：以有無言。及至「浮而上，降而下」，則已成形者，若所謂「山川之融結，糟粕煨燼」，即是氣之查滓。要之，皆是示人以理。道夫。○第一卷。「升降飛揚」，所以生人物者；「未嘗止息」，但人不見耳。如望氣者，凡氣之災祥皆能見之，如龍成五色之類。又如昔人有以五色線令人暗中學辨，三年而後辨得。因論精專讀書及此。○德明。

問：「此虚實動静之機，陰陽剛柔之始」，言機言始，莫是説理否？曰：此本只是説氣，理自在其中。一箇動，一箇静，便是機處，無非教也。教便是説理。又曰：此等言語，都是經鍛鍊底語，須熟念細看。義剛。

問：「游氣紛擾，合而成質者，生人物之萬殊；其陰陽兩端，循環不已者，立天地之大義。」舊聞履之記先生語云：「游氣紛擾，當横看；陰陽兩端，當直看，方見得。」是否？曰：也似如此。只是晝夜運而無息者，便是陰陽之兩端；其四邊散出紛擾者，便是游氣，以生人物之萬殊。某常言，正如麪磨相似，其四邊只管層層撒出。正如天地之氣，運轉無已，只管層層生出人物；其中有麄有細，故人物有偏有正，有精有粗。又問：「氣坱然太虛，升降飛揚，未嘗止息。」此是言一氣混沌之初，天地未判之時，爲復亘古今如此？曰：只是統說。只今便如此。問：升降者是陰陽之兩端，飛揚者是游氣之紛擾否？曰：此只是説陰陽之兩端。下文「此虛實動静之機，陰陽剛柔之始」，此正是説陰陽之兩端。到得「其感遇聚結，爲雨露，爲霜雪，萬品之流形，山川之融結」以下，却正是説游氣之紛擾者也。問：「虛實動静之機，陰陽剛柔之始」兩句，欲云「虛實動静，乘此氣以爲機；陰陽剛柔，資此氣以爲始」，可否？曰：此兩句只一般。實與動，便是陽；虛與静，便是陰。但虛實動静是言其用，陰陽剛柔是言其體而已。問：「始」字之義如何？曰：只是説如箇生物底母子相似，萬物都從這裏生出去。上文説「升降飛揚」，便含這「虛實動静」兩句在裏面了。所以「虛實動静」、「陰陽剛柔」者，便是這「升降飛揚」者爲之，非兩般也。至「浮而上者陽之清，降而下者陰之濁」，此兩句便是例。疑是説生物底「則例」字。問：「無非教也」，都是道理在上面發見？曰：然。因引《禮記》中「天道至教，聖人至德」一段，與孔子「子欲無言」一段。天地與聖人都一般，精底都從那粗底上發見，道理都從氣上流行。雖至粗底物，無非是道理發見。天地與聖人皆然。僩。

問：「游氣紛擾」一段，是説氣與理否？曰：此一段專是説氣，未及言理。「游氣紛擾，合而成質者，生人物之萬殊」，此言氣到此已是查滓麤濁者；去生人物，蓋氣之用也。「其動静兩端，循環不已者，立天地之大義」，此説氣之本。上章言「氣坱然太虛」一段，亦是發明此意。因説佛、老氏却不説着氣，以爲此已是查滓，必外此然後可以爲道。遂至於絶滅人倫，外形骸，皆以爲不足卹也。銖。

「游氣」、「陰陽」。陰陽，即氣也，豈陰陽之外又復有游氣耶？所謂游氣者，指其所以賦與萬物。一物各得一箇性命，便有一箇形質，皆此氣合而成之也。雖是如此，而所謂「陰陽兩端」，成片段衮將出來者，固自若也。亦猶論太極，物物皆有之；而太極之體，未嘗不存也。謨。

陰陽循環如磨，游氣紛擾如磨中出者。《易》曰「陰陽相摩，八卦相盪，鼓之以雷霆，潤之以風雨。日月運行，一寒一暑」，此陰陽之循環也；「乾道成男，坤道成女」，此游氣之紛擾也。閎祖。

「循環不已」者，「乾道變化」也；「合而成質」者，「各正性命」也。譬之樹木，其根本猶大義；散而生花結實，❶一向發生去，是「人物之萬殊」。賀孫。

問「游氣」、「陰陽」。曰：游，是散殊，比如一箇水車，一上一下，兩邊只管衮轉，這便是「循環不已，立天地之大義」底。一上一下，只管衮轉，中間帶得水灌溉得所在，便是「生人物之萬殊」。天地之間，二氣只管運轉，不知不覺生出一箇人，不知不覺又生出一箇物。即他這箇斡轉，便是生物時節。道夫。

問「游氣紛擾，生人物之萬殊」。曰：

❶「生」，萬曆本作「成」。

游氣，是氣之發散生物底氣。游，亦流行之意。紛擾者，參錯不齊。既生物，便是游氣。若是生物常運行而不息者，二氣初無增損也。䕫。

問：游氣莫便是陰陽？横渠如此説，似開了。曰：此固是一物。但渠所説「游氣紛擾，合而成質」，恰是指陰陽交會言之。「陰陽兩端，循環不已」，却是指那分開底説。蓋陰陽只管混了闢，闢了混，故周子云：「混兮闢兮，其無窮兮。」端蒙。

横渠言「游氣紛擾」。季通云：「却不是説混沌未分，乃是言陰陽錯綜相混，交感而生物，如言『天地絪緼』。其下言『陰陽兩端』，却是言分别底。上句是體，下句是用也。」端蒙。

「游氣紛擾」是陰陽二氣之緒餘，「循環不已」是生生不窮之意。䕫。

叔器問「游氣」一段。曰：游氣是裏面底，譬如一箇扇相似，扇便是「立天地之大義」底，扇出風來便是「生人物」底。義剛。

問「陰陽」、「游氣」之辨。曰：游氣是生物底。陰陽譬如扇子，扇出風，便是游氣。義剛。

問「游氣」、「陰陽」。曰：游氣是出而成質。曰：只是陰陽氣？曰：然。便當初不道「合而成質」，❶却似有兩般。可學。

横渠言：「游氣紛擾，合而成質者，生人物之萬殊；其陰陽兩端，循環不已者，立天地之大義。」説得似稍支離。只合云：陰陽五行，循環錯綜，升降往來，所以生人物之萬殊，立天地之大義。端蒙。

横渠謂「天體物而不遺，猶仁體事而無

❶「便」，朝鮮本作「使」。

不在」。此數句，是從赤心片片説出來，荀、楊豈能到！士毅。

趙共父問「天體物而不遺，猶仁體事而無不在」。曰：體物，猶言爲物之體也，蓋物物有箇天理；體事，謂事事是仁做出來。如「禮義三百，威儀三千」，須是仁做始得。凡言體，便是做他那骨子。時舉。

趙共父問：「天體物而不遺，猶仁體事而無不在也」，以見物物各有天理，事事皆有仁？曰：然。天體在物上，仁體在事上，猶言天體於物，仁體於事。本是言物以天爲體，事以仁爲體。緣須着從上説，故如此下語。致道問：與「體物而不可遺」一般否？曰：然。曰：先生《易解》將「幹事」説。曰：幹事，猶言爲事之幹；體物，猶言爲物之體。共父問：下文云：「禮儀三百，威儀三千，無一物而非仁也。」曰：「禮儀三百，威儀三千」，然須得仁以爲骨子。賀孫。

問：「天體物而不遺，猶仁體事而無不在」，何也？曰：理者，物之體；仁者，事之體。事事物物，皆具天理，皆是仁做得出來。仁者，事之體。體物，猶言幹事，事之幹也。「禮儀三百，威儀三千」，非仁則不可行。譬如衣服，必有箇人着方得。且如「坐如尸」，必須是做得。凡言體者，便是做箇基骨也。❶

「昊天曰明，及爾出王」，音往。言往來游衍，無非是理。「無一物之不體」，猶言無一物不將這箇做骨。端蒙。

問「仁體事而無不在」。曰：只是未理會得「仁」字。若理會得這一字了，則到處都理會得。今未理會得時，只是於他處上

❶「便」，萬曆本作「必」。

下文有些相貫底，便理會得；到别處上下文隔遠處，便難理會。今且須記取做箇話頭，賀孫録云：千萬記取此是箇話頭。久後自然曉得。或於事上見得，或看讀别文義，却自知得。道夫。○賀孫同。

問：「物之初生，氣日至而滋息」，此「息」只是「生息」之「息」，非「止息」之「息」否？曰：然。嘗看《孟子》言「日夜之所息」，程子謂「息」字有二義。某後來看，只是生息。道夫。

「至之謂神，以其伸也；反之謂鬼，以其歸也。」人死便是歸，「祖考來格」便是伸。死時便都散了。○僩。

横渠言「至之謂神，反之謂鬼」，固是。然雷風山澤亦有神，今之廟貌亦謂之神，亦以方伸之氣爲言爾。此處要錯綜周遍而觀之。伸中有屈，屈中有伸，更看此意。❶伸中有屈，如人有魄是也；屈中有伸，如鬼而有靈是也。

問：神之伸也，其情狀可得而知者。鬼之歸也，如「洋洋乎如在其上，如在其左右」，依人而行之類，便是其情狀否？曰：鬼神即一樣，如何恁地看？曰：「至之謂神」，如雨露風雷、人物動植之類，其情狀可得而知。「反之謂鬼」，則無形狀之可求，故有此問。曰：「祖考來格」，便是神之伸也。這般處，横渠有數説，説得好，又説得極密。某所以教公多記取前輩語，記得多，自是通貫。又舉横渠語曰：❷「以博物洽聞之學，❸以稽天窮地之思」，須是恁地方得。

❶「更」，萬曆本作「便」。
❷「語」，萬曆本作「謂」。
❸「聞」，萬曆本作「問」。

用之問「性爲萬物之一源」。曰：所謂性者，人物之所同得。非惟己有是，而人亦有是；非惟人有是，而物亦有是。道夫。

横渠云：「一故神。譬之人身，四體皆一物，故觸之而無不覺，不待心使至此而後覺也。此所謂『感而遂通，不行而至，不疾而速』也。」發於心，達於氣，天地與吾身共只是一團物事。所謂鬼神者，只是自家氣。自家心下思慮纔動，這氣即敷於外，自然有所感通。賀孫。

或問「一故神」。曰：一，是一箇道理，却有兩端，用處不同。譬如陰陽，陰中有陽，陽中有陰；陽極生陰，陰極生陽，所以神化無窮。去僞。

問「一故神」。曰：横渠説得極好，須當子細看。但《近思録》所載與本書不同。當時緣伯恭不肯全載，故後來不曾與他添得。「一故神」，横渠親注云：「兩在故不測。」只是這一物，却周行乎事物之間。如所謂陰陽、屈伸、往來、上下，以至於行乎什伯千萬之中，無非這一箇物事，所以謂「兩在故不測」。「兩故化」，注云：「推行乎一。」凡天下之事，一不能化，惟兩而後能化。且如一陰一陽，始能化生萬物。雖是兩箇，要之亦是推行乎此一爾。此説得極精，須當與他子細看。道夫。

林問：「一故神，兩故化」，此理如何？曰：兩，所以推行乎一也。張子言：「一故神，兩在故不測；兩故化，推行於一。」謂此兩在，故一存也。「兩不立，則一不可見；一不可見，則兩之用或幾乎息矣」，亦此意也。如事有先後，才有先，便思量到末後一段，此便是兩。如寒，則暑便在其中；晝，則夜便在其中，便有一寓焉。寓。

「一故神，兩故化」，兩者，陰陽、消長、進退。兩者，所以推行於一；一，所以爲兩。「一不立，則兩不可得而見；兩不可見，則一之道息矣」，横渠此説極精。非一，則陰陽、消長無自而見；非陰陽、消長，則一亦不可得而見矣。

「神化」二字，雖程子説得亦不甚分明，惟是横渠推出來。淵録云：前人都説不到。推行有漸爲化，合一不測爲神。又曰：「一故神，兩在故不測。兩故化」，言兩在者，或在陰，或在陽。在陰時，全體都是陰；在陽時，全體都是陽。化是逐一挨將去底，一日復一日，一月復一月，節節挨將去，便成一年，這是化。直卿云：「一故神」，猶「一動一静，互爲其根」；「兩故化」，猶「動極而静，静極復動」。方子。

横渠語曰「一故神」，自注云：「兩在故不測。」又曰「兩故化」，自注云：「推行於一。」是在陽又在陰，無這一，則兩便不能以推行。兩便即是這箇消長，又是化，又是推行之意。又曰：横渠此語極精。見李先生説云：「舊理會此段不得，終夜倚上坐思量，以身去裏面體，方見得平穩。每看道理處皆如此。」某時爲學，雖略理會得，有不理會得處，便也恁地過了。及見李先生後，方知得是恁地下工夫。又曰：某今見得這物事了，覺得見好則劇相似。舊時未理會得，是下了多少工夫。而今學者却恁地泛泛然，都没緊要，不把當事，只是謾學。理會得時也好，理會不得時也不妨，恁地如何得！須是如射箭相似，把着弓，須是射得中方得。

「惟心無對」，「心統性情」。二程却無一句似此切。方子。

「心統性情」，統，猶兼也。升卿。

「心統性情」，性情皆因心而後見。心是體，發於外謂之用。孟子曰：「仁，人心也。」又曰「惻隱之心」。性情上都下箇「心」字。「仁，人心也」，是説體；「惻隱之心」，是説用。必有體而後有用，可見「心統性情」之義。僩。

問「心統性情」。曰：性者，理也。性是體，情是用。性情皆出於心，故心能統之。統，如統兵之「統」，言有以主之也。且如仁、義、禮、智是性也，孟子曰：「仁義禮智根於心。」惻隱、羞惡、辭遜、是非，本是情也。孟子曰「惻隱之心」、「羞惡之心」、「辭遜之心」、「是非之心」。以此言之，則見得心可以統性情。一心之中自有動靜。靜者，性也；動者，情也。卓。

問：「心統性情」，「統」如何？曰：統是主宰，如統百萬軍。心是渾然底物，性是有此理，情是動處。又曰：人受天地之中，只有箇心性安然不動，情則因物而感。性是理，情是用，性靜而情動。且如仁、義、禮、智、信是性，然又有説「仁心」、「義心」，這是性亦與心通説；惻隱、羞惡、辭遜、是非是情，然又説道「惻隱之心」、「羞惡之心」、「是非之心」，這是情亦與心通説。這是情性皆主於心，故恁地通説。問：意者，心之所發，與情性如何？曰：意也與情相近。問：志如何？曰：志也與情相近。只是心寂然不動，方發出，便喚做意。横渠云：「志公而意私。」看這自説得好。志便清，意便濁；志便剛，意便柔；志便有立作意思，意便有潛竊意思。公自子細看，自見得。意，多是説私意；志，便説「匹夫不可奪志」。賀孫。

「心，統性情者也。」寂然不動，而仁、義、禮、智之理具焉。動處便是情，有言靜處便是性，動處是心，如此則是將一物分作兩處了。心與性，不可以動靜言。凡物有心而其中必虛，如飲食中雞心、猪心之屬，切開可見。人心亦然，只這些虛處，便包藏許多道理，彌綸天地，該括古今。推廣得來，蓋天蓋地，莫不由此，此所以爲人心之妙歟。理在人心，是之謂性。性如心之田地，充此中虛，莫非是理而已。心是神明之舍，爲一身之主宰。性便是許多道理，得之於天而具於心者。發於智識念慮處，皆是情，故曰「心統性情」也。謨。

橫渠云「心統性情」，蓋好善而惡惡，情也；而其所以好善而惡惡，性之節也。且如見惡而怒，見善而喜，這便是情之所發。至於喜其所當喜，而喜不過；謂如人有三分合喜底事，我却喜至七八分，便不是。怒其所當怒，而怒不遷；謂如人有一分合怒底事，我却怒至三四分，便不是。以至哀、樂、愛、惡、欲皆能中節而無過，這便是性。道夫。

先生取《近思録》，指橫渠「心統性情」之語以示學者。力行問曰：心之未發，則屬乎性；既發，則情也。曰：是此意。因再指伊川之言曰：心一也，有指體而言者，有指用而言者。力行。

季通云：「心統性情」，不若云「心者，性情之統名」。端蒙。

橫渠言：「凡物莫不有性，由通蔽開塞，所以有人物之別；由蔽有厚薄，故有智愚之別。」似欠了生知之聖。端蒙。

橫渠此段不如呂與叔分別得分曉。呂曰：「蔽有淺深，故爲昏明；蔽有開塞，故爲人物。」閎祖。

或問：通蔽開塞，張横渠、吕芸閣説，孰爲親切？曰：與叔倒分明似横渠之説。看來塞中也有通處，如猿狙之性即靈，猪則全然蠢了，便是通蔽不同處。「本乎天者親上，本乎地者親下」，如人頭向上，所以最靈；草木頭向下，所以最無知；禽獸之頭横了，所以無知；猿狙稍靈，爲他頭有時也似人，故稍向得上。履孫。

敬子問：「精義入神，事豫吾内，求利吾外也」，「求」字似有病，便有箇先獲底心。「精義入神」，自然是能利吾外，何待於求？曰：然。當云「所以利吾外也」。李又曰：《繫辭》此已上四節，都是説咸卦。蓋咸只是自家感之他便應，非是有心於求人之應也。如上文往來屈伸，皆是此意。○僩。○第二卷。

精熟義理而造於神，事素定乎内，而乃所以求利乎外也；通達其用而身得其安，素利乎外，而乃所以致養其内也。蓋内外相應之理。端蒙。

問「精義入神」一條。曰：入神，是入至於微妙處。此却似向内做工夫，非是作用於外，然乃所以致用於外也。故嘗謂門人曰：「吾學既得於心，則修其辭；命辭無差，然後斷事；斷事無失，吾乃沛然。精義入神者，豫而已。」横渠可謂「精義入神」。横渠云：「陰陽二氣，推行以漸，謂化；闔闢不測，謂神。」伊川先生説神、化等，却不似横渠較説得分明。賀孫。

「事豫吾内」，事未至而先知其理之謂豫。學履。

用之問：「德不勝氣，性命於氣；德勝於氣，性命於德。」前日見先生説，以性命之「命」爲聽命之「命」。適見先生舊《答潘恭叔書》，以「命」與「性」字只一般，如言性與命也。所以後面分言「性，天德；命，天理」，不知如何？曰：也是如此。但「命」字較輕得些。僩問：若將「性命」作兩字看，則「於氣」、「於德」字，如何地説得來？則當云「性、命皆由於氣，由於德」，始得。曰：橫渠文字自如此。僩。

德性若不勝那氣禀，則性命只由那氣；德性能勝其氣，則性命都是那德：兩者相爲勝負。蓋其禀受之初，便如此矣。然亦非是元地頭不渾全，只是氣禀之偏隔著。故窮理盡性，則善反之功也。「性，天德；命，天理」，則無不是元來至善之物矣。若使不用修爲之功，則雖聖人之才，未必成性。然有聖人之才，則自無不修爲之理。端蒙。

問「德不勝氣」一章。曰：張子只是説性與氣皆從上面流下來。自家之德，若不能有以勝其氣，則衹是承當得他那所賦之氣。若是德有以勝其氣，則我之所以受其賦予者，皆是德。故窮理盡性，則我之所受，皆天之德；其所以賦予我者，皆天之理。氣之不可變者，惟死生脩夭而已。蓋死生脩夭，富貴貧賤，這却還他氣。至「義之於君臣，仁之於父子」，所謂「命也，有性焉，君子不謂命也」。這箇却須由我，不由他了。道夫。

問：「『窮理盡性，則性，天德；命，天理。』這處性、命如何分别？曰：性是以其定者而言，命是以其流行者而言。命便是水恁地流底，性便是將椀盛得來。大椀盛得多，小椀盛得少，净潔椀盛得清，污漫椀盛得濁。賀孫。

横渠言：「形而後有氣質之性，善反之，則天地之性存焉。」又曰：「德不勝氣，性命於氣；德勝其氣，性命於德。」又曰：「性，天德；命，天理。」蓋人生氣稟自然不同，天非有殊，人自異稟。有學問之功，則性命於德；不能學問，然後性命惟其氣稟耳。曰：從前看「性命於德」一句，意謂此性由其德之所命。今如此云，則是「性命」二字皆是德也。曰：然。力行。

横渠云：「所不可變者，惟壽夭耳。」要之，此亦可變。但大概如此。力行。

問：「莫非天也」，是兼統善惡而言否？曰：然。正所謂「善固性也，然惡亦不可不謂之性」，二者皆出於天也。陽是善，陰是惡；陽是强，陰是弱；陽便清明，陰便昏濁。大抵陰陽有主對待而言之者，如陽是仁、陰是義之類。這又别是一樣，是專就善上説，未有那惡時底説話。頃之，復曰：程先生云：「視聽、思慮、動作，皆天也。人但於其中要識得真與妄爾。」道夫。

陽明勝則德性用，陰濁勝則物欲行。只將自家意思體驗，便見得。人心虚静，自然清明；才爲物欲所蔽，便陰陰地黑暗了，此陰濁所以勝也。謨。

「大其心，則能體天下之物。世人之心，止於見聞之狹，故不能體天下之物。唯聖人盡性，故不以所見所聞梏其心，故大而無外，其視天下無一物非我。」他只是説一箇大與小。孟子謂「盡心則知『性』知『天』」，以此。蓋盡心，則只是極其大；心極其大，則知性、知天，而無有外之心矣。道夫問：今未到聖人盡心處，則亦莫當推去否？曰：未到那裏，也須知説聞見之外，猶有我不聞不見底道理在。若不知聞見之外猶有道理，則亦如何推得？要之，此亦是横渠之意，然孟子之意則未必然。道夫曰：孟子本意，當以《大學或問》所引爲正。曰：然。孟子之意，只是説窮理之至，則心自然極其全體而無餘，非是要大其心而後知性、知天也。道夫曰：只如横渠所説，亦自難下手。曰：便是横渠有時自要恁地説，似乎只是懸空想象而心自然大。這般處，元只是格物多後，自然豁然有箇貫通處，這便是「下學而上達」也。孟子之意，只是如此。道夫。

「大其心，則能遍體天下之物。」體，猶「仁體事而無不在」，言心理流行，脉絡貫通，無有不到。苟一物有未體，則便有不到處。包括不盡，是心爲有外。蓋私意間隔，而物我對立，則雖至親，且未必能無外矣。故「有外之心，不足以合天心」。端蒙。

問：「物有未體，則心爲有外。」此「體」字是「體察」之「體」否？曰：須認得如何喚做體察。今官司文書行移，所謂體量、體究是這樣「體」字。或曰：是將自家這身入那事物裏面去體認否？曰：然。猶云「體群臣」也。伊川曰「『天理』二字，却是自家體貼出來」，是這樣「體」字。僩。

問：「物有未體，則心爲有外。」「體」之義如何？曰：此是置心在物中，究見其理，如格物、致知之意，❶與「體用」之「體」不同。木之。

横渠云：「物有未體，則心爲有外。」又曰：「有外之心，不足以合天心。」蓋天大無外，物無不包。物理所在，一有所遺，則吾心爲有外，便與天心不相似。道夫。

「世人之心，止於見聞之狹，聖人盡性，不以見聞梏其心。」伯豐問：如何得不以見

❶「意」，萬曆本作「義」。

聞梏其心？曰：張子此説，是説聖人盡性事。如今人理會學，須是有見聞，豈能舍此？先是於見聞上做功夫到，然後脱然貫通。蓋尋常見聞，一事只知得一箇道理，若到貫通，便都是一理。曾子是已。盡性，是論聖人事。㽦。

問「有外之心」。曰：十分事只做得七八分，便是有外。所以致知、格物者，要得無外也。夔孫。

或問：如何是「有外之心」？曰：只是有私意，便内外扞格。只見得自家身己，凡物皆不與己相關，便是「有外之心」。横渠此説固好。然只管如此説，相將便無規矩，無歸着，入於邪遁之説。且如夫子爲萬世道德之宗，都説得語意平易，從得夫子之言，便是無外之實。若便要説天大無外，則此心便瞽入虚空裏去了。學蒙。

横渠言：「爲德辨，爲感速。」辨，猶子細；感速，言我之感發速也。端蒙。

「息有養，瞬有存」，言一息之間亦有養，一瞬之頃亦有存。如「造次顛沛必於是」之意，但説得太緊。端蒙。

《西銘》一篇，首三句却似人破義題。「天地之塞」、「帥」兩句，恰似人做原題，乃一篇緊要處。「民吾同胞」止「無告者也」，乃統論如此。「于時保之」以下，是做處。端蒙。

乾稱父，坤稱母。厲聲言「稱」字。又曰：以主上爲我家裏兄子，得乎！節。

《西銘解義》云：「乾者，健而無息之謂；坤者，順而有常之謂。」問：此便是陽動陰静否？曰：此是陽動陰静之理。端蒙。

「混然中處」，言混合無間，蓋此身便是從天地來。端蒙。

「天地之塞，吾其體；天地之帥，吾其

性。」塞，如孟子説「塞乎天地之間」。塞，只是氣。吾之體，即天地之氣。帥，是主宰，乃天地之常理也。「吾之性」，即天地之理。賀孫。

「吾其體」，「吾其性」，有我去承當之意。謨。

或問：「天地之帥，吾其性」，先生解以「乾健、坤順爲天地之志」。天地安得有志？曰：「復其見天地之心」、「天地之情可見」，安得謂天地無心、情乎？或曰：福善禍淫，天之志否？曰：程先生説「天地以生物爲心」最好，此乃是無心之心也。人傑。

《西銘》大要在「天地之塞，吾其體；天地之帥，吾其性」兩句。塞，是説氣，孟子所謂「以直養而無害，則塞乎天地之間」，即用這箇「塞」字。張子此篇，大抵皆古人説話集來。要知道理只有一箇道理，中間句句段段，只説事親、事天。自一家言之，父母是一家之父母；自天下言之，天地是天下之父母。通是一氣，初無間隔。「民吾同胞，物吾與也」，萬物雖皆天地所生，而人獨得天地之正氣，故人爲最靈，故民同胞，物則亦我之儕輩。孟子所謂「親親而仁民，仁民而愛物」，其等差自然如此，大抵即事親以明事天。賀孫。

問《西銘》之義。曰：緊要血脉盡在「天地之塞，吾其體；天地之帥，吾其性」兩句上。上面「乾稱父」至「混然中處」是頭；下面「民吾同胞，物吾與也」便是箇項；下面便撒開説，説許多。「大君者，吾父母宗子」，云云，盡是從「民吾同胞，物吾與也」説來。到得「知化則善述其事，窮神則善繼其志」，這志便只是那「天地之帥，吾其性」底志。爲人子便要述得父之事，繼得父之志，如此方是事親；如事天便要述得天之事，繼得天之志，方是事天。若是違了此道理，便是天之悖德之子；若害了這仁，便是天之賊子；若是濟惡不悛，便是天之不才之子；若能踐形，便是天地克肖之子。這意思血脉，都是從「天地之塞，吾其體；天地之帥，吾其性」説。緊要都是這兩句，若不是此兩句，則天自是天，我自是我，有何干涉？或問：此兩句便是理一處否？曰：然。僩。

問：《西銘》自「乾稱父，坤稱母」至「民吾同胞，物吾與也」處，是仁之體；「于時保之」以下，是做工夫處？曰：若言「同胞」、「吾與」了，便説着「博施濟衆」，却不是。所以只説教人做工夫處，只在敬與恐懼，故曰「于時保之，子之翼也」。能常敬而恐懼，則這箇道理自在。又曰：因事親之誠，以明事天之道，只是譬喻出來。下面一句事親、一句事天，如「匪懈」、「無忝」是事親，「不愧屋漏」、「存心養性」是事天。下面説事親，兼常變而言。如曾子是常，舜、伯奇之徒皆變。此在人事言者如此，天道則不然，直是順之，無有不合者。又問「理一而分殊」。言理一而不言分殊，則爲墨氏「兼愛」；言分殊而不言理一，則爲楊氏「爲我」。所以言分殊，而見理一底自在那裏；言理一，而分殊底亦在，不相夾雜。子蒙。

林聞一問：《西銘》只是言仁、孝、繼志、述事。曰：是以父母比乾坤。主意不是説孝，只是以人所易曉者，明其所難曉者耳。木之。

問：《西銘》説「潁封人之錫類」，「申生其恭」。二子皆不能無失處，豈能盡得孝道？曰：《西銘》本不是說孝，只是說事天，但推事親之心以事天耳。二子就此處論之，誠是如此。蓋事親却未免有正、有不正處。若天道純然，則無正、不正之處，只是推此心以奉事之耳。寓。

問：《西銘》「無所逃而待烹」。申生未盡子道，何故取之？先生曰：天不到得似獻公也。人有妄，天則無妄。若教自家死，便是理合如此，只得聽受之。夔孫。

答叔京「參乎」、「伯奇」之語，云：天命無妄。父母之命，有時而出於人欲之私。方。

《西銘》要句句見「理一而分殊」。文蔚。

《西銘》通體是一箇「理一分殊」，一句是一箇「理一分殊」，只先看「乾稱父」三字。一篇中錯綜此意。○

或問《西銘》「理一而分殊」。曰：今人說，只說得中間五六句「理一分殊」。據某看時，「乾稱父，坤稱母」，直至「存吾順事，没吾寧也」，句句皆是「理一分殊」。喚做「乾稱」、「坤稱」，便是分殊。如云「知化則善述其事」，是我述其事；「窮神則善繼其志」，是我繼其志。又如「存吾順事，没吾寧也」。以自家父母言之，生當順事之，死當安寧之；以天地言之，生能順事而無所違拂，❶死則安寧也，此皆是分殊處。逐句渾淪看，便見「理一」；當中橫截斷看，便見「分殊」。因問：如先生後論云：「推親之恩，以示無我之公；因事親之誠，以明事天之實。」看此二句，足以包括《西銘》一篇之統體，可見得「理一分殊」處分曉。曰：然。又云：以人之自有父母言之，則一家之內

❶「能」，萬曆本作「當」。

有許多骨肉宗族。如「民吾同胞，物吾與也。大君者，吾父母宗子」以下，却是以天地爲一大父母，與衆人厮共底也。燾。

道夫言：看《西銘》，覺得句句是「理一分殊」。曰：合下便有一箇「理一分殊」，從頭至尾又有一箇「理一分殊」，是逐句恁地。又曰：合下一箇「理一分殊」；截作兩段，只是一箇天人。道夫曰：他説「乾稱父，坤稱母，予茲藐焉，乃混然中處」。如此，則是三箇。曰：「混然中處」則便是一箇。許多物事都在我身中，更那裏去討一箇乾坤？問「塞」之與「帥」二字。曰：塞，便是「充塞天地」之「塞」；「帥」，便是「志者氣之帥」之「帥」。問：「物吾與也」，莫是「黨與」之「與」否？曰：然。道夫。

《西銘》一篇，始末皆是「理一分殊」。以乾爲父、坤爲母，便是理一而分殊；「予茲藐焉，混然中處」，便是分殊而理一。「天地之塞，吾其體；天地之帥，吾其性」，分殊而理一；「民吾同胞，物吾與也」，理一而分殊。逐句推之，莫不皆然。某於篇末亦嘗發此意。乾父坤母皆是以天地之大喻一家之小。乾坤是天地之大，父母是一家之小；大君、大臣是大，宗子、家相是小：類皆如此推之。舊嘗看此，寫作旁通圖子，分爲二截，上下排布，亦甚分明。謨。

一之問《西銘》「理一而分殊」。曰：《西銘》自首至末，皆是「理一而分殊」。乾父坤母，固是一理，分而言之，便見乾坤自乾坤，父母自父母，惟「稱」字便見異也。又問：自「惡旨酒」至「勇於從而順令」，此六聖賢事，可見理一分殊乎？曰：「惡旨酒」，「育英才」，是事天；「顧養」及「錫類」，則是事親。每一句皆存兩義，推類可見。

問：「天地之塞」，如何是「塞」？曰：「塞」與「帥」字，皆張子用字之妙處。塞，乃《孟子》「塞天地之間」；體，乃《孟子》「氣體之充」者；有一豪不滿不足之處，則非塞矣。帥，即「志氣之帥」，而有主宰之意。此《西銘》借用孟子論「浩然之氣」處。若不是此二句爲之關紐，則下文言「同胞」、言「兄弟」等句，在他人中物，皆與我初何干涉？其謂之「兄弟」、「同胞」，乃是此一理與我相爲貫通。故上説「父母」，下説「兄弟」，皆是其血脉過度處。《西銘解》二字只説大概，若要説盡，須因起疏注可也。寓。

問《西銘》分殊處。曰：有父、有母、有宗子、有家相，此即分殊也。節。

《西銘》大綱是理一而分自爾殊。然有二説：自天地言之，其中固自有分別；自萬殊觀之，其中亦自有分別。不可認是一理了，只衮做一看，這裏各自有等級差別。且如人之一家，自有等級之別。所以乾則稱父、坤則稱母，不可棄了自家父母，却把乾坤做自家父母看。且如「民吾同胞」，與自家兄弟同胞又自別。龜山疑其兼愛，想亦未深曉《西銘》之意。《西銘》一篇，正在「天地之塞，吾其體；天地之帥，吾其性」兩句上。敬仲。

問《西銘》。曰：更須子細看他説「理一而分殊」。而今道天地不是父母，父母不是天地，不得。分明是一理，「乾道成男，坤道成女」，則凡天下之男皆乾之氣，凡天下之女皆坤之氣。從這裏便徹上徹下都即是一箇氣，都透過了。又曰：「繼之者善」，便是公共底，「成之者性」，便是自家得底。只是一箇道理，不道是這箇是、那箇不是。如水中魚、肚中水，便只是外面水。賀孫。

問：《西銘》「理一而分殊」。分殊，莫是「民吾同胞，物吾與也」之意否？曰：民、物固是分殊，須是就民、物中又知得分殊。不是伊川説破，也難理會。然看久，自覺裏面有分別。

用之問：《西銘》所以「理一分殊」，如民、物則分「同胞」、「吾與」，大君、家相，長幼、殘疾，皆自有等差。又如所以事天，所以長長、幼幼，皆是推事親從兄之心以及之，此皆是分殊處否？曰：也是如此。但這有兩種看，這是一直看下，更須横截看。若只恁地看，怕淺了。「民吾同胞」，同胞裏面便有理一分殊底意；「物吾與也」，吾與裏面便有理一分殊底意。「乾稱父，坤稱母」，道是父母，固是天氣而地質；然與自家父母自是有箇親疏，從這處便「理一分殊」了。看見伊川説這意較多。龜山便正是疑「同胞」、「吾與」爲近於墨氏，不知他「同胞」、「吾與」裏面便自分「理一分殊」了。如公所説恁地分別分殊，殊得也不大段。這處若不子細分別，直是與墨氏「兼愛」一般。賀孫。○卓録云：劉用之問：《西銘》「理一而分殊」，若大君宗子、大臣家相，與夫民物等，皆是「理一分殊」否？曰：如此看，亦是。但未深，當截看。如《西銘》劈頭來便是「理一而分殊」。且「乾稱父，坤稱母」，雖以乾坤爲父母，然自家父母自有箇親疏，這是理一而分殊。等而下之，以至爲大君，爲宗子、爲大臣家相，若理則一，其分未嘗不殊。「民吾同胞，物吾黨與」，皆是如此。龜山正疑此一着，便以「民吾同胞，物吾黨與」爲近於墨氏之「兼愛」。不知他同胞、同與裏面自有箇「理一分殊」。❶若如公所説恁地分別，恐勝得他也不多。這處若不分別，直是與墨子「兼愛」一般。

問《西銘》句句是「理一分殊」，亦只就

❶「自」，萬曆本作「便」。

事天、事親處分否？曰：是。「乾稱父，坤稱母」，只下「稱」字，便别。這箇有直説底意思，有横説底意思。「理一而分殊」，龜山説得又别。他只以「民吾同胞，物吾與」及「長長幼幼」爲「理一分殊」。曰：龜山是直説底意思否？曰：是。然龜山只説得頭一小截；伊川意則闊大，統一篇言之。曰：何謂横説底意思？曰：「乾稱父，坤稱母」是也。這不是即那事親底，便是事天底。曰：横渠只是借那事親底，來形容事天底做箇樣子否？曰：是。淳。

問：向日曾以《西銘》仁孝之理請問，先生令截斷横看。文蔚後來見得孝是發見之先，仁是天德之全。事親如事天，即是孝。自此推之，事天如事親，即仁矣。「老吾老，幼吾幼」，自老老幼幼之心推之，至於疲癃殘疾，皆如吾兄弟顛連而無告，方始盡。故以敬親之心，不欺闇室，不愧屋漏，以敬其天；以愛親之心，樂天循理，無所不順，以安其天，方始盡性。竊意横渠大意只是如此，不知是否？曰：他不是説孝，是將孝來形容這仁；事親底道理，便是事天底樣子。人且逐日自把身心來體察一遍，便見得吾身便是天地之塞，吾性便是天地之帥；許多人物生於天地之間，同此一氣，同此一性，便是吾兄弟黨與；大小等級之不同，便是親疏、遠近之分。故敬天當如敬親，戰戰兢兢，無所不至；愛天當如愛親，無所不順。天之生我，安頓得好，令我富貴崇高，便如父母愛我，當喜而不忘；安頓得不好，令我貧賤憂戚，便如父母欲成就我，當勞而不怨。徐子融曰：先生謂事親是事天底樣子，只此一句，説盡《西銘》之意矣。文蔚。

《西銘》有箇劈下來底道理，有箇横截斷底道理。直卿疑之。竊意當時語意，似謂每句直下而觀之，理皆在焉；全篇中斷而觀之，則上專是事天，下專是事親，各有攸屬。○方子。

聖人之於天地，如孝子之於父母。《西銘》。○升卿。

《西銘》説，是形化底道理，此萬物一源之性。太極者，自外面推入去，到此極盡，更没去處，所以謂之太極。謨。

問《西銘》：○帥。總心性言。與。如「與國」、「相與」之類。于時保之。畏天。不憂。樂天。賊。賊子。濟惡。積惡。化。有迹。神。無迹。旨酒。欲也。不弛勞。横渠解「無施勞」亦作「弛」。豫。如《後漢書》言「天意未豫」。○方。

龜山有論《西銘》二書，皆非，終不識「理一」。至於「稱物平施」，亦説不着。《易傳》説是。大抵《西銘》前三句便是綱要，了得，即句句上自有「理一分殊」。後來已有一篇説了。方云：指其名者分之殊，推其同者理之一。方。

林子武問：《龜山語録》曰：《西銘》「理一而分殊，知其理一，所以爲仁；知其分殊，所以爲義」。先生曰：仁，只是流出來底便是仁；各自成一箇物事底便是義。仁只是那流行處，義是合當做處。仁只是發出來底；及至發出來有截然不可亂處，便是義。且如愛其親，愛兄弟，愛親戚，愛鄉里，愛宗族，推而大之，以至於天下、國家，只是這一箇愛流出來；而愛之中便有許多等差。且如敬，只是這一箇敬，便有許多合當敬底，如敬長、敬賢，便有許多分别。又問禮。先生曰：以其事物之宜之謂義，義之有節文之謂禮。且如諸侯七廟、大夫五廟、士二，這箇便是禮；禮裏面便有義。所以説「天命之謂性，率性之謂道，修道之謂教」。如《中庸集略》吕與叔所云：「自是合當恁地。」知得親之當愛，子之當慈，這便是仁；至於各愛其親，各慈其子，這便是義。這一箇物事分不得。流出來底便是仁，仁打一動，便是義、禮、智、信當來。不是要仁使時，仁來用；要義使時，義來用。只是這一箇道理，流出去自然有許多分别。且如心、性、情，而今只略略動着，便有三箇物事在那裏，其實只是一箇物。虚明而能應物者，便是心；應物有這箇道理，便是性；會做出來底，便是情：這只一箇物事。義剛。

龜山説「理一」，似未透。據老幼及人一句，自將分殊都説了。但其意以老幼互相推及，所以然者，同類也，但施置有先後耳。因説：我老老幼幼，他亦老老幼幼，互相推及，天下豈有不治！此便是「絜矩」之道。方。

謝艮齋説《西銘》「理一分殊」：在上之人當理會理一，在下之人當理會分殊。如此，是分《西銘》做兩節了。艮齋看得《西銘》錯。先生以爲然。泳。

問《東銘》。曰：此正如今法書所謂「故失」兩字。因令道夫寫作圖子看：

戲言出於思也，發於聲；戲動作於謀也，見乎四支。謂非己心，不明也；欲人無己疑，不能也。

過言非心也，失於聲；過動非誠也，謬迷其四體。謂己當然，自誣也；欲他人己從，誣人也。

或者謂出於心者，歸咎爲己戲；失於思者，自誣爲己誠。不知戒其出汝者，歸咎其不出汝者。長傲且遂非，不智孰甚焉！

問：横渠語范巽之一段，如何？曰：惟是今人不能「脱然如大寐之得醒」，只是捉道理説。要之，也説得去，只是不透徹。又曰：正要常存意，使不忘他，釋氏只是如此。然他逼拶得又緊。直卿曰：張子語，比釋氏更有窮理工夫在。曰：工夫固自在，也須用存意。問直卿：如何説「存意不忘」？曰：只是常存不及古人意。曰：設此語者，只不要放倒此意爾。道夫。

横渠「未能立心，惡思多之致疑」，此説甚好，便見有次序處。必大録云：蓋云事固當考索，然心未有主，却泛然理會不得。若是思慮紛然，趨向未定，未是箇主宰，如何地講學！end。

問「未知立心，惡思多之致疑；既知所立，❶惡講治之不精」一章。曰：未知立心，則或善或惡，故胡亂思量，惹得許多疑起；既知所立，則是此心已立於善而無惡，便又惡講治之不精，又却用思。講治之思，莫非在我這道理之内。如此，則「雖勤而何厭」。「所以急於可欲者」，蓋急於可欲之善，則便是無善惡之雜，便是「立吾心於不疑之地」。人之所以有疑而不果於爲善者，以有善惡之雜；今既有善而無惡，則「若決江河以利吾往」矣。「遜此志，務時敏」，須是低下着這心以順他道理，❷又却抖擻起那精神，敏速以求之，則「厥脩乃來」矣。這下面云云，只是説一「敏」字。道夫。

「心大則百物皆通。」通，只是透得那道理去；病，則是窒礙了。端蒙。

居甫問：「心小則百物皆病」，如何是小？曰：此言狹隘則事有窒礙不行。如仁則流於姑息，義則入於殘暴，皆見此不見彼。可學。

❶「所」下，萬曆本有「以」字。
❷「須」，萬曆本作「雖」。

「合内外，平物我，此見道之大端」，蓋道只是致一公平之理而已。端蒙。

問：横渠「物怪神姦」書，先生提出「守之不失」一句。曰：且要守那定底。如「精氣爲物，游魂爲變」，此是鬼神定説。又如孔子説「非其鬼而祭之，諂也」、「敬鬼神而遠之」等語，皆是定底。其他變處，如未曉得，且當守此定底。如前晚説怪，便是變處。淳。○第三卷。

横渠所謂「物怪神姦」，不必辨，且只「守之不失」。如「精氣爲物，游魂爲變」，此是理之常也。「守之勿失」者，以此爲正，且恁地去，他日當自見也。若要之無窮，❶求之不可知，❷此又溺於茫昧，不能以常理爲主者也。伯有爲厲，别是一種道理。此言其變，如世之妖妄者也。謨。

問：顏子心麄之説，恐太過否？曰：顏子比之衆人純粹，比之孔子便麄。如「有不善未嘗不知，知之未嘗復行」，是他細膩如此。然猶有這不善，便是麄。伊川説「未能不勉而中，不思而得，便是過」一段，説得好。淳。

《近思録》云顏子心麄。顏子尚有此語，人有一豪不是，便是心麄。壽昌。

問：横渠説：「客慮多而常心少，習俗之心勝而實心未完。」所謂客慮，與習俗之心有分别否？曰：也有分别。客慮，是泛泛底思慮；習俗之心，便是從來習染偏勝底心。實心，是義理底心。僩。○第四卷。

問「敦篤虚静者，仁之本」。曰：敦篤虚静，是爲仁之本。僩。

❶「要」，中華本作「委」。
❷「求」，中華本作「付」。

問「湛一，氣之本；攻取，氣之欲」。曰：湛一，是未感物之時，湛然純一，此是氣之本。攻取，如目之欲色、耳之欲聲，便是氣之欲。曰：攻取，是攻取那物否？曰：是。淳。○第五卷。

問：横渠謂「世之病難行者，以亟奪富人之田爲辭。然處之有術，期以數年，不刑一人而可復」。不審井議之行於今，果如何？曰：講學時，且恁講。若欲行之，須有機會。經大亂之後，天下無人，田盡歸官，方可給與民。如唐口分、世業，是從魏、晉積亂之極，至元魏及北齊、後周，乘此機方做得。荀悦《漢紀》一段，正説此意，甚好。若平世，則誠爲難行。黄丈問：東坡破此論，只行限田之法，如何？曰：都是胡説。作事初如雷霆霹靂，五年後猶放緩了。況限田之法雖舉於今，明年便淡似今年，後年又淡似明年，一年淡一年，便寢矣。若欲行之，須是行井田；若不能行，則且如今之俗。必欲舉限田之法，此之謂戲論！且役法猶行不得，往年貴賤通差，縣吏呈單子，首曰「第一都保正蔣芾」，因此不便，竟罷。況於田，如何限得？林勳《本政書》一生留意此事，後在廣中作守，畫作數井，然廣中無人煙，可以如此。淳。○義剛録别出。○第九卷。

安卿問：横渠復井田之説，如何？曰：這箇事，某皆不曾敢深考。而今只是差役，尚有萬千難行處。莫道便要奪他田，他豈肯！且如壽皇初要令官户亦作保正，其時蔣侍郎作保正，遂令人書「保正蔣芾」，後來此令竟不行。且如今有一大寄居作保正，縣道如何敢去追他家人？或又説將錢問富人買田來均，不知如何得許多錢？荀悦便道行井田須是大亂之後，如高、光之時，殺得無人後，田便無歸，從而來均。此説也是。義剛問：東坡限田之説，如何？曰：那箇只是亂説。而今立法如霹靂，後三五年去，便放緩了。今立限田時，直是三二十年事；到那時去，又不知如何。而今若要行井田，則索性火急做；若不行，且依而今樣。那限田只是箇戲論，不可行。林勳作《本政書》，一生留意此事，後守廣郡，亦畫得數井。然廣中無人煙，可以如此。義剛。

横渠若制井田，畢竟繁。使伊川爲之，必簡易通暢。觀「古不必驗」之言可見。○方。

問：横渠云「言有無，諸子之陋也」。曰：無者，無物，却有此理；有此理，則有矣。老氏乃云「物生於有，有生於無」，和理也無，便錯了。可學。第十三卷。

朱子語類卷第九十九 八板

張子書二 非類入《近思》者，別爲此卷。

《正蒙》有差，分曉底看。節。

或問：《正蒙》中說得有病處，還是他命辭不出有差，還是見得差？曰：他是見得差。如曰「繼之者善也，方是善惡混」，云云。「成之者性，是到得聖人處，方是成得性，所以說『知禮成性而道義出』」。似這處，都見得差了。賀孫。

《正蒙》所論道體，覺得源頭有未是處，故伊川云：「過處乃在《正蒙》。」答書之中云：「非明睿所照，而考索至此。」蓋横渠却只是一向苦思求將向前去，却欠涵泳以待其義理自形見處。如云「由氣化有道之名」，說得是好，終是生受辛苦，聖賢便不如此說。試教明道說，便不同。如以太虛大和爲道體，却只是說得形而下者，皆是「發而皆中節謂之和」處。㽦。

横渠教人道：「夜間自不合睡，只爲無可應接，他人皆睡了，己不得不睡。」他做《正蒙》時，或夜裏默坐徹曉。他直是恁地勇，方做得。因舉曾子「任重道遠」一段，曰：子思、曾子直恁地，方被他打得透。榦。

横渠作《正蒙》時，中夜有得，亦須起寫了，方放下得而睡。不然放不下，無安着處。

問《正蒙》說「道體」處。如「大和」、「太虛」、「虛空」云者，止是說氣，說聚散處，其流乃是箇大輪迴。蓋其思慮攷索所至，非性分自然之知。若語道理，惟是周子説「無極而太極」最好。如「由太虚有天之名，由氣化有道之名，合虚與氣有性之名，合性與知覺有心之名」，亦説得有理。「由氣化有道之名」，如所謂「率性之謂道」是也。然使明道形容此理，必不如此説。伊川所謂「横渠之言誠有過者，乃在《正蒙》『以清虚一大爲萬物之原』，有未安」等語，概可見矣。人傑。

問：横渠説「大和所謂道」一段，考索許多亦好。其後乃云「不如野馬絪縕，不足謂之大和」，却説倒了。曰：彼以大和狀道體，與「發而中節之和」何異？人傑。

問：横渠「太虚」之説，本是説無極，却只説得「無」字。曰：無極是該貫虚實清濁而言。「無極」字落在中間，「太虚」字落在一邊了，便是難説。聖人熟了説出，便恁地平正，而今把意思去形容他，却有時偏了。明道説：「氣外無神，神外無氣。謂清者爲神，則濁者非神乎？」後來亦有人與横渠説，横渠却云：「清者可以該濁，虚者可以該實。」却不知「形而上者」還他是理，「形而下者」還他是器。既説是虚，便是與實對了；既説是清，便是與濁對了。如左丞相大得右丞相不多。問曰：無極且得做無形無象説？曰：雖無形，却有理。又問：無極、太極，只是一物？曰：本是一物，被他恁地説，却似兩物。夔孫。

横渠説道，止於形器中揀箇好底説耳。謂清爲道，則濁之中果非道乎？「客感客形」與「無感無形」，未免有兩截之病。聖人不如此説，如曰「形而上者謂之道」，又曰「一陰一陽之謂道」。人傑。

言「客感客形」與「無感無形」，未免分

截作兩段事。聖人不如此説，只説形而上、形而下而已，故又曰「一陰一陽之謂道」。蓋陰陽雖是器，而與道初不相離耳。道與器，豈各是一物乎？ 𠷎。

問「太虛不能無氣」一段。曰：此難理會。若看，又走作去裏。去僞。

問：「氣聚則離明得施而有形，氣不聚則離明不得施而無形」，「離明」何謂也？曰：此説似難曉。有作日光説，有作目説。看來只是氣聚則目得而見，不聚則不得而見，《易》所謂「離爲目」是也。先生因舉「方其形也，有以知幽之因；方其不形也，有以知明之故」，合當言「其形也，有以知明之故；其不形也，有以知幽之因」方是。却反説，何也？ 蓋以形之時，此幽之因已在此；不形之際，其明之故已在此。聚者，散之因；散者，聚之故。一之。○寓同。

問：横渠云：「太虛即氣。」太虛何所指？曰：他亦指理，但説得不分曉。曰：「大和」如何？曰：亦指氣。曰：他又云「由昧者指虛空爲性，而不本天道」，如何？曰：既曰道，則不是無，釋氏便直指空了。大要渠當初説出此道理多誤。可學。

《正蒙》中「地純陰，天浮陽」一段，説日月五星甚密。閎祖。○《參兩篇》。

横渠云：「天左旋，處其中者順之，少遲，則反右矣。」此説好。閎祖。

横渠言「陰聚之，陽必散之」一段，却見得陰陽之情。𠷎。

横渠云：「陽爲陰累，則相持爲雨而降。」陽氣正升，忽遇陰氣，則相持而下爲雨。蓋陽氣輕，陰氣重，故陽氣爲陰氣壓墜而下也。「陰爲陽得，則飄揚爲雲而升。」陰氣正升，忽遇陽氣，則助之飛騰而上爲雲也。「陰氣凝聚，陽在内者不得出，則奮擊而爲雷霆。」陽氣伏於陰氣之内不得出，故爆開而爲雷也。「陽在外者不得入，則周旋不舍而爲風。」陰氣疑結於内，陽氣欲入不得，故旋繞其外不已而爲風，至吹散陰氣盡乃已也。「和而散，則爲霜雪雨露；不和而散，則爲戾氣曀霾。」戾氣，飛雹之類；曀霾，黄霧之類。皆陰陽邪惡不正之氣，所以雹水穢濁，或青黑色。僩。

問：横渠言：「帝天之命，主於民心。」曰：皆此理也。民心之所向，即天心之所存也。人傑。〇《天道篇》。

問：横渠謂：「鬼神者，往來屈伸之意，故天曰神，地曰示，人曰鬼。」「示」字之義如何？曰：《説文》：「示」字，以有所示爲義，故「視」字從「示」。天之氣生而不息，故曰神；地之氣顯然示人，故曰示。向嘗見三舍時舉子《易》義中有云：「二而大，謂之天；二而小，謂之地。」「二而小」，即「示」字也，恐是《字説》。又曰：「天曰神，地曰示」者，蓋其氣未嘗或息也。人鬼，則其氣有所歸矣。廣。〇《神化篇》。

林問：「神爲不測，故緩辭不足以盡神；化爲難知，故急辭不足以體化」，如何是緩辭、急辭？曰：神自是急底物事，緩辭如何形容之？如「陰陽不測之謂神」，「神無方，《易》無體」，皆是急辭。化是漸漸而化，若急辭以形容之，則不可。寓。

林問「象若非氣，指何爲象？時若非象，指何爲時」，云云。答曰：且如天地、日月，若無這氣，何以撑拄得成這象？象無晦明，何以别其爲晝夜？無寒無暑，何以别其爲冬夏？寓。

天氣降而地氣不接，則爲霧；地氣升

而天氣不接，則爲雩。見《禮運》注。聲者，氣形相軋而成。兩氣，風雷之類；兩形，桴鼓之類；氣軋形，如笙簧之類；形軋氣，如羽扇敲矢之類：是皆物感之良能，人習之而不察耳。至。○《動物篇》。

問：横渠説：「天性在人，猶水性之在冰，凝釋雖異，爲理一也。」又言：「未嘗無之謂體，體之謂性。」先生皆以其言爲近釋氏。冰水之喻，有還元反本之病，云近釋氏則可。「未嘗無之謂體，體之謂性」，蓋謂性之爲體本虚，而理未嘗不實，若與釋氏不同。曰：他意不是如此，亦謂死而不亡耳。文蔚。○《誠明篇》。

問：張子「冰水」之説，何謂近釋氏？曰：水性在冰只是凍，凝成箇水，❶有甚造化？及其釋，則這冰復歸於水，便有迹了。與「天性在人」自不同。曰：程子「器受日光」之説，便是否？曰：是。除了器，日光便不見，却無形了。淳。

問：横渠謂「所不能無感者謂性」，性只是理，安能感？恐此言只可名「心」否？曰：横渠此言雖未親切，然亦有箇模樣。蓋感固是心，然所以感者，亦是此心中有此理，方能感。理便是性，但將此句要來解性，便未端的。如伊川説「仁者，天下之正理」，又曰「仁者，天下之公，善之本也」。將此語來贊詠仁，則可；要來正解仁，則未親切。如義，豈不是天下之正理？淳。

問：横渠言「物所不能無感謂性」，此語如何？曰：有此性，自是因物有感。見於君臣、父子、日用事物當然處，皆感也，所謂「感而遂通」是也。此句對了「天所不能

❶「水」，萬曆本作「冰」。

自已謂命」。蓋此理自無息止時，晝夜寒暑，無一時停，故「逝者如斯」，而程子謂「與道爲體」。這道理，今古、晝夜無須臾息，故曰「不能已」。銖。

問：聞見之知，非德性之知。他便把博物多能作聞見之知，若如學者窮理，豈不由此至德性之知？曰：自有不由聞見而知者。可學。○《大心篇》。

問橫渠「耳目知」、「德性知」。曰：便是差了。雖在聞見，亦同此理。不知他資質如此，何故如此差！某云：吕與叔難曉處似橫渠，好處却多。曰：他又曾見伊川。某云：他更在得一二十年，須傳得伊川之學。曰：渠《集》中有《與蘇季明》一書，可疑恐曾學佛。可學。

賀孫再問前夜所説橫渠「聖人不教人避凶處吉，亦以正信勝之」之語。伯謨云：此可以破世俗利害之説。合理者無不吉，悖理者無不凶。然其間未免有相反者，未有久而不定也。先生因云：諸葛誠之却道吕不韋《春秋》好，道他措置得事好。却道董子「正其義不謀其利，明其道不計其功」説不是。他便説「若是利成，則義自在其中；功成，則道自在其中」。賀孫。○《大易篇》。

問橫渠説「遇」。曰：他便説命，就理説。曰：此「遇」乃是命？曰：然。命有二：有理，有氣。曰：子思「天命之謂性」，是理；孟子是帶氣説。曰：然。可學。○《乾稱篇》。

橫渠言「遇」，命是天命，遇是人事，但説得亦不甚好，不如孟子。某又問。曰：但不知他説命如何。可學。

橫渠闢釋氏輪回之説，然其説聚散屈伸處，其弊却是大輪回。蓋釋氏是箇箇各自輪回，橫渠是一發和了，依舊一大輪回。吕與叔《集》中亦多有此意思。僴。

橫渠所謂「立得心」，只是作得主底意思。端蒙。○以下《理窟》、《語録》并雜論。

問橫渠「得尺守尺，得寸守寸」之説。曰：不必如此，且放寬地步。不成讀書得一句且守一句！須一面居敬持養將去。德明。

用之問「虚者，仁之原」。曰：此如「克己復禮爲仁」，又如「太極動而生陽」。子蒙。

問「虚者，仁之原」。曰：虚，只是無欲，故虚。虚明無欲，此仁之所由生也。又問：此「虚」字與「一大清虚」之「虚」如何？曰：這「虚」也只是無欲，渠便將這箇喚做道體。然虚對實而言，却不似形而上者。銖。

問：橫渠有「清虚一大」之説，又要兼清濁虚實。曰：渠初云「清虚一大」，爲伊川詰難，乃云「清兼濁，虚兼實，一兼二，大兼小」。渠本要説形而上，反成形而下，最是於此處不分明。如《參兩》云「以參爲陽，兩爲陰；陽有太極，陰無太極」。他要强索精思，必得於己，而其差如此。又問：橫渠云「太虚即氣」，乃是指理爲虚，似非形而下。曰：縱指理爲虚，亦如何夾氣作一處？問：《西銘》所見又的當，何故却於此差？曰：伊川云：「譬如以管窺天，四旁雖不見，而其見處甚分明。」渠他處見錯，獨於《西銘》見得好。可學。

或問：橫渠先生「清虚一大」之説如何？曰：他是揀那大底説話，來該攝那小底。却不知道纔是恁説，便偏了，便是形而下者，不是形而上者。須是兼清濁、虚實、一萬、小大來看，方見得形而上者行乎其間。

橫渠「清虛一大」却是偏。他後來又要兼清濁、虛實言，然皆是形而下。蓋有此理，則清濁、虛實皆在其中。可學。

橫渠說氣「清虛一大」，恰似道有有處，有無處。須是清濁、虛實、一二、大小皆行乎其間，乃是道也。其欲大之，乃反小之。方。

陳後之問：橫渠「清虛一大」，恐入空去否？曰：也不是入空。他都向一邊了。這道理本平正，清也有是理，濁也有是理，虛也有是理，實也有是理，皆此理之所爲也。他說成這一邊有，那一邊無，要將這一邊去管那一邊。淳。

「清虛一大」，形容道體如此。道兼虛實言，虛只說得一邊。閎祖。

橫渠言清虛一大爲道體，是於形器中揀出好底來說耳。《遺書》中明道嘗辨之。𣬉。

「或者別立一天」，疑即是橫渠。可學。

問橫渠說虛。云：亦有箇意思，只是難說。要之，只「動而無動，靜而無靜」說爲善。橫渠又說「至虛無應」，有病。方。

問：「中虛，信之本；中實，信之質」，如何？曰：只看「中虛」、「中實」字，便見本、質之異。中虛，是無事時虛而無物，故曰「中虛」；若有物，則不謂之中虛。自中虛中發出來，皆是實理，所以曰「中實」。燾。

問「中虛，信之本」。曰：中虛，只是自家無私主，故發出來無非真實。纔有些私於中，便不虛不信矣。燾。

問：心如何能通以道，使無限量？曰：心不是橫門硬迸教大得。須是去物欲之蔽，則清明而無不知，窮事物之理，則脫然有貫通處。橫渠曰「不以聞見梏其心」，「大其心，則能體天下之物」。所謂「通之以道」，便是脱然有貫通處。若只守聞見，便自然狹窄了。謩。

問「心包誠」一段。曰：是橫渠説話，正如「心小性大」之意。可學。

橫渠云：「以誠包心，不若以心包誠。」是他看得忒重，故他有「心小性大」之説。道夫。

因看《語録》「心小性大，心不弘於性，滯於知思」説，及上蔡云「心有止」説，遂云：心有何窮盡？只得此本然之體，推而應事接物，皆是。故於此知性之無所不有，知天亦以此。因省李先生云：「盡心者，如孟子見齊王問樂，則便對；云云。言貨色，則便對；云云。每遇一事，便有以處置將去：此是盡心。」舊時不之曉，蓋此乃盡心之效如此。得此本然之心，則皆推得去無窮也。如「見牛未見羊」説，苟見羊，則亦便是此心矣。方。

橫渠云：「以道體身，非以身體道。」蓋是主於義理，只知有義理，却將身只做物樣看待。謂如先理會身上利害是非，便是以身體道。如顔子「非禮勿視」，便只知有禮，不知有己耳。謩。

問橫渠説「以道體身」等處。曰：只是有義理，直把自家作無物看。伊川亦云：「除却身，只是理。」懸空只是箇義理。人傑。

橫渠云：「學者識得仁體後，如讀書講明義理，皆是培壅。」且只於仁體上求得一箇真實，却儘有下功夫處也。謨。

道夫問：張子云：「以心克己，即是復性，復性便是行仁義。」切謂克己便是克去私心，却云「以心克己」，莫剩却「以心」兩字否？曰：克己便是此心克之。公但看「爲仁由己，而由人乎哉」，非心而何？「言忠信，行篤敬，立則見其參於前，在輿則見其倚於衡」，這不是心是甚麽？凡此等皆心所爲，但不必更着「心」字。所以夫子不言心，但只説在裏，教人做。如喫飯須是口，寫字須是手，更不用説口喫手寫。又問：「復性便是行仁義」，復，是方復得此性，如何便説行得？曰：既復得此性，便恁地行。纔去得不仁不義，則所行便是仁義。那得一箇在不仁不義與仁義之中底物事？不是人欲，便是天理；不是天理，便是人欲。所以謂「欲知舜與蹠之分者，無他，利與善之間也」。所隔甚不多，但聖賢把得這界定爾。道夫。

朱子語類卷第一百 一十一板

邵子之書

康節學於李挺之，請曰：「願先生微開其端，毋竟其說。」又恐是李學於穆時說。此意極好。學者當然須是自理會出來，便好。方。

伊川之學，於大體上瑩徹，於小小節目上猶有疏處。康節能盡得事物之變，却於大體上有未瑩處。用之云：康節善談《易》，一作說《易》極好。見得透徹。曰：然。伊川又輕之，嘗有簡與横渠云：「堯夫説《易》好聽。今夜試來聽它說看。」某嘗說，此便是伊川不及孔子處。只觀孔子便不如此。僩。

或言：康節心胸如此快活，如此廣大，如何得似他？曰：它是甚麼樣做工夫！僩。○廣同。

問：近日學者有厭拘檢、樂舒放、惡精詳、喜簡便者，皆欲慕邵堯夫之爲人。曰：邵子這道理，豈易及哉！他腹裏有這箇學，能包括宇宙，終始古今，如何不做得大？放得下？今人却恃箇甚後敢如此！因誦其詩云：「日月星辰高照耀，皇王帝伯大鋪舒。」可謂人豪矣！大雅。

厚之問：康節只推到數？曰：然。某問：須亦窺見理。曰：雖窺見理，却不介意了。可學。

問：康節學到「不惑」處否？曰：康節又別是一般。聖人知天命以理，他只是以術。然到得術之精處，亦非術之所能盡。

然其初只是術耳。璘。

邵康節，看這人須極會處置事，被他神閑氣定，不動聲氣，須處置得精明。他氣質本來清明，又養得來純厚，又不曾枉用了心。他用那心時，都在緊要上用。被他静極了，看得天下之事理精明。嘗於百原深山中闢書齋，獨處其中。王勝之常乘月訪之，必見其燈下正襟危坐，雖夜深亦如之。若不是養得至静之極，如何見得道理如此精明？只是他做得出來，須差異。季通嘗云：「康節若做，定是四公、八辟、十六侯、三十二卿、六十四大夫，都是加倍法。」想得是如此。想見他看見天下之事，才上手來，便成四截了。其先後緩急，莫不有定；動中機會，事到面前，便處置得下矣。康節甚喜張子房，以爲子房善藏其用。以老子爲得《易》之體，以孟子爲得《易》之用，合二者而用之，想見善處事。問：不知真箇用時如何？曰：先時説了，須差異，須有些機權術數也。僩。

直卿問：康節詩嘗有莊、老之説，如何？曰：便是他有些子這箇。曰：如此，莫於道體有異否？曰：他嘗説「老子得《易》之體，孟子得《易》之用」，體、用自分作兩截。曰：他又説經綸，如何？曰：看他只是以術去處得這事恰好無過，如張子房相似，他所以極口稱贊子房也。二程謂其「粹而不雜」，以今觀之，亦不可謂不雜。曰：他説風花雪月，莫是曾點意思否？曰：也是見得眼前這箇好。璘録云：舜功云：堯夫似曾點。曰：他又有許多骨董。曰：意其有「與自家意思一般」之意。曰：也是它有這些子。若不是，却淺陋了。道夫。

問：程子謂康節「空中樓閣」。曰：是

四通八達。方子録云：言看得四通八達。莊子比康節亦髣髴相似。然莊子見較高，氣較豪。他是事事識得了，又却蹴踏着，以爲不足爲。康節略有規矩，然其詩云：「賓朋莫怪無拘檢，真樂攻心不奈何。」不知是何物攻他心。佐。

康節之學，近似釋氏，但却又挨傍消息盈虛者言之。問：《擊壤序》中「以道觀道」等語，是物各付物之意否？曰：然。蓋自家都不犯手之意。道是指陰陽運行者言之。又問：如此，則性與心身都不相管攝，亡者自亡，存者自存否？曰：某固言其與佛學相近者，此也。又曰：康節凡事只到半中央便止，如「看花切勿看離披」是也。如此，則與張子房之學相近。曰：固是。康節自有兩三詩稱贊子房。曰：然則與楊氏「爲我」之意何異？先生笑而不言。必大。

因論康節之學。曰：似老子。只是自要尋箇寬閑快活處，人皆害它不得。後來張子房亦是如此。方衆人紛拏擾擾時，它自在背處。人傑因問：《擊壤集序》有「以道觀性，以性觀心，以心觀身，以身觀物，治則治矣，猶未離乎害也」。上四句自説得好，却云「未離乎害」。其下云：「不若以道觀道，以性觀性，以心觀心，以身觀身，以物觀物，雖欲相傷，其可得乎？」若然，則以家觀家，以國觀國，以天下觀天下，亦從而可知也。」恐如上四句，似合聖人之中道；「以道觀道」而下，皆付之自然，未免有差否？曰：公且説前四句。曰：性只是仁、義、禮、智，乃是道也。心則統乎性，身則主乎心，此三句可解。至於物，則身之所資以爲用者也。曰：此非康節之意。既不得其意，如何議論它？人傑因請教。先生曰：「以道觀性」者，道是自然底道理，性則有剛柔、善惡參差不齊處，是道不能以該盡此性也。性有仁、義、禮、智之善，心却千思萬慮，出入無時，是性不能以該盡此心也。心欲如此，而身却不能如此，是心有不能檢其身處。以一身而觀物，亦有不能盡其情狀變態處，此則「未離乎害」之意也。且以一事言之：若好人之所好，惡人之所惡，是「以物觀物」之意；若以己之好惡律人，則是「以身觀物」者也。又問：如此，則康節「以道觀道」等說，果爲無病否？曰：謂之無病不可，謂之有病亦不可。若使孔、孟言之，必不肯如此說。渠自是一樣意思。如「以天下觀天下」，其說出於老子。又問：如此，則「以道觀性，以性觀心，以心觀身」三句，義理有可通者，但「以身觀物」一句爲不可通耳。曰：若論「萬物皆備於我」，則「以身觀物」，亦何不可之有？人傑。

康節本是要出來有爲底人，然又不肯深犯手做。凡事直待可做處，方試爲之；纔覺難，便拽身退，正張子房之流。必大。

問：堯夫之學似楊雄，如何？曰：以數言。可學。

某看康節《易》了，都看别人底不得。他說「太極生兩儀，兩儀生四象」，又都無玄妙，只是從來更無人識。楊子《太玄》一玄、三方、九州、二十七部、八十一家，亦只是這箇。他却識，只是他以三爲數，皆無用了。他也只是見得一箇麄底道理，後來便都無人識。老氏「道生一，一生二，二生三」，亦剩說了一箇道。便如太極生陽，陽生陰，至二生三，又更都無道理。後來五峰又說一箇云云。便是「太極函三爲一」意思。賀孫。

康節之學似楊子雲。《太玄》擬《易》，❶方、州、部、家，皆自三數推之。元爲之首，一以生三，爲三方；三生九，爲九州；九生二十七，爲二十七部；九九乘之，斯爲八十一家。首之以八十一，所以準六十四卦，贊之以七百二十有九，所以準三百八十四爻，無非以三數推之。康節之數，則是加倍之法。謨。

康節其初想，只是看得「太極生兩儀，兩儀生四象」。心只管在那上面轉，久之理透，想得一舉眼便成四片。其法，四之外又有四焉。凡物才過到二之半時，便煩惱了，蓋已漸趨於衰也。謂如見花方蓓蕾，則知其將盛；既開，則知其將衰；其理不過如此。謂如今日戌時，從此推上去，至未有天地之始；從此推下去，至人消物盡之時。蓋理在數内，數又在理内。康節是他見得一箇盛衰消長之理，故能知之。若只説他知得甚事，如歐陽叔弼定謚之類，此知康節之淺陋者也。程先生有一束説「《先天圖》甚有理，可試往聽他説看」。觀其意，甚不把當事。然自有《易》以來，只有康節説一箇物事如此齊整。如楊子雲《太玄》便令星補湊得可笑。若不補，又却欠四分之一；補得來，又却多四分之三。如《潛虚》之數用五，只似如今算位一般。其直一畫則五也，下横一畫則爲六，横二畫則爲七，蓋亦補湊之書也。方子。

或問康節數學。曰：且未須理會數，自是有此理。有生便有死，有盛必有衰。且如一朵花，含蘂時是將開，略放時是正盛，爛熳時是衰謝。又如看人，即其氣之盛

❶「擬」，原作「疑」，今據朝鮮本改。

衰，便可以知其生死。蓋其學本於明理，故明道謂其「觀天地之運化，然後頽乎其順，浩然其歸」。若曰渠能知未來事，則與世間占覆之術何異？其去道遠矣！其知康節者末矣！蓋他玩得此理熟了，事物到面前便見，更不待思量。❶又云：康節以四起數，疊疊推去，自《易》以後，無人做得一物如此整齊，包括得盡。想他每見一物，便成四片了。但才到二分以上便怕，乾卦方終，便知有箇姤卦來。蓋緣他於起處推將來，至交接處看得分曉。廣云：先生前日說康節之學與周子、程子少異處，莫正在此否？若是聖人，則處乾時，自有箇處乾底道理；處姤時，自有箇處姤底道理否？曰：然。廣。

問：先生說邵堯夫看天下物皆成四片，如此，則聖人看天下物皆成兩片也。曰：也是如此，只是陰陽而已。廣。

論《皇極經世》：乃一元統十二會，十二會統三十運，三十運統十二世，一世統三十年，一年統十二月，一月統三十日，一日統十二辰，是十二與三十迭爲用也。因云：季通以十二萬九千六百之數爲日分。○植。

堯至今方三千年，邵《曆》一萬年爲一會。揚。

《易》是卜筮之書，《皇極經世》是推步之書。《經世》以十二辟卦管十二會，綳定時節，却就中推吉凶消長。堯時正是乾卦九五，其書與《易》自不相干。只是加一倍推將去。○方子。

㬎問《易》與《經世》書同異。曰：《易》是卜筮，《經世》是推步，是一分爲二，二分

❶「更」，萬曆本作「便」。

爲四，四分爲八，八分爲十六，十六分爲三十二，又從裏面細推去。節。

叔器問：《經世》書「水火土石」，石只是金否？曰：它分天地間物事皆是四，如日月星辰、水火土石、雨風露雷，皆是相配。又問：金生水，如石中出水，是否？曰：金是堅凝之物，到這裏堅實後，自拶得水出來。又問：伯温解《經世》書如何？曰：他也只是説將去，那裏面曲折精微，也未必曉得。康節當時只説與王某，不曾説與伯温。模樣也知得那伯温不是好人。義剛。

因論《皇極經世》曰：堯夫以數推，亦是心静知之。如董五經之類，皆然。曰：程先生云「須是用時知之」。曰：用，則推測。因舉興化妙應知未來之事，曰：如此又有術。可學。

《皇極經世》紀年甚有法。史家多言秦廢太后，逐穰侯。《經世》書只言「秦奪宣太后權」。伯恭極取之，蓋實不曾廢。方子。

康節《漁樵問對》無名公序，與一兩篇書次第將來，刊成一集。節。

「天何依？曰：依乎地。」「地何附？曰：附乎天。」「天地何所依附？曰：自相依附。天依形，地依氣。」所以重復而言不出此意者，唯恐人於天地之外別尋去處故也。天地無外，所謂「其形有涯，而其氣無涯」也。爲其氣極緊，故能扛得地住；不然，則墜矣。氣外須有軀殼甚厚，所以固此氣也。今之地動，只是一處動，動亦不至遠也。謨。

舜弼問「天依地，地依氣」。曰：恐人道下面有物。天行急，地閣在中。可學。

古今曆家，只是推得箇陰陽消長界分爾，如何得似康節説得那天依地，地附天，天地「自相依附，天依形，地附氣」底幾句？向嘗以此數語附于《通書》之後。欽夫見之，殊不以爲然，曰：「恐説得未是。」某云：「如此，則試別説幾句來看。」廣云：伊川謂：「自古言數者，至康節方説到理上。」曰：是如此。如楊子雲亦略見到理上，只是不似康節精。廣。

問：康節云：「雨化物之走，風化物之飛，露化物之草，雷化物之木。」此説是否？曰：想且是以大小推排匹配去。問：伊川云：「露是金之氣。」曰：露自是有清肅底氣象。古語云「露結爲霜」，今觀之誠然。伊川云不然，不知何故。蓋露與霜之氣不同：露能滋物，霜能殺物也。又雪、霜亦有異：霜則殺物，雪不能殺物也。雨與露亦不同：雨氣昏，露氣清，氣蒸而爲雨，如飯甑蓋之，其氣蒸鬱而汗下淋漓；氣蒸而爲霧，如飯甑不蓋，其氣散而不收。霧與露亦微有異，露氣肅，而霧氣昏也。僩。

或問：康節云「道爲太極」，又云「心爲太極」。道，指天地萬物自然之理而言；心，指人得是理以爲一身之主而言？曰：固是。但太極只是箇一而無對者。

康節云：「一動一靜者，天地之妙也；一動一靜之間者，天、地、人之妙也。」蓋天只是動，地只是靜。到得人，便兼動靜，是妙於天地處。故曰：「人者，天地之心。」論人之形，雖只是器；言其運用處，却是道理。𥲤。

人身是形耳，所具道理，皆是形而上者。蓋「人者，天地之心也」。康節所謂「一動一靜之間，天地人之至妙」者歟？人傑。

無極之前，陰含陽也；有象之後，陽分陰也。陽占却陰分數。文蔚。

「性者，道之形體；心者，性之郛郭；身者，心之區宇；物者，身之舟車。」此語雖說得麄，畢竟大概好。文蔚。

先生問：性如何是道之形體？淳曰：道是性中之理。先生曰：道是泛言，性是就自家身上說。道在事物之間，如何見得？只就這裏驗之。砥録作「反身而求」。性之所在，則道之所在也。道是在物之理，性是在己之理。然物之理，都在我此理之中，道之骨子便是性。劉問：性，物我皆有，恐不可分在己、在物否？曰：道雖無所不在，須是就己驗之而後見。如「父子有親，君臣有義」，若不就己驗之，如何知得是本有？「天叙有典」，典是天底，自我驗之，方知得「五典五惇」。「天秩有禮」，禮是天底，自我驗之，方知得「五禮有庸」。淳問：心是郛郭，便包了性否？先生首肯，曰：是也。如横渠「心統性情」一句，乃不易之論。孟子說心許多，皆未有似此語端的。子細看，便見其他諸子等書，皆無依稀似此。淳。○寓同。砥同。

正卿問：邵子所謂「道之形體」，如何？曰：諸先生說這道理，却不似邵子說得最着實。這箇道理纔說出，只是虛空，更無形影。惟是說「性者，道之形體」，却見得實有。不須談空說遠，只反諸吾身求之，是實有這箇道理，還是無這箇道理？故嘗爲之說曰：欲知此道之實有者，當求之吾性分之内。邵子忽地於《擊壤集序》自說出幾句，最說得好。賀孫。

或問：「性者，道之形體」，如何？曰：天之付與，其理本不可見，其總要却在此。蓋人得之於天理，元無欠闕。只是其理却無形象，不於性上體認，如何知得？程子曰：「其體謂之道，其用謂之神。而其理屬之人，則謂之性；其體屬之人，則謂之心；其用屬之人，則謂之情。」祖道。

問：性何以謂「道之形體」？曰：若只恁説道，則渺茫無據。如父子之仁，君臣之義，自是有箇模樣，所以爲形體也。謨。

「性者，道之形體。」此語甚好。道，只是懸空説。統而言之謂道。節。

「性者，道之形體。」今人只泛泛説得道，不曾見得性。椿。

「性者，道之形體。」性自是體，道是行出見於用處。

才卿問「性者，道之形體」。曰：道，是發用處見於行者，方謂之道；性，是那道骨子。性是體，道是用。如云「率性之謂道」，亦此意。僩。

「性者，道之形體；心者，性之郛郭。」康節這數句極好。蓋道即理也，如「父子有親，君臣有義」是也。然非性，何以見理之所在？故曰：「性者，道之形體。」仁、義、禮、智，性也，理也；而具此性者，心也，故曰：「心者，性之郛郭。」砥。

器之問《中庸》首三句。先生因舉「性者，道之形體」之語。器之云：若説「道者，性之形體」，却分曉。曰：恁地看，倒了。蓋道者，事物常行之路，皆出於性，則性是道之原本。木之曰：莫是性者，道之體；道者，性之用否？曰：模樣是如此。木之。

方賓王以書問云：「心者，性之郛郭」，當是言存主統攝處？可學謂：郛郭是包括。心具此理，如郛郭中之有人。曰：方説句慢。問：以窮理爲用心於外，是誰説？曰：是江西説。又問：「發見」説話，未是。如此，則全賴此些時節，如何倚靠？

曰：湖南皆如此說。曰：孟子告齊王，乃是欲因而成就之，若只執此，便不是。曰：然。又問：「穀種之必生，如人之必仁」，如此，却是以生譬仁。穀種之生，乃生之理，乃得此生理以爲仁。曰：「必」當爲「有」。又解南軒「發是心體，無時而不發」，云：及其既發，則當事而存，而爲之宰者也。某謂：心豈待發而爲之宰？曰：此一段强解，南軒說多差。可學。

或問：康節云：「能物物，則吾爲物中之人。」伊川曰：「不必如此說。人自是人，物自是物。」伊川說得終是平。先生曰：自家但做箇好人，不怕物不做物。

或誦康節詩云：「若論先天一事無，後天方要着工夫。」先生問：如何是「一事無」？曰：出於自然，不用安排。先生默然。廣云：「一事無」處是太極。先生曰：嘗謂太極是箇藏頭底物事，重重推將去，更無盡期。有時看得來頭痛。廣云：先生所謂「迎之而不見其首，隨之而不見其後」是也。廣。

邵子「天地定位，否、泰反類」一詩，正是發明《先天方圖》之義。《先天圖》傳自希夷，希夷又自有所傳。蓋方士技術用以修煉，《參同契》所言是也。方子。

何臣源以書問：邵子詩：「須探月窟方知物，未躡天根豈識人！」又先生贊邵子「手探月窟，足躡天根」，莫只是陰陽否？先生答之云：《先天圖》自復至乾，陽也；自姤至坤，陰也。陽主人，陰主物。「手探」、「足躡」，亦無甚意義。但姤在上，復在下。上，故言「手探」；下，故言「足躡」。廣。

問：康節云：「天宮月窟閑來往，❶三

❶「宫」，萬曆本作「根」。

十六宮都是春。」蓋云天理流行，而已常周旋乎其間。天根、月窟是箇總會處，如「大明終始，時乘六龍」之意否？曰：是。礪。

「三十六宮都是春」，《易》中二十八卦翻覆成五十六卦，唯有乾、坤、坎、離、大過、頤、小過、中孚八卦，反覆只是本卦。以二十八卦湊此八卦，故言「三十六」也。寓。

康節詩儘好看。道夫問：舊無垢引《心贊》云：「廓然心境大無倫，盡此規模有幾人？我性即天天即性，莫於微處起經綸。」不知如何？曰：是殆非康節之詩也。林少穎云：朱內翰作。次第是子發也。問：何以辨？曰：若是真實見得，必不恁地張皇。道夫曰：舊看此意，似與「性爲萬物之一原，而心不可以爲限量」同。曰：固是。但只是摸空説，無着實處。如康節云「天向一中分造化，人從心上起經綸」，多少平易！實見得者自別。又問「一中分造化」。曰：本是一箇，而消息盈虛，便生陰陽。事事物物，皆恁地有消便有息，有盈便有虛，有箇面便有箇背。曰：這便是自然，非人力之所能爲者？曰：這便是生兩儀之理。道夫。○賀孫録云：「廓然心境大無倫」，此四句詩正如貧子説金，學佛者之論也。

康節煞有好説話，《近思録》不曾取入。近看《文鑑》編康節詩，不知怎生「天向一中分造化，人於心上起經綸」底詩却不編入。義剛。

康節以品題風月自負，然寔强似《皇極經世》書。方。○季通語。

康節之學，其骨髓在《皇極經世》，其花草便是詩。直卿云：其詩多説閑静樂底意思，太煞把做事了。曰：這箇未説聖人，只顔子之樂亦不恁地。看他詩，篇篇只管説樂，次第樂得來厭了。聖人得底如喫飯相似，只飽而已。他却如喫酒。又曰：他都是有箇自私自利底意思，所以明道有「要之，不可以治天下國家」之説。道夫。

邵堯夫詩「雪月風花未品題」，此言事物皆有造化。可學。

邵堯夫六十歲作《首尾吟》百三十餘篇，至六七年間終。渠詩玩侮一世，只是一箇「四時行焉，百物生焉」之意。璘。

先生誦康節詩曰：「施爲欲似千鈞弩，磨礪當如百鍊金。」或問：「千鈞弩」如何？曰：只是不妄發。如子房之在漢，謾説一句，當時承當者便須百碎。道夫。

康節詩云：「幽暗巖崖生鬼魅，清平郊野見鸞凰。」聖人道其常，也只是就那光明處理會説與人。那幽暗處，知得有多少怪異！僩。

康節曰：「思慮未起，鬼神莫知，不由乎我，更由乎誰！」此間有術者，人來問事，心下默念，則他説相應。有人故意思別事，不念及此，則其説便不應。問姓幾畫，口中默數，則他説便着；不數者，説不着。義剛。

因論學者輕俊者不美，樸厚者好，因説：章惇、邢恕當時要學數於康節，康節見得他破，不肯與之。明道亦識得邢，《語録》中可見。凡先生長者惜才，不肯大段説破，萬一其有回意。揚因問：當時邵傳與章、邢，使其知前程事時，須不至如此之甚？曰：不可如此説。後又問云：使章、邢先知之，他更是放手做，是虎而翼者也。又因説：康節當時只是窮得天地盈虛消息之理，因以明得此數。要之，天地之理却自是當知，數亦何必知之？伊川謂「雷自起處起」，何必推知其所起處？惟有孟子見得，曰：「莫非命也，順受其正。」但有今日，都不須問前面事。但自盡，明日死也不可知，更二三十年在世也不可知。只自修，何必預知之？揚。

康節謂章子厚曰：「以君之才，於吾之學，頃刻可盡。但須相從，發下一二十年，使塵慮銷散，胸中豁無一事，乃可相授。」驤。

康節數學源流於陳希夷。康節天資極高，其學只是術數學。後人有聰明能算，亦可以推。建陽舊有一村僧，宗元。一日走上徑山，住得七八十日，悟禪而歸。其人聰敏，能算法，看《經世》書，皆略略領會得。揚。

朱子語類卷第一百一 三十三板

程子門人

總論

問：程門誰真得其傳？曰：也不盡見得。如劉質夫、朱公掞、劉思叔輩，又不見他文字。看程門諸公力量見識，比之康節、横渠，皆趕不上。義剛。

程子門下諸公便不及，所以和静云：「見伊川不曾許一人。」或問：伊川稱謝顯道、王佐才，有諸？和静云：「見伊川説謝顯道好，只是不聞王佐才之語。」劉子澄編《續近思録》，取程門諸公之説。某看來，其間好處固多，但終不及程子，難於附入。璘。〇必大録云：程門諸先生親從二程子，何故看他不透？子澄編《近思續録》，某勸他不必作，蓋接續二程意思不得。

伊川之門，謝上蔡自禪門來，其説亦有差。張思叔最後進，然深惜其早世。使天予之年，❶殆不可量。其他門人多出仕官四方，❷研磨亦少。楊龜山最老，其所得亦深。謙。

謂思叔持守不及和静，乃伊川語，非特爲品藻二人，蓋有深意。和靖舉以語人，亦非自是，乃欲人識得先生意耳。若以其自是之嫌而不言，則大不是，將無處不窒礙矣。鎬。

❶「予」，原作「子」，今據萬曆本改。

❷「官」，萬曆本作「宦」。

吕與叔《文集》煞有好處。他文字極是實，説得好處，如千兵萬馬，飽滿伉壯。上蔡雖有過當處，亦自是説得透。龜山文字却怯弱，似是合下會得易。某嘗説：看文字須以法家深刻，方窮究得盡。某直是拚得下工。閎祖。

上蔡多説過了。龜山巧，又别是一般，巧得又不好。范諫議説得不巧，然亦好。和靖又忒不巧，然意思好。振。

問尹和靖立朝議論。曰：和靖不觀他書，只是持守得好。它《語録》中説涵養持守處分外親切。有些朝廷文字，多是吕稽中輩代作。問：龜山立朝，却有許多議論。曰：龜山雜博，是讀多少文字。德明。

看道理，不可不子細。程門高弟如謝上蔡、游定夫、楊龜山輩，下梢皆入禪學去。必是程先生當初説得高了，他們只睚見上一截，少下面着實工夫，故流弊至此。義剛。

游、楊、謝三君子初皆學禪。後來餘習猶在，故學之者多流於禪。游先生大是禪學。德明。

一日，論伊川門人，云：多流入釋氏。文蔚曰：只是游定夫如此，恐龜山輩不如此。曰：只《論語序》便可見。文蔚。

龜山少年未見伊川時，先去看《莊》、《列》等文字。後來雖見伊川，然而此念熟了，不覺時發出來。游定夫尤甚。羅仲素時復亦有此意。恪。

問：程門諸公親見二先生，往往多差互。如游定夫之説，多入於釋氏。龜山亦有分數。曰：定夫極不濟事。以某觀之，二先生衣鉢似無傳之者。又問：上蔡議論莫太過？曰：上蔡好於事上理會理，却有過處。又問：和靖專於主敬，集義處少。

曰：和靖主敬把得定，亦多近傍理。龜山説話頗淺狹。范淳夫雖平正，而亦淺。又問：嘗見《震澤記善録》，彼親見伊川，何故如此之差？曰：彼只見伊川面耳。曰：「中無倚著」之語，莫亦有所自來？曰：却是伊川語。可學。

游、楊、謝諸公，當時已與其師不相似，却似別立一家。謝氏發明得較精彩，然多不穩貼。和靖語却實，然意短，不似謝氏發越。龜山《語録》與自作文又不相似，其文大故照管不到，前面説如此，後面又都反了。緣他只依傍語句去，皆是不透。龜山年高。與叔年四十七，他文字大綱立得脚來健，多有處説得好，❶又切。若有壽，必煞進。游定夫學無人傳，無語録。他晚年嗜佛，在江湖居，多有尼出入其門。他眼前分曉，信得及底，儘踐履得到。其變化出入處看不出，便從釋去，亦是不透。和靖在虎丘，每旦起，頂禮佛。鄭曰：亦念《金剛經》。他因趙相入侍講筵，那時都説不出，都奈何不得。人責他事業，答曰：「每日只講兩行書，如何做得致君澤民事業？」高宗問：「程某道孟子如何？」答曰：「程某不敢疑孟子。」如此，則是孟子亦有可疑處，只不敢疑爾。此處更當下兩語，却住了。他也因患難後，心神耗了。龜山那時亦不應出。侯師聖太麄疏，李先生甚輕之。來延平看親，羅仲素往見之，坐少時不得，只管要行。此亦可見其麄疏處。張思叔敏似和靖，伊川稱其樸茂，然亦狹，無展拓氣象。收得他雜文五六篇，其詩都似禪，緣他初是行者出身。郭冲晦有《易》文字，説《易》卦都從變

❶「多有」，萬曆本作「有多」。

上推，❶問一、二卦推得，豈可都要如此？近多有文字出，無可觀。周恭叔、謝用休、趙彦道、鮑若雨，那時温州多有人，然都無立作。王信伯乖。鄭問：它説「中無倚著」，又不取龜山「不偏」説，何也？曰：他謂中無偏倚，故不取「不偏」説。鄭曰：胡文定只上蔡處講得些子來，議論全似上蔡。如「獲麟以天自處」等。曾漸又胡文定處講得些子。曰：文定愛將聖人道理張大説，都是勉强如此，不是自然流出。曾漸多是禪。淳。

學者氣質上病最難救。如程門謝氏便如「師也過」，游與楊便如「商也不及」，皆是氣質上病。向見無爲一醫者善用鍼，嘗云「是病可以鍼而愈，惟胎病爲難治」。必大。

蔡云：不知伊川門人如此其衆，何故後來更無一人見得親切？或云：游、楊亦不久親炙。曰：也是諸人無頭無尾，不曾盡心存上面也。各家去奔走仕宦，所以不能理會得透。如邵康節從頭到尾，極終身之力而後得之。雖其不能無偏，然就他這道理，所謂「成而安」矣。如茂叔先生資禀便較高，他也去仕宦。只他這所學，自是從合下直到後來，所以有成。某看來，這道理若不是拚生盡死去理會，終不解得。《書》曰：「若藥不瞑眩，厥疾不瘳。」須是喫些苦極，方得。蔡云：上蔡也雜佛、老。曰：只他見識又高。蔡云：上蔡老氏之學多，龜山佛氏之説多，游氏只雜佛，吕與叔高於諸公。曰：然。這大段有筋骨，惜其早死。若不早死，也須理會得到。蔡又因説律管，云：伊川何不理會？想亦不及理會，還無

❶「都」，原作「郡」，今據朝鮮本改。

人相共理會？然康節所理會，伊川亦不理會。曰：便是伊川不肯理會這般所在。賀孫。

程門諸子，在當時親見二程，至於釋氏，却多看不破，是不可曉。觀《中庸説》中可見。如龜山云：「吾儒與釋氏，其差只在杪忽之間。」某謂何止杪忽？直是從源頭便不同。伯豐問：《崇正辨》如何？曰：《崇正辨》亦好。伯豐曰：今禪學家亦謂所辨者皆其門中自不以爲然。曰：不成吾儒守三綱五常，若有人道不是，亦可謂吾儒自不以爲然否？又問：此書只論其迹。曰：論其迹亦好。伊川曰：「不若只於迹上斷，畢竟其迹是從那裏出來。」胡明仲做此書，説得明白。若五峰説話中，辨釋氏處却糊塗，鬬他不倒。《皇王大紀》中亦有數段，亦不分曉。僩。

上蔡之學，初見其無礙，甚喜之。後細觀之，終不離禪底見解。如「灑掃應對」處，此只是小子之始學。程先生因發明，雖始學，然其終之大者亦不離乎此。上蔡於此類處便説得大了。道理自是有小有大，有初有終，若如此説時，便是不安於其小者、初者，必知其中有所謂大者，方安爲之。如曾子三省處，皆只是實道理。上蔡於小處説得亦大了。記二先生語云：「才得後，便放開。不然，只是守。」此語記亦未備。得了自然開，如何由人放開？此便是他病處。諸家《語録》，自然要就所録之人看。上蔡大率張皇，不妥怗。更如游、楊解書之類，多使聖人語來反正。如解「不亦樂乎」，便云「學之不講爲憂，有朋友講習，豈不樂乎」之類，亦不自在。大率諸公雖親見伊川，皆不得其師之説。振。

程門弟子親炙伊川，亦自多錯。蓋合下見得不盡，或後來放倒。蓋此理無形體，故易差，有百般滲漏。去僞。

程門諸高弟覺得不快於師説，只爲他自説得去。文蔚。

古之聖賢未嘗説無形影話，近世方有此等議論。蓋見異端好説玄説妙，思有以勝之，故亦去玄妙上尋，不知此正是他病處。如孟子説「反身而誠」，本是乎實，❶伊川亦説得分明，到後來人説時，便如空中打箇筋斗。然方其記録伊川語，元不錯。及自説出來，便如此，必是聞伊川説時，實不得其意耳。必大。

問：郭冲晦何如人？曰：西北人，氣質重厚淳固，但見識不及。如《兼山易》、《中庸義》多不可曉，不知伊川晚年接人是如何。問：游、楊諸公早見程子，後來《語》、《孟》、《中庸》説，先生猶或以爲疏略，何也？曰：游、楊諸公皆才高，又博洽，略去二程處參較所疑及病敗處，各能自去求。雖其説有疏略處，然皆通明，不似兼山輩立論可駭也。德明。

周恭叔學問，自是靠不得。方。

朱公掞文字有幅尺，是見得明也。方。

南軒云：朱公掞《奏狀》説伊川不着。先生云：不知如何方是説着？大意只要説得實，便好。如伊川説物便到「四凶」上，及吕與叔《中庸》，皆説實話也。方。

李樸先之大概，是能尊尚道學，但恐其氣剛，亦未能遜志於學問。道夫。

學者宜先看《遺書》，次看和靖文字，後乃看上蔡文字，以發光彩，且已可不迷其説

❶「乎」，萬曆本作「平」。

也。方。附季通語。

呂與叔

呂與叔惜乎壽不永。如天假之年，必所見又別。程子稱其「深潛縝密」，可見他資質好，又能涵養。某若只如呂年，亦不見得到此田地矣。「五福」説壽爲先者，此也。友仁。

有爲呂與叔挽詩云：「曲禮三千目，躬行四十年。」方。

呂與叔《中庸義》，典實好看，又有《春秋》、《周易》解。方。

呂與叔云：「聖人以中者不易之理，故以之爲教。」如此，則是以中爲一好事，用以立教，非自然之理也。先生曰：此是横渠有此説。所以横渠没，門人以「明誠中子」諡之，與叔爲作《諡議》，蓋支離也。西北人勁直，才見些理，便如此行去。又説出時，其他又無人曉，只據他一面説去，無朋友議論，所以未精也。振。

呂與叔本是箇剛底氣質，涵養得到，所以如此。故聖人以剛之德爲君子，柔爲小人。若有其剛矣，須除去那剛之病，全其與剛之德，相次可以爲學。若不剛，終是不能成。有爲而言。○卓。

看呂與叔《論選舉狀》：「立士規，以養德厲行；更學制，以量才進藝；定貢法，以取賢斂才；立試法，以試用養才；立辟法，以興能備用；立舉法，以覆實得人；立考法，以責任考功。」先生曰：其論甚高。使其不死，必有可用。

呂與叔後來亦看佛書，朋友以書責之，呂云：「某只是要看他道理如何。」其《文集》上雜記亦多不純。想後來見二程了，却好。

呂與叔《集》中，有《與張天驥書》，是天驥得一書與他，云：「我心廣大如天地，視其形體之身，但如螻蟻。」此也不足辨，但偶然是有此書。張天驥便是東坡與他做《放鶴亭記》者，即雲龍處士，徐州人。心廣大後，方能體萬物。蓋心廣大，則包得那萬物過，故能體此。體，猶「體群臣」之「體」。義剛。

呂與叔論顏子等處極好。龜山云云，未是。可學。

呂與叔有一段說輪回。可學。

謝顯道

上蔡高邁卓絶，言論宏肆，善開發人。若海。

上蔡語雖不能無過，然都是確實做工夫來。道夫。

問：人之病痛不一，各隨所偏處去。上蔡才高，所以病痛盡在「矜」字？曰：此說是。人傑。

謝氏謂去得「矜」字，後來矜依舊在，說道理愛揚揚地。淳。

或問：謝上蔡以覺言仁，是如何？曰：覺者，是要覺得箇道理。須是分豪不差，方能全得此心之德，這便是仁。若但知得箇痛癢，則凡人皆覺得，豈盡是仁者耶？醫者以頑痺爲不仁，以其不覺，故謂之「不仁」。不覺，固是不仁，然便謂覺是仁，則不可。時舉。

問：上蔡說仁，本起於程先生引醫家之說而誤？曰：伊川有一段說不認義理，最好。只以覺爲仁，若不認義理，只守得一箇空心，覺何事！可學。

上蔡以知覺言仁。只知覺得那應事接物底，如何便唤做仁？須是知覺那理，方是。且如一件事，是合做與不合做，覺得這箇，方是仁。唤着便應，抉着便痛，這是心之流注在血氣上底。覺得那理之是非，這方是流注在理上底。唤着不應，抉着不痛，這固是死人，❶固是不仁。唤得應，抉着痛，只這便是仁，則誰箇不會如此？須是分作三截看：那不聞痛癢底，是不仁；只覺得痛癢，不覺得理底，雖會於那一等，也不便是仁；須是覺這理，方是。植。

問：謝氏以覺訓仁，謂仁爲活物，要於日用中覺得這箇活物，便見仁體。而先生不取其説，何也？曰：若是識得仁體，則所謂覺、所謂活物，皆可通也。但他説得自有病痛，必竟如何是覺，又如何是活物？又却别將此箇意思去覺那箇活物，方寸紛擾，何以爲仁？如説「克己復禮」，己在何處？克又如何？豈可以活物覺之而已也！謨。

問：上蔡以覺訓仁，莫與佛氏説異？若張子韶之説，則與上蔡不同。曰：子韶本無定論，只是迅筆便説，不必辨其是非。某云：佛氏説覺，却只是説識痛癢。曰：上蔡亦然。又問：上蔡説覺，乃是覺其理。曰：佛氏亦云覺理。此一段説未盡，客至，起。○可學。

上蔡云：「釋氏所謂性，猶吾儒所謂心；釋氏所謂心，猶吾儒所謂意。」此説好。閎祖。

問：上蔡説佛氏「目視耳聽」一段，比

❶ 「固」，萬曆本作「箇」。

其它説佛處，此最當。曰：固是。但不知渠説本體是何？性若不指理，却錯了。可學。

因論《上蔡語録》中數處，如云「見此消息，不下工夫」之類，乃是謂佛、儒本同，而所以不同，但是下截耳。龜山亦如此。某謂：明道云：「以吾觀於佛，疑於無異，然而不同。」曰：上蔡有《觀復堂記》云莊、列之徒云云，言如此則是聖人與莊、列同，只是言有多寡耳。觀它説「復」，又却與伊川異，似以静處爲復。湖州刻伊川《易傳》，後有謝跋，云「非全書」。伊川嘗約門人相聚共改，未及而没。使當初若經他改，豈不錯了！龜山又有一書，亦改刪伊川《易》。《遺書》中謝記有一段，下注云：「鄭轂親見。」轂嘗云：「曾見上蔡每説話，必覆巾掀髯攘臂。」方録云：鄭轂言：「上蔡平日説話到軒舉處，❶必反巾揎袖以見精采。」❷某曰：若他與朱子發説《論語》，大抵是如此。曰：以此語學者，不知使之從何入頭！可學。

上蔡《觀復齋記》中説道理，皆是禪學底意思。義剛。

問上蔡「學佛欲免輪回」一段。曰：答辭似不甚切。可學。

《上蔡語録》論佛處，乃江民表語。民表爲諫官，甚有可觀，只是學佛。當初是人寫江語與謝語共一册，遂誤傳作謝語。唯室先生陳齊之有辨，辨此甚明。璘。

國秀問：上蔡説横渠以禮教人，其門人下梢頭低，只「溺於形名度數之間，行得來困，無所見處」，如何？曰：觀上蔡説得

❶「軒」，萬曆本作「掀」。
❷「巾揎」，萬曆本無此二字。

又自偏了。這都看不得禮之大體，所以都易得偏。如上蔡説横渠之非，以爲「欲得正容謹節」，這自是好，如何廢這箇得？如專去理會形名度數，❶固不得；又全廢了這箇，也不得。如上蔡説，便非曾子「籩豆則有司存」，本末並見之意。後世如有作者，必不專泥於形名度數，❷亦只整頓其大體。如孟子在戰國時已自見得許多瑣碎不可行，故説喪服、經界諸處，只是理會大體，此便是後來要行古禮之法。賀孫。

問：上蔡云：「陰陽交而有神，形氣離而有鬼。知此者爲智，事此者爲仁。」上兩句只是説伸而爲神、歸而爲鬼底意思？曰：是如此。問：「事此者爲仁」，只是説能事鬼神者，必極其誠敬以感格之，所以爲仁否？曰：然。問：謝又云：「可者使人格之，不使人致死之。」可者，是可以祭祀底否？曰：然。問：《禮》謂致生爲不知，此謂致生爲知。曰：那只是説明器。如三日齋、七日戒，直是將做箇生底去祭他，方得。問：謝又云：「致死之故，其鬼不神。」曰：你心不向他，便無了。問：且如淫祠自有靈應，如何便會無？曰：昔一僧要破地獄，人教他念破地獄呪，偏無討這呪處。一僧與云「遍觀法界性」四句便是。或云：只是「一切惟心造」。曰：然。又問：齋戒只是要團聚自家精神。然「自家精神，即祖考精神」。不知天地、山川、鬼神，亦只以其來處一般否？曰：是如此。天子祭天地，諸侯祭封内山川，是他是主。如古人祭墓，亦只以墓人爲尸。胡泳。

❶「形」，萬曆本作「刑」。
❷「形」，萬曆本作「刑」。

鬼神，上蔡説得好。只覺得「陰陽交而有神」之説，與後「神」字有些不同。只是他大綱説得極好，如曰「可者使人格之，不使人致死之」，可者，是合當祭，如祖宗父母，這須着盡誠感格之，❶不要人便做死人看待他。「不可者，使人遠之，不使人致生之」，不可者，是不當祭，如閑神野鬼，聖人便要人遠之，不要人做生人看待他。可者格之，須要得他來；不可者遠之，我不管他，便都無了。「精氣爲物，遊魂爲變」，天地陰陽之氣交合，便成人物；到得魂氣歸于天，體魄降于地，是爲鬼，便是變了。説魂，則魄可見。賀孫。

叔器問：上蔡説鬼神云：「道有便有，道無便無。」初看此二句，與「有其誠則有其神，無其誠則無其神」一般，而先生前夜言上蔡之語未穩，如何？曰：「有其誠則有其神，無其誠則無其神」，便是合有底，我若誠則有之，不誠則無之。「道有便有，道無便無」，便是合有底當有，合無底當無。上蔡而今都説得麄了，合當道：合有底，從而有之，則有；合無底，自是無了，便從而無之。今却只説「道有便有，道無便無」，則不可。義剛。

上蔡言：「鬼神，我要有便有，以天地、祖考之類。要無便無。」以「非其鬼而祭之」者，你氣一正而行，則彼氣皆散矣。揚。

上蔡曾有手簡云：「大事未辦。」李先生謂：「不必如此，死而後已，何時是辦？」方。

上蔡曰「人不可無根」，便是難。所謂根者，只管看，便是根，不是外面別討箇根來。

上蔡説「先有知識，以敬涵養」，似先立

❶「這」，萬曆本作「只」。

一物了。方。

上蔡云：「誠是實理。」不是專説是理。後人便只於理上説，不於心上説，未是。可學。

上蔡言「無窮者，要當會之以神」，是説得過當。只是於訓詁處尋繹踐履去，自然「下學上達」。賀孫。

上蔡云「見於作用者，心也」，謂知而動者便是。先生云：本體是性，動者情，兼體動静者心。性静，情動。心。❶方。○以下數條方問《上蔡語録》。

「養心不如悦心。」先生云：「不如」字，恐有之；「淺近」字，恐伊川未必爾。此《録》已傳兩手，可疑。「悦心」説，更舉出處看。理義是本有，自能悦心，在人如行慊於心。

「心之窮物有盡，而天者無盡。」先生云：得其本，則用之無窮，不須先欲窮知其無窮也。

「放開只守」，追記語中説得頗別。似謂放開是自然豁開乃得之效；未得，則只是守。此《録》中語不安。

「敬則與事爲一。」先生云：此與明道、伊川説別。今胡文定一派要「身親格」者，是宗此意。

説「何思何慮」處，伊川本不許，上蔡却自擔當取也。讀《語録》及《易傳》可見。○這同上。

上蔡家始初極有好玩，後來爲克己學，盡舍之。後來有一好硯，亦把與人。方。

曾恬天隱嘗問上蔡云云，上蔡曰：「用得底便是。」以其説絜，故答以是。又嘗問「恭敬」字同異。曰：「異。」「如何異？」曰：

❶「心」，四庫本作「也」。

「恭平聲，敬仄聲。」上蔡英發，故胡文定喜之，想見與游、楊説話時悶也。楊。

如今人説道，愛從高妙處説，便説入禪去，自謝顯道以來已然。向時有一陳司業，名可中，專一好如此説。如説如何是伊尹樂堯、舜之道，他便去下面下一語云「江上一犂春雨」。如此等類煞有，亦煞有人從它。只是不靠實，自是説他一般話。謙。

楊中立

龜山天資高，樸實簡易。然所見一定，更不須窮究。某嘗謂這般人皆是天資出人，非假學力。如龜山極是簡易，衣服也只據見定。終日坐在門限上，人犯之亦不校。其簡易率皆如此。道夫。❶○榦嘗聞先生云：「坐在門外石坐子上。」今云「門限」，記之誤也。○方録云：龜山有時坐門限上。李先生云：某即斷不敢。

龜山解文字著述，無綱要。方。

龜山文字議論，如手捉一物正緊，忽墜地，此由其氣弱。

龜山詩文説道理之類，才説得有意思，便無收殺。楊曰：是道理不透否？曰：雖然，亦是氣質弱，然公平無病。五峰説得却緊，然却有病。程先生小年文字便好，如《養魚記》、《顔子論》之類。揚。

龜山言：「『天命之謂性』，人欲非性也。」天命之善，本是無人欲，不必如此立説。《知言》云：「天理、人欲，同體而異用，同行而異情。」自是它全錯看了。德明。

龜山與范濟美言：「學者須當以求仁爲要，求仁，則『剛毅、木訥近仁』一言爲

❶「夫」，原作「徙」，今據朝鮮本改。

要。」先生曰：今之學者，亦不消事以求仁爲念，相將只去看説仁處，他處盡遺了。須要將一部《論語》，粗粗細細一齊理會去，自然有貫通處，却會得仁，方好。又今人説曾子只是以魯得之，蓋曾子是資質省力易學。設使如今人之魯，也不濟事。范濟美博學高才俊甚，故龜山只引「剛毅、木訥」告之，非定理也。

問：龜山言：「道非禮，則蕩而無止；禮非道，則梏於器數儀章之末。」則道乃是一虚無恍惚無所準則之物，何故如此説「道」字？曰：不可曉。此類甚多。因問：如此説，則似禪矣。曰：固是。其徒如蕭子莊、李西山、陳默堂皆説禪。龜山没，西山嘗有佛經疏追薦之。唯羅先生却是着實子細去理會。某舊見李先生時，説得無限道理，也曾去學禪。李先生云：「汝恁地懸空理會得許多，而面前事却又理會不得！道亦無玄妙，只在日用間着實做工夫處理會，便自見得。」後來方曉得它説，故今日不至無理會耳。銖。

龜山彈蔡京，亦是，只不迅速。擇之曰：龜山晚出一節，亦不是。曰：也不干晚出事。若出來做得事，也無妨。他性慢，看道理也如此。平常處看得好，緊要處却放緩了。做事都涣散無倫理。將樂人性急麤率，龜山却恁寬平，此是間出。❶ 然其麤率處，依舊有土風在。義剛。

或問：龜山晚年出處不可曉，其召也以蔡京，然在朝亦無大建明。曰：以今觀之，則可以追咎當時無大建明。若自家處

❶「出」，原爲墨丁，今據朝鮮本補，萬曆本作「氣」。

之，不知當時所當建明者何事？❶或云：不過擇將相爲急。曰：也只好説擇將相固是急，然不知當時有甚人可做。當時將只説种師道，相只説李伯紀，然固皆嘗用之矣。又況自家言之，彼亦未便見聽。據當時事勢，亦無可爲者，不知有大聖賢之才如何爾。僩。

問：龜山晚年出得是否？曰：出如何不是？只看出得如何。當初若能有所建明而出，則勝於不出。曰：渠用蔡攸薦，蔡老令攸薦之。亦未是。曰：亦不妨。當時事急，且要速得一好人出來救之，只是出得來不濟事耳。觀渠爲諫官，將去猶惓惓於一對，已而不得對。及觀其所言，第一，正心、誠意，意欲上推誠待宰執；第二，理會東南綱運。當時宰執皆庸繆之流，待亦不可，不行亦不可。不告以窮理，而告以正心、誠意，賊在城外，道途正梗，縱有東南綱運，安能達？所謂「雖有粟，安得而食諸？」當危急之時，人所屬望，而著數乃如此！所以使世上一等人笑儒者以爲不足用，正坐此耳。可學。

草堂先生及識元城、龜山。龜山之出，時已七十歲，却是從蔡攸薦出。他那時覺得這邊扶持不得，事勢也極，故要附此邊人，所以薦龜山。初緣蔡攸與蔡子應説，令其薦舉人才，答云：「太師用人甚廣，又要討甚麽人？」曰：「緣都是勢利之徒，恐緩急不可用。有山林之人，可見告。」他説：「某只知鄉人鼓山下張觷，字柔直，其人甚好。」蔡攸曰：「家間子姪未有人教，可屈他來否？」此人即以告張，張即從之。及教其

❶「所」下，萬曆本有「以」字。

子弟，儼然正師、弟子之分，異於前人。得一日，忽開諭其子弟以奔走之事，其子弟駭愕，即告之曰：「若有賊來，先及汝等，汝等能走乎？」子弟益驚駭，謂先生失心，以告老蔡。老蔡因悟曰：「不然，他説得是。」蓋京父子此時要喚許多好人出，已知事變必至，即請張公叩之。張言：「天下事勢至此，已不可救，只得且收舉幾箇賢人出，以爲緩急倚仗耳。」即令張公薦人，張公於是薦許多人，龜山在一人之數。今《龜山墓誌》云：「會有告大臣以天下將變，宜急舉賢以存國，於是公出。」正謂此。張後爲某州縣丞。到任，即知虜人入寇，必有自海道至者，於是買木爲造舡之備。踰時，果然。虜自海入寇，科州縣造舟，倉卒擾擾，油灰、木材莫不踊貴。獨張公素備，不勞而辦。以此見知於帥憲，知南劒。會葉鐵入寇，民大恐，他即告諭安存之，率城中諸富家，令出錢米，沽酒、買肉，爲蒸糊之類。遂分民兵作三替，逐替燕犒酒食，❶授以兵器。先一替出城與賊接戰，即犒第二替出；先替未倦，而後替即得助之。民大喜，遂射殺賊首。富民中有識葉鐵者，即厚勞之，勿令執兵，只令執長鎗，上懸白旗，令見葉鐵，即以白旗指向之。衆上了弩，即其所指而發，遂中之。後都統任某欲争功，亦讓與之。其餘諸盜，却得都統之力，放賊之叔父以成反間。賀孫。○儒用録别出。

問龜山出處之詳。曰：蔡京晚歲漸覺事勢狼狽，亦有隱憂。其從子應之，文蔚録云：君謨之孫，與他叙譜。自興化來，因訪問近日有甚人才。應之愕然曰：「今天下人才，盡

❶「犒」，原作「搞」，今據萬曆本改。

在太師陶鑄中，某何人，敢當此問！」京曰：「不然。覺得目前盡是面諛脱取官職去底人，恐山林間有人才，欲得知。」應之曰：「太師之問及此，則某不敢不對。福州有張觷，字柔直者，抱負不苟。」觷平日與應之相好，時適赴吏部，應之因舉其人以告。遂賓致之爲塾客，然亦未暇與之相接。柔直以師道自尊，待諸生嚴厲，異於他客，諸生已不能堪。一日，呼之來前，曰：「汝曹曾學走乎？」諸生曰：「某尋常聞先生長者之教，但令緩行。」柔直曰：「天下被汝翁作壞了，早晚賊發火起，❶首先到汝家。若學得走，緩急可以逃死。」諸子大驚，走告其父，曰「先生忽心恙」。云云。京聞之，矍然曰：「此非汝所知也！」即入書院，與柔直傾倒，因訪策焉。柔直曰：「今日救時，已是遲了。只有收拾人才是第一義。」京因叩其所知，遂以龜山爲對。龜山自是始有召命。今《龜山墓誌》中有「是時天下多故，或説當世貴人，以爲事至此必敗，宜引耆德老成置諸左右，開道上意」云者，蓋爲是也。柔直後守南劒，設方略以拒范汝爲，全活一城，甚得百姓心。其去行在所也，買冠梳雜碎之物不可勝數，從者莫測其所以。後過南劒，老稚迎拜者相屬于道。柔直一一拊勞之，且以所置物分遺。至今廟食郡中。陳德本云：柔直與李丞相極厚善。其卒也，丞相以詩哭之云：「中原未恢復，天乃喪斯人！」儒用按：鄉先生羅祕丞《日録》：「柔直嘗知鼎州，祕丞罷舒州士曹，避地于鄉之石牛寨，與之素昧平生。時方道梗，柔直才入湖南，乃宛轉寄詩存問云：曾聞避世門金馬，何事投身寨石牛！千里重湖方鼎沸，可能同上岳陽樓。」則其汲汲人物之意，亦可見矣。是詩《夷堅志》亦載，但以爲袁司諫作，非也。又

❶「早」，原作「非」，今據萬曆本改。

按：《玉溪文集》云「柔直嘗知贛州，招降盜賊」云。

蔡京在政府，問人材於其族子蔡子應，端明之孫。以張柔直對，張時在部注擬，京令子應招之，授以門館。張至，以師禮自尊，京之子弟怪之。一日，張教京家子弟習走，其子弟云：「從來先生教某門慢行。今令習走，何也？」張云：「乃公作相久，敗壞天下。相次盜起，先殺汝家人，惟善走者可脱，何得不習！」家人以爲心風，白京。京愀然曰：「此人非病風。」召與語，問所以扶救今日之道及人材可用者。張公遂言龜山楊公諸人姓名，自是京父子始知有楊先生。德明。

問：龜山當時何意出來？曰：龜山做人也苟且，是時未免禄仕，故胡亂就之。苟可以少行其道，龜山之志也。然來得已不是，及至，又無可爲者，只是説得那没緊要底事。當此之時，苟有大力量，咄嗟間真能轉移天下之事，來得也不枉。既不能然，又只是隨衆鶻突。及欽宗即位，爲諫議大夫，因争配享事，爲孫仲益所攻。孫言：楊某曩常與蔡京諸子游，今衆議攻京，而楊某曰「慎毋攻居安」。云云。龜山遂罷。又曰：蔡京當國時，其所收拾招引，非止一種，諸般名色皆有。及淵聖即位，在朝諸人盡攻蔡京，且未暇顧國家利害。朝廷若索性貶蔡京過嶺，也得一事了。今日去幾官，分司西京；明日去幾官，又移某州；後日又移某州，至潭州而京病死。自此一年間，只理會得箇蔡京。這後面光景迫促了，虜人之來，已不可遏矣！京有四子：攸、絛、鞗、翛。鞗尚主。絛曾以書諫其父，徽宗怒，令京行遣，一家弄得不成模樣，更不堪説。攸、翛後被斬。是時，王黼、童貫、梁師成輩皆斬，此數人嘗欲廢立，欽宗平日不平之故也。及高宗初立時，猶未知辨別元祐、熙豐之黨，故用汪、黃，不成人才。汪、黃又小人中之最下、最無能者。及趙丞相居位，方稍能辨別，亦緣孟后居中，力與高宗說得透了，高宗又喜看蘇、黃輩文字，故一旦覺悟而自惡之，而君子、小人之黨始明。僩。

龜山裂裳裹足，自是事之變，在家亦無可爲。雖用「治蠱」之說，然文定云：「若從其言，亦救得一半。」先生云：若用其言，則議論正；議論正，則小人不得用。然龜山亦言天下事。當時排正論者，耿南仲、馮澥二人之力爲多，二人竟敗國！南仲上言：「或者以王氏學不可用。陛下觀祖宗時道德之學，人才、兵力、財用，能如熙豐時乎？陛下安可輕信一人之言以變之？」批答云：「頃以言者如何如何，今聞師傅之臣言之如此，若不爾，幾悞也！前日指揮，更不施行。」方。

問：龜山晚歲一出，爲士子詬罵，果有之否？曰：他當時一出，追奪荆公王爵，罷配享夫子，且欲毀劈三經板，士子不樂，遂相與聚問三經有何不可，輒欲毀之？當時龜山亦謹避之。問：或者疑龜山此出爲無補於事，徒爾紛紛。或以爲大賢出處不可以此議，如何？曰：龜山此行固是有病，但只後人又何曾夢到他地位在！惟胡文定以柳下惠「援而止之而止」比之，極好。道夫。

龜山之出，人多議之。惟胡文定之言曰：「當時若能聽用，決須救得一半。」此語最公。蓋龜山當此時雖負重名，亦無殺活手段。若謂其懷蔡氏汲引之恩，力庇其子，至有「謹勿擊居安」之語，則誣矣。幸而此言出於孫覿，人自不信。儒用。

坐客問龜山立朝事。曰：胡文定論得好：「朝廷若委吴元忠輩推行其説，决須救得一半，不至如後來狼狽。」然當時國勢已如此，虜初退後，便須急急理會，如救焚拯溺。諸公今日論蔡京，明日論王黼，當時姦黨各已行遣了，只管理會不休，擔閣了日子。如吴元忠、李伯紀向來亦是蔡京引用，免不得略遮庇，只管喫人議論。龜山亦被孫覿輩窘擾。德明。

問：龜山云：「消息盈虚，天且不能暴爲之，去小人亦不可驟。」如何？曰：只看時如何，不可執。天亦有迅雷風烈之時。德明。

伯夷微似老子。胡文定作《龜山墓誌》，主張龜山似柳下惠，看來是如此。僩。

孫覿見龜山撰《曾内翰行狀》，曰：「楊中立却會做文字。」先生曰：龜山曾理會文字來。

李先生嘗云：「人見龜山似不管事，然甚曉事也。」方。

李先生言：「龜山對劉器之言，爲貧。文定代云干木云云，不若龜山之遜避也。」汪書延李，初至，見便問之。未竟，李疾作。○方。

龜山張皇佛氏之勢，説横渠不能屈之爲城下之盟。亦如李鄴張皇金虜也。龜山嘗秤李奉使還云：「金人上馬如龍，步行如虎，度冰如獺，❶登城如猿。」時人目爲「四如給事」。○方。

問：《横浦語録》載張子韶戒殺，不食蠏。高抑崇相對，故食之。龜山云：「子韶不殺，抑崇故殺，不可。」抑崇退，龜山問子韶：「周公何如人？」對曰：「仁人。」曰：周

❶「冰」，萬曆本作「水」。

公驅猛獸，兼夷狄，滅國者五十，何嘗不殺？亦去不仁以行其仁耳。」先生曰：此特見其非不殺耳，猶有未盡。須知上古聖人制爲罔罟佃漁，食禽獸之肉。但「君子遠庖厨」，不暴殄天物。須如此説，方切事情。德明。

《龜山銘誌》不載高麗事。他引歐公作《梅聖俞墓誌》不載布文詩事，❶辨得甚好。「孰能識車中之狀，意欲施之」，事見《韓詩外傳》。道夫。

《龜山墓誌》，首尾却是一篇文字。後來不曾用。○方。

游定夫

游定夫德性甚好。升卿。

游定夫徽廟初爲察院，忽申本臺乞外，如所請。志完駭之，定夫云：「公何見之晚！如公亦豈能久此？」方。

侯希聖

胡氏記侯師聖語曰：「仁如一元之氣，化育流行無一息間斷。」此説好。閎祖。

李先生云：「侯希聖嘗過延平，觀其飲啗，麤疏人也。」方。

尹彦明

和靖在程門直是十分鈍底。被他只就一箇「敬」字上做工夫，終被他做得成。節。

和靖守得緊，但不活。蓋卿。

和靖持守有餘而格物未至，故所見不

❶「布」，中華本作「希」。

精明，無活法。升卿。

和靖才短，説不出，只緊守伊川之説。去僞。

和靖諦當。又云：就諸先生立言觀之，和靖持守得不失，然才短，推闡不去，遇面生者，説得頗艱。方。

和靖守得謹，見得不甚透。如俗語説，他只是「抱得一箇不哭底孩兒」。義剛。

問：和靖言「先生教人，只是專令用『敬以直内』」一段，未盡。曰：和靖才力短，伊川就上成就它，它亦據其所聞而守之，便以爲是。可學。

自其上者言之，有明未盡處；自其下者言之，有明得一半，便謂只是如此。尹氏亦只是明得一半，便謂二程之教止此，孔孟之道亦只是如此。惟是中人之性，常常要着力照管自家這心，要常在。須是窮得透徹，方是。敬仲。

和靖只是一箇篤實，守得定。如涪州被召，《祭伊川文》云：「不背其師，則有之；有益於世，則未也。」因言：學者只守得某言語，已自不易，少間又自轉移了。炎。

和靖説「主一」。與祈居之云：「如人入神廟，收斂精神，何物可入得！」有所據守。方。

和静「主一」之功多，而窮理之功少。故説經雖簡約，有益學者，但推説不去，不能大發明。在經筵進講，少開悟啓發之功。紹興初入朝，滿朝注想，如待神明，然亦無大開發處。是時高宗好看山谷詩，尹云：「不知此人詩有何好處，陛下看它作什麽？」只説得此一言，然只如此説，亦何能開悟人主？大抵解經固要簡約。若告人主，須有反覆開導推説處，使人主自警省。

蓋人主不比學者，可以令他去思量。如孔子答哀公「顔子好學」之問，與答季康子詳略不同，此告君之法也。銖。

和靖當經筵，都説不出。張魏公在蜀中，一日，招和靖語之曰：「『人有不爲也，而後可以有爲』，此孟子至論。」和靖曰：「未是。」張曰：「何者爲至？」和靖曰：「『好善優於天下』爲至。」先生曰：此和靖至論，極中張病。然正好發明，惜但此而止耳。張初不喜伊洛之學，故諫官有言。和靖適召至九江，見其文辭之張皇，恐再薦。和靖持守甚確，凡遇飲，手足在一處，醉後亦然。揚。

胡文定初疑尹和靖，後見《途中辭召表》，方知其真有得。《表》言「臣師程某，今來亦不過守師之訓。變所守，又何取」云云。之意。時陳公輔論伊川學，故途中進此表，尹亦只得如此辭。文定以此取之，亦未可見尹所得處。揚。

尹子之學有偏處。渠初見伊川，將朱公掞所抄《語録》去呈，想是它爲有看不透處。故伊川云：「某在，何必觀此書？」蓋謂不如當面與它説耳。尹子後來遂云：「《語録》之類不必看。」不知伊川固云「某在，不必觀」，今伊川既不在，如何不觀？又如云：「《易傳》是伊川所自作者，其他《語録》是學者所記。」故謂只當看《易傳》，不當看《語録》。然則夫子所自作者，《春秋》而已，《論語》亦門人所記也。謂學夫子者只當看《春秋》，不當看《論語》，可乎？僩。

尹和靖疑伊川之説，多其所未聞。璘。

王德修相見。先生問德修：和靖大概接引學者話頭如何？德修曰：先生只云「在力行」。曰：力行以前，更有甚工夫？德修曰：尊其所聞，行其所知。曰：須是知得，方始行得。德修曰：自「吾十有五而志于學」，以至「從心所欲不踰矩」，皆是説行。曰：便是先知了，然後志學。文蔚。

問：「天地設位，而易行乎其中矣」，和靖《言行録》云：「易行乎其中，聖人純亦不已處。」莫説得太拘？「天地設位，而易行乎其中矣」，如言「天高地下，萬物散殊」，而禮制行乎其中，無適而非也。今只言聖人「純亦不已」，莫太拘了？曰：亦不是拘，他説得不是。陰陽升降便是易。易者，陰陽是也。文蔚。

和靖與楊畏答問一段語，殊無血脈。謂非本語，極是。龜山説得固佳，然亦出於程子「羈靮以御馬而不以制牛，胡不乘牛而服馬」之説。鎬。

「人之所畏，不得不畏。」此是和靖見未透處，亦是和靖不肯自欺屈强妄作處。鎬。

和靖赴樂會、聽曲子，皆知之，亦歡然；但拱手安足處，終日未嘗動也。在平江時，累年用一扇，用畢置架上。凡百嚴整有常。有僧見之，云：「吾不知儒家所謂周、孔爲如何，然恐亦只如此也。」方。

王德修言：一日早起見和靖，使人傳語，令且坐，候看經了相見。少頃，和靖出。某問曰：「先生看甚經？」曰：「看《光明經》。」某問：「先生何故看《光明經》？」曰：「老母臨終時，令每日看此經一部，今不敢違老母之命。」先生曰：此便是平日闕却那「諭父母於道」一節，便致得如此。文蔚。

張思叔

張思叔與人做《思堂記》，言：世間事有當思者，有不當思者。利害生死，不當思也；如見某物而思終始之，云云。此當思也。方。

郭立之 子和。

郭子和傳其父學，又兼象數，其學已雜，又被謝昌國拈掇得愈不是了。且如《九圖》中性善之説，性豈有兩箇？善又安有內外？故凡惡者，皆氣質使然。若去其惡，則見吾性中當來之善矣。❶又問：郭以兼山學自名，是其學只一艮卦。曰：《易》之道，一箇艮卦可盡，則不消更有六十三卦。又曰：謝昌國論《西銘》「理一而分殊」，尤錯了。去僞。

郭子和性論，與五峰相類。其言曰：「目視耳聽，性也。」此語非也。視明而聽聰，乃性也。箕子分明説「視曰明，聽曰聰」。若以視、聽爲性，與僧家「作用是性」何異？五峰曰：「好惡，性也。君子好惡以道，小人好惡以欲。君子、小人者，天理人欲而已矣。」亦不是。蓋好善惡惡，乃性也。璘。

胡康侯 雖非門人，而嘗見謝、楊，今附。〇子姪附。

或問：胡文定之學，與董仲舒如何？曰：文定却信「得於己者可以施於人，學於古者可以行於今」。其他人皆謂「得於己者不可施於人，學於古者不可行於今」，所以淺陋。然文定比似仲舒較淺，仲舒比似古人又淺。又曰：仲舒識得本原，如云「正心脩身可以治國平天下」，如説「仁義禮樂皆

❶「矣」，原作「語」，今據朝鮮本改。

其具」，此等説話皆好。若陸宣公之論事，却精密，第恐本原處不如仲舒。然仲舒施之臨事，又却恐不如宣公也。學蒙。

文定大綱説得正。微細處，五峰尤精，大綱却有病。方。

胡文定説較疏，然好；五峰説密，然有病。

問：文定言：「人常令胸中自在。」云：克己無欲。❶ ◯方。

文定氣象温潤，却似貴人。方。

原仲説：文定少時性最急，嘗怒一兵士，至親毆之，兵輒抗拒。無可如何，遂回入書室中作小册，盡寫經傳中文有「寬」字者於册上以觀玩，從此後遂不復卞急矣。方。

胡文定云：「知至故能知言，意誠故能養氣。」此語好。又云：「豈有見理已明而不能處事者！」此語亦好。夔孫。

胡文定公《傳家録》，議論極有力，可以律貪起懦；但以上工夫不到。如「訓子弟作郡」處，末後説道：「將來不在人下。」便有克伐之意。子升云：有力行之意多，而致知工夫少。曰：然。木之。

問：文定《靖康第二劄》如何？云：君相了得，亦不必定其規模；不然，亦須定其大綱，專戰、專和、專守之類，可定。揚。

文定論時事，要掃除故迹，乘勢更張。龜山論時事，用其《蠱卦説》，且扶持苟完。龜山語見《答胡康侯》第八書中，止謂役法、冗官二事而已，非盡然也。伊川有從本言者，有從末言者。從末言，小變則小益，大變則大益。《包荒傳》云：「以含洪之體，爲剛果之用。」方。

❶「克己無欲」，原爲注文小字，今據文義改爲正文大字。

胡文定公云：「世間事如浮雲流水，不足留情，隨所寓而安也。」寅近年却於正路上有箇見處，所以立朝便不碌碌，與往日全不同。往時虛驕恃氣，今則平心觀理矣。振。

曾吉甫答文定書中天理人欲之說，只是籠罩，其實初不曾見得。文定便許可之，它便只如此住了。䕫。

胡文定初得曾文清時，喜不可言。然已仕宦駸駸了，又參禪了，如何成就得他？揚。

向見籍溪說，文定當建炎間，兵戈擾攘，寓荆門，擬遷居。適湘中有兩士人協力具舟楫，往迎文定，其一人乃黎才翁。文定始亦有遲疑之意，及至湘中，則舍宇動用，便利如歸，處之極安。又聞范丈說，文定得碧泉，甚愛之。《有本亭記》所謂「命門弟子往問津焉」，即才翁也。佐。

胡致堂之說雖未能無病，然大抵皆太過，不會不及，如今學者皆是不及。學蒙。○以下明仲。

胡致堂說道理，無人及得他。以他才氣，甚麽事做不得！只是不通檢點，如何做得事成？我欲做事，事未起而人已檢點我矣。僩。

胡致堂議論英發，人物偉然。向嘗侍之坐，見其數盃後，歌孔明《出師表》，誦張才叔《自靖人自獻于先王義》、陳了翁《奏狀》等，可謂豪傑之士也。《讀史管見》乃嶺表所作，當時並無一册文字隨行，只是記憶，所以其間有抵牾處。有人好誦佛書，致堂因集史傳中虜人姓名揭之一處，其人果收去念誦，此其戲也。又嘗解《論語》「舉直錯枉」章云：哀公是時威權已去，不知何以爲舉錯；但能以是權付之孔子，斯可矣。人傑。

胡氏《管見》有可删者。《慕容超説》、《昭帝説》。○𡩋。

南軒言：胡明仲有三大功：一言太上即尊位事，二行三年喪，三云云。先生云：南軒見得好。設使不即位，只以大元帥討賊，徽廟升遐，率六軍縞素，是甚麽模樣氣勢！後來一番難如一番。今日有人做亦得，只是又較難些子。揚。

胡籍溪人物好，沈静謹嚴，只是講學不透。賀孫。○以下原仲。

籍溪教諸生於功課餘暇，以片紙書古人懿行，或詩文銘贊之有補於人者，粘置壁間，俾往來誦之，咸令精熟。若海。

籍溪廳上大榜曰「文定書堂」。籍溪舊開藥店，胡居士熟藥正鋪并諸藥牌猶存。振。

明仲甚畏仁仲議論，明仲亦自信不及。先生云：人不可不遇敵己之人。仁仲當時無有能當之者，故恣其言説出來。然今觀明仲説，較平正。揚。○以下仁仲。

游、楊之後，多爲秦相所屈。胡文定剛勁，諸子皆然。和仲不屈於秦，仁仲直却其招不往。揚。

仁仲見龜山求教，龜山云：「且讀《論語》。」問：「以何爲要？」云：「熟讀。」方。

五峰善思，然思過處亦有之。道夫。

《知言》形容道德，只是如畫卦影。到了後，方理會得，何益！○方。

東萊云：《知言》勝似《正蒙》。先生曰：蓋後出者巧也。方子。○振録云：《正蒙》規摹大，《知言》小。

《知言》疑議，大端有八：性無善惡，心

爲已發，仁以用言，心以用盡，不事涵養，先務知識，氣象迫狹，語論過高。方。

做出那事，便是這裏有那理。凡天地生出那物，便都是那裏有那理。五峰謂「性立天下之有」，説得好；「情效天下之動」，效，如效死、效力之「效」，是自力形出也。淳。

五峰説「心妙性情之德」。不是他曾去研窮深體，如何直見得恁地！夔孫。

「心妙性情之德」，妙，是主宰運用之意。升卿。

仲思問：五峰「中」、「誠」、「仁」，如何？曰：「中者，性之道」，言未發也；「誠者，命之道」，言實理也；「仁者，心之道」，言發動之端也。又疑「道」字可改爲「德」字。曰：亦可。「德」字較緊，然他是特地下此寬字。伊川答與叔中書亦云：❶「中者，性之德，近之。」伯恭云：「《知言》勝《正蒙》。」似此等處誠然，但不能純如此處爾。又疑中、誠、仁，一而已，何必別言？曰：理固未嘗不同。但聖賢説一箇物事時，且隨處説他那一箇意思。自是他一箇字中，便有箇正意義如此，不可混説。聖賢書初便不用許多了。學者亦宜各隨他説處看之，方見得他所説字本相。如誠、如中、如仁。若便只混看，則下梢都看不出。伯羽。○砥録別出。

仲思問：天之所以命乎人者，實理而已。故言「誠者，命之道」；中者，「性之道」，如何？曰：未發時便是性。曰：如此，則喜怒哀樂，未發便是性，既發便是情。曰：然。此三句道得極密。伯恭道「《知言》勝

❶「中書」，疑當作「書中」。

似《正蒙》，如這處，也是密，但不純恁地。又問：「道」字不如「德」字？曰：所以程子云：「中者，性之德，爲近之。」但言其自然，則謂之道；言其實體，則謂之德。「德」字較緊，「道」字較寬。但他故下這寬字，不要挨拶着他。又問：言中，則誠與仁亦在其内否？曰：不可如此看。若可混併，則聖賢已自混併了。須逐句看：他言誠時，便主在實理發育流行處；言性時，便主在寂然不動處；言心時，便主在生發處。砥。

堯卿問：「誠者，性之德」，此語如何？曰：何者不是性之德？如仁、義、禮、智，皆性之德，恁地說較不切。不如胡氏「誠者，命之道乎」說得較近傍。義剛。

問「誠者，物之終始」，而「命之道」。曰：誠，是實理，徹上徹下，只是這箇。生物都從那上做來，萬物流形天地之間，都是那底做。五峰云：「誠者，命之道；中者，性之道；仁者，心之道。」此數句說得密，如何大本處却含糊了？以性爲無善惡，天理、人欲都混了，故把作同體。或問：「同行」語如何？曰：此却是只就事言之。直卿曰：它既以性無善惡，何故云「中者，性之道」？曰：它也把「中」做無善惡。

李維申說「合於心者爲仁」。曰：却是從義上去。不如前日說「存得此心便是仁」，却是。因舉五峰語云：「人有不仁，心無不仁。」說得極好！雉。

胡五峰云：「人有不仁，心無不仁。」此說極好！人有私欲遮障了，不見這仁，然心中仁依舊只在。如日月本自光明，雖被雲遮，光明依舊在裏。又如水被泥土塞了，所以不流，然水性之流依舊只在。所以「克己復禮爲仁」，只是克了私欲，仁依前只在那裏。❶譬如一箇鏡，本自光明，只緣塵，都昏了。若磨去塵，光明只在。明作。

五峰曰：「人有不仁，心無不仁。」既心無不仁，則「巧言令色」者是心不是？如「巧言令色」，則不成説道「巧言令色」底不是心，别有一人「巧言令色」？如「心無不仁」，則孔子何以説「回也，其心三月不違仁」？蕭佐曰：「我欲仁，斯仁至矣。」這箇便是心無不仁。曰：回心「三月不違仁」，如何説？問者默然。久之，先生曰：既説回心「三月不違仁」，則心有違仁。違仁底是心不是？説「我欲仁」，便有不欲仁底，是心不是？節。

五峰謂「人有不仁，心無不仁」，此語有病。且如顔子「其心三月不違仁」，若纔違仁，其心便不仁矣，豈可謂「心無不仁」？定夫云：恐是五峰説本心無不仁。曰：亦未是。譬如人今日貧，則説昔日富不得。震。

伊川初嘗曰：「凡言心者，皆指已發而言。」後復曰：「此説未當。」五峰却守其前説，以心爲已發，性爲未發，將「心性」二字對説。《知言》中如此處甚多。㽦。

人學當勉，不可據見定。蓋道理無窮，人之思慮有限，若只守所得以爲主，則其或墮於偏者，不復能自明也。如五峰只就其上成就所學，亦只是忽而不詳細反復也。方。

問：《知言》有云：「佛家窺見天機，有不器於物者。」此語莫已作兩截？曰：亦無甚病。方録作：此語甚得之。此蓋指妙萬物者，而不知萬物皆在其中。聖人見道體，正

❶「前」，萬曆本作「得」。

如對面見人，其耳、目、口、鼻、髮、眉無不見。佛家如遠望人，只見髣象，初不知其人作何形狀。問：佛家既如此說，而其說性乃指氣，却是兩般。曰：渠初不離此說。但既差了，則自然錯入別處去。可學。

因言：久不得胡季隨諸人書。季隨主其家學，說性不可以善言。本然之善，本自無對；才說善時，便與那惡對矣。才說善惡，便非本然之性矣。本然之性是上面一箇，其尊無比。僩録但云：季隨主其家學，說性不可以善言。本然之性，是上面一箇，其尊無對。善是下面底，才說善時，便與惡對，非本然之性矣。孟子道「性善」，非是說性之善，只是贊歎之辭，說「好箇性」，如佛言「善哉」。此文定之說。某嘗辨之云：本然之性，固渾然至善，不與惡對，僩録作「無善可對」。此天之賦予我者然也。然行之在人，則有善有惡：做得是者爲善，做得不是者爲惡。豈可謂善者非本然之性？只是行於人者，有二者之異，然行得善者，便是那本然之性也。若如其言，有本然之善，僩録作「性」。又有善惡相對之善，僩録作「性」。則是有二性矣。方其得於天者，此性也；及其行得善者，亦此性也。只是纔有箇善底，僩録作「行得善底」。便有箇不善底，所以善惡須着對說。不是元有箇惡在那裏，等得他來與之爲對。只是行得錯底，便流入於惡矣。此文定之說，故其子孫皆主其說，而致堂、五峰以來，其說益差，遂成有兩性，本然者是一性，善惡相對者又是一性。他只說本然者是性，善惡相對者不是性，豈有此理！然文定又得於龜山，龜山得之東林常總。總，龜山鄉人，與之往來，後住廬山東林。龜山赴省，又往見之。總極聰明，深通佛書，有道行。龜山問：

「孟子道性善，説得是否？」總曰：「是。」又問：「性豈可以善惡言？」總曰：「本然之性，不與惡對。」此語流傳自他。然總之言，本亦未有病。蓋本然之性，是本無惡。及至文定，遂以「性善」爲贊歎之辭。到得致堂、五峰輩，遂分成兩截，説善底不是性。若善底非本然之性，却那處得這善來？既曰贊歎性好之辭，便是性矣。僩録作「便是性本善矣」。若非性善，何贊歎之有？如佛言「善哉，善哉」爲贊美之辭，亦是説這箇道理好，所以贊歎之也。二蘇論性亦是如此，嘗言：「孟子道『性善』，猶云火之能熟物也；荀卿言『性惡』，猶云火之能焚物也。」龜山反其説而辯之曰：「火之所以能熟物者，以其能焚故耳。若火不能焚，物何從熟？」蘇氏論性説：「自上古聖人以來，至孔子不得已而命之曰一，寄之曰中，未嘗分善惡言也。自孟子道『性善』，而一與中始支矣。」盡是胡説！他更不看道理，只認我説得行底便是。諸胡之説亦然，季隨至今守其家説。因問：文定却是卓然有立，所謂「非文王猶興」者。曰：固是。他資質好，在太學中也多聞先生師友之訓，所以能然。嘗得潁昌一士人，忘其姓名，問學多得此人警發。後爲荆門教授，龜山與之爲代，因此識龜山，因龜山方識游、謝，不及識伊川。自荆門入爲國子博士，出來便爲湖北提舉。是時上蔡宰本路一邑，文定却從龜山求書見上蔡。既到湖北，遂遣人送書與上蔡。上蔡既受書，文定乃往見之。入境，人皆訝知縣不接監司。論理，上蔡既受他書，也是難爲出來接他。既入縣，遂先修後進禮見之，畢竟文定之學後來得於上蔡者爲多。他所以尊上蔡而不甚滿於游、楊二公，看來游定夫後來也是郎當，誠有不滿人意處。頃嘗見定夫《集》，極説得醜差，盡背其師説，更説伊川之學不如他之所得。所以五峰臨終謂彪德美曰：「聖門工夫要處，只在箇『敬』字。游定夫所以卒爲程門之罪人者，以其不仁不敬故也。」誠如其言。卓。○僩録略。

胡氏説善是贊美之辭，其源却自龜山，《龜山語録》可見。胡氏以此錯了，故所作《知言》並一齊恁地説。本欲推高，反低了。蓋説高無形影，其勢遂向下去。前夜説韓子云：❶「何謂性？仁、義、禮、智、信。」此語自是，却是他已見大意，但下面便説差了。荀子但只見氣之不好，而不知理之皆善。楊子是好許多思量安排：方要把孟子「性善」之説爲是，又有不善之人；方要把荀子「性惡」之説爲是，又自有好人。故説道「善惡混」。温公便主張楊子而非孟子。程先生發明出來，自今觀之，可謂盡矣。賀孫。

龜山往來太學，過廬山，見常總。總亦南劒人，與龜山論性，謂本然之善，不與惡對。後胡文定得其説於龜山，至今諸胡謂本然之善，不與惡對；與惡爲對者，又別有一善。常總之言，初未爲失。若論本然之性，只一味是善，安得惡來？人自去壞了，便是惡。既有惡，便與善爲對。今他却説有不與惡對底善，又有與惡對底善。如近年郭子和《九圖》，便是如此見識，上面書一圈子，寫「性善」字，從此牽下兩邊，有善、有惡。或云：恐文定當來未甚有差，後來傳襲，節次訛舛。曰：看他説「善者贊美之

❶「夜」，萬曆本作「日」。

詞，不與惡對」，已自差異。文蔚。

問：「性無善惡」之説，從何而始？曰：此出於常總。總住廬山，龜山入京，枉道見之，留數日。因問：「孟子識性否？」曰：「識。」曰：「何以言之？」曰：「善不與惡對言。」他之意，乃是謂其初只有善，未有惡。其後文定得之龜山，遂差了。今湖南學者信重《知言》。某嘗爲敬夫辨析，甚諱之。渠當初唱道湖南，偶無人能與辨論者，可惜，可惜！又讀至彪居正問心一段，先生曰：如何？可學謂：不於原本處理會，却待些子發見。曰：孟子此事，乃是一時間爲齊王耳。今乃欲引之以上他人之身，便不是了。良久，又云：以放心求心，便不是。纔知求，心便已回矣，安得謂之放？可學。

因論湖湘學者崇尚《知言》，曰：《知言》固有好處，然亦大有差失，如論性，却曰：「不可以善惡辨，不可以是非分。」既無善惡，又無是非，則是告子「湍水」之説爾。如曰「好惡性也，君子好惡以道，小人好惡以己」，則是以好惡説性，而道在性外矣。不知此理却從何而出。問：所謂「探視、聽、言、動無息之際，可以會情」，此猶告子「生之謂性」之意否？曰：此語亦有病。下文謂：「道義明著，孰知其爲此心？物欲引誘，孰知其爲人欲？」便以道義對物欲，却是性中本無道義，逐旋於此處攙入兩端，則是性亦可以不善言矣！如曰：「性也者，天地鬼神之奥也，善不足以名之，况惡乎？孟子説『性善』云者，歎美之辭，不與惡對。」其所謂「天地鬼神之奥」，言語亦大故誇逞。某嘗謂聖賢言語自是平易，如孟子尚自有些險處，孔子則直是平實。「不與惡對」之説，本是龜山與總老相遇，因論孟子説性，曾有此言。文定往往得之龜山，故有是言。然總老當時之語，猶曰「渾然至善，不與惡對」，猶未甚失性善之意。今去其「渾然至善」之語，而獨以「不與惡對」爲歎美之辭，則其失遠矣。如論齊王愛牛，此良心之苗裔，因私欲而見者，以答求放心之問；然雞犬之放，則固有去而不可收之理；人之放心，只知求之，則良心在此矣，何必等待天理發見於物欲之間，然後求之？如此，則中間空闕多少去處，正如屋下失物，直待去城外求也。愛牛之事，孟子只就齊王身上説，若施之他人則不可。况操存涵養，皆是平日工夫，豈有等待發見然後操存之理！今胡氏子弟議論每每好高，要不在人下。纔説心，便不説用心，以爲心不可用。至如《易傳》中有連使「用心」字處，皆塗去「用」字。某以爲：孟子所謂「堯、舜之治天下，豈無所用其心哉」，何獨不可以「用」言也？季隨不以爲然。遂檢文定《春秋》中有連使「用心」字處質之，方無語。大率議論文字，須要親切。如伊川説顔子樂道爲不識顔子者，蓋因問者元不曾親切尋究，故就其人而答，欲其深思而自得之爾。後人多因程子之言，愈見説得高遠。如是，則又不若樂道之爲有據。伊尹「樂堯、舜之道」，亦果非樂道乎？湖湘此等氣象，乃其素習，無怪今日之尤甚也。謨。

五峰《知言》大抵説性未是。自胡文定、胡侍郎，皆説性未是。其言曰：「性，猶水也。善，其水之下乎；情，其水之瀾乎；欲，其水之波浪乎。」乍看似亦好，細看不然。如瀾與波浪何别？渠又包了情、欲在性中，所以其説如此。又云：「性，好惡也。

君子以道，小人以欲。君子、小人，天理、人欲而已矣。」伯恭舊看《知言》云：「只有兩段好，其餘都不好。一段：『能攻人實病，能受人實攻。』一段：『以天下與人，而無人德我之望；有人之天下，而無取人之嫌。』」後來却又云都好。不知伯恭晚年是如何地看。某舊作《孟子或問》云：「人説性，不肯定説是性善，只是欲推尊性，於性之上虛立一箇『善』字位子，推尊其性耳。不知尊之反所以失之。」璘。

五峰云：「好惡，性也。」此説未是。胡氏兄弟既闢釋氏，却説性無善惡，便似説得空了，却近釋氏。但當云「好善而惡惡，性也」。𥊍謂：好惡，情也。曰：只是好惡，却好惡箇甚底？伯豐謂：只「君子好惡以道」，亦未穩。曰：如此，道却在外，旋好惡之也。𥊍。

直卿言：五峰説性云：「好惡，性也。」本是要説得高，不知却反説得低了。曰：依舊是氣質上説。某常要與他改云：「所以好惡者，性也。」寓。

「好惡，性也。」既有好，即具善；有惡，即具惡。若只云有好惡，而善惡不定於其中，則是性中理不定也。既曰天，便有「天命」、「天討」。方。

《知言》云：「凡人之生，粹然天地之心，道義全具，無適無莫；不可以善惡辨，不可以是非分；無過也，無不及也，此中之所以名也。」即告子「性無善無不善」之論也。唯伊川「性即理也」一句，甚切至。閎祖。

問：《知言》「萬事萬物，性之質也」，如何？曰：此句亦未有害，最是「好惡，性也」，大錯！既以好惡爲性，下文却云「君子好惡以道」，則是道乃旋安排入來。推此，其餘皆可見。問：與告子説話莫同否？曰：便是「湍水」之説。又問：「粹然完具」云云，却説得好。又云「不可以善惡言，不可以是非判」。曰：渠説有二錯：一是把性作無頭面物事，二是。云云。失記。○可學。

五峰言：「天命不囿於善，不可以人欲對。」曰：天理固無對，然有人欲，則天理便不得不與人欲對爲消長。善亦本無對，然既有惡，則善便不得不與惡對爲盛衰。且謂天命不囿於物，可也；謂「不囿於善」，則不知天之所以爲天矣。謂惡不足以言性，可也；謂善不足以言性，則不知善之所從來矣。升卿。

好善而惡惡，人之性也。爲有善惡，故有好惡。「善惡」字重，「好惡」字輕。君子順其性，小人拂其性。五峰言：「好惡，性也。君子好惡以道，小人好惡以欲。」是好人之所惡，惡人之所好，亦是性也。而可乎？或問：「天理、人欲，同體異用」之説，如何？曰：當然之理人合恁地底，便是體，故仁、義、禮、智爲體。如五峰之説，則仁與不仁、義與不義、禮與無禮、智與無智皆是性，如此，則性乃一箇大人欲窠子。其説乃與東坡、子由相似，是大鑿脱，非小失也。「同行異情」一句，却説得去。方子。

或問「天理、人欲，同體而異用，同行而異情」。曰：胡氏之病，在於説「性無善惡」。體中只有天理，無人欲，謂之同體，則非也。「同行異情」，蓋亦有之，如口之於味，目之於色，耳之於聲，鼻之於臭，四肢之於安佚，聖人與常人皆如此，是同行也；然聖人之情不溺於此，所以與常人異耳。人傑謂：聖賢不視惡色，不聽惡聲，此則非同行者。曰：彼亦就其同行處説耳。某謂聖賢立言，處處皆通，必不若胡氏之偏也。龜山云：「天命之謂性，人欲非性也。」胡氏不取其説，是以人欲爲性矣。此其甚差者也。人傑。

問：「天理、人欲，同體而異用，同行而異情」，如何？曰：下句尚可，上句有病。蓋行處容或可同，而其情則本不同也。至於體、用，豈可言異？觀天理、人欲所以不同者，其本原元自不同，何待用也？胡氏之學，大率於大本處看不分曉，故鋭於闢異端，而不免自入一脚也。如説性，便説「性本無善惡，發然後有善惡」，「孟子説『性善』，自是歎美之辭，不與惡爲對」。大本處不分曉，故所發皆差。蓋其説始因龜山問總老，而答曰：「善則本然，不與惡對。」言「本然」猶可，今曰「歎美之辭」，則大故差了。又一學者問以放心求放心如何？他當時問得極緊，他一向鶻突應將去。大抵心只操則存，捨則放了，俄頃之間，更不喫力，他却説得如此周遮。大雅。

問：「天理、人欲，同行而異情」，胡氏此語已精。若所謂「同體而異用」，則失之混而無別否？曰：胡氏論「性無善惡」，此句便是從這裏來。本原處無分別，都把做一般，所以便謂之「同體」。他看道理儘精微，不知如何只一箇大本却無別了。淳。

或問「天理、人欲，同體異用」。曰：如何天理、人欲同體得？如此，却是性可以爲善，亦可以爲惡，却是一團人欲窠子，將甚麽做體？却是韓愈説性自好，言「人之爲性有五，仁、義、禮、智、信是也」。指此五者爲性，却説得是。性只是一箇至善道理，萬善總名。才有一豪不善，自是情之流放處，如何却與人欲同體？今人全不去看。謙。

問：「天理、人欲，同體而異用」，先生以爲未穩，是否？曰：亦須是實見此句可疑，始得。又曰：今人於義利處皆無辨，直恁鶻突去。是須還他是，不是還他不是。若都做得是，猶自有箇淺深。自如此說，必有一箇不是處，今則都無理會矣。寓。

何丞辨五峰「理性」，何異修性？蓋五峰以性爲非善惡，乃是一空物，故云「理」也。方。

看《知言》彪居正問仁一段，云：極費力。有大路不行，只行小徑。至如「操而存之」等語，當是在先。自孟子亦不專以此爲學者入德之門也。且齊王人欲蔽固，故指其可取者言之。至如說「自牖開說」，亦是爲蔽固而言。若吾儕言語，是是非非，亦何須如此？而五峰專言之，則偏也。又云：居正問：「以放心求放心，可乎？」既知其放，又知求之，則此便是良心也，又何求乎？又何必俟其良心遇事發見，而後操之乎？方。

五峰曾說，如齊宣王不忍觳觫之心，乃良心，當存此心。敬夫說「觀過知仁」，當察過心則知仁。二說皆好意思。然却是尋良心與過心，也不消得。只此心常明，不爲物蔽，物來自見。從周。

五峰作《皇王大紀》，說北極如帝星、紫微等皆不動。說宮聲屬仁，不知宮聲却屬信。又宮無定體，十二律旋相爲宮。帝星等如果不動，則天必擘破。不知何故，讀書如此不子細。人傑。

五峰說得宮之用極大，殊不知十二律皆有宮。又宮在五行屬土，他說得其用如此大，猶五常之仁。宮自屬土，亦不爲仁也。

又其云天有五帝座星，皆不動。今天之不動者，只有紫微垣、北極、五帝座不動，其他帝座如天市垣、太微垣、大火中星帝座與大角星帝座，皆隨天動，安得謂不動！卓。

五峰論樂，以黄鍾爲仁，都配屬得不是。它此等上不曾理會，却都要將一大話包了。䕫。

論五峰説極星有三箇，極星不動，殊不可曉。若以天運譬如輪盤，則極星只是中間帶子處，所以不動。若是三箇不動，則不可轉矣。又言：雖形器之事，若未見得盡，亦不可輕立議論。須是做下學工夫。雖天文地理，亦須看得他破，方可議之。又曰：明仲嘗畏五峰議論精確，五峰亦嘗不有其兄，嘗欲焚其《論語解》，并《讀史管見》。以今觀之，殊不然。如《論語》、《管見》中雖有粗處，亦多明白。至五峰議論，反以好高之過，得一説便説，其實與這物事都不相干涉，便説得無着落。五峰辨《疑孟》之説，周遮全不分曉。若是恁地分疏《孟子》，剗地沈淪，不能得出世。䕫。

五峰疾病，彪德美問之，且求教焉。五峰曰：「游定夫先生所以得罪於程氏之門者，以其不仁不敬而已。」先生云：言其習不著，行不察，悠悠地至於無所得而歸釋氏也。其子德華謂汪聖錫云，定夫於程氏無所得，後見某長老，乃有得也。此與吕居仁《雜記》語同。大率其資質本好者，却不用力，所以悠悠。如上蔡、文定，器質本駁偏，所以用力尤多。方。

五峰《有本亭記》甚好。理固是好，其文章排布之類，是文人之文。此其所居也。其所極好，在嶽山下，當時託二學生謀得之。文定本居籍溪，恐其當衝，世亂或不免，遂去，居湖北。侯師聖令其還，謂亂將作，乃還衡嶽下。亦有一人，侯令其還，不從，後不免。文定以識時知幾薦侯。亂兵謂宗汝霖所招勤王者。宗死，其兵散走爲亂，湖北靡孑遺矣。○揚。

五峰説「區以別矣」，用《禮記》「勾萌」字音。林少潁亦曾説與黄祖舜來如此。方。

胡氏議論須捉一事爲説。如后妃幽間貞淑，却只指不妬忌爲至；伯夷氣象如此，却只指不失初心，爲就文王去武王之事。大要不論體，只論發出來處，類如此也。方。

胡説有三箇物事：一不動，一動，一静，相對。振。

問：湖南「以身格物」，則先亦是行，但不把行做事爾。曰：湖南病正在無涵養。無涵養，所以尋常盡發出來。不留在家。○方。

因説湖南學先體察，云：不知古人是先學灑掃應對？爲復先體察？方。

湖南一派，譬如燈火要明，只管挑，不添油，便明得也即不好。所以氣局小，長汲汲然張筋努脉。方。

謂胡季隨曰：文定、五峰之學，以今切議來，只有太過，無不及。季隨而今却但有不及。又曰：爲學要剛毅果决，悠悠不濟事。方子。○林學蒙録云：爲學要剛毅果决，悠悠不濟事。且如「發憤忘食，樂以忘憂」，是甚麽樣精神骨肋！注云：因説胡季隨。

或説胡季隨才敏。曰：也不濟事。須是確實有志而才敏，方可。若小小聰悟，亦徒然。學蒙。

五峰諸子不着心看文字，恃其明敏，都不虚心下意，便要做大。某嘗説學者，難得信得及、就實上做工夫底人。賀孫。

朱子語類卷第一百二計三板

楊氏門人

羅仲素

羅先生嚴毅清苦，殊可畏。道夫。

李先生言：羅仲素春秋説，不及文定。蓋文定才大，設張羅落者大。《文定集》有《答羅書》可見。○方。

道夫言：羅先生教學者静坐中看「喜怒哀樂未發謂之中」，未發作何氣象。李先生以爲此意不惟於進學有力，兼亦是養心之要。而《遺書》有云：「既思，則是已發。」昔嘗疑其與前所舉有礙，細要亦甚緊要，❶不可以不攷。直卿曰：此問亦甚切。但程先生剖析豪釐，體、用明白，羅先生探索本原，洞見道體。二者皆有大功於世。善觀之，則亦「並行而不相悖」矣。況羅先生於静坐觀之，乃其思慮未萌，虚靈不昧，自有以見其氣象，則初無害於未發。蘇季明以「求」字爲問，則求非思慮不可，此伊川所以力辨其差也。先生曰：公雖是如此分解羅先生説，終恐做病。如明道亦説静坐可以爲學，謝上蔡亦言多着静不妨。此説終是小偏。才偏，便做病。道理自有動時，自有静時。學者只是「敬以直内，義以方外」。見得世間無處不是道理，雖至微至小處，亦有道理，便以道理處之。不可專要去静處

❶ 上「要」字，萬曆本作「思」。

求，所以伊川謂「只用敬，不用静」，便説得平。也是他經歷多，故見得恁地正而不偏。若以世之大段紛擾人觀之，若會静得，固好；若講學，則不可有豪髮之偏也。如天雄，附子，冷底人喫得也好；如要通天下喫，便不可。道夫。

蕭子莊

先生問：浦城有蕭先生顗，受業於龜山之門，不知所得如何？道夫遂以蕭先生所答范公三書呈。先生曰：元來是箇天資自好，樸實頭底人，初非學問之力。且如所謂「人能弘道」、「君子泰而不驕」、「君子坦蕩蕩」三者，那人舉得本自不倫，他又却從而贊美之。也須思量道如何而能弘，如何而能泰與坦蕩蕩，却只恁説，教人從何處下手？况「人能弘道」，本非此意。如他所説，却是「士不可以不弘毅」、「執德不弘」。今却以「人能弘道」言之，自不干事。又如第二書言：「士之所志，舍仁義而何爲哉？惟仁必欲熟，義必欲精。仁熟，則造次顛沛有所不違；義精，則利用安身而德崇矣。」此數句説得儘好。但仁固欲熟，義固欲精，也須道如何而能精，如何而能熟，却只隨他在後面説，不知前面畢竟是如何。又如舉孟子「不動心」、「養氣」之説，皆是汎説，惟其如此，故人亦謂伊川也只恁地，所以豪傑之士皆傲睨不服。又曰：據公所見，若有人問自家「仁必欲熟，義必欲精」兩句，如何地答？這便是格物，致知。道夫曰：莫是克去己私以明天理，則仁自然熟，義自然精？曰：此正程先生所謂「涵養必以敬，進學在致知」之意也。道夫。

廖用中

或問爲善爲利處。因舉龜山《答廖用中書》云：龜山説得鶻突，用中認得不子細，後來於利害便不能分别。紹興間，秦老當國，方主和議。廖有召命，自無所見，却去扣其平日所友善之人鄭邦達。邦達初不經意，但言「和亦是好事」。廖到闕，即助和議，遂爲中丞，幸而不肯爲秦鷹犬。秦嘗諷其論趙丞相，不從。遷工部尚書，迄以此去。儒用。

龜山與廖尚書説義利事。廖云：「義利即是天理、人欲。」龜山曰：「只怕賢錯認，以利爲義也。」後來被召主和議，果如龜山説。廖初舉鄭厚與某人，可見其賢此二人。二人皆要上恐脱「不」字。主和議。及廖被召，却不問此二人，却去與葉孝先商量，更輔之以□□。及爲中丞，又薦鄭轂。然廖終與秦不合而出。但初不能别義利之分，亦是平時講之不熟也。鄭博士，某舊及見之，年七十餘，云嘗見上蔡，先人甚敬之。賀孫。

因言廖用中議和事，云：廖用中固非詭隨者，但見道理不曾分曉。當時龜山已嘗有語云「恐子以利爲義」者，政爲是也。壽昌。

胡德輝

因説胡珵德輝所著文字，問德輝何如人？曰：先友也，晉陵人。曾從龜山游，故所記多龜山説話。能詩文，墨隸皆精好。嘗見先人館中唱和一卷，唯胡詩特佳。趙忠簡公當國，與張嵲巨山同爲史官。及趙公去位，張魏公獨相，以爲元祐未必全是，熙、豐未必全非，遂擢何掄仲、李似表二人爲史官。胡、張所修史，皆標出欲改之。胡、張遂求去。及忠簡再入相，遂去何、李，依舊用胡、張爲史官。成書奏上，弄得都成私意。儒用。

尹氏門人

王德修

先生云：嚮日鄉間一親戚虞氏，見仙里王德修見教云：學者要識一「愧」字與「恥」字。此言却極好。大雅。

一日侍坐，學者問難紛然。王德修曰：「不必多問，但去行取。且如人理會『惟精惟一，允執厥中』，只管說如此是精，如此是一，臨了，中却不見。」先生曰：精一，則中矣。文蔚。

朱子語類卷第一百三 九板

羅氏門人

李愿中

李先生終日危坐，而神彩精明，略無隤墮之氣。升卿。

延平先生氣象好。振。

問延平先生言行。曰：他却不曾著書，充養得極好。凡爲學，也不過是恁地涵養將去，初無異義。只是先生睟面盎背，自然不可及。驤。

李延平初間也是豪邁底人，到後來也是磨琢之功。在鄉若不異於常人，鄉曲以上底人只道他是箇善人。他也略不與人說。待問了，方與說。賀孫。

李先生少年豪勇，夜醉，馳馬數里而歸。後來養成徐緩，雖行二三里路，常委蛇緩步，如從容室中也。問：先生如何養？曰：先生只是潛養思索。方。

人性辨急，❶發不中節者，當於平日言語動作間以緩持之。持之久，則心中所發自有條理。因說：李先生行郊外，緩步委蛇，如在室中，不計其遠。嘗隨至人家，才相見，便都看了壁上碑文。先生俟茶罷，即起向壁立看，看了一廳碑，又移步向次壁看，看畢就坐。其所持專一詳緩如此。初性甚急，後來養成，至於是也。方。

❶「辨」，四庫本作「卞」。

行夫問：李先生謂：「常存此心，勿爲事物所勝。」先生答之云云。頃之，復曰：李先生涵養得自是别，真所謂「不爲事物所勝」者。古人云「終日無疾言遽色」，他真箇是如此。如尋常人去近處，必徐行；出遠處，行必稍急。先生出近處也如此，出遠處亦只如此。尋常人叫一人，叫之一二聲不至，則聲必厲；先生叫之不至，聲不加於前也。又如坐處壁間有字，某每常亦須起頭一看。若先生則不然，方其坐時，固不看也。若是欲看，則必起就壁下視之。其不爲事物所勝，大率若此。常聞先生後生時極豪邁，一飲必數十盃。醉則好馳馬，一驟三二十里不回。後來却收拾得恁地純粹，所以難及。道夫。

李先生居處有常，不作費力事。所居狹隘，屋宇卑小。及子弟漸長，逐間接起，又接起廳屋。亦有小書室，然甚齊整瀟灑，安物皆有常處。其制行不異於人，亦嘗爲任希純教授延入學作職事，居常無甚異同，頹如也。真得龜山法門，亦嘗議龜山之失。方。

李延平不著書，不作文，頹然若一田夫野老，然又太和順了。羅仲素衣服之類亦日有定程，如黄昏如何服，睡復易。然太執。揚。

李先生好看《論語》，自明而已。謂孟子早是説得好了，使人愛看了也。其居在山間，亦殊無文字看讀辨正，更愛看《春秋左氏》。初學於仲素，只看經。後侯師聖來沙縣，羅邀之至，問：「伊川如何看？」云亦看《左氏》。要見曲折，故始看《左氏》。方。

或問：近見廖子晦言，今年見先生，問

延平先生「静坐」之説，先生頗不以爲然，不知如何？曰：這事難説。静坐理會道理，自不妨。只是討要静坐，則不可。理會得道理明透，自然是静。今人都是討静坐以省事，則不可。嘗見李先生説：「舊見羅先生説《春秋》，頗覺不甚好。不知到羅浮静極後，又理會得如何。」是時羅已死。某心常疑之。以今觀之，是如此。蓋心下熱鬧，如何看得道理出！須是静，方看得出。所謂「静坐」，只是打疊得心下無事，則道理始出；道理既出，則心下愈明静矣。僩。

舊見李先生云：「初問羅先生學《春秋》，覺説得自好。後看胡文定《春秋》，方知其説有未安處。」又云：「不知後來到羅浮山中静極後，見得又如何。」某頗疑此説，以爲《春秋》與「静」字不相干，何故須是静處方得工夫長進？後來方覺得這話好。蓋義理自有着力看不出處。然此亦是後面事，初間亦須用力去理會，始得。若只靠着静後聽他自長進，便却不得。然爲學自有許多階級，不可不知也。如某許多文字，便覺得有箇喫力處，尚有這些病在。若還更得數年，不知又如何。榦。

李先生云：看聖賢言語，但一踔看過，便見道理者，却是真意思。纔着心去看，便蹉過了多。升卿。

《正蒙》、《知言》之類，學者更須被他汩没。李先生極不要人傳寫文字及看此等。舊嘗看《正蒙》，李甚不許。然李終是短於辨論邪正，蓋皆不可無也。無之，即是少博學詳説工夫也。方。

李先生云：「橫渠説不須看。非是不是，只是恐先入了費力。」方。

李問陳幾叟借得文定《傳》本，用薄紙

真謹寫一部。《易傳》亦然。方。

李先生云：「書不要點，看得更好。」方。

李先生説，一步是一步。如説「仁者，其言也訒」。某當時爲之語云：「聖人如天覆萬物。」云云。李曰：「不要如是廣説，須窮『其言也訒』前頭如何，要得一進步處。」方。

李先生不要人强行，須有見得處方行，所謂灑然處。然猶有偏在。灑落而行，固好；未到灑落處，不成不行？亦須按本行之，待其著察。方。

李先生當時説學，已有許多意思。只爲説「敬」字不分明，所以許多時無捉摸處。方。

李先生説：「人心中大段惡念却易制伏，最是那不大段計利害、乍往乍來底念慮，相續不斷，難爲驅除。」今看得來，是如此。廣。

李先生嘗云：「人之念慮，若是於顯然過惡萌動，此却易見易除。却怕於匹似閑底事爆起來，纏繞思念將去不能除，此尤害事。」某向來亦是如此。賀孫。

「必有事焉」，由此可至「君子三變」。「改過遷善」，由此可至「所過者化」。李先生説。方。

李先生言：「事雖紛紛，須還我處置。」方。

李先生有爲，只用蠱卦，但有决烈處。❶方。

李先生云：「天下事，道理多，如子瞻才智高，亦或窺得，然其得處便有病也。」方。

問：先生所作《李先生行狀》云「終日危坐，以驗夫喜怒哀樂之前氣象爲如何，而

❶「烈」，萬曆本作「裂」。

求所謂中者」，與伊川之説若不相似。曰：這處是舊日下得語太重。今以伊川之語格之，則其下工夫處，亦是有些子偏。只是被李先生静得極了，便自見得是有箇覺處，不似别人。今終日危坐，只是且收斂在此，勝如奔馳。若一向如此，又似坐禪入定。賀孫。

或問：延平先生何故驗於喜怒哀樂未發之前，而求所謂中？曰：只是要見氣象。陳後之曰：持守良久，亦可見未發氣象。曰：延平即是此意。若一向這裏，又差從釋氏去。淳。

問：延平欲於未發之前觀其氣象，此與楊氏體驗於未發之前者，異同如何？曰：這箇亦有些病。那「體驗」字是有箇思量了，便是已發。若觀時恁著意看，便也是已發。問：此體驗是著意觀？只恁平常否？曰：此亦是以不觀觀之。淳。

再論李先生之學常在目前。先生曰：只是「君子戒謹所不睹，恐懼所不聞」，便自然常存。顔子非禮勿視、聽、言、動，正是如此。德明。

胡氏門人

張敬夫

近日南軒書來，不曾見説嘗讀某書，有何新得。今又與伯恭相聚，往往打入多中去也。方。

欽夫見識極高，却不耐事；伯恭學耐事，却有病。升卿。

南軒、伯恭之學皆疏略，南軒疏略從高處去，伯恭疏略從卑處去。伯恭説道理與作爲，自是兩件事。如云：「仁義道德與度數刑政，介然爲兩塗，不可相通。」他在時不曾見與某說。他死後，諸門人弟子此等議論方漸漸說出來，乃云皆原於伯恭也。僩。

欽夫說得高了，故先生只要得典實平易。方。

敬夫高明，他將謂人都似他，纔一說時，便更不問人曉會與否，且要說盡他箇。故他門人，敏底秖學得他說話，若資質不逮，依舊無着摸。某則性鈍，讀書極是辛苦，故尋常與人言，多不敢爲高遠之論。蓋爲是身曾親經歷過，故不敢以是責人爾。《學記》曰：「進而不顧其安，使人不由其誠。」今教者之病，多是如此。道夫。

學者於理有未至處，切不可輕易與之說。張敬夫爲人明快，每與學者說話，一切傾倒說出。此非不可，但學者見未到這裏，見他如此說，便不復致思，亦甚害事。某則不然。非是不與他說，蓋不欲語學者以未至之理耳。❶ 枅。

南軒嘗言「遁悶工夫好做」。振。

南軒說「端倪」兩字極好。此兩字，却自人欲中生出來。人若無這些箇秉彝，如何思量得要做好人！煇。

或問：南軒云：「行之至，則知益明；知既明，則行益至。」此意如何？曰：道理固是如此。學者工夫當並進，不可推泥牽連，下梢成兩下擔閣。然二者都要用功，則成就時二者自相資益矣。銖。

王壬問：南軒類聚言仁處，先生何故不欲其如此？曰：便是工夫不可恁地。如此，則氣象促迫，不好。聖人說仁處固是緊要，不成不說仁處皆無用？亦須是從近

❶「語」，萬曆本作「與」。

看將去，優柔玩味，久之自有一箇會處，方是工夫。如博學、審問、謹思、明辨、篤行，聖人須説「博學」，如何不教人便從謹獨處做？須是説「禮儀三百，威儀三千」，始得。雉。

問：先生舊與南軒反覆論仁，後來畢竟合否？曰：亦有一二處未合。敬夫説本出胡氏。胡氏之説，惟敬夫獨得之，其餘門人皆不曉，但云當守師之説。向來往長沙，正與敬夫辨此。可學。

問：南軒與先生書，説「『性善』者歎美之辭」，如何？曰：不必如此説。善只是自然純粹之理。今人多以善與惡對説，便不是。大凡人何嘗不願爲好人，而怕爲惡人。㷇。

問：南軒謂「動中見静，方識此心」，如何是「動中見静」？曰：「動中見静」，便是程子所説「艮止」之意。釋氏便言「定」，聖人只言「止」。寓録云：此段文已詳了。敬夫却要將這箇爲「見天地之心」。復是静中見動，他又要「動中見静」，却倒説了。淳。○寓同。

問：曾看南軒《論語》否？曰：雖嘗略看，未之熟也。曰：南軒後來只修得此書。如《孟子》，竟無工夫改。必大。

南軒《論語》初成書時，先見後十篇，一切寫去與他説。後見前十篇，又寫去。後得書來，謂説得是，都改了。《孟子説》，不曾商量。

問：南軒解「子謂子産有君子之道四焉」，將《孟子》「惠而不知爲政」，立兩壁辨論，非特於本旨爲贅，且使學者又生出一事。曰：欽夫最不可得，聽人説話，便肯改。如《論語》舊説，某與議論修來，多是此類。且如他向解顔淵「克己復禮」處，須説要先格物，然後克己。某與説「克己」一事，自始學至成德，若未至「從心所欲不踰矩」、「從容中道」時，皆要克，豈可與如此説定？因作一戲語云：「譬如對先生長者聽其格言至論，却嫌他説得未盡，云我更與他添些令盡。」彼當時聞此語，即相從，除却先要格物一段。不意今又添出「自始學至成德皆要克」一段。此是某攻他病底藥，病去，則藥自不用可也。今又更留取藥在，却是去得一病，又留取一病在。又如「述而不作」處，他元説先云「彼老彭者何人哉？而反使吾夫子想像慕用！」某與説，此譬如吾夫子前面致恭盡禮於人，而吾輩乃奮怒攘臂於其後。他聞説即改，此類甚衆。若《孟子》，則未經修，爲人傳去印了，彼亦自悔。出仕後不曾看得文字，未及修《孟子》而卒。蓋其間有大段害事者，如論性善處，却着一片説入太極來，此類頗多。大雅云：此書却好把與一般頹闒者看，以作其喜學之意。曰：此亦吕伯恭教人看《上蔡語録》之意。但既與他看了，候他稍知趨嚮，便與醫了，則得。大雅。

南軒《語》、《孟》，某嘗説他這文字不好看。❶蓋解經不必做文字，止合解釋得文義通，❷則理自明，意自足。今多去上做文字，少間説來説去，只説得他自一片道理，經意却蹉過了。要之，經之於理，亦猶傳之於經。傳，所以解經也，既通其經，則傳亦可無；經，所以明理也，若曉得理，則經雖無亦可。嘗見一僧云：「今人解書，如一盞酒，本自好，被這一人來添些水，那一人來

❶「某」，萬曆本作「子」。

❷「義」，萬曆本作「字」。

又添些水，次第添來添去，都淡了。」他禪家儘見得這樣，只是他又忒無註解。問：陸氏之學，恐將來亦無註解去。曰：他本只是禪。榦問：嘗看文字，多是虛字上無緊要處最有道理。若做文字，粗疏解，這般意思，却恐都不見了。曰：然。且如今說「秉彝」，這箇道理却在「彝」字上、「秉」字下。所以《莊子》謂「批大郤，導大窾」，便是道理都在空處。如《易》中說「觀其會通，以行其典禮」，通，便是空處。行得去，便是通；會，便是四邊合湊來處。問：《莊子》云「聞解牛，得養生」，如何可以養生？曰：只是順他道理去，不假思慮，不去傷着它，便可以養生。又曰：不見全牛，只是見得骨骼自開。問：莊子此意如何？曰：也是他見得箇道理如此。問：他本是絶滅道理，如何有所見？曰：他也是就他道理中見得如此。因嘆曰：天下道理，各見得恁地，剖析開去，多少快活！若只鶻突在裏，是自欺而已。又問：《老子》云「三十幅共一轂，有之以爲利，無之以爲用」，亦是此意否？曰：某也政謂與此一般。便也是他看得到這裏。榦。

林艾軒在行在，一日訪南軒，曰：「程先生《語録》，某却看得；《易傳》，看不得。」南軒曰：「何故？」林曰：「《易》有象數，伊川皆不言，何也？」南軒曰：「孔子說《易》不然。《易》曰：『公用射隼于高墉之上，獲之，無不利。』如以象言，則公是甚？射是甚？隼是甚？高墉是甚？聖人止曰：『隼者，禽也；弓矢者，器也；射之者，人也。君子藏器於身，待時而動，何不利之有！』」振。

龍泉簿范伯崇寄書來云：「今日氣象，

官無大小，皆難於有爲。蓋通身是病，無下藥處耳。安得大賢君子，正其根本，使萬目具舉，吾民得樂其生耶！」嚴陵之政，遠近能言之。蓋惻隱之心發於誠然，加之明敏，何事不立？方。

上初召魏公，先召南軒來。某亦赴召至行在，語南軒云：「湯進之不去，事不可爲。莫擔負了他底，至於敗事。」某待得見魏公時，親與之説。度住不得一二日去矣。及魏公來，湯左相、張右相，都不可商量事。同進同退，獨與上商量又不得。上又要商量，但時召南軒入，往來傳言，與魏公商量。一日召南軒，上在一幄中，外無一人，説話甚款。南軒開陳臨安不可居，乞且移蹕建康，然宮禁左右且少帶人，又百司之類，亦且帶緊要底去。上曰：「朕獨行，后妃宮禁之類，全不帶一人去。臨安淫侈之甚，如何居！」南軒祝上未須與人説，相將又謅。上曰：「朕不言。卿不須漏洩。」上因曰：「待朕取一文字與卿看。」上顧左右無人使，遂曰：「卿且待。」上自起去取。南軒見幄外皆是宮人，深懼所言皆爲彼聞之矣。少頃上來，忘其文字。其後與宰相議用兵事，湯固力爭。上曰：「朕且夕親往建康。」未幾，外面鬨鬨地，謂上往建康。南軒見上問云：「陛下嘗祝臣勿言。聞陛下對宰執言之，何也？」上曰：「被他撓人，故以此激之。」意思如此，記不全。南軒出入甚親密，滿朝忌之。一日，往見周葵，政府諸人在，次第遂報南軒來。周指之曰：「吾輩進退，皆在此郎之手。」是時南軒少年，又處得地位不是，而人情皆如此，何以成得事？南軒亦問至太上處理會事之類，太上曰：「尚記得卿父娶時如何事，卿今如此。」南軒奏邊事并不可和之意，太上亦順應之。臨辭去，乃曰：「與卿父説，不如和好。」湯在相位時，有御札出來罵，亦有「秦檜不如」之語。然竟用之，不可曉，恐是太上意。上因廣西買馬事之類，甚向南軒，諸公已忌之。後到荆南，趙雄事事沮之，不可爲矣。先生又言：近有誰説，在荆南時，司天奏相星在楚地，甚明。上曰：「張栻當之。」人愈忌之。揚。

南軒再召時，論今日自是當理會恢復。然不如此理會，須是云云，有劄子。上大喜，次日降出劄子，御批：「恢復須是如此理會。」即除侍講，云：「且得直宿時，與卿説話。」虞允文、趙雄之徒不喜，遂沮抑之。揚。

南軒自魏公有事後，在家凡出入人事之類，必以兩轎同其弟出入。揚。

議南軒祭禮，曰：欽夫信忒猛，又學胡氏，云云，有一般没人情底學問。嘗謂欽夫曰：「改過不吝，從善如流，固好。然於事上也略審覆行，亦何害？」南軒只以魏公繼室配，又以時祭廢俗祭，某屢言之。○伯羽。

因説南軒爲人作文序，曰：欽夫無文字，不做序。淳。

南軒從善之亟。先生嘗與閑坐立，所見什物之類放得不是所在，并不齊整處，先生謾言之。雖夜後，亦即時令人移正之。揚。

「春風駘蕩家家到，天理流行事事清。」此南軒題桃符云爾，擇之譏之。方。

欽夫言：「老子云『不善人，善人之資；善人，不善人之師』，與『孔子見賢思齊，見不賢内省』之意不同。」爲老子不合有資之之意，不善也。方。

朱子語類卷第一百四 計十板

朱子一

自論爲學工夫

某少時讀四書，❶甚辛苦。諸公今讀時，又較易做工夫了。敬仲。○以下讀書。

後生家好着些工夫，子細看文字。某向來看《大學》，猶病於未子細，如今愈看，方見得精切。因説：前輩諸先生長者説話，於大體處固無可議；若看其他細碎處，大有工夫未到。木之。❷

某自丱角讀《論》、《孟》，自後欲一本文字高似《論》、《孟》者，竟無之。友仁。

某十數歲時讀《孟子》言「聖人與我同類者」，喜不可言，以爲聖人亦易做，今方覺得難。揚。

某舊時看文字，一向看去，一看數卷，全不曾得子細，於義理之文亦然，極爲病。今日看《中庸》，只看一段子。揚。

讀書須純一。如看一般未了，又要般涉，都不濟事。某向時讀書，方其讀上句，則不知有下句；讀上章，則不知有下章。讀《中庸》，則秖讀《中庸》；讀《論語》，則秖讀《論語》。一日秖看一二章，將諸家説看合與不合。凡讀書到冷淡無味處，尤當着力推考。道夫。

讀書須讀到不忍捨處，方是見得真味。

❶ 「少時」，萬曆本作「自丱」。

❷ 「木」，原作「本」，今據朝鮮本、萬曆本改。

若讀之數過，略曉其義即厭之，欲別求書看，則是於此一卷書猶未得趣也。蓋人心之靈，天理所在，用之則愈明。只提醒精神，終日著意，看得多少文字，窮得多少義理。徒爲懶倦，則精神自是憒憒，只恁昏塞不通，可惜！某舊日讀書，方其讀《論語》時，不知有《孟子》；方讀《學而》第一，不知有《爲政》第二。今日看此一段，明日且更看此一段，看來看去，直待無可看，方換一段看。如此看久，自然洞貫，方爲浹洽。時下雖是鈍滯，便一件了得一件，將來却有盡理會得時。若撩東劄西，徒然看多，事事不了，日暮途遠，將來荒忙不濟事。舊見李先生說「理會文字，須令一件融釋了後方更理會一件」。「融釋」二字下得極好。此亦伊川所謂「今日格一件，明日又格一件，格得多後，自脱然有貫通處」。此亦是他真曾經歷來，便說得如此分明。今若一件未能融釋，而又欲理會一件，則第二件又不了。推之萬事，事事不了，何益！大雅。

某是自十六七時下工夫讀書，彼時四畔皆無津涯，只自恁地硬着力去做。至今日雖不足道，但當時也是喫了多少辛苦，讀了書。今人卒乍便要讀到某田地，也是難。要須積累着力方可。某今老而將死，所望者，但願朋友勉力學問而已。道夫。

器之問《野有死麕》。曰：讀書之法，須識得大義，得他滋味。没要緊處，縱理會得也無益。大凡讀書，多在諷誦中見義理。况《詩》又全在諷誦之功，所謂「清廟之瑟，一倡而三嘆」，一人唱之，三人和之，方有意思。又如今詩曲，若只讀過，也無意思，須是歌唱起來方見好處。❶ 因説：讀書須是有自得處，到自得處，説與人也不得。某舊讀「仲氏任只，其心塞淵，終温且惠，淑慎其身。先君之思，以勗寡人」，「既破我斧，又闕我斨，周公東征，四國是皇。哀我人斯，亦孔之將」，伊尹曰「先王肇修人紀，從諫弗咈，先民時若，居上克明，爲下克忠，與人不求備，檢身若不及，以至于有萬邦，兹惟艱哉」，如此等處，直爲之廢卷慨想而不能已。覺得朋友間看文字，難得這般意思。某二十歲前後，已看得書大意如此，如今但較精密。日月易得，匆匆過了五十來年。木之。

謂器之看《詩》病於草率，器之云：如今將先生數書循環看去。曰：都讀得了，方可循環再看。如今讀一件書，須是真箇理會得這一件了，方可讀第二件；讀這一段，須是理會得這一段了，方可讀第二段。少間漸漸節次看去，自解通透。只五年間，無不可以讀得經、子諸書，迤邐去看史傳，無不貫通。韓退之所謂「沈潛乎訓義，反復乎句讀」，須有沈潛反覆之功方得。所謂「審問之」，須是表裏内外無一毫之不盡，方謂之審。恁地竭盡心力，猶有見未到處，却不奈何。如今人不曾竭盡心力，只見得三兩分了，便草草揭過，少間只是鶻突無理會，枉着日月，依舊似不曾讀相似。只如韓退之、老蘇作文章，本自没要緊事，然他大段用功，少間方會漸漸掃去那許多鄙俗底言語，換了箇心胸，説這許多言語出來。如今讀書，須是加沈潛之功，將義理去澆灌胸腹，漸漸盪滌去那許多淺近鄙陋之見，方會見

❶「唱」，原脱，今據朝鮮本補。

識高明。因說：讀《詩》惟是諷誦之功，上蔡亦云「《詩》須是謳吟諷誦以得之」。某舊時讀《詩》，也只先去看許多注解，少間却被惑亂。後來讀至半了，却只將《詩》來諷誦至四五十過，已漸漸得《詩》之意，却去看注解，便覺減了五分以上工夫。更從而諷誦四五十過，則胸中判然矣。因說：如今讀書，多是不曾理會得一處通透了，少間却多牽引前面疑難來說，此最學者大病。譬如一箇官司，本自是鶻突了，少間又取得許多鶻突底證見來證對，却成一場無理會去，又有取後面未曾理會底來說。却似如今只來建陽縣，猶自未見得分曉，却又將建寧府與南劍州事來說，如何說得行？少間弄來弄去，只是胡說瞞人。有人說話如此者，某最怕之。說甲未了，又纏向乙上去；說乙未了，又纏向丙上去；無一句着實。正如斜風雨相似，只管吹將去，無一點着地。敢有終日與他說，❶不曾判斷得一件分曉，徒費氣力耳。木之。

先生因與朋友言及《易》，曰：《易》非學者之急務也。某平生也費了些精神理會《易》與《詩》，然其得力則未若《語》、《孟》之多也，《易》與《詩》中所得似雞肋焉。壯祖。

問：近看胡氏《春秋》，初無定例，止說歸忠孝處，便爲經義。不知果得孔子意否？曰：某嘗說：《詩》、《書》是隔一重兩重說，《易》、《春秋》是隔三重四重說。《春秋》義例、《易》《爻》《象》雖是聖人立下，今說者用之，各信己見，然於人倫大綱皆通，但未知曾得聖人當初本意否，且不如讓渠如此說，且存取大意，得三綱五常不至廢墜

❶「敢」，四庫本作「竟」。

足矣。今欲直得聖人本意不差，未須理會經，先須於《論語》、《孟子》中專意看他，切不可忙。虚心觀之，不須先自立見識，徐徐以俟之，莫立課程。某二十年前得上蔡《語録》觀之，初用銀朱畫出合處；及再觀，則不同矣，❶乃用粉筆；三觀，則又用墨筆。數過之後，則全與元看時不同矣。大抵老兄好去難處用工，不肯向平易處用工，故見如此難進，今當於平易處用工。」大雅。

讀書貪多，最是大病，下梢都理會不得。若到閑時無書讀時，得一件書看，更子細。某向爲同安簿滿，到泉州候批書，在客邸借文字，只借得一册《孟子》，將來子細讀，方尋得本意見。看他初間如此問，又如此答；待再問，又恁地答。其文雖若不同，自有意脉，都相貫通；句句語意，都有下落。賀孫。

看文字，却是索居獨處好用功夫，方精專，看得透徹，未須便與朋友商量。某往年在同安，日因差出體究公事處，夜寒不能寐，因看得子夏論學一段分明。後官滿，在郡中等批書，已遣行李，無文字看，於館人處借得《孟子》一册熟讀，方曉得「養氣」一章語脉。當時亦不暇寫出，只逐段以紙簽簽之，云此是如此説。簽了便看得更分明。後來其間雖有修改，不過是轉换處，大意不出當時所見。如謾人底議論，某少年亦會説，只是終不安，直到尋箇愨實處方已。㽦。

某舊年思量義理未透，直是不能睡。初看子夏「先傳後倦」一章，凡三四夜窮究到明，徹夜聞杜鵑聲。過。

問：當聞先生爲學者言：「讀書須有箇

❶「同」，朝鮮本作「罔」。

悦處方進。」先生又自言：「某雖如此，屢覺有所悦。」因稟曰：此先生進德日新工夫，不知學者如何到得悦處？曰：亦只是時習，時習故悦。德明。

某嘗説，看文字須似法家深刻，方窮究得盡，某直是下得工夫。義剛。

某舊時讀書，專要揀好處看，到平平泛泛處多闊略，後多記不得，自覺也是一箇病。今有一般人看文字，却只摸得些查滓，到有深意好處却全不識。此因有獻《易説》，多失伊川精意而言。○賀孫。

凡看文字，諸家説異同處最可觀。某舊日看文字，專看異同處。如謝上蔡之説如彼，楊龜山之説如此，何者爲得，何者爲失，所以爲得者是如何，所以爲失者是如何。學蒙。

某尋常看文字都曾疑來。如上蔡《觀復堂記》、文定《答曾吉甫書》，皆曾把做孔、孟言語一般看，久之，方見其未是。每一次看透一件，便覺意思長進。不似他人只依稀一見，謂其不似，便不復看；不特不見其長處，亦不見其短處。
　
某尋常見是人文字，未嘗敢輕易，亦恐有好處，鞭着工夫看它。
　
某所以讀書自覺得力者，只是不先立論。方子。

某自十五六時至二十歲，史書都不要看，但覺得閑是閑非没要緊，不難理會，大率才看得此等文字有味，畢竟麤心了。吕伯恭教人看《左傳》，不知何謂。履孫。

學者難得，都不肯自去着力讀書。某登科後要讀書，被人横截直截，某只是不管，一面自讀。顧文蔚曰：且如公有誰鞭辟？畢竟是自要讀書。文蔚。

看道理，若只恁地説過一遍便了，則都不濟事，須是常常把來思量始得。看過了後，無時無候，又把起來思量一遍。十分思量不透，又且放下，待意思好時，又把起來看。恁地將久，自然解透徹。延平先生嘗言：「道理須是日中理會，夜裏却去静處坐地思量，方始有得。」某依此説去做，真箇是不同。義剛。○以下窮理。

或問：先生謂「講論固不可無，須是自去體認」，如何是體認？曰：體認，是把那聽得底自去心裏重複思量過。伊川曰：「時復思繹，浹洽於中，則説矣。」某向來從師，一日間所聞説話，夜間如温書一般，字字子細思量過。才有疑，明日又問。廣。

問「必有事焉，而勿正，心勿忘，勿助長」。曰：此亦只是爲公孫丑不識「浩然之氣」，故教之養氣工夫。緩急，云不必太急，不要忘了，亦非教人於無着摸處用工也。某舊日理會道理，亦有此病。後來李先生説，令去聖經中求義。某後刻意經學，推見實理，始信前日諸人之誤也。大雅。

器之問：嘗讀《孟子》「求放心」章，今每覺心中有三病：籠統不專一，看義理每覺有一重似簾幙遮蔽，又多有苦心不舒快之意。曰：若論求此心放失，有千般萬樣病，何止於三？然亦别無道理醫治，只在專一。果能專一則静，静則明，明則自無遮蔽；既無遮蔽，須自有舒泰寬展處。這也未會如此，且收斂此心專一，漸漸自會熟，熟了自有此意。看來百事只在熟。且如百工技藝，也只要熟，熟則精，精則巧。器之又問：先生往時初學，亦覺心有不專一否？曰：某初爲學，全無見成規模，這邊也去理會尋討，那邊也去理會尋討。向時諸前輩每人各是一般説話，後來見李先生，李先生較説得有下落，説得較縝密。若看如今，自是有見成下工夫處。看來須是先理會箇安着處，譬如人治生，也須先理會箇屋子，安着身己，方始如何經營，如何積累，漸漸須做成家計。若先未有安着身己處，雖然經營，畢竟不濟事。爲學者不先存此心，雖説要去理會，東東西西，都自無安着處。孟子所以云「收放心」，亦不是説只收放心便了。收放心，且收斂得箇根基，方可以做工夫。若但知收放心，不做工夫，則如近日江西所説，則是守箇死物事。故《大學》之書須教人格物、致知以至於誠意、正心、脩身、齊家、治國、平天下，節節有工夫。賀孫。

某所得處甚約，只是一兩切要句上，却日夜就此一兩句上用意玩味，胸中自是灑落。又云：放心不必是走在別處去，但一劄眼間便不見，才覺得又便在面前，不是難收拾。自去提撕，便見得是如此。恪。

近日已覺向來説話太支離處，反身以求，正坐自己用功亦未切耳。因此減去文字功夫，覺得閑中氣象甚適。每勸學者亦且看《孟子》「道性善」、「求放心」兩章，着實體察收拾爲要。其餘文字且大概諷誦涵詠，未須大段着力考索也。

舊在湖南理會乾、坤，乾是先知，坤是踐履；上是「知至」，下是「終之」。却不思今只理會箇知，未審到何年月方理會「終之」也。是時覺得無安居處，常恁地忙。又理會動静，以爲理是静，吾身上出來便是動，却不知未發念慮時静，應物時動。静而理感亦有動，動時理安亦有静。初尋得箇動静意思，其樂甚乖，然却一日舊似一日。

當時看明道《答横渠書》，自不入也。方。

舊來失了此物多時，今收來尚未便入腔窠，但當盡此生之力而後已。自謂云爾。○方。

今日學者不長進，只是「心不在焉」。嘗記少年時在同安，夜聞鍾鼓聲，聽其一聲未絶，而此心已自走作，因此警懼，乃知爲學須是專心致志。又言：人有一正念，自是分曉。又從旁别生一小念，漸漸放闊去，不可不察。德明。

這道理須是見得是如此了，驗之於物又如此，驗之吾身又如此，以至見天下道理皆端的如此了，方得。如某所見所言，又非自會説出來，亦是當初於聖賢與二程所説推之，而又驗之於己，見得真實如此。道夫。

劉晏見錢流地上，想是他計較得熟了如此。某而今看聖人説話，見聖人之心成片價從面前過。胡泳。

某尋常莫説前輩，只是長上及朋友稍稍説道理底，某便不敢説他説得不是，且將他説去研究。及自家曉得，却見得他底不是。某尋常最居人後。又曰：尋常某最得此力。節。

初師屏山、籍溪，籍溪學於文定，又好佛、老。以文定之學爲論治道則可，而道未至，然於佛、老亦未有見。屏山少年能爲舉業，官莆田，接塔下一僧，能入定數日。後乃見了老，歸家讀儒書，以爲與佛合，故作《聖傳論》。其後屏山先亡，籍溪在。某自見於此道未有所得，乃見延平。可學。○論傳授。

或説：象山説：「『克己復禮』不但只是欲克去那利欲忿懥之私，只是有一念要做聖賢，便不可。」曰：此等議論，恰如小兒則劇一般，只管要高去，聖門何嘗有這般説話。人要去學聖賢，此是好底念慮，有何不可？若以爲不得，則堯、舜之「兢兢業業」，周公之「思兼三王」，孔子之「好古敏求」，顔子之「有爲若是」，孟子之「願學孔子」之念，皆當克去矣。看他意思只是禪。誌公云：「不起纖毫修學，心無相光，中常自在。」他只是要如此，然豈有此理？只如孔子答顔子「克己復禮爲仁」。據他説時，只這一句已多了，又况有下頭一落索。只是顔子才問仁，便與打出方是。及至恁地説他，他又却諱。某嘗謂：人要學禪時，不如分明去學他禪和一棒一喝便了。今乃以聖賢之言夾雜了説，都不成箇物事。道是龍，又無角；道是蛇，又有足。子静舊年也不如此，後來弄得直恁地差異。如今都教壞了後生，箇箇不肯去讀書，一味顛蹷没理會處，可惜，可惜！正如荀子不睹是，逞快胡罵亂駡，教得箇李斯出來，遂至焚書坑儒。若使荀卿不死，見斯所爲如此，必須自悔。使子静今猶在，見後生輩如此顛蹷，亦須自悔其前日之非。又曰：子静説話，常是兩頭明，中間暗。或問：暗是如何？曰：是他那不説破處。他所以不説破，便是禪。所謂「鴛鴦繡出從君看，莫把金針度與人」，他禪家自愛如此。某年十五六時，亦嘗留心于此。一日在病翁所會一僧，與之語，其僧只相應和了説，也不説是不是，却與劉説，某也理會得箇昭昭靈靈底禪。劉後説與某，某遂疑此僧更有要妙處在，遂去扣問他，見他説得也煞好。及去赴試時，便用他意思去胡説。是時文字不似而今細密，由人麤説，試官爲某説動了，遂得舉。時年十九。後赴同安任，時年二十四五矣，始見李先生。與他說，李先生只說不是。某却倒疑李先生理會此未得，再三質問。李先生爲人簡重，却不甚會說，❶只教看聖賢言語。某遂將那禪來權倚閣起，意中道禪亦自在，且將聖人書來讀。讀來讀去，一日復一日，覺得聖賢言語漸漸有味。却回頭看釋氏之說，漸漸破綻罅漏百出。廣。

問擇之云：先生作《延平行狀》，言「默坐澄心，觀四者未發已前氣象」，此語如何？曰：先生亦自說有病。後復以問。先生云：學者不須如此。某少時未有知，亦曾學禪，只李先生極言其不是，後來考究，却是這邊味長。才這邊長得一寸，那邊便縮了一寸，到今銷鑠無餘矣，畢竟佛學無是處。德明。

某舊時亦要無所不學，禪、道、文章、《楚詞》、詩、兵法，事事要學，出入時無數文字，事事有兩册。一日忽思之曰：且慢，我只一箇渾身，如何兼得許多。自此逐時去了。❷大凡人知箇用心處，自無緣及得外事。揚。

某自十四五歲時，便覺得這物事是好底物事，心便愛了。

某不敢自昧，實以銖累寸積而得之。方子。

與范直閣說「忠恕」，是三十歲時，《書》大概也是。然說得不似，而今看得又較別。淳。

三十年前長進，三十年後長進得不多。僩。

某今且勸諸公屏去外務，趲工夫專一

❶「却」下，萬曆本有「是」字。
❷「了」，原作「子」，今據萬曆本改。

去看這道理。某年二十餘已做這工夫，將謂下梢理會得多少道理。今忽然有許多年紀，不知老之至此，也只理會得這些子。歲月易得蹉跎，可畏如此。賀孫。

因言讀書用功之難：諸公覺得大故淺近，不曾着心。某舊時用心甚苦，思量這道理，如過危木橋子，相去只在豪髮之間，才失脚便跌落下去，用心極苦。五十歲已後，覺得心力短，看見道理只争絲髮之間，只是心力把不上，所以《大學》、《中庸》、《語》、《孟》諸文字皆是五十歲已前做了。五十已後，長進得甚不多。而今人看文字，全然心麤，未論説道理，只是前輩一樣文士亦是用幾多工夫方做得成，他工夫更多。若以他這心力移在道理上，那裏得來。如韓文公《答李翊》一書與老蘇《上歐陽公書》，他直如此用工夫，未有苟然而成者。歐陽公則就作文上改换，只管揩磨，逐旋捱將去，久之漸漸揩磨得光。老蘇則直是心中都透熟了，方出之於書。看他門用工夫更難，可惜，若移之於此，大段可畏。看來前輩以至敏之才而做至鈍底工夫，今人以至鈍之才而欲爲至敏之工夫，涉獵看過，所以不及古人也。故孔子曰「參也魯」，須是如此做工夫，始得。僩。

讀書須是虚心方得。他聖人説一字是一字，自家只平著心去秤停他，都不使得一豪杜撰，只順他去。某向時也杜撰説得，終不濟事。如今方見得分明，方見得聖人一言一字不吾欺。只今六十一歲，方理會得恁地。若或去年死，也則枉了。自今夏來，覺見得纔是聖人説話，也不少一箇字，也不多一箇字，恰恰地好，都不用一些穿鑿。莊子云：「吾與之虚而委蛇。」既虚了，又要隨他曲折恁地去。今且與公説箇樣子，久之自見。今人大抵偪塞滿胸，有許多伎倆，如何便得他虚？亦大是難。分明道「知至而後意誠」，蓋知未至，雖見人説，終是信不過。今説格物，且只得一件兩件格將去，及久多後，自然貫通信得。道夫。

某覺得今年方無疑。伯羽。

理會得時，今老而死矣，能受用得幾年？然十數年前理會不得，死又却可惜。士毅。○丙辰冬。

先生多有不可爲之歎，漢卿曰：前年侍坐，聞先生云「天下無不可爲之事，兵隨將轉，將逐符行」，今乃謂不可爲。曰：便是這符不在自家手裏。或謂漢卿多禪語，賀孫因云：前承漢卿教訓，似主静坐澄清之語。漢卿云：味道煞篤實，云云。先生曰：静坐自是好，近得子約書，云「須是識得喜怒哀樂未發之本體」，此語儘好。漢卿又問：前年侍坐，所聞似與今別。前年云「近方看得這道理透。若以前死，却亦是枉死了」。今先生忽發歎，以爲只如此不覺老了。還當以前是就道理説，今就勳業上説？先生曰：不如此，自是覺得無甚長進，於上面猶覺得隔一膜。又云：於上面但覺透得一半。○賀孫。

某當初講學，也豈意到這裏？幸而天假之年，許多道理在這裏，今年頗覺勝似去年，去年勝似前年。夔孫。

某老矣，無氣力得説。時先生病，當夜説話，氣力比常時甚微。看也看不得了，行也行不盡了，説也説不辦了。諸公勉之。僩。

敬子舉先生所謂「傳命之脉」及佛氏「傳心」、「傳髓」之説。曰：便是要自家意思與他爲一，若心不在上面，書自是書，人自是人，如何看得出？ 孔子曰「吾十有五而志于學」，只十五歲時便斷斷然以聖人爲志矣。二程自十五六時，便脱然欲學聖人。〇僩。

周敬王四十一年壬戌，孔子卒。至宋慶元三年丁巳，一千六百七十六年。先生是年正旦書於藏書閣下東楹。〇人傑。

人之血氣固有强弱，然志氣則無時而衰。苟常持得這志，縱血氣衰極，也不由他。如某而今如此老病衰極，非不知每日且放晚起以養病，但自是心裏不穩，只交到五更初，便自睡不着了。❶ 雖欲勉强睡，然此心已自是箇起來底人，不肯就枕了。以此知人若能持得這箇志氣定，不會被血氣奪。凡爲血氣所移者，皆是自棄自暴之人耳。僩。〇以下雜記。

先生患氣痛、脚弱、泄瀉，或勸晚起。曰：某自是不能晚起，雖甚病，纔見光，亦便要起，尋思文字。纔稍晚，便覺似宴安鴆毒，便似箇懶墮底人，心裏便不安。須是早起了，却覺得心下鬆爽。僩。

某氣質有病，多在忿懥。閎祖。

因語某人好作文，曰：平生最不喜作文，不得已爲人所託乃爲之。自有一等人樂於作詩，不知移以講學，多少有益。符舜功曰：趙昌父前日在此好作詩，與之語道理，如水投石。可學。

戊辰年省試，出「剛中而應」。或云：「此句凡七出。」某將《彖辭》暗地默數，只有五箇，其人堅執。某又再誦再數，只與説：記不得，只記得五出，且隨某所記行文。已而出院檢本，果五出耳。又云：只記得《大象》，便畫得卦。銖。

❶「便自」，萬曆本作「目便」。

先生每得未見書，必窮日夜讀之，嘗云：向時得《徽宗實録》，連夜看，看得眼睛都疼。一日得《韓南澗集》，一夜與文蔚同看，倦時令文蔚讀聽，至五更盡卷。曰：一生做詩，只有許多。文蔚。

朱子語類卷第一百五 一十板

朱子二

論自注書

總論

傅至叔言：伊、洛諸公文字説得不恁分曉，至先生而後大明。先生曰：他一時間都是英才，故撥著便轉，便只須恁地説。然某於文字，却只是依本分解注。大抵前聖説話，雖後面便生一箇聖人，有未必盡曉他説者。蓋他那前聖是一時間或因事而言，或主一見而立此説。後來人却未見他當時之事，故不解得一一與之合。且如伊川解經，是據他一時所見道理恁地説，未必便是聖經本旨。要之，他那箇説却亦是好説。且如《易》之「元亨利貞」，本來只是大亨而利於正。雖有亨，若不正，則那亨亦使不得了。當時文王之意，秖是爲卜筮設，故秖有「元亨」，更無有不元亨；秖有「利貞」，更無不利貞。後來夫子於《彖》既以「元亨利貞」爲四德，又於《文言》復以爲言，故後人秖以爲四德，更不做「大亨利貞」説了。《易》只是爲卜筮而作，故《周禮》分明言太卜掌三易：《連山》、《歸藏》、《周易》。古人於卜筮之官立之，凡數人。秦去古未遠，故《周易》亦以卜筮得不焚。今人纔説《易》是卜筮之書，便以爲辱累了《易》；見夫子説許多道理，便以爲《易》只是説道理。殊不知其言「吉凶悔吝」皆有理，而其教人之意無不在也。夫子見文王所謂「元亨利貞」者，把來作四箇説，道理亦自好，故恁地説，但文王當時未有此意。今若以「元者善之長，亨者嘉之會，利者義之和，貞者事之幹」，與來卜筮者言，豈不大糊塗了他？要之，文王者，自不妨孔子之説；孔子者，自不害文王之説。然孔子却不是曉文王意不得，但他又自要説一樣道理也。道夫。

某釋經，每下一字，直是稱等輕重，方敢寫出。方子。

某解書，如訓詁一二字等處，多有不必解處，只是解書之法如此。亦要教人知得，看文字不可忽略。賀孫。

某所改經文字者，必有意，不是輕改，當觀所以改之之意。節。

每常解文字，諸先生有多少好説話，有時不敢載者，蓋他本文未有這般意思在。道夫。

問：先生解經，有異於程子説者，如何？曰：程子説或一句自有兩三説，其間必有一説是，兩説不是。理一而已，安有兩三説皆是之理？蓋其説或後嘗改之，今所以與之異者，安知不曾經他改來？蓋一章而衆説叢然，若不平心明目，自有主張斷入一説，則必無衆説皆是之理。大雅。

方伯謨勸先生少著書。曰：在世間，喫了飯後全不做得些子事，無道理。伯謨曰：但發大綱。曰：那箇豪釐不到，便有差錯，如何可但發大綱？

小學之書

問《小學》云「德崇業廣」。曰：德，是

得之於心；業，是見之於事。燾。

問《小學》「舞《勺》舞《象》」。曰：《勺》是周公樂，《象》是武王樂。曰：注「勺，籥也」是如何？曰：而今也都見不得。淳。

問：「衣不帛襦袴」，恐太温，傷陰氣也。曰：是如此。今醫家亦説小兒子不要大煖，《内則》亦是小兒不要著好物事。璘。

問：《小學》舉《内則》篇「四十始仕，方物出謀發慮」，先生注云：「方物出謀，則謀不過物。方物發慮，則慮不過物。」請問「不過物」之義。曰：方物謀慮，大概只是隨事謀慮。植。

「方物出謀發慮」，方，猶對也，只是比並那物，如窮理一般也。淳。

和之所問《小學》「方物」之義，乃是第二條。莫只且看到此，某意要識得下面許多事。和之因問「五御」中「逐水曲」及「過君表」等處。先生既答曰：而今便治《禮記》者他也不看，蓋是他將這箇不干我事，無用處，便且鹵莽讀過了。和之云：後當如先生所教，且將那頭放輕。曰：便放輕也不得，須是見得這頭有滋味時，那頭自輕。時舉。

問：《小學》「立教」篇，《大司徒》六行：孝、友、睦、婣、任、恤，後面「八刑糾萬民」却無不友之刑，雖有不弟之刑，又注云「不敬師長」，如何？曰：也不須恁地看。且看古之聖人教人之法如何，而今全無這箇。且「天降下民，作之君，作之師」，作之君，便是作之師。僩。

楊尹叔問：「嚴威儼恪，非所以事親也」，注「恪」爲恭敬，如何？曰：恭敬較寬，便都包許多，解「恪」字亦未盡。恪是恭敬中樸實緊切處，今且恁地解。若就恭敬説，則恭敬又別。恭主容，敬主事，如「居處恭，執事敬」之類。安卿問：恪，非所以事親，只是有嚴意否？曰：太莊、太嚴厲了。寓。

問：《小學》「明倫」一篇，見得盡是節文事親之實？曰：其中極有難行處。曰：愛敬與倪爲一，自無難行。曰：此便是愛敬尺度。須是把他去量度，方見得愛敬。倪。

葉兄問《小學》君、師、父三節。曰：劉表遣韓嵩至京師，嵩曰：「嵩至京師，天子假嵩一職，則成天子之臣、將軍之故吏耳。在君爲君，不復爲將軍死也。」便是此意。卓。

問：林兄看《小學》如何？林舉《小學》「父慈而教，子孝而箴」。先生曰：人既自有這良能、良知了，聖賢又恁地説，直要人尋教親切。「父慈而教，子孝而箴」，看我是能恁地不恁地。《小學》所説，教人逐一去上面尋許多道理。到着《大學》，亦只是這道理，又教人看得親切實如此，❶不是胡亂恁地説去。子蒙。

問：「疑事毋質」，經文只説「疑事」，而《小學》注云「毋得成言之」，何也？曰：「質，成也」、「成言之」，皆古注文，謂彼此俱疑，不要將己意斷了。問：「直而勿有」亦只是上意否？曰：是從上文來，都是教人謙退遜讓。賀孫。

問：《小學》「實明倫」篇，何以無朋友一條？曰：當時是衆編類來，偶無此爾。淳。

安卿問：《曲禮》「外言不入於閫，内言不出於閫」一段甚切，何故不編入《小學》？曰：此樣處漏落也多。又曰：《小學》多説

❶「親」，萬曆本作「就」。

那恭敬處，少説那防禁處。義剛。

近思録

脩身大法，《小學》備矣。義理精微，《近思録》詳之。閎祖。

《近思録》好看。四子，六經之階梯；《近思録》，四子之階梯。淳。

《近思録》逐篇綱目：一，道體；二，爲學大要；三，格物窮理；四，存養；五，改過遷善，克己復禮；六，齊家之道；七，出處進退、辭受之義；八，治國平天下之道；九，制度；十，君子處事之方；十一，教學之道；十二，改過及人心疵病；十三，異端之學；十四，聖賢氣象。振。

《近思録》大率所録雜，逐卷不可以一事名。如第十卷，亦不可以事君目之，以其有「人教小童在」一段。揚。

《近思録》一書，無不切人身，救人病者。壽昌。

鄭言：《近思録》中語甚有切身處。曰：聖賢説得語言平，如《中庸》、《大學》、《論語》、《孟子》皆平易。《近思録》是近來人説話，便較切。賀孫。○卓同。

或問《近思録》。曰：且熟看《大學》了，即讀《語》、《孟》、《近思録》又難看。賀孫。

《近思録》首卷難看。某所以與伯恭商量，教他做數語以載於後，正謂此也。若只讀此，則道理孤單，如頓兵堅城之下。却不如《語》、《孟》只是平鋪説去，可以游心。道夫。

看《近思録》，若於第一卷未曉得，且從第二、第三卷看起。久久後看第一卷，則漸曉得。過。

問蜚卿：《近思録》看得如何？曰：所疑甚多。曰：今猝乍看這文字也是難，有時前面恁地説，後面又不是恁地；這裏説得如此，那裏又却不如此。子細看來看去，却自中間有箇路陌。推尋通得四五十條後，又却只是一箇道理。伊川云：「窮理豈是一日窮得盡？窮得多後，道理自通徹。」驤。

因論《近思録》曰：不當編《易傳》所載。問：如何？曰：公須自見。意謂《易傳》已自成書。文蔚。

因説《近思續録》曰：如今書已儘多了，更有却看不辦。㽦。

論語或問

張仁叟問《論語或問》。曰：是十五年前文字，與今説不類。當時欲修，後來精力衰，那箇工夫大，後掉了。節。

先生説《論語或問》不須看。請問。曰：支離。冰。

孟子要指

先生因編《孟子要旨》云：《孟子》若讀得無統，也是費力。某從十七八歲讀至二十歲，只逐句去理會，更不通透。二十歲已後，方知不可恁地讀。元來許多長段都自首尾相照管，脉絡相貫串，只恁地熟讀，自見得意思。從此看《孟子》，覺得意思極通快，亦因悟作文之法。如孟子當時固不是要作文，只言語説出來首尾相應，脉絡相貫，自是合着如此。又曰：某當初讀「自暴自棄」章，只恁地鶻突讀去。伊川《易傳》云

「拒之以不信，絶之以不爲」，當初也匹似閑看過。後因在舟中偶思量此，將《孟子》上下文看，乃始通串，方始説得是如此，亦温故知新之意。又曰：看文字，不可恁地看過便道了，須是時復玩味，庶幾忽然感悟，到得義理與踐履處融會，方是自得。這箇意思，與尋常思索而得意思不同。賀孫。

問：《孟子》首章是先剖判箇天理、人欲，令人曉得，其托始之意甚明。若先生所編《要略》，却是要從源頭説來，所以不同。曰：某向時編此書，今看來亦不必。只《孟子》便直恁分曉示人，自是好了。時舉曰：《孟子》前面多是分明説與時君。且如首章説「上下交征利」，其害便至於「不奪不饜」；説仁義，便云未有遺其親、後其君。次章説賢者便有此樂，不賢者便不能有此樂。都是一反一正，言其效驗如此，亦欲人君少知恐懼之意耳。曰：也不是要人君知恐懼，但其効自必至此。《孟子》之書明白親切，無甚可疑者。只要日日熟讀，須教他在吾肚中轉作千百回，便自然純熟。某當初看時，要逐句去看他，便但覺得意思促迫，到後來放寬看，却有條理。然此書不特是義理精明，又且是甚次第底文章。某因熟讀後便見，自此也知作文之法。時舉。

敬之問：看《要略》，見先生所説《孟子》皆歸之仁義，如説「性」及以後諸處皆然。曰：是他見得這道理通透，見得裏面本來都無别物事，只有箇仁義。到得説將出，都離這箇不得，不是要安排如此。道也是離這仁義不得，舍仁義不足以見道。如造化，只是箇陰陽，捨陰陽不足以明造化。如問：古人似各有所主，如曾子只守箇忠恕，子思只守箇誠，孟子只守箇仁義，其實皆一理也。曰：也不是他安排要如此，是他見得道理做出都是這箇，說出也只是這箇，只各就地頭說，不是把定這箇將來做。如堯、舜是多少道理，到得後來衣鉢之傳，只說「人心惟危，道心惟微，惟精惟一，允執厥中」。緊要在上三句，說會如此，方得箇中，方得箇恰好。這也到這地頭當說中，便說箇中。聖賢言語，初不是着意安排，只遇着這字，便說出這字。賀孫。

因整《要略》，謂：孟子發明許多道理都盡，自此外更無別法。思惟這箇，先從性看。看得這箇物事破了，然後看入裏面去，終不甚費力。要知雖有此數十條，是古人已說過，不得不與他理會。到得做工夫時，却不用得許多。難得勇猛底人，直截便做去。賀孫。

敬之問《要指》不取杞柳一章。曰：此章自分曉，更無可玩索，不用入亦可。却是「生之謂性」一段難曉，說得來反恐鶻突，故不編入。賀孫。

中庸集略

大凡文字，上古聖賢說底便不差。到得周、程、張、邵門說得亦不差，其他門人便多病。某初要節一本《中庸集略》，更下手不得。其間或有一節說得好，第二節便差底；又有說得似好，而又說從別處去底。然而看得他門說多，却覺煞得力。義剛。

仁說

《仁說》只說得前一截好。閎祖。

仁說圖

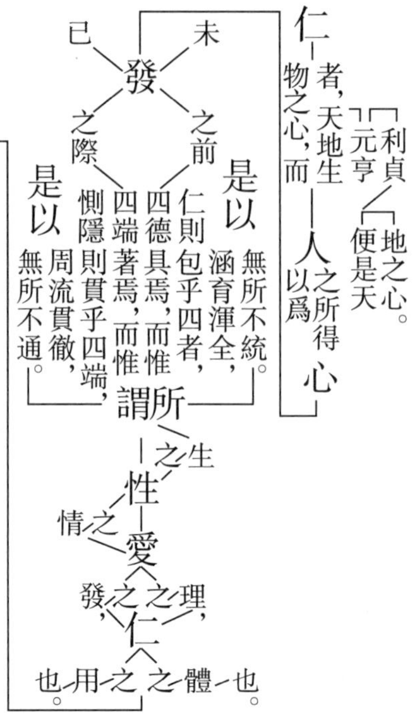
專言則未發是體
偏言則仁已發惻隱是用
公者，所以體仁，猶言「克己復禮爲仁」也。蓋公則仁，仁則愛
孝弟其用也，而恕其施也。
知覺乃智之事。

問「仁者天地生物之心」。曰：天地之心，只是箇生。凡物皆是生，方有此物。如草木之萌芽，枝葉條榦皆是生方有之。人物所以生生不窮者，以其生也。才不生，便乾枯死了。❶這箇是統論一箇仁之體，其中又自有節目界限，如義、禮、智，又自有細分處也。問「偏言則一事，專言則包四者」。曰：以專言言之，則一者包四者；以偏言言之，則四者不離乎一者。僩。

問：先生《仁說》說「存此」者也，「不失此」者也。如說「行此」，則仁在其中，非仁也。曰：謂之仁，固不可；謂之非仁，則只得恁地說。如孟子便去解這「仁」字，孔子却不恁地。節。

敬齋箴

問「持敬」與「克己」工夫。曰：敬，是

❶「死」，萬曆本作「殺」。

涵養操持不走作；克己，則和根打併了，教他盡浄。問《敬齋箴》。曰：此是敬之目，説有許多地頭去處。僩。

「守口如瓶」，是言語不亂出；「防意如城」，是恐爲外所誘。道夫。

「守口如瓶」，不妄出也；「防意如城」，閑邪之入也。「蟻封」，乃小巷屈曲之地，是「折旋中矩」，不妄動也。敬仲。

「周旋中規，折旋中矩。」周旋，是直去却回來，其回轉處欲其圓如中規也。折旋，是直去了復横去，如曲尺相似，其横轉處欲其方如中矩也。又問《敬齋箴》「蟻封」。曰：蟻垤也，北方謂之「蟻樓」，如小山子，乃蟻穴地，其泥墳起如丘垤，中間屈曲如小巷道。古語云「乘馬折旋於蟻封之間」，言蟻封之間巷路屈曲狹小，而能乘馬折旋於其間，不失其馳驟之節，所以爲難也。「鸛鳴于垤」，垤即蟻封也。天陰雨下則蟻出，故鸛鳴于垤，以俟蟻之出而啄食之也。王荆公初解「垤」爲自然之丘，不信蟻封之説，後過北方親見有之，遂改其説。僩。

問「主一」。曰：心只要主一，不可容兩事。一件事了更加一件，便是貳；一件事了更加兩件，便是叁。「勿貳以二，勿叁以三」，是不要二三。「不東以西，不南以北」，是不要走作。淳。

問「勿貳以二，勿叁以三，不東以西，不南以北」，如何分别？曰：都只是形容箇敬。敬須主一，初來有一箇事，又添一箇，便是來貳他成兩箇；元有一箇，又添兩箇，便是來叁他成三箇。「不東以西，不南以北」，只一心做東去，又要做西去；做南去，又要做北去，皆是不主一。上面説箇心不二三，下面説箇心不走作。寓。

或問：《敬齋箴》後面少些從容不迫之意，欲先生添數語。❶曰：如何解迫切！今未曾下手在，便要從容不迫，却無此理。除非那人做工夫大段嚴迫，然後勸他勿迫切。如人相殺，未曾交鋒，便要引退。今未曾做工夫在，便要開後門。然亦不解迫切，只是不曾做，做着時不患其迫切，某但常覺得寬緩底意思多耳。李曰：先生猶如此說，學者當如何也。僩。

六君子贊

「勇撤臯比」，說講《易》事。閎祖。

通鑑綱目

說編《通鑑綱目》，尚未成文字，因言：伯恭《大事記》忒藏頭亢腦，如摶謎相以，又解題之類亦太多。

問：「正統」之說，自三代以下，如漢、唐亦未純乎正統，乃變中之正者；如秦、西晉、隋，則統而不正者；如蜀、東晉，則正而不統者。曰：何必恁地論？只天下爲一，諸侯朝覲，獄訟皆歸，便是得正統。其有正不正，又是隨他做，如何恁地論。有始不得正統，而後方得者，是正統之始；有始得正統，而後不得者，是正統之餘。如秦初猶未得正統，及始皇并天下，方始得正統。晉初亦未得正統，自泰康以後方始得正統。隋初亦未得正統，自滅陳後方得正統。如本朝，至太宗并了太原，方是得正統。又有無統時，如三國、南北、五代，皆天下分裂，不

❶「語」，萬曆本作「句」。

能相君臣，皆不得正統。義剛録作「此時便是無統」。某嘗作《通鑑綱目》，有「無統」之説，此書今未及修，後之君子必有取焉。温公只要編年號相續，此等處須把一箇書「帝」、書「崩」，而餘書「主」、書「殂」。既不是他臣子，又不是他史官，只如旁人立看一般，何故作此尊奉之態？此等處合只書甲子，而附注年號於其下，如魏黄初幾年、蜀章武幾年、吴青龍幾年之類方爲是。又問：南軒謂漢後當以蜀漢年號繼之，此説如何？曰：如此亦得。他亦以蜀漢是正統之餘，如東晉，亦是正統之餘也。問：東周如何？曰：必竟周是天子。問：唐後來多藩鎮割據，義剛録云：唐末天子不能有其土地，亦可謂正統之餘否？則如何？曰：唐之天下甚闊，所不服者只河北數鎮之地而已。義剛録云：安得謂不能有其土地？○淳。○義剛同。

温公《通鑑》以魏爲主，故書「蜀丞相亮」「寇」何地，從《魏志》也，其理都錯。某所作《綱目》以蜀爲主。後劉聰、石勒諸人皆晉之故臣，故東晉以君臨之。至宋、後魏諸國，則兩朝平書之，不主一邊，年號只書甲子。

問《綱目》主意。曰：主在正統。問：何以主在正統？曰：三國當以蜀漢爲正，而温公乃云某年某月「諸葛亮入寇」，是冠屨倒置，❶何以示訓？緣此遂欲起意成書。推此意，修正處極多。若成書，當亦不下《通鑑》許多文字，但恐精力不逮，未必能成耳。若度不能成，則須焚之。大雅。❷

問：宋、齊、梁、陳正統如何書？曰：

❶「屨」，萬曆本作「履」。
❷「大」，原作「天」，今據朝鮮本、萬曆本改。

自古亦有無統時。如周亡之後，秦未帝之前，自是無所統屬底道理，南北亦只是並書。又問：東晉如何書？曰：宋、齊如何比得東晉。又問：三國如何書？曰：以蜀爲正，蜀亡之後無多年便是西晉，中國亦權以魏爲正。又問：後唐亦可以繼唐否？曰：如何繼得！賜。

《綱目》於無正統處並書之，不相主客，《通鑑》於無正統處須立一箇爲主。❶某又參取史法之善者，如權臣擅命，多書以某人爲某王某公。范曄却書「曹操自立爲魏公」，《綱目》亦用此例。方子。

問：武后擅唐，則可書云「帝在房陵」。呂氏在漢，所謂「少帝」者，又非惠帝子，則宜何書？曰：彼謂「非惠帝子」者，乃漢之大臣不欲當弑逆之名耳。既云「後宮美人子」，則是明其非正嫡元子耳。大雅。

或問武后之禍曰：前輩云當廢武后所出，别立太宗子孫。曰：此論固善。但當時宗室爲武氏殺盡，存者皆愚暗，豈可恃？因說：《通鑑提綱》例，凡逆臣之死，皆書曰「死」。至狄仁傑則甚疑之，李氏之復，雖出於仁傑，然畢竟是死於周之大臣。不奈何，也教相隨入死例，書云：某年月日，「狄仁傑死」也。大雅。

❶「正」，原脱，今據朝鮮本補。

朱子語類卷第一百六 計十六板

朱子三

外任

同安主簿

主簿就職内大有事，縣中許多簿書皆當管。某向爲同安簿，許多賦稅出入之簿逐日點對僉押，以免吏人作弊。時某人爲泉倅，簿書皆過其目。後歸鄉，與説及，亦懵不知。他是極子細官人，是時亦只恁呈過。賀孫。

因説「慢令致期謂之賊」。曰：昔在同安作簿時，每點追稅，必先期曉示。只以一幅紙截作三片，作小榜遍貼云：「本廳取幾日點追甚鄉分稅，仰人户鄉司主人頭知委。」只如此，到限日近時，納者紛紛。然此只是一箇信而已。如或違限遭點，定斷不恕，所以人怕。時舉。

初任同安主簿，縣牒委補試。喚吏人問例，云：「預榜曉示，令其具檢頗多。」即諭以不要如此，只用一幅紙寫數榜，但云：「縣學某月某日補試，各請知悉。」臨期，吏覆云：「例當展日。」又諭以「斷不展日」。過。

問：奏狀還借用縣印否？曰：豈惟縣印，縣尉印亦可借。蓋是專達與給納官司及有兵刑處，朝廷皆給印。今之官司合用印處，緣兵火散失，多用舊印，要去朝廷請印，又須要錢，所以官司且只苟簡過了。某在同安作簿，去州請印。當時有箇指揮使，并一道家印，緣胥吏得錢方給。某戲謂：要做箇軍員與道士，亦不能得。又見崇安縣丞用淮西漕使印。人傑。

南康❶

因說賑濟曰：平居須是修陂塘始得，到得旱了賑濟，委無良策。然下手得早，亦得便宜。在南康時，才見旱，便刻刷錢物，庫中得三萬來貫，準擬糴米，添支官兵，却去上供錢內借三萬貫糴米賑糶。早時糴得，却糶錢還官中解發，是以不闕事。舊來截住客舡，糴三分米，至於客舡不來。某見官中及上户自有米，遂出榜放客舡米自便，不糴客舡米，又且米價不甚貴。又曰：悔一件事，南康煞有常平米，是庚寅、辛卯年大旱時糴，米價甚貴。在法不得減元價，遂不曾糶。當時只好糶了，上章待罪，且得爲更新米一番。亦緣當時自有米，所以不動。此米久之爲南康官吏之害。璘。

某在南康時，民有訟坐家逃移者，是身只在家，而託言逃移，不納稅。又有訟望鄉復業者，是身不回鄉，而寄狀管業也。淳。

道夫言：察院黃公鍰，字用和。剛正，人素畏憚。其族有縱惡馬踏人者，公治之急，其人避之惟謹，公則斬其馬足以謝所傷。先生曰：某南康臨罷，有躍馬於市者，踏了一小兒將死，某時在學中，令送軍院，次日以屬知録。晚過廨舍，知録云：「早上所喻，已栲治如法。」某既而不能無疑，回至軍

❶「南」上，朝鮮本有「知」字。

院，則其人冠屨儼然，初未嘗經栲掠也，遂將吏人并犯者訊。次日，吏人杖脊勒罷，偶一相識云：「此是人家子弟，何苦辱之？」某曰：「人命所係，豈可寬弛。若云子弟得躍馬踏人，則後日將有甚於此者矣。况州郡乃朝廷行法之地，保佑善良，抑挫豪横，乃其職也。縱而不問，其可得耶？」後某罷，諸公相餞於白鹿，某爲極口説《西銘》「民吾同胞，物吾與也」一段。今人爲秀才者，便主張秀才；爲武官者，便主張武官；爲子弟者，便主張子弟。其所陷溺，一至於此。賀孫聞之先生云：因出謁回，即取吏杖之譙樓下，❶方始交割。○道夫。○人傑録云：因説劉子澄好言家世，曰：某在南康時，有一子弟騎馬踏損人家小兒，某訊而禁之。子澄以爲不然。❷某因講《西銘》「凡天下疲癃殘疾，惸獨鰥寡，吾兄弟顛連而無告者也」。君子之爲政，且要主張這一等人，遂痛責之。大概人不可有偏倚處。

法：鄰縣有事於鄰州，只是牒上。今却小郡與鄰大郡便申狀，非是。蓋雖是大郡，却都只是列郡，只合使牒。某在南康時，吏人欲申隆興。又建康除了安撫，亦只是列郡，某都是使牒。吏初皇懼，某與之云：「有法，不妨只如此去。」揚。

總論作郡

因論常平倉曰：某自典二州，❸知常平之弊如此，更不敢理會。看南康自有五六萬碩，漳州亦六七萬碩，盡是浮埃空殼，如何敢挑動？這一件事，不知做甚麽合殺？

❶「取」，萬曆本作「使」。
❷「澄」，原作「潛」，今據朝鮮本改。
❸「典」，萬曆本作「點」。

某在浙東，嘗奏云：常平倉與省倉不可相連，須是東西置立，令兩倉相去遠方可。每常官吏檢點省倉，則掛省倉某號牌子；檢點常平倉，則掛常平倉牌子。只是一箇倉，互相遮瞞。今所在常平倉，都教司法管，此最不是。少間太守要侵支，司法如何敢拗他？通判雖管常平，而其職實管於司法。又所在通判，大率避嫌不敢與知州争事，韓文公所謂「例以嫌不可否事者也」。且如經總制錢、牙契錢、倍契錢之類，盡被知州瞞朝廷奪去，更不敢争。僩。

與陳尉説治盜事，因曰：凡事須子細體察，思量到人所思量不到處，防備到人所防備不到處，方得無事。又曰：凡事須是小心寅畏，若恁地麤心鹵去不得。又曰：某嘗作郡來，每見有賊發，則惕然皇恐，便思自家是長民之官，所以致此是何由？遂百種爲收捉。捉得便自歡喜，不捉得則終夜皇恐。賀孫。

因説鄭惠叔愛惜官錢，云：某見人將官錢胡使，爲之痛心。兩爲守，皆承弊政之後，其所用官錢並無分明。凡所送遺，並無定例，但隨意所向爲厚薄。問胥輩，皆云：「有時這般官員過往，或十千，或五千。後番或是這樣，又全不送，白休了。」某遂云：「如此不得。朝廷有箇公庫在這裏，若過往官員，當隨其高下多少與之，乃是公道，豈可把爲自家私恩？」於是立爲定例，看甚麽官員過此，便用甚麽例送與之，却得公溥。後來至於凡入廣諸小官，如簿尉之屬，箇箇有五千之助，覺得意思儘好。賀孫。

馬子嚴莊甫見先生，言近有人作假書請託公事者。先生曰：收假書而不見下書之人，非善處事者。舊見吴提刑逵公路當官，凡下書者須令當廳投下，却將書於背處觀之，觀畢方發付其人，令等回書。前輩處事，詳密如此。又某當官時，有人將書來者，亦有法以待之，須是留其人契湯，❶當面拆書，若無也方令其去。❷人傑。

問：令之神祠，無義理者極多。若當官處，於極無義理之神祠，雖係勑額，凡祈禱之類不往，可否？曰：某當官所至，須理會一番。如儀案所具合祈禱神示，有無義理者，使人可也。人傑。

浙東❸

而今捄荒甚可笑。自古救荒只有兩説，第一是感召和氣，以致豐穰；其次只有儲蓄之計。若待他餓時理會，❹更有何策？東邊遣使去賑濟，西邊遣使去賑濟，只討得逐州幾箇紫綾册子來，某處已如何措置，某處已如何經畫，元無實惠及民。或問：先生向來捄荒如何？曰：亦只是討得紫綾册子，更有何策！自脩。

賑濟無奇策，不如講水利。到賑濟時成甚事？向在浙東，疑山陰、會稽二縣刷飢餓人少，通判鄭南再三云數實，及子細刷起三倍。可學。

紹興時去得遲，已無擘畫，只依常行，先差一通判抄劄城下兩縣飢民。其人不留意，只抄得四萬來人，外縣却抄得多，遂欲治之而不曾，却託石天民重抄得八萬人。是時已遲，天民云：「甚易，只關集大保長

❶「契」，萬曆本作「喫」。
❷「也」，萬曆本作「他」。
❸「東」下，朝鮮本有「提舉」二字。
❹「餓」，萬曆本作「飢」。

盡在一寺，令供出人之貧者，大保長無有不知，數日便辦，却分作數等賑濟賑糶。其初令畫地圖，量道里遠近，就僧寺或莊宇置糶米所，於門首立木牓，關防再入之人。」璘。

先生語次問浙東旱，可學云：浙東民户歌先生之德。先生曰：向時到部，州縣有措置，亦賴朝廷應副得以效力，已自有名無實者多。因曰：向時浙東先措置，分户高下出米，不知有米無米不同。有徐木者獻策，須是逐鄉使相推排有米者。時以事逼不曾行。今若行之一縣，甚易。大抵今時做事，在州郡已難，在監司尤難，以地闊遠，動成文具。惟縣令於民親，行之爲易。計米之有無，而委鄉之聰明、誠信者處之；聰明者人不能欺，誠信者人不忍欺。若昏懦之人，爲之所給；譎詐之士，則務欲容私：此大不可。可學。

浙東之病，如和買之害、酒坊之害，買酒坊者，❶做不起破家，做得起害民。如鹽倉之害，如温州有數處鹽倉，置官吏甚多，而一歲所買不過數十斤，自可省罷。更欲白之朝，出鹽之地，納白户鹽，却令過私鹽。升卿。

某向在浙東，吏人押安撫司牒，既僉名押字。至紹興府牒，吏亦請僉名，某當時只押字去。聞王仲行有語，此伊川所謂「只第一件便做不得」者。如南康舊來有文字到建康，皆用申狀，某以爲不然。是時陳福公作留守，只牒建康僉廳，若非前宰執，只當直牒也。如南康有文字到鄰路監司，亦只合備牒。其諸縣於鄰州用牒，却有著令。德明。

因論監司巡歷受折送，曰：近法，自上

❶「買」，萬曆本作「置」。

任許一次受。直卿曰：看亦只可量受。曰：某在浙東，都不曾受。道夫。

建陽簿權縣，有婦人，夫無以贍，父母欲取以歸。事到官，簿斷聽離。致道深以爲不然，謂：「夫婦之義豈可以貧而相棄，官司又豈可遂從其請？」曰：這般事都就一邊看不得。若是夫不才，不能育其妻，妻無以自給，又奈何？這似不可拘以大義。只怕妻之欲離其夫，别有曲折，不可不根究。直卿云：其兄任某處，有繼母與父不恤前妻之子，其子數人貧窶不能自活，哀鳴于有司。有司以名分不便，只得安慰而遣之，竟無如之何。曰：不然。這般所在，當以官法治之，也須追出後母責戒勵。若更離間前妻之子，不存活他，定須痛治。因云：程先生謂「舜不告而娶」，舜雖不告，堯嘗告之矣。堯之告之也，以王法治之而已。因云：昔爲浙東倉時，紹興有繼母與夫之表弟通，遂爲接脚夫，擅用其家業，恣意破蕩。其子不甘，來訴。初以其名分不便，却之。後趕至數十里外，其情甚切，遂與受理，委楊敬仲。敬仲深以爲子訴母不便，某告之曰：曾與其父思量否？其父身死，其妻輒棄背與人私通，而敗其家業，其罪至此。官司若不與根治，則其父得不銜冤於地下乎？今官司只得且把他兒子頓在一邊。渠當時亦以爲然。某後去官，想成休了。初追之急，其接脚夫即赴井，其有罪蓋不可掩。賀孫。

漳　州

郡中元自出公牒，延郡士黄知録樵、施允壽、石洪慶、李唐咨、林易簡、楊士訓及淳，與永嘉徐寓八人入學，而張教授與舊職事沮格。至是先生下學，僚屬又有乞留舊有官學正，有司只得守法，言者不止。先生變色厲詞曰：郡守以承流宣化爲職，不以簿書、財計、獄訟爲事。某初到此，未知人物賢否、風俗厚薄。今已九月矣，方知得學校底裏，遂欲留意學校。所以採訪鄉評物論，延請黄知録，以其有恬退之節，欲得表率諸生。又延請前輩士人同爲之表率，欲使邦人士子識些向背，稍知爲善之方，與一邦之人共趨士君子之域，以體朝廷教養作成之意。不謂作之無應，弄得來没合殺。教授受朝廷之命，分教一邦，其責任不爲不重，合當自行規矩。而今却容許多無行之人、争訟職事人在學，枉請官錢，都不成學校。士人先要識箇廉退之節，禮義廉耻，是謂四維。若寡廉鮮耻，雖能文，要何用？某雖不肖，深爲諸君耻之。淳。○寓録少異。

詣學，學官以例講書，歸謂諸生曰：且須看他古人道理意思如何。今却只做得一篇文字讀了，望他古人道理意思處，都不曾見。道夫。

先生熟聞知録趙師虡之爲人，試之政事，又得其實，遂首舉之，其詞曰：「履行深醇，持心明恕。」聞者莫不心服。道夫。

問：先生禁漳民禮佛、朝嶽，皆所以正人心也。曰：未説到如此，只是男女混淆，便當禁約爾。侍坐諸公各言諸處淫巫瞽惑等事，先生蹙頞嗟嘆而已。因舉江西有玉隆萬壽宫、太平興國宫，每歲兩處朝拜，不憚遠近奔趨，失其本心，一至於此。曰：某嘗見其如此，深哀其愚。上昇一事，斷無此理。豈有許多人一日同登天，自後又却不見一箇登天之人！如汀民事定、光二佛，其惑亦甚。其佛肉身嘗留公廳，禱祈徼福，果有知道理人爲汀州，合先投畀水火，以袪民惑。愚民施財崇修佛宇，所在皆然，此弊滋蔓尤甚。陳後之言：泉州妖巫惑民，新立廟貌。海舡運土石，及遠來施財，遭風覆舟，相繼而不悟。曰：亦嘗望見廟宇壯麗，但尋常不喜入神廟，不及往觀。凡此皆是愚而無知者之所爲爾。謨。

鄭湜補之問戢盜。曰：只是嚴保伍之法。鄭云：保伍之中，其弊自難關防，如保頭等易得挾勢爲擾。曰：當令逐處鄉村，舉衆所推服底人爲保頭。又不然，則行某漳州教軍之法，以戢盜心。這是已試之效。因與說：某在漳州，初到時教習諸軍弓射等事，皆無一人能之。後分許多軍作三番，每月輪番入教場挽弓，❶及等者有賞；其不及者留在，只管挽射，及等則止；終不及，則罷之。兩月之間，翕然都會射，及上等者亦多，後多留刺以填闕額。其有老弱不能者，並退罷之。他若會射了，有賊盜，他是不怕他。劉叔通問：韓、范當初教兵甚善。先生因云：公道韓公兵法如何？又云：刺陝西義勇事，何故這箇人恁地不曉事。儂智高反，亦是輕可底事，何故恁地費力？劉云：聞廣中都無城郭，某處種竻木爲城，❷枝節生刺，刀火不能破。賀孫。

楊通老問：趙守斷人立後事錯了，人無所訴。曰：理却是心之骨，這骨子不端正，少間萬事一齊都差了。如一箇印刊得不端正，看印在甚麽所在，千箇萬箇都喎斜，不知人心如何恁地暗昧。這項事其義

❶「教」，萬曆本作「校」。
❷「某」，萬曆本作「其」。

甚明，這般所在都是要自用，不肯分委屬官，所以事叢雜，處置不暇，胡亂斷去。在法，屬官自合每日到官長處共理會事，如有不至者，自有罪。今則屬官雖要來，長官自不要他來，他也只得休，這般法意是多少好。某嘗説：或是作縣，看是狀牒如何煩多，都自有箇措置。每聽詞狀，集屬官都來列位於廳上看，有多少均分之，各自判去。到着到時，亦復如此。若是眼前易事，各自處斷；若有可疑等事，便留在集衆較量斷去，無有不當，則獄訟如何會壅？此非獨爲長官者省事，而屬官亦各欲自效。兼是如簿尉等初官，使之決獄聽訟得熟，是亦教誨之也。某在漳州，豐憲送下狀如雨，初亦爲隨手斷幾件，後覺多了，恐被他壓倒了，於是措置幾隻厨子在廳上，分了頭項。送下訟來，即與上簿。合索案底，自入一厨；人案已足底，自入一厨。一日集諸同官，各分幾件去定奪。只於廳兩邊設幙位，令逐項叙來歷，末後擬判。俟食時，即就郡厨辦數味，飲食同坐。食訖，即逐人以所定事較量。初間定得幾箇來，自去做文章，都不説着事情。某不免先爲畫樣子云：某官今承受提刑司判下狀係某事。一，甲家於某年某月某日有甚干照，計幾項；乙家於某年某月某日有甚干照，計幾項。逐項次第寫令分明。一，甲家如何因甚麽事争起到官，乙家如何來解釋互論，甲家又如何供對已前事分明了。一，某年某月某日如何斷。一，某年某月某日某家於某官番訴，某官又如何斷。以後幾經番訴，並畫一寫出，後面却點對以前所斷當否，或有未盡情節，擬斷在後。如此了，却把來看，中間有擬得是底，並依其所擬斷决。合追人便追人，若不消追人，便只依其所擬回申提刑司去。有擬得未是底，或大事可疑，却合衆商量。如此事都了，並無壅滯。楊通老云：天下事體，固是説道當從原頭理會來，也須是從下面細處理會將上，始得。曰：固是。如做監司，只管怕訟多，措置不下。然要省狀，也不得。若不受詞訟，何以知得守令政事之當否？全在這裹見得。只如入建陽，受建陽民户訟，這箇知縣之善惡便見得。如今做守令，其弊百端，豈能盡防？如胥吏沈滯公事，邀求於人，人皆知可惡，無術以防之。要好，在嚴立程限。他限日到，自要苦苦邀索不得。若是做守令，有可以白干沈滯底事，便是無頭腦。須逐事上簿，逐事要了，始得。某爲守，一日詞訴，一日着到。合是第九日亦詞訟，某却罷了此日詞訟。明日是休日，今日便刷起，一旬之内，有未了事一齊都要了。大抵做官，須是令自家常閑，吏胥常忙，方得。若自家被文字來叢了，討頭不見，吏胥便來作弊。做官須是立綱紀，綱紀既立，都自無事。如諸縣發簿曆到州，在法，本州點對自有限日。如初間是本州磨算司，便自有十日限；却交過通判審計司，亦有五日限。今到處並不管着限日，或遲延一月，或遲延兩三月，以邀索縣道，直待計囑滿其所欲，方與呈州。初過磨算司，使一番錢了，到審計司，又使一番錢，到倅廳發回呈州呈覆，吏人又要錢。某曾作簿，知其弊，於南康及漳州皆用限日。他這般法意甚好，後來一向埋没了。某每到，即以法曉諭，定要如此，亦使磨底磨得子細，審底審得子細。有新簿、舊簿不同處，便批出理會。初間吏輩以爲無甚緊要，在漳州押下縣簿，付磨算司及審計司，限到滿日却不見到。根究出，乃是交點司未將上，即時決兩吏，後來却每每及限，雖欲邀索，也不敢遷延。縣道知得限嚴，也不被他邀索。如此等事整頓得幾件，自是省事。此是大綱紀。如某爲守，凡遇支給官員俸給，預先示以期日；到此日只要一日支盡，更不留未支。這亦防邀索之弊，看百弊之多，只得嚴限以促之，使他大段邀索不得。又曰：某人世爲良宰，云要緊處有八字：「開除民丁，剗割户税。」世世傳之。又曰：法初立時，有多少好意思。後來節次臣僚胡亂申請，皆變壞了。如「父母在堂，不許異財」，法意最好。今爲人父母在、不異財，却背地去典賣，後來却昏賴人。以一時之弊，變萬世之良法，只是因某人私意申請。法儘有好處，今非獨下之人不畏法，把法做文具事，上自朝廷，也只把做文具行了，皆不期於必行。前夜説上下視法令皆爲閑事。如不許州郡監司饋送，幾番行下，而州郡監司亦復如前。但變换名目，多是做忌日，去寺中焚香，於是皆有折送，其數不薄。間有甚無廉耻者，本無忌日，乃設爲忌日，焚香以圖饋送者。朝廷詔令事事都如此無紀綱，人人玩弛，可慮，可慮！又曰：只如省部有時行下文字，儘有好處。只是後來付之胥吏之手，都没收殺。某在漳州，忽行下文字，應諸州用鑄印處，或有闕損磨滅底，並許申上，重行改造，此亦有當申者。如合有鑄印處，乃是兵刑、錢穀處；如尉有鑄印，亦有管部弓兵，司理主郡刑獄，乃無鑄印。後來申去，又如掉在水中一般。過得幾時，又行文字來，又申去，又休了。如今事事如此，省部文字一付之吏手，一味邀索，百端阻節。如某在紹興，有納助米人從縣保明到州，州保明到監司，監司方與申部。忽然部中又行下一文字來，再令保明，某遂與逐一詳細申去云：「已從下一一保明訖，未委令來，因何再作行移？」如此申去，休了。後來忽又行下來云：「助米人稱進士，未委是何處幾時請到文解，還是鄉貢？如何，仰一一牒問上來。」這是叵耐不叵耐，他事事敢如此邀求取索。當初朝廷只許進士助米，所謂「進士」，只是科舉終場人，如何敢恁地說？某當時若便得這省吏在前，即時便與刺兩行字配將去。然申省去，將謂省官須治此吏。那裏治他！又如奏罷一縣令，即申請一面差人待闕，候救荒事訖，交割下替。不知下替便來争，上去部裏論，部裏便判罷權官。後來與申去云：元初差這人乃是奉聖旨令救荒，盡與備許多在前。及後部中行下，乃前列聖旨了，後乃仍舊自云「合還下替，交割職事」。直是恁地胡亂行移，略不知有聖旨。那箇權官見代者來得恁地急，不能與争，自去了。賀孫。

敬之問：《淳熙事類》，本朝累聖删定刑書，不知尚有未是處否？曰：正緣是删改太多，遂失當初立法之意。如「父母在堂，不許分異」，此法意極好。到後來因有人親在，私自分析用盡了，到親亡，却據法負賴，遂著令許私分。又某往在臨漳，豐憲送一項公事，有人情願不分，人皆以爲美。乃是有寡嫂孤子，後來以計嫁其嫂，而又以己子添立，併其産業。後委鄭承看驗，逐項剖析子細，乃知其情。賀孫。

頃常欲因奏對言一事而忘之：諸州軍兵衣絹或非所有，則以上供錢對易於出産州軍，最爲煩擾。如漳州舊與信、处二州對易，每歲本州爲兩州抱認上供錢若干，❶盡數解納，而兩州絹絶不來。太守歲遣書饋懇請，恬不爲意，或得三分之一，措發到一半極矣。❷然絹紕薄而價高，常致軍人怨詈。傅景仁初解漳州，以支散衣絹不好，爲軍人喊噪，不得已以錢貼支，始得無事，歲以爲苦。興化取之台州，更是回遠。此事最不難理會，而無一人肯言之者，不知何故。既知漳不出絹，信州、处州有之，何不令兩州以所合發納上供錢輸絹左藏，只令漳州以錢散軍人，豈不兩便？軍人皆願得錢，不願得絹。蓋今絹價每疋三千省，而請錢則得五千省故也。此亦當初立法委曲勞複之過，改之何妨？僩。

本州鬻鹽，最爲毒民之横賦，屢經旨罷而復屢起。先生至，石丈屢言其利害曲折，先生即散榜，先罷瀕海十一鋪，其餘諸鋪擬俟經界正賦既定，然後悉除之。至是，諸鋪解到鹽錢，諸庫皆充塞。先生曰：某而今方見得鹽錢底裏，與郡中歲計無預。前後官都被某見過，無不巧作名色支破者。古者山澤之利與民共之，今都占了，是何理也！合盡行除罷，而行迫無及矣。淳。

本朝立法，以知州爲不足恃，又置通判分掌財賦之屬。然而知州所用之財，下面更有許多幕職官通管，尚可稽考，惟通判使用更無稽考。通判廳財賦極多。某在漳州，凡胥吏輩窠坐，有優輕处、重難处，盡與他擺換一次，優者移之重处，重者移之優处。惟通判廳人吏不願移換，某曰：「你若不肯，盡與你斷罷。」於是皆一例擺換。蓋

❶「抱」，萬曆本作「包」。
❷「措」，原作「揹」，今據萬曆本改。

通判廳財賦多，恣意侵漁，無所稽考也。僩。

問欲行經界本末。曰：本一官員姓唐，上殿論及此，尋行下漳、泉二州相度。本州申以爲可行，而泉州顔尚書操兩可之説，致廟堂疑貳。却是因黄伯耆輪對再論，其劄子末極好，如云：「今日以天下之大，公卿百官之衆，商量一經界，三年而不成。使更有大於此者，將若之何？」上如其請，即時付出。三省宰執奏請，又止，且行於漳州。且事當論是非，若經界果可行，當行於三州；若不可行，則皆當止。漳與泉、汀接壤，今獨行於漳州，果何謂？某云：「今農務已興，乃差官措置，豈是行經界之時？去冬好行乃不行，廟堂何不略思？」曰：「今日諸公正是如此衮纏過，故做到公卿。如少有所思，則必至觸礙，安得身如此之安？若放此心於天地間公平處置，則何事不可爲！去年上朝廷文字及後來抗祠請，皆有後時之慮，今日却非避事。」可學。

經界料半年便都了，以半年之勞而革數百年之弊，且未説到久，亦須四五十年未便卒壞。若行，則令四縣特作四樓以貯簿籍，州特作一樓以貯四縣之圖帳，不與他文書混。闔郡皆曰不可者。只是一樣人田多税少，便造説唓嚇，以爲必有害無利。一樣人是憚勞，懶做事，却被那説所誣，遂合辭以爲不可，其下者因翕然從之。或曰：亦是民間多無契，故恐耳。曰：十分做一分無契，此只一端耳。況某亦許無契者來自陳。或曰：只據民户見在田，不必索契，如何？曰：如此，則起無限争訟，必索契則無限争訟遏矣。今之爲縣，真有愛民之心者十人，則十人以經界爲利；無意於民者十人，則十人以經界爲害。今之民，只教貧者納税，富者自在收田置田，不要納税。如此，則人便道好，更無些事不順他，便稱頌爲賢守。淳。

因論漳、泉行經界事：假未得人，勢亦着做。古人立事，亦硬擔當着做，以死繼之而已。韓魏公作相，温公在言路，凡事頗不以魏公爲然，魏公甚被他激撓。後來温公作《魏公祠堂記》，却説得魏公事分明，見得魏公不可及處，温公方心服他。《記》中所載魏公之言曰：「凡爲人臣者，盡力以事君，死生以之，顧事之是非何如耳。至於成敗，天也，豈可豫憂其不成，遂輟不爲哉？」公爲此言時，乃仁宗之末、英宗之初，蓋朝廷多故之時也。必大。○人傑録云：某在臨漳欲行經界，只尋得善熟者數人任之。大抵立事須要人才，若人才難得，不成便休？須着做去。又一條云：立事之人，須要硬擔當，死生以之，如韓魏公之立英廟。英廟即位，繼感風疾，魏公當時只是鎮之以静。及英廟疾亟，迎立潁王。或曰：「若主上復安，將如之何？」魏公曰：「不過爲太上皇耳。」温公爲諫官，魏公甚苦之。及作《魏公祠堂記》，有數語形容魏公最好，是他見得魏公有不可及處。

先生於州治射堂之後圃，畫爲井字九區：中區石甃爲高壇；中之後區爲茆庵，庵三牕，左牕櫺爲「泰卦」，右爲「否卦」，後爲「復卦」，前扇爲「剥卦」，庵前接爲小屋；前區爲小茅亭。左右三區，各列植桃李而間以梅。九區之外，圍繞植竹。是日遊其間，笑謂諸生曰：「上有九疇八卦之象，下有九丘八陣之法。」淳。

先生庚戌四月至臨漳，淳罷省試歸，至冬至始克拜席下。明年，先生以喪嫡子，丐祠甚堅。當路者又以經界一奏，先生持之力，雖已報行而終以不便己爲病，幸其有是請也，即爲允之。四月，主管鴻慶宮，加秘閣脩撰，二十九日遂行。淳送至同安縣東之沈井鋪而別，實五月二日也。先生在臨漳，首尾僅及一期，以南陬敝陋之俗，驟承道德正大之化，始雖有欣然慕而亦有謂然疑、譁然毁者。越半年後，人心方肅然以定，僚屬厲志節而不敢恣所欲，仕族奉繩檢而不敢干以私，胥徒易慮而不敢行姦，豪猾斂蹤而不敢冒法。平時習浮屠爲傳經禮塔朝岳之會者，在在皆爲之屏息。平時附鬼爲妖、迎遊於街衢而掠抄於閭巷，亦皆相視斂戢，不敢輒舉。良家子女從空門者，各閉精廬，或復人道之常。四境狗偷之民，亦望風奔遁，改復生業。至是及期，正爾安習先生之化，而先生行矣，是豈不爲恨哉！淳。

先生因説邑中隕星，恐有火災，縣官禱禳，云：豈可不脩人事，合當拘家家蓄水警備。因舉漳州之政。○賀孫。

建寧自鄭丙、程大昌至今，聖節不許僧子陞堂説法，他處但人不敢擔當住罷。某在臨漳，且令隨例祝香，只不許人問話。頃曾孝叙知青州，請一僧開堂，觀者甚衆。其僧忽云：「此知州是你青州半面天子。」孝叙大皇恐，即時自劾，枷此僧送獄。必大。

先生除江東漕，辭免。文蔚問：萬一不容辭免，則當如何？曰：事便是如此安排不得，此已辭了，而今事却在他這裏，如何預先安排得？文蔚。

潭　州❶

在潭州時，諸學陞堂，以百數籤抽八齋，每齋一人，出位講《大學》一章。講畢，

❶「潭」上，朝鮮本有「知」字。

教授以下請師座講説大義。曰：大綱要緊只是前面三兩章。君子、小人之分，却在「誠其意」處。誠於爲善，便是君子；不誠底，便是小人。更無別説。琮。

問：先生到此，再詣學矣，不知所以教諸生者規模如何？曰：且教他讀經書，識得聖人法語大訓。曰：鄉來南康《白鹿學規》却是教條，不是官司約束。曰：屢欲尋訪湖學舊規，尚此未獲。曰：先生如此教人，可無躐等之患。曰：躐等何害？若果有會躐等之人，自可敬服。曰：何故？曰：今若有人在山脚下，便能一躍在山頂上，何幸如之。政恐不由山脚，終不可以上山頂耳。琮。

先生至嶽麓書院抽籤子，請兩士人講《大學》，語意皆不分明。先生遽止之，乃諭諸生曰：前人建書院，本以待四方士友相與講學，非止爲科舉計。某自到官，甚欲與諸公相與講明，一江之隔，又多不暇。意謂諸公必皆留意，今日所説反不如州學，又安用此贅疣！明日煩教授諸職事共商量一規程，將來參定，發下兩學，共講磨此事。若只如此不留心，聽其所之。學校本是來者不拒，去者不追，豈有固而留之之理？且學問自是人合理會底事，只如「明明德」一句，若理會得，自提省人多少。明德不是外面將來安在身上，自是本來固有底物事。只把此切己做工夫，有甚限量。此是聖賢緊要警策人處，如何不去理會？不理會學問，與蚩蚩橫目之氓何異？❶謙。

客説社倉訟事。曰：如今官司鶻突，都無理會，不如莫辨。因説：如今委送事，

❶「氓」，原作「泯」，今據萬曆本改。

不知屬官能否，胡亂送去，更無分曉了絶時節。某在潭州時，州中僚屬朝夕相見，却自知得分曉，只縣官無由得知。後來區處每月版帳錢，令縣官逐人輪番押來，當日留住，試以公事。又怕他鶻突寫來，却與立了格式云：今蒙使府委送某事如何。一，某人於某年月日於某處理某事，某官如何斷。一，又於某時某再理，某官如何斷。一，某今看詳此事理如此，於條合如何結絶。如此，人之能否，皆不得而隱。木之。

問：先生須更被大任用在。曰：某何人，安得有此？然亦做不得，出來便敗。且如在長沙城，周圍甚廣而兵甚少。當時事未定，江上訩訩；❶萬一兵潰，必趍長沙。守臣不可去，只是浪戰而死。此等事須是有素定家計。魏公初在五路，治兵積粟，爲五年計，然後大舉。因虜人攻犯淮甸，不得已爲牽制之師。事既多違，魏公久廢，晚年出來便做不得。欲爲家計，年老等不得了，只是逐急去，所以無成。某今日亦等不得了，規模素不立，才出便敗。德明。

或問修城事。云：修城一事，費亦浩瀚。恐事大力小，❷兼不得人，亦難做。如今只靠兩寨兵，固是費力，又無馭衆之將可用。張倅云：向來靖康之變，虜至長沙，城不可守。雖守臣之罪，亦是闊遠難守。曰：向見某州脩城，亦以闊遠之故，稍縮令狹，却易修。周伯壽云：前此陳君舉説長沙米倉酒庫自在城外，萬一修得城完，財物盡在城外不便。只當移倉庫，不當修城。曰：此是秀才家應科舉議論。倉庫自當移，城自

❶「訩訩」，萬曆本作「洶洶」。
❷「大」，原脱，今據朝鮮本、萬曆本補。

當修。先生又云：向見張安國帥長沙，壁間掛一修城圖，計料甚子細。有人云：「如何料得如此，恐可觀不可用。」張帥自後便卷了圖子，更不説着。周益公自是怕事底人，不知誰便説得他動。初，益公任内只料用錢七萬，今甎瓦之費已使了六萬，所餘止一萬。初料得少，如今朝廷亦不肯添了。謙。

而今官員不論大小，盡不見客，敢立定某日見客，某日不見客。甚至月十日不出，不知甚麽條貫如此。是禮乎？法乎？可怪！不知出來與人相應接少頃，有甚辛苦處？使人之欲見者等候不能得見，或有急幹欲去，有甚心情等待？欲吞不可，欲吐不得，其苦不可言。此等人，所謂不仁之人，心都頑然無知，抓着不痒，搯着不痛矣。小官嘗被上位如此而非之矣，至他榮顯，又不自知矣。因言夏漕每日先見過往人客了，然後請職事官相見。蓋恐幙職官禀事多時，過客不能久候故也。潭州初一、十五例不見客，諸司皆然，某遂破例令皆相見。先生在潭州，每間日一詣學，士人見於齋中，官員則於府署。○僩。

今人獄事只管理會要從厚，不知不問是非善惡，只務從厚，豈不長姦惠惡？大凡事付之無心，因其所犯，考其實情，輕重厚薄付之當然，可也。若從薄者固不是，只云我只要從厚，則此病所係亦不輕。某在長沙，治一姓張人，初不知其惡如此，只因所犯追來，久之乃出頭。適有大赦，遂且與編管。後來聞得此人凶惡不可言，人只是平白地打殺不問。門前有一木橋，商販者自橋上過，若以柱杖拄其橋，必捉來吊縛。此等類甚多，若不痛治，何以懲戒？公等他日仕宦，不問官大小，每日詞狀須置一簿，穿字號、録判語。到事亦作一簿，發放文字亦作一簿。每日必勾了號，要一日内許多事都了方得。若或做不辦，又作一簿記未了事，日日檢點了，如此方不被人瞞了事。今人只胡亂隨人來理會，來與不來都不知，豈不誤事！銖。

過甲寅年見先生，聞朋輩説，昨歲虜人問使人云：「南朝朱先生出處如何？」對以「本朝見擢用」。既歸，即白堂，所以得帥長沙之命。過。

朱子語類卷第一百七 計十七板

朱子四 内任 丙辰後雜言行

孝宗朝

六月四日，周揆令人諭意云：上問：「朱某到已數日，何不請對？」遂詣閤門，通進榜子。有旨：「初七日後殿班引。」及對，上慰勞甚渥。自陳昨任浙東提舉日，荷聖恩保全。上曰：「浙東救荒，煞究心。」又言：「蒙除江西提刑，衰朽多疾，不任使令。」上曰：「知卿剛正，只留卿在這裏，待與清要差遣。」再三辭謝，方出奏劄。上曰：「正所欲聞。」口奏第一劄意，言犯惡逆者，近來多奏裁減死。上曰：「似如此人，只貸命，有傷風教，不可不理會。」第四劄言科罰。上曰：「聞多是羅織富民。」第五劄讀至「置將之權旁出閹寺」，上曰：「這箇事却不然，盡是採之公論，如何由他。」對曰：「彼雖不敢公薦，然皆託於士大夫之公論，而實出於此曹之私意。且如監司守臣薦屬吏，蓋有受宰相、臺諫風旨者。況此曹奸僞百出，何所不可？臣往蒙賜對，亦嘗以此爲說，聖諭謂爲不然。臣恐疏遠所聞不審，退而得之士大夫，與夫防夫走卒，莫不謂然，獨陛下未之知耳。至去者未遠而復還。」謂甘昇。問上曰：「陛下知此人否？」上曰：「固是。但漏洩文書，乃是他子弟之罪。」對曰：「豈有子弟有過而父兄無罪？然此特一事耳。此人挾勢爲奸，所以爲盛德之累者多矣。」上曰：「高宗以其有才，薦過來。」對曰：「小人無才尚可，小人有才，鮮不爲惡。」上因舉馬、蘇論才、德之辨。云云。至「當言責者，懷其私以緘默」，奏曰：「陛下以曾任知縣人爲六院察官，闕則取以充之。雖曰親擢，然其涂轍一定，宰相得以先布私恩於合入之人。及當言責，往往懷其私恩，豈肯言其過失？」上曰：「然。近日之事可見矣。」❶至「知其爲賢而用之，則用之唯恐其不速，聚之唯恐其不多；知其爲不肖而退之，則退之唯恐其不早，去之唯恐其不盡」，奏曰：「豈有慮君子太多，須留幾箇小人在裏？人之治身亦然，豈有慮善太多，須留些惡在裏？」至「軍政不脩，士卒愁怨」，曰：「主將刻剥士卒以爲苞苴，陞轉階級，皆有成價。」上曰：「却不聞此。果有時，豈可不理會？卿可子細採探，却來説。」末後辭云：「照對江西係是盜賊刑獄浩繫去處，❷久闕正官，臣今迤邐前去之任，不知有何處分？」上曰：「卿自詳練，不在多囑。」閎祖。

今之兵官，有副都總管、路鈐、路分、都監、統領將官、州鈐轄、州都監，而路鈐、路分、統領之類多以貴游子弟處之。至如副都總管，事體極重，向以節度使爲之，後有以修武郎爲之者。如州統領，至有以下班祗應爲之者，此士夫所親見。只今天下無虞，邊境不聳，故無害。萬一略有警，便難承當。兵政病敗，未有如今日之甚者。某屢言於壽皇，壽皇謂某曰：「命將，國之大事，非朝廷之公選，即諸軍之公薦，决無他

❶「之」，萬曆本作「一」。
❷「繫」，萬曆本作「繁」。

也。」某奏云：「陛下但見列薦於朝廷之上，以爲是皆公選，而不知皆結托來爾。且如今之文臣列薦者，陛下以爲果皆出於公乎？不過有勢力者一書便可得。」壽皇曰：「果爾，誠所當察，卿其爲朕察之。」道夫。

寧宗朝

初見先生，即拜問云：先生難進易退之風，天下所共知。今新天子嗣位，乃幡然一來，必將大有論建。先生笑云：只爲當時不合出長沙，在官所有召命，又不敢固辭。又問：今既受了侍從職名，却不容便去。先生云：正爲如此。又笑云：若病得狼狽時，也只得去。自脩。

在講筵時，論嫡孫承重之服，當時不曾帶得文字行。旋借得《儀禮》看，又不能得分曉，不免以禮律爲證。後來歸家檢注疏看，分明說「嗣君有廢疾不任國事者，嫡孫承重」。當時若寫此文字出去，誰人敢争？此亦講學不熟之咎。人傑。

祧僖祖之議，始於禮官許及之，曾三復、永嘉諸公合爲一辭，先生獨建不可祧之議。陳君舉力以爲不然，趙揆亦右陳說。文字既上，有旨次日引見。上出所進文字，云：「高宗不敢祧，壽皇不敢祧，朕安敢祧？」再三以不祧爲是。既退，而政府持之甚堅，竟不行。唯謝中丞入文字右先生之説，乞且依禮官初議。爲樓大防所繳，卒祧僖祖云。閎祖。

先生檢熙寧《祧廟議》示諸生，云：荆公數語是甚次第！若韓維、孫固、張師顔等所説，如何及得他？最亂道是張師顔說。當時新法之議也如此，是多少人說都說不倒。東坡是甚麽樣會辯，也説得不甚切。荆公可知是動得人主。前日所論欲祧者，其説不出三項：一，欲祧禧祖於夾室，以順、翼、宣祖所祧之主祔焉。但夾室乃偏側之處，若藏列祖於偏側之處，而太祖以孫居中尊，是不可也。一，是欲祔景靈宫。景靈宫元符所建，貌象西畔六人，東向。其四皆依道家冠服，是四祖。二人通天冠、絳紗袍，乃是太祖、太宗暗地設在裏不敢明言。某書中有一句説。云云。今既無頓處，况元初奉祀景靈宫聖祖，是用簠簋籩豆，又是蔬食。今若祔列祖，主祭時須用葷腥，須用牙盤食，這也不可行。又一項是欲立别廟。某説：若立别廟，須大似太廟乃可。又不知祫祭時如何，終不成四人令在那一邊，幾人自在這一廟，也只是不可。不知何苦如此？其説不過但欲太祖正東向之位，别更無説。他所謂東向，又那曾考得古時是如何？東向都不曾識，只從少時讀書時見奏議中有説甚東向，依希聽得。如今廟室甚狹，外面又接簷，似乎闊三丈，深三丈。祭時各捧主出祭，東向位便在楹南簷北之間，後自坐空；昭在室外，後却靠實；穆却在簷下一帶，亦坐空。如此，則東向不足爲尊，昭一列却有面南居尊之意。古者室中之事，東向乃在西南隅，所謂奥，故爲尊。合祭時，太祖位不動，以群主入就尊者，左右致饗，此所以有取於東向也。今堂上之位既不足以爲尊，何苦要如此，乃使太祖無所自出。祝禹圭云：僖祖以上皆不可考。曰：是不可考。要知定是有祖所自出，不然，僖祖却從平地爆出來，是甚説話？問：郊則如何？曰：郊則自以太祖配天。這般事，最是宰相没主張。這奏議是趙子直編，是他當初已不把荆公做是了，所以將那不可祧之説皆附於注脚下，又甚率略。那許多要祧底話，却作大字寫，不知那許多是説箇甚麽。只看荆公云「反屈列祖之主，下祔子孫之廟，非所以順祖宗之孝心」，如何不説得人主動？當時上云：「朕聞之矍然，敢不祗允。」這許多只閑説，只是好勝，都不平心看道理。又云：某嘗在上前説此，上亦以爲不可，云：「高宗既不祧，壽皇既不祧，朕又安可爲？」奈何都無一人將順這好意思。某所議，趙丞相白乾地不付出，可怪！賀孫。

問：本朝廟制，韓維請遷僖祖，孫固欲爲僖祖立别廟，王安石欲以僖祖東向，其議如何？曰：韓説固未是，孫欲立别廟，如姜嫄，則姜嫄是婦人，尤無義理。介甫之説却好，僖祖雖無功德，乃是太祖嘗以爲高祖，今居東向，所謂「祖以孫尊，孫以祖屈」者也。近者孝宗祔廟，趙丞相主其事，因祧宣祖，乃併僖祖祧之，令人毁拆僖祖之廟。當時集議某不曾預，只入文字，又於上前説此事，末云：「臣亦不敢自以爲是，更乞下禮官，與群臣集議。」趙丞相遂不付出。當時曾無玷、陳君舉之徒全然不曉，但謝子肅、章茂獻却頗主某説。又孫從之云：「僖祖無功德。」某云：「且如秀才起家貴顯，是自能力學致位，何預祖宗？而朝廷贈官必及三代。如公之説，則不必贈三代矣。僖祖有廟，則其下子孫當祧者置於東西夾室，於理爲順。若以太祖爲尊，而自僖祖至宣祖反置於其側，則太祖之心安乎？」又問：趙丞相平日信先生，何故如此？曰：某後來到家檢渠所編《本朝諸臣奏議》，正主韓維等説，而作小字附注王安石之説於其下，此惡王氏之僻也。又問廟門堂室之制。曰：古之士廟，如今之五架屋，以四分之一爲室，其制甚狹。近因在朝，見太廟之堂亦淺，祫祭時，太祖東向，乃在虛處。群穆背簷而坐，臨祭皆以帟幙圍之。古人惟朝踐在堂，它祭皆在室中。户近東，則太祖與昭穆之位背處皆實。又其祭逐廟以東向爲尊，配位南向。若朝踐以南向爲尊，則配位西向矣。又問：今之州縣學，先聖有殿，只是一虛敞處，則堂室之制不備。曰：古禮無塑像，只云先聖位向東。又問：若一一理會，則更無是處。曰：固是。人傑。

太廟向有十二室，今祔孝宗，却除了僖祖、宣祖兩室，止有十一室，止有八世，進不及祖宗時之九，退不得如古之七，豈有祔一宗而除兩祖之理？況太祖而上，又豈可不存一始祖？今太祖在廟而四祖並列西夾室，❶亦甚不便。某謂止祧宣祖，合存僖祖。既有一祖在上，以下諸祖列于西夾室，猶可。或言「周祖后稷，以其有功德。今僖祖無功，不可與后稷並論」。某遂言：「今士大夫白屋起家，以至榮顯，皆説道功名是我自致，何關於乃祖乃父？則朝廷封贈三代，諸公能辭而不受乎？況太祖初來自尊僖祖爲始祖，諸公必忍去之乎？」某聞一日集議，遂辭不赴。某若去時，必與諸公合炒去。乃是陳君舉與趙子直自如此做，曾三復、孫逢吉亦主他説。中間若謝子肅、章茂獻、張春卿、樓大防皆以爲不安，云「且待朱丈來商量」，曾三復乃云「乘此機會祧了」，這是甚麽事，乘機投會恁地急。某先有一奏議投了，樓、張諸公上劄，乞降出朱某議，

❶「西」，萬曆本作「四」。

若某言近理，臣等敢不遵從。趙子直又不付出，至於乘夜撤去僖祖室。兼古時遷廟，又豈應如此？偶一日接奉使，兩府侍從皆出，以官驛狹，侍郎幙次在茶坊中，而隔幙次説及此，某遂辨説一番，諸公皆順聽。陳君舉謂：「今各立一廟，周時后稷亦各立廟。」某説：「周制與今不同。周時豈特后稷各立廟，雖赧王也自是一廟。今立廟若大於太廟，始是尊祖。今地步狹窄，若別立廟，必做得小小廟宇，名曰尊祖，實貶之也。」君舉説幾句話，皆是臨時去檢注脚來説。某告之云：「某所説底，都是大字印在那裏底，却不是注脚細字。」向時太廟一帶十二間，前堂後室，每一廟各占一間，祧廟之主却在西夾室。今立一小廟在廟前，不知中間如何安排？後來章茂獻、謝深甫諸公皆云「悔不用朱丈之説」，想也且恁地説。正淳欲借奏草看，曰：今事過了，不須看。賀孫。

集議欲祧僖祖，正太祖東向之位，先生以爲僖祖不可祧，惟存此，則順、翼、宣祧主可以祔入。❶劉知夫云：諸公議欲立僖祖廟爲別廟。陳君舉舍人引《閟宮》爲故事。先生曰：《閟宮》詩而今人都説錯了。又因論《周禮》「祀先王以衮冕，祀先公以鷩冕」，此乃不敢以天子之服加先公，故降一等。直卿云：恐不是「祭以大夫」之義。先生曰：祭自用天子禮，只服略降耳。時舉。

問甲寅祧廟其説異同。曰：趙丞相初編《奏議》時，已將王介甫之説不作正文寫，只注小字在下。又曰：祧廟亦無毀拆之

❶「主」，萬曆本作「祖」。

理。曰：曾入文字論祧廟，奏云：「此事不可輕易。」上云：「説得極好，以高宗朝不曾議祧，孝宗朝不曾議祧，卿云『不可輕易』，極是。」又奏云：「陛下既以臣言爲然，合下臣章疏集議。」却不曾降出。過。

今日偶見韓持國廟議，都不成文字。元祐諸賢文字大率如此，只是胡亂討得一二浮辭引證，便將來立議論，抵當他人。似此樣議論，如何當得王介父？所以當時只被介父出，便揮動一世，更無人敢當其鋒。只看王介父廟議是甚麽樣文字，他只是數句便説盡，更移動不得，是甚麽樣精神，這幾箇如何當得他！伊川最説得公道，云：「介父所見，終是高於世俗之儒。」又曰：「朱公掞排禪學劄子，其所以排之者甚正。只是這般樣論，如何排得他？也是胡亂討幾句引證，便要斷倒他，可笑之甚！」時吕正獻公作相，好佛，士大夫競往參禪，寺院中入室陞堂者皆滿。當時號爲「禪鑽」。去聲。故公掞上疏乞禁止之。○僩。

實録院略無統紀。修撰官三員，檢討官四員，各欲著撰，不相統攝，所修前後往往不相應。先生嘗與衆議，欲以事目分之。譬之六部，吏部專編差除，禮部專編典禮，刑部專編刑法，須依次序編排，各具首末，然後類聚爲書，方有條理。又如一事而記載不同者，須置簿抄出，與衆會議，然後去取，庶幾存得總底在。唯葉正則不從。葉爲檢討，正修《高宗實録》。○閎祖。

今之史官全無相統攝，每人各分一年去做。或有一件事，頭在第一年，末稍又在第二、三年者，史官只認分年去做，及至把來，全鬬湊不着。某在朝時建議説：「不要分年，只分事去做。且天下大事無出吏、禮、兵、刑、工、户六件事，如除拜注授是吏部事，只教分得吏事底人，從建炎元年逐一編排至紹興三十二年。他皆倣此，却各將來編年逐月類入。」衆人不從。某又云：「若要逐年做，須是實置三簿：一簿關報上下年事首末，首當附前年某月，末當附後年某月；一簿承受所關報本年合入事件；一簿考異。向後各人收拾得，也存得箇本。又別置一簿，列具合立傳者若干人，某人傳當行下某處收索行狀、墓誌等文字，專牒轉運司疾速報應。已到者，勾銷簿。未到者，據數再催，庶幾易集。」後來去國，聞此説又不行。賜。

而今史官不相統總，只是各自去書，書得不是，人亦不敢改。更是他書了，亦不將出來，據他書放那裏，知他是不是。今雖有那《日曆》，然皆是兼官，無暇來脩得。而今須是別差六人鎖放那裏，教他專工脩，方得。如近時作《高宗實録》，却是教人管一年，這也不得。且如這一事，頭在去年，尾在今年，那書頭底不知尾，書尾底不知頭，都不成文字。如爲臣下作傳，某將來看時，説得詳底只是寫行狀，其略底又恰如《春秋》樣，更無本末可攷。又有差除去了底，這一截又只休了，如何地稽攷？據某看來，合分作六項，人管一事。謂如刑事，便去關那刑部文字看。他那用刑皆有年月，恁地把來編類，便成次序。那五者皆然。俟編一年成了，却合斂來。如元年五月一日有某事，這一月内事先後便皆可見。且如立傳，他那《日曆》上薨卒皆有年月在。這便當印板行下諸州，索行實、墓誌之屬，却令運司專差一人督促，史院却去督促運司。有未到底，又刷下去催來，便恁地便好，得成箇好文字。而今《實録》，他門也是將《日曆》做骨，然却皆不曾實用心，有時攷不得後，將一牒下州縣去討，那州郡不應，也不管，恁地如何解理會得？義剛。

近世脩史之弊極甚，史官各自分年去做，既不相關，又不相示。亦有事起在第一年，而合殺處在二年，前所書者不知其尾，後所書者不知其頭。有做一年未終，而忽遷他官，逐空三四月日而不復脩者。❶有立某人傳，移文州郡索事實，而竟無至者。嘗觀《徽宗實録》，有傳極詳，似只寫行狀、墓誌；有傳極略，如《春秋》樣，不可曉。其首末雜手所作，不成倫理。然則如之何？本朝史以日録爲骨，❷而參之以他書。今當於史院置六房吏，各專掌本房之事。如《周禮》官屬下所謂「史幾人」者，即是此類。如吏房有某注差，刑房有某刑獄，户房有某財賦，皆各有册系月日而書。其吏房有事涉刑獄，則關過刑房；刑房有事涉財賦，則關過户房。逐月接續爲書，史官一閱，則條目具列，可以依據。又以合立傳之人，列其姓名於轉運司，令下諸州索逐人之行狀、事實、墓誌等文字，專委一官掌之，逐月送付史院。如此，然後有可下筆處。及異日史成之後，五房書亦各存之，以備漏落。淳。

君舉謂不合與諸公争辨，這事難説。嘗記得林少穎見人好説話，都記寫了。嘗舉一項云：國家嘗理會山陵，要委諭民間遷去祖墳事。後區處未得，特差某官前往定奪果當如何。這箇官人看了，乃云只消

❶「逐」，萬曆本作「自」。
❷「録」，萬曆本作「曆」。

着中做。林説：「這話説得不是，當時只要理會當還與不當還。當還去，雖盡去亦得；若不當還，雖一毫不可動。當與不當，這便是中，如何於二者之間酌中做？」此正是今時人之大病，所以《大學》「格物」、「窮理」正要理會這些。須要理會教是非端的分明，不如此定不得。如初間看善惡如隔一牆，只管看來，漸漸見得善惡如隔一壁。看得隔一壁底，已自勝似初看隔一牆底了。然更看得，又如隔一幅紙。這善惡只是争些子，這裏看得直是透。善底端的是善，惡底端的是惡，略無些小疑似。《大學》只要論箇知與不知，知得切與不切。賀孫。❶

先生看天雨，憂形於色，云：第一且是欑宮掘箇窟在那裏，如何保得無水出。梓宮甚大，欑宮今闊四丈，自成池塘，奈何，奈何！這雨浸淫已多日，奈何！賀孫。

是夜雨甚，先生屢惻然憂歎，謂：明日掩欑，雨勢如此，奈何！再三憂之。賀孫問：紹興山陵土甚卑，不知如何？曰：固是可慮。只這事，前日既在那裏都説來，只滿朝無一人可恃，卒爲下面許多陰陽官占住了。問：聞趙丞相前亦入文字，説得甚好。曰：是説得煞好，後來一不從，也只住了。自高宗欑宮時，在蜀中入文字説此。今又舉此，不知如何。又只如此住了。某初到，亦入一文字，後來却差孫從之相視。只孫從之是朝中煞好人，他初間畫三項利害，云：「展發引之期，別卜欑宮，上策也；只依舊在紹興，下策也。」説得煞力。到得相視歸來，更説得没理會。到後來，又令集

❶「賀孫」，二字原爲墨丁，今據朝鮮本補。

議。初已告報日子，待到那一日四更時，忽扣門報云：「不須集議。」待問其故，云：「已再差官相視。」時鄭惠叔在吏書，乃六部之長，關集都是他。當時但聽得説差官，便止了衆人集議。當時若得集議一番，須説得事理分明。初，孫從之去，那曾得看子細。纔到那裏，便被守把老閹促將去，云：「這裏不是久立處。」某時在景靈宫行香，聞此甚叵耐，❶即與同坐諸公説：「如此亦不可不説。」遂回聚於鄭惠叔處。待到那裏，更無一人下手作文字，只管教某。某云：「若作之，何辭？止緣某前日已入文字，今作出，又止此意思。得諸公更作，庶説得更透切。」都只説過，更無人下手，其遂推劉德脩作。劉遂下手，鄭惠叔又只管説，不消説如何。某説：「這是甚麽樣大事，如何恁地住？」遂顧左右，即取紙筆令劉作，衆人合湊遂成。待去到待漏院要進，都署銜位，各了。黄伯耆者，他已差做相視官，定了不簽他，他又來，須要簽，又换文字將上。待得他去相視歸來，却説道「自好」，這事遂定。滿朝士大夫都靠不得，便如此。這般事，爲臣子須做一家事盡心竭誠乃可。明知有不穩當，事大體重如此，如何住得？他説須要山是如何，水須從某方位盤轉，經過某方位，從某方位環抱，方可用。不知天地如何恰生這般山，依得你這般様子，更莫管他。也依他説，爲臣子也須盡心尋求，那知不有如此様！驀忽更有，也未可知，如何便住得？聞亦自有人來説幾處可用，都被那邊計較阻抑了。又云：許多侍從也不學，宰相也不學，將這般大事只恁地做。且如祧

❶ 「叵」，原作「回」，今據朝鮮本、萬曆本改。

廟集議，某時怕去争炒，遂不去，只入文字。後來説諸公在那裏群起譁然，甚可畏，宰相都自怕了。君舉所主廟議，是把《禮記》「祖文王，宗武王」爲據，上面又説「祖契而宗湯」，又引《詩·小序》「禘太祖」。《詩序》有甚牢固？又引「烝祭歲，文王騂牛一，武王騂牛一」，那時自是卜洛之始，未定之時，一時禮數如此。又用《國語》，亦是難憑。器之問：濮議如何？先生曰：歐公説固是不是，辯之者亦説得偏。既是所生，亦不可不略示殊異，若止封皇伯，與其他皇伯等，亦不可。須封號爲「大王」之類，乃可。伊川先生有説，但後來已自措置得好。凡祭享禮數，一付其下面子孫，朝廷無所預。賀孫。

林丈説：彭子壽彈韓侂胄只任氣性，不顧國體，致侂胄大憾於趙相，❶激成後日之事。曰：他純不曉事情，率爾而妄舉。淳。

丙辰後

正卿問：今江陵之命，將止於三辭。曰：今番死亦不出，纔出，便只是死。賀孫。

直卿云：先生去官，❷其他人不足責，如吴德夫、項平父、楊子直合乞出。先生曰：諸人怕做黨錮，看得定是不解恁地。且如楊子直前日纔見某入文字，便來勸止，且攢着眉做許多模樣。某對他云：「公何消得恁地，如今都是這一串説話，若一向絶了，又都無好人去。」賀孫。

❶「於」，萬曆本作「放」。
❷「官」，原作「國」，據朝鮮本改。

季通被罪，臺諭及先生。先生飯罷，樓下起西序行數回，即中位打坐。賀孫退歸精舍，告諸友。漢卿筮之，得《小過》「公弋取彼在穴」，曰：先生無虞，蔡所遭必傷。即同輔萬季弟至樓下。先生坐睡甚酣，因諸生偶語而覺，即揖諸生。諸生問所聞蔡丈事如何。曰：州縣捕索甚急，不曉何以得罪？因與正淳説早上所問《孟子》未通處甚詳。繼聞蔡已遵路，防衛頗嚴，諸友急往中涂見别，先生舟往不及。聞蔡留邑中，皆詹元善調護之。先生初亦欲與經營，包顯道因言：禍福已定，徒爾勞擾。先生嘉之，且云：顯道説得自好，未知當局如何？是夜，諸生坐樓下，圍爐講問而退。聞蔡編管道州，乃沈繼祖文字主意詆先生也。賀孫。

或有謂先生曰：沈繼祖乃正淳之連袂也。先生笑曰：「彌子之妻與子路之妻兄弟也」，何傷哉？人傑。

先生往净安寺候蔡，蔡自府乘舟就貶，過净安，先生出寺門接之。坐方丈寒暄外，無嗟勞語。以連日所讀《參同契》所疑扣蔡，蔡應答灑然。少遲，諸人醵酒，至飲皆醉。先生間行，列坐寺前橋上飲，回寺又飲，先生醉睡。方坐飲橋上，詹元善即退去，先生曰：此人富貴氣。賀孫。

論及「僞學」事，云：元祐諸公後來被紹聖群小治時，却是元祐曾去撩撥它來，而今却是平地起這件事出。義剛。

有一朋友微諷先生云：先生有「天生德於予」底意思，却無「微服過宋」之意。先生曰：某又不曾上書自辯，又不曾作詩謗訕，只是與朋友講習古書，説這道理，更不教做，却做何事？因曰：《論語》首章言：

「人不知而不慍，不亦君子乎！」斷章言：「不知命，無以爲君子。」賜録云：且以利害禍福言之，此是至粗底。此處人都信不及，便講學得，待如何，亦没安頓處。今人開口亦解説一飲一啄自有定分，及遇小小利害，便生趨避計較之心。古人刀鋸在前，鼎鑊在後，視之如無物者，賜録作：如履平地。蓋緣只見得這道理，都不見那刀鋸鼎鑊。又曰：「死生有命」，如合在水裏死，須是溺殺，此猶不是深奥底事、難曉底話，如今朋友都信不及，覺見此道日孤，令人意思不佳。人傑。

或勸先生散了學徒，閉户省事以避禍者，先生曰：禍福之來，命也。廣。

先生曰：如某輩皆不能保，只是做將去，事到則盡付之。人欲避禍，終不能避。德明。

今爲辟禍之説者，固出於相愛，然得某壁立萬仞，豈不益爲吾道之光。閎祖。

「其默足以容」，只是不去擊鼓訟冤，便是默。不成屋下合説底話，亦不敢説也！同。

或有人勸某當此之時，宜略從時。某答之云：「但恐如草藥，煅煉得無性了，救不得病耳。」僩。

有客遊二廣多年，知其山川、人物、風俗，因言廉州山川極好。先生笑曰：被賢説得好，下梢不免去行一番。此時黨事方起。又因問舉業，先生笑曰：某少年時只做得十五六篇義，後來只是如此發舉及第。人但不可不會作文字。及其得，也只是如此。今人却要求爲必得，豈有此理。祖道。

時「僞學」之禁嚴，彭子壽鐫三官，勒停。諸權臣之用事者，睥睨不已。先生曰：某今頭常如黏在頸上。又曰：自古聖人未嘗爲人所殺。胡泳。

雜記言行

某嘗言：吾儕講學，正欲上不得罪於聖賢，中不誤於一己，下不爲來者之害，如此而已，外此非所敢與。道夫。

吾輩不用有忿世疾惡之意，第常自體此心寬明無係累，❶則日充日明，豈可涯涘耶？泛愛親仁，聖人忠恕體用，端的如此。振。

人言好善嫉惡，而今在閑處，只見嫉惡之心愈至。伯謨曰：唯其好善，所以嫉惡。道夫。

先生愛説「恰好」二字，云：凡事自有恰好處。過。

先生每語學者云：凡事無許多閑勞攘。過。

先生每論及靖康、建炎間事，必蹙頞慘然，太息久之。義剛。

長孺問：先生須得邵堯夫先知之術？先生久之曰：吾之所知者，「惠迪吉，從逆凶」、「滿招損，謙受益」。若是明日晴、後日雨，吾又安能知耶？恩。

因言科舉之學，問：若有大賢居今之時，不知當如何？曰：若是第一等人，它定不肯就。又問：先生少年省試報罷時如何？曰：某是時已自斷定，若那番不過省，定不復應舉矣。僩。

有爲其兄求薦書，先生曰：没奈何爲公發書。某只云：某人爲某官，亦老成諳事，亦可備任使。更須求之公議如何，某不

❶「第」，萬曆本作「當」。

敢必。辛棄疾是朝廷起廢爲監司，初到任，也須采公議薦舉。他要使一路官員，他所薦舉，須要教一路官員知所激勸是如何人。他若把應副人情，有書來便取去，這一任便倒了。某兩爲太守，嘗備員監司，非獨不曾以此事懇人，而人亦不曾敢以此事懇某，自謂平日修行得這些力。他明知以私意來懇祝，必被某責。然某看公議舉人，是箇好人，人人都知。若是舉錯了，也是自家錯了。本不是應副人情，又不是交結權勢，又不是被他獻諛，這是多少明白。人皆不來私懇，其間有當薦之人，自公舉之。待其書來說，某已自舉薦他了，更無私懇者。賀孫。

有親戚託人求舉，先生曰：親戚固是親戚，然薦人於人，亦須是薦賢始得。今鄉里平平等人，無可稱之實，某都不與發書懇人。況某人事母如此，臨財如此，居鄉曲事長上如此，教自家薦舉他甚麽得？因問所託之人：公且與撰幾句可薦之迹將來，是說得說不得。假使說道向來所爲不善，從今日自新，要求舉狀，是便有此心，何可保？賀孫。

人每欲不見客，不知它是如何。若使某一月日不見客，必須大病一月。似今日一日與客說話，却覺得意思舒暢。不知它門關着門不見人底，是如何過日？義剛。

直卿勸先生且謝賓客數月，將息病。先生曰：天生一箇人，便須着管天下事。若要不管，須是如楊氏「爲我」方得，某却不曾去學得這般學。義剛。

擇之勞先生人事之繁，答曰：大凡事只得耐煩做將去，纔起厭心，便不得。道夫。

先生病中應接不倦，左右請少節之，先生厲聲曰：你懶惰，教我也懶惰！淳。

先生病起，不敢峻補，只得平補，且笑曰：不能興衰撥亂，只得扶衰補敝。淳。

近日百事都如此，醫者用藥也只用平平穩穩底藥，亦不能爲害，亦不能治病。是他初不曾識得病，故且如此酌中。世上事都如此，扁鵲視疾察見肺肝，豈是看見裏面如何，也只是看得證候極精，纔見外面，便知五臟六腑事。賀孫。

先生一日説及受贓者，怒形於言，曰：某見此等人，只與大字面配去！徐又曰：今説公吏不合取錢，爲知縣者自要錢矣。節節言之，爲之吁歎。過。

梅雨，溪流漲盛，先生扶病往觀，曰：君子於大水必觀焉。僩。

先生每觀一水一石、一草一木，稍清陰處，竟日目不瞬。飲酒不過兩三行，又移一處。大醉，則趺坐高拱，經史子集之餘，雖記録雜説，舉輒成誦。微醺，則吟哦古文，氣調清壯。某所聞見，則先生每愛誦屈原《楚騷》、孔明《出師表》、淵明《歸去來》并詩，❶并杜子美數詩而已。壽昌。

先生於父母墳墓所託之鄉人，必加禮。或曰：敵己以上，拜之。賀孫。

先生每日早起，子弟在書院，皆先着衫到影堂前擊板，俟先生出。既啓門，先生陞堂，率子弟以次列拜炷香，又拜而退，子弟一人詣土地之祠炷香而拜。隨侍登閣，拜先聖像，方坐書院，受早揖，飲湯少坐，或有請問而去。月朔，影堂薦酒果；望日，則薦茶；有時物，薦新而後食。過。

先生早晨拈香。春夏則深衣，冬則戴漆紗帽。衣則以布爲之，闊袖皂褖，裳則用

❶「并詩」，明戴銑《朱子實紀》卷四作「辭」。

白紗，如濂溪畫像之服。或有見任官及它官相見，易窄衫而出。過。

問衣裳制度。曰：也無制度，但畫像多如此，故效之。又問：有尺寸否？曰：也無稽攷處。那《禮》上雖略説，然也説得没理會處。義剛。

先生嘗立北橋，忽市井游手數人悍然突過，先生斂衽橋側避之。每閑行道間，左右者或辟人，先生即厲聲止之曰：你管他作甚！先生每徒行報謁，❶步速而意專，不左右顧。及無事，領諸生遊賞，則徘徊顧瞻，緩步微吟。先生有疾，及諸生省問，必正冠坐揖，各盡其情，略無倦接之意。諸生有未及壯年者，待之亦周詳。先生病少愈，既出寢室，客至必見，見必降階肅之，去必送至階下。諸生夜聽講退，則不送。或在坐有外客，則自降階送之。先生於客退，必立視其車行，不復顧，然後退而解衣，及應酬他事。或客方登車猶相面，或以他事稟者，不領之。或前客纔登車，而尚留之客輒有所稟議，亦令少待。先生對客語及本路監司守將，必稱其官。賀孫。

侍先生到唐石，待野叟樵夫，如接賓客，略無分毫畦町，某因侍立及之。❷先生曰：「此一等人，若勢分相絶，如何使他得以盡其情？」唐石有社倉，往往支發不時，故彼人來告。先生云：「救弊之道，在今日極是要嚴。不嚴，如何得實惠及此等細民。」炎。

先生端居甚嚴，而或「温而厲」，「恭而安」。望其容貌，則見面盎背。當諸公攻

❶「報」，萬曆本作「拜」。

❷「及」，萬曆本作「久」。

「僞學」之時，先生處之雍容，只似平時。故炎祭先生文有云：「凛然若銜馭之甚嚴，泰然若方行之無畔。蓋久而後得之，又何止流行乎四時，而昭示乎河漢！」炎。

先生書所居之桃符云：「愛君希道泰，憂國願年豐。」書竹林精舍桃符云：「道迷前聖統，朋誤遠方來。」先是趙昌父書曰：「教存君子樂，朋自遠方來。」故嗣歲先生自易之以此。❶○若海。

先生書閣上只扁南軒「藏書」二字。鎮江一竇兄託過稟，求書其家齋額，不許。因云：「人家何用立牌榜？且看熹家何曾有之？」先是漳州守求新「貢院」二字，已爲書去，却以此說：「彼有數百間貢院，不可無一牌，人家何用！」過。

登先生藏書閣，南軒題。壁上題云：「於穆元聖，繼天測靈。開此謨訓，惠我光明。靖言保之，匪金厥籯。含英咀實，百世其承。」意其爲藏書閣銘也，請先生書之，刻置社倉書樓之上。先生曰：只是以此記書厨名，待爲別做。振。

道間人多來求詩與跋，某以爲人之所以與天地日月相爲長久者，元不在此。可學。

先生因人求墓銘，曰：「吁嗟身後名，於我如浮煙。」人既死了，又更要這物事做甚！或曰：先生語此，豈非有爲而言？曰：也是。既死去了，待他說是說非，有甚干涉？又曰：所可書者，以其有可爲後世法。今人只是虚美其親，若有大功大業，則天下之人都知得了，又何以此爲？且人爲善，亦自是本分事，又何必須要恁地寫出？賀孫。

信州一士人爲其先人求墓牌，先生不

❶「自」下，萬曆本有「家」字。

許。請之不已，又却之。臨別送出，舉指云：贈公「務實」二字。過。

先生初欲正甫以沙隨行實來，爲作墓碑，久之不到。既而以舊人文字稍多，又欲屬筆。汪季路亦不曾及是議，立祠堂于德興縣學，曾爲德興丞。爲書「沙隨先生之祠」六字。過。

陳同父一子、一婿吴康。同來求銘文，先生是時例不作此，與寫「有宋龍川先生陳君同父之墓」十二字。婺源李參仲於先生爲鄉舊，其子亦來求墓銘，只與跋某人所作行實，亦書「有宋鍾山先生李公之墓」與之。過。

壽昌因先生酒酣興逸，遂請醉墨。先生爲作大字《韶國師頌》一首，又作小字杜牧之《九日詩》一首，又作大字淵明《歸田園居》一首。有舉子亦乘便請之，先生曰：公既習舉業，何事於此？請之不已，亦爲作淵明《阻風於規林》第二首，且云：但能參得此一詩透，則公今日所謂舉業與夫他日所謂功名富貴者，皆不必經心可也。壽昌。

先生語朋舊：無事時不妨將藥方看，欲知得養生之理也。過。

先生說：南軒論熹命，云「官多祿少」四字。因云：平日辭官文字甚多。過。

因上亮隔，取中間一條爲正，云：事須有一箇大本。方。

因對雨，云：安徐便好。昨日做雨，今日方微下，已浹洽。悠悠未已，有周溥意，不似前日暴也。○方。

開窗坐，見窗前地上日色，即覺熱；退坐不見，即不熱。目受而心忌之，則身不安之矣。如許渤着衣，問人寒熱，則心凝不動也，僧有受焚者亦爾。方。

先生於世俗未嘗立異。有歲迫欲入新居而外門未立者，曰：若入後有禁忌，何以動作？門欲橫從巷出。曰：直出是公道，橫則與世俗相拗。淳。

先生問直卿：何不移入新屋居？曰：外門未立。曰：歲暮只有兩日，便可下工。若搬入後有禁忌，如何動作？初三又是赤口。義剛。

壽昌問先生：「此心元自通天地，枉却靈宮一炷香。」先生《遊南嶽詩》。若在小龍王廟，還敢如此道否？先生曰：某却不曾到吴城山。壽昌。

朱子語類卷第一百八

朱子五

論治道

治道別無說，若使人主恭儉好善，「有言逆于心，必求諸道；有言孫于志，必求諸非道」，這如何會不治？這別無說，從古來都有見成樣子，真是如此。賀孫。

天下事有大根本，有小根本，正君心是大本。其餘萬事各有一根本，如理財以養民爲本，治兵以擇將爲本。

天下事自有箇大根本處，每事又各自有箇緊要處。端蒙。

天下事當從本理會，不可從事上理會。方。

論世事曰：須是心度大方，包裹得過，運動得行。振。

爲學，是自博而反諸約；爲治，是自約而致其博。自脩。

因論世俗不冠帶，云：今爲天下，有一日不可緩者，有漸正之者。一日不可緩者，興起之事也；漸正之者，維持之事也。方。

古者脩身與取才、卹民與養兵皆是一事，今遂分爲四。升卿。

自古有「道術爲天下裂」之說，今親見其弊矣。自脩。

天下事，須是人主曉得通透了，自要去做，方得。如一事八分是人主要做，只有二分是爲宰相了做，亦做不得。廣。

問：或言今日之告君者，皆能言「脩德」二字，不知教人君從何處脩起？必有其要。曰：安得如此説？只看合下心不是私，即轉爲天下之大公。將一切私底意盡屏去，所用之人非賢，即别搜求正人用之。問：以一人耳目，安能盡知天下之賢？曰：只消用一箇好人作相，自然推排出來。有一好臺諫，知他不好人，自然住不得。德明。

井田之法要行，須是封建，令逐國各自去理會。如王畿之内，亦各有都鄙、家鄙。漢人嘗言郡邑在諸國之外，而遠役於中都，非便。問：漢以王國雜見於郡縣間，如何？曰：漢本無法度。德明。

封建實是不可行。若論三代之世，則封建好處，便是君民之情相親，可以久安而無患，不似後世郡縣，一二年輒易，雖有賢者，善政亦做不成。淳。

因言：封建只是歷代循襲，勢不容已，柳子厚亦説得是。賈生謂「樹國必相疑之勢」，甚然。封建後來自然有尾大不掉之勢，成周盛時能得幾時？到春秋列國强盛，周之勢亦浸微矣。後來到戰國，東、西周分治，赧王但寄於西周公耳。雖是聖人法，豈有無弊者！大帥先生之意，以爲封建、井田皆易得致弊。廣。

問：後世封建、郡縣，何者爲得？曰：論治亂畢竟不在此。以道理觀之，封建之意是聖人不以天下爲己私，分與親賢共理，但其制則不過大，此所以爲得。賈誼於漢言「衆建諸侯而少其力」，其後主父偃竊其説，用之於武帝。端蒙。

諸生論郡縣、封建之弊。曰：大抵立法必有弊，未有無弊之法，其要只在得人。

若是箇人，則法雖不善，亦占分數多了；若非其人，則有善法亦何益於事？且如説郡縣不如封建，若封建非其人，且是世世相繼，不能得他去；如郡縣非其人，却只三兩年任滿便去，忽然换得好底來，亦無定。范太史《唐鑑》議論大率皆歸於得人，某初嫌他恁地説，後來思之，只得如此説。又云：革弊須從原頭理會。燾。

柳子厚《封建論》則全以封建爲非，胡明仲輩破其説，則專以封建爲是。要之，天下制度無全利而無害底道理，但看利害分數如何。封建則根本較固，國家可恃；郡縣則截然易制，然來來去去，無長久之意，不可恃以爲固也。如役法亦然，荆公只見差役之害而免役之利。先生云：差役時皆土著家户人，州縣亦較可靠，免役則皆浮浪之人。靖康間州縣亦有守令要守，而吏民皆散去，無復可恃，然其弊亦不勝其多也。揚。

先生言論間猶有不滿於五峰論封建、井田數事，嘗疏其説以質疑。先生云：封建、井田，乃聖王之制，公天下之法，豈敢以爲不然？但在今日恐難下手。設使强做得成，亦恐意外别生弊病，反不如前，則難收拾耳。此等事未須深論，他日讀書多，歷事久，當自見之也。枅。

因論封建曰：此亦難行。使膏粱之子弟不學而居士民上，其爲害豈有涯哉？且以漢諸王觀之，其荒縱淫虐如此，豈可以治民？故主父偃勸武帝分王子弟而使吏治其國，故禍不及民。所以後來諸王也都善弱，蓋漸染使然。積而至於魏之諸王，遂使人監守，雖飲食亦皆禁制，更存活不得。及至晉懲其弊，諸王各使之典大藩，總强兵，相屠相戮，馴致大亂。僩云：監防太密，則有魏之傷恩；若寬去繩勒，又有晉之禍亂。恐皆是無古人教養之法，故爾。曰：那箇雖教，無人奈得他何。或言：今之守令亦善。卓録起此，作「郭兄問」。曰：却無前代尾大不掉之患，只是州縣之權太輕，卓録作「無權」。卒有變故，更支撑不住。僩因舉祖宗官制沿革，中説祖宗時州郡禁兵之額極多，又有諸般名色錢可以贍養。及王介甫作相，凡州郡兵財皆括歸朝廷，而州縣益虚，所以後來之變，天下瓦解，由州郡無兵無財故也。曰：只祖宗時州郡已自輕了，如仁宗朝京西群盜横行，破州屠縣，無如之何。淮南盜王倫破高郵，郡守晁仲約以郡無兵財，遂開門犒之卓録作「斂金帛賂之」。使去。富鄭公聞之大怒，欲誅守臣，曰：「豈有任千里之寄，不能拒賊而反賂之？」范文正公争之曰：「州郡無兵無財，俾之將何捍拒？今守臣能權宜應變，以全一城之生靈，亦可矣，豈可反以爲罪耶？」然則彼時州郡已如此虚弱了，如何盡責得介甫？僩。○卓録今附于下。

介甫只是刮刷太甚，凡州郡禁兵闕額，盡令勿補填。且如一州有千人禁軍額，闕五百人，則本郡不得招填。每歲椿留五百名之衣糧，并二季衣賜之物，令轉運使掌之，而盡歸於朝廷，如此煞得錢不可勝計。陳丈云：記得先生説，教提刑掌之，歸朝廷，名曰「封椿鈌額禁軍錢」。又云：也怪不得州郡，欲添兵，誠無糧食給之，其勢多招不得。某守南康，舊有千人禁軍額，某到時，纔有二百人而已，然歲已自闕供給。本軍每年有粗米四萬六千石，❶以三萬九千來上供，所餘者止七千

❶「粗」，萬曆本作「租」。

石，❶僅能贍得三月之糧。三月之外，便用別擘畫措置，如斛面加量之屬。又盡，則預於民間借支。方借之時，早穀方熟，不得已出榜，令民先將早米來納，亦謂之利米。❷俟冬，則折除其租米，亦當大米之數，如此猶贍不給。壽皇數數有指揮下來，必欲招滿千人之額，某申去云：「不難於招，只是無討糧食處。」又行下云：「便不及千人，亦須招填五百人。」雖聖旨如此，然終無得錢糧處，只得如此挨過日子而已。想得自初千人之額，自來不曾及數。蓋州郡只有許多米，他無來處，何以贍給之？然上供外所餘七千石，州郡亦不得用。轉運使每歲行文字下來約束，只教樁留在本州，不得侵支顆粒。那裏有年年侵使了，每監司使公吏下來檢視，州郡又厚賂遣之使去。❸全無顆粒，怪不得。若更不得支此米，何從得贍軍？然亦只贍得兩三月，何況都無。非天雨鬼輸，何從得來？某在彼時，顏魯子、王齊賢屢行文字下來，令不得動。某報去云：「累政即無顆粒見在，雖上司約束分明，祭歲用支使何？❹今來上司不若爲之豁除其數。若守此虛名而無實，徒爲胥吏輩賂賄之地。又况州郡每歲靠此米支遣，決不能如約束，何似罷之？」更不聽，督責愈急。顏魯子又推王齊賢，王齊賢又推顏魯子。及王齊賢去，顏依舊行下約束，却被某不能管得，只認支使了。若以爲罪，則前後之爲守者皆一樣，又何從根究？其勢不奈何，只得如此處。卓。

❶「千」，原作「十」，今據萬曆本改。
❷「利」，萬曆本作「租」。
❸「遣」，萬曆本作「遺」。
❹「祭」，四庫本作「奈」。

居今之世，若欲盡除今法，行古之政，則未見其利而徒有煩擾之弊。又事體重大，阻格處多，決然難行。要之，因祖宗之法而精擇其人，亦足以治，只是要擇人。范淳夫《唐鑑》其論亦如此，以爲因今郡縣足以爲治。某少時常鄙之，以爲苟簡因循之論。以今觀之，信然。僩。○德明録云：問：今日之治，當以何爲先？曰：只是要得人。

問：先生所謂「古禮繁文不可考究，欲取今見行禮儀增損用之，庶其合於人情方爲有益」，如何？曰：固是。曰：若是，則《禮》中所載冠、昏、喪、祭等儀，有可行者否？曰：如冠、昏禮，豈不可行？但喪、祭有煩雜耳。問：若是，則非理明義精者，不足以與此。曰：固是。曰：井田、封建如何？曰：亦有可行者。如有功之臣封之一鄉，如漢之鄉亭侯。田税亦須要均，則經界不可以不行，大綱在先正溝洫。又如孝弟、忠信，人倫日用間事，播爲樂章，使人歌之，倣《周禮》讀法，遍示鄉村聚落，❶亦可代今粉壁所書條禁。人傑。

問：歐公《本論》謂今冠、昏、喪、祭之禮只行於朝廷，宜令禮官講明，頒行於郡縣。此説如何？曰：向來亦曾頒行，後來起告訐之訟，遂罷，然亦難得人教他。問：三代規模未能遽復，且講究一箇粗法管領天下，如社倉、舉子之類。先生曰：譬如補鍋，謂之小補可也。若要做，須是一切重鑄。今上自朝廷、下至百司庶府，外而州縣，其法無一不弊，學校科舉尤甚。又云：今之禮，尚有見於威儀辭遜之際；若樂，則全是失了。問：朝廷合頒降禮樂之制，令

❶「聚」，萬曆本作「裏」。

人講習。曰：以前日浙東之事觀之，州縣直是視民如禽獸，豐年猶多饑死者。雖百后夔，亦呼召他和氣不來。德明。

制度易講，如何有人行？振。

立一箇簡易之法，與民由之，甚好。夏、商井田法所以難廢者，固是有聖賢之君繼作，亦是法簡，不似周法繁碎。然周公是其時不得不恁地，惟繁，故易廢。使孔子繼周，必能通變使簡易，不至如是繁碎。今法極繁，人不能變通，只管築塞在這裏。道夫。

吴伯英與黄直卿議溝洫，先生徐曰：今則且理會當世事尚未盡，如刑罰，則殺人者不死，有罪者不刑；税賦，則有産者無税，有税者無産，何暇議古？蓋卿。

欲整頓一時之弊，譬如常洗澣，不濟事。須是善洗者一一拆洗，乃不枉了，庶幾有益。過。

聖人固視天下無不可爲之時，然勢不到他做，亦做不得。燾。

因説理會天下彌文，曰：伊川云：「只患不得爲，不患不能爲。如有稱在此，物來即輕重皆了，何必先要一一等過天下之物。」方。

審微於未形，御變於將來，非知道者孰能。燾。

會做事底人，必先度事勢，有必可做之理，方去做。燾。

不能，則謹守常法。燾。

天生一世人才，自足一世之用。自古及今，只是這一般人。但是有聖賢之君在上，氣焰大，薰蒸陶冶得别，這箇自争八九分。只如時節雖不好，但上面意思略轉，下面便轉。况乎聖賢是甚力量！少間無狀底人自銷鑠改變，不敢做出來，以其平日爲己之心爲公家辦事，自然脩舉。蓋小人多是有才底。儒用。○或録云：問：天地生一世人，自足了一世用。但患人不能盡用天地之才，此其不能大治。若以今世論之，則人才之可數者，亦可見矣。果然足以致大治乎？曰：不然。人只是這箇人，若有聖賢出來，只它氣焰，自薰蒸陶冶了無限人才，這箇自争八九分。少間無狀者、惡者自消爍，不敢使出，各求奮勵所長，而化爲好人矣。而今朝廷意思略轉，則天下之人便皆變動，況有大聖賢者出，休麽樣氣魄！❶那箇盡薰蒸了，小人自是不敢放出無狀，以其自私自利辦事之心而爲上之用，皆是有用之人矣。

荀悦曰：「教化之行，挽中人而進於君子之域，教化之廢，推中人而墮於小人之塗。」若是舉世恁地各舉其職，有不能者亦須勉强去做，不然也怕公議。既無公議，更舉無忌憚了。夔孫。

天下人不成盡廢之，使不得從政。只當講學，庶得人漸有好者，庶有可以爲天下之理。方。

今日人材須是得箇有見識，又有度量人，便容受得今日人材，將來截長補短使。升卿。

後世只是無箇人樣。德明。

汎言人才，曰：今人只是兩種：謹密者多退避，俊快者多粗疏。道夫。

世間有才底人，若能損那有餘，勉其不足時節，却做得事，却出來擔當得事，與那小廉曲謹底不同。

貪污者必以廉介者爲不是，趨競者必以恬退者爲不是。由此類推之，常人莫不皆然。人傑。

今人材舉業浸纖弱尖巧，恐是風氣漸薄使然，好人或出於山荒中。方。

賀孫問先生出處，因云：氣數衰削。

❶「休」，萬曆本作「是」，賀本改作「甚」。

區區愚見，以爲稍稍爲善正直之人，多就摧折困頓，似皆佞諛得志之時。曰：亦不可一向如此説。只是無人。一人出來，須得許多人大家合力做。若是做不得，方可歸之天，方可喚做氣數。今若有兩三人要做，其他都不管他，直教那兩三人摧折了便休。賀孫。

有言：世界無人管，久將脱去。凡事未到手，則姑晦之；俟到手，然後爲。有詰之者曰：若不幸未及爲而死，吾志不白，則如之何？曰：此亦不奈何。吾輩蓋是折本做也。先生曰：如此，則是一部《孟子》無一句可用也。嘗愛孟子答淳于髡之言曰：「嫂溺援之以手，天下溺援之以道，子欲手援天下乎？」吾人所以救世者，以其有道也。既自放倒矣，天下豈一手可援哉？觀其説，緣飾得來不好，安得似陸子静堂堂自在，説成一箇物事乎？方子。

直卿云：嘗與先生言，如今有一等才能了事底人，若不識義理，終是難保。先生不以爲然，以爲若如此説，却只是自家這下人使得，不是自家這下人都不是人才。賀孫。

荀彧歎無智謀之士，看今來把誰做智謀之士？伯謨云：今時所推，只永嘉人。江西人又麄，福建又無甚人。先生不應，因云：南軒見義必爲，他便是没安排周遮，要做便做。人説道他勇，便是勇，這便是不可及。歎息數聲。賀孫。

浙中人大率以不生事撫循爲知體，先生謂：便是「枉尺直尋」。如此風俗議論至十年，國家事都無人作矣。常人以便文，小人以容奸。如此風，大害事。揚。

今世士大夫惟以苟且逐旋挨去爲事，挨得過時且過。上下相咻以勿生事，不要十分分明理會事，且恁鶻突才理會得分明，便做官不得。有人少負能聲，及少經挫抑，却悔其大惺惺了了。一切刓方爲圓，且恁隨俗苟且，自道是年高見識長進。當官者，大小上下，以不見吏民、不治事爲得策，曲直在前，只不理會。庶幾民自不來，以此爲止訟之道。民有冤抑，無處伸訴，只得忍遏。便有訟者，半年周歲不見消息，不得予決，❶民亦只得休和，居官者遂以爲無訟之可聽。❷風俗如此，可畏，可畏！僩。

今日人才之壞，皆由於詆排道學。治道必本於正心、脩身，實見得恁地，然後從這裏做出。如今士大夫，但說據我逐時恁地做，也做得事業。說道學，說正心、脩身，都是閑說話，我自不消得用此。若是一人叉手並脚，便道是矯激，便道是邀名，便道是做崖岸。須是如市井底人拖泥帶水，方始是通儒實才。賀孫。

器遠問：《文中子》「安我者所以寧天下也，存我者所以厚蒼生也」，看聖人恁地維持紀綱，却與有是非無利害之説有不相似者。曰：只爲人把利害之心去看聖人。若聖人爲治，終不成掃蕩紀綱，使天下自恁地頹壞廢弛，方喚做公天下之心？聖人只見得道理合恁地做。有箇天下在這裏，❸須着去保守，須着有許多維持紀綱，這是決定着如此，不如此便不得，這只是箇賭是。又問：若如此說，則陳丈就事物上理會，也是合如此。曰：雖是合如此，只是無自家身己做本領，便不得。又問：事求可，功求

❶「予」，萬曆本作「了」。
❷「遂」，原誤爲「逐」，今據朝鮮本、萬曆本改。
❸「箇」，萬曆本作「令」。

成，亦是當如此？曰：只要去求可、求成，便不是。聖人做事，那曾不要可、不要成？只是先從這裏理會去，却不曾恁地計較成敗利害。如公所説，只是要去理會許多汩董了，方牽入這心來，却不曾有從這裏流出在事物上底意思。賀孫。

蔡季通因浙中主張《史記》，常説道邵康節所推世數，自古以降，去後是不解會甚好，只得就後世做規模。以某看來，則不然。孔子修六經，要爲萬世標準。若就那時商量，别作箇道理，孔子也不解修六經得。如司馬遷亦是箇英雄，文字中間自有好處。只是他説經世事業只是第二、三着，如何守他議論？如某退居老死無用之物，如諸公都出仕官，這國家許多命脉固自有所屬，❶不直截以聖人爲標準，却要理會第二、三着，這事煞利害，千萬細思之。賀孫。

凡事求可，功求成，取必於智謀之末，而不循天理之正者，非聖賢之道。燾。

古人立法，只是大綱，下之人得自爲。後世法皆詳密，下之人只是守法。法之所在，上之人亦進退下之人不得。揚。

今世有二弊：法弊，時弊。法弊，但一切更改之，却甚易；時弊，則皆在人，人皆以私心爲之，如何變得？嘉祐間法可謂弊矣，王荆公未幾盡變之，又别起得許多弊，以人難變故也。揚。

揚因論科舉法雖不可以得人，然尚公。曰：銓法亦公。然法至於盡公，不在人便不是好法。要可私而公，方始好。揚。

今日之法，君子欲爲其事，以拘於法而不得騁；小人却徇其私，敢越於法而不之

❶「固」，原作「汩」，今據萬曆本改。

顧。人傑。

今人只認前日所行之事而行之，便謂之循典故也，須揀箇是底始得。學蒙。

被幾箇秀才在這裏翻弄那吏人，翻得來難看。吏文只合直說，某事是如何，條貫是如何，使人一看便見，方是。今只管弄閑言語，說到緊要處，又只恁地帶過去。至。

今日天下，且得箇姚崇、李德裕來措置，看如何。浩。

今日之事，若向上尋求，須用孟子方法；其次，則孔明之治蜀、曹操之屯田許下也。德明。

因論郡縣政治之乖，曰：民雖衆，畢竟只是一箇心，甚易感也。揚。

吳英茂實云：政治當明其號令，不必嚴刑以爲威。曰：號令既明，刑罰亦不可弛。苟不用刑罰，則號令徒掛牆壁爾。與其不遵以梗吾治，曷若懲其一以戒百！與其覆實檢察於其終，❶曷若嚴其始而使之無犯？做大事，豈可以小不忍爲心。言經界。○道夫。

因論經界曰：只著一「私」字，便生無限枝節。或問：程子「與五十里采地」之說如何？曰：人之心無窮，只恐與五十里，他又要一百里；與一百里，他又要二百里。淳。

吾輩今經歷如此，異時若有尺寸之柄，而不能爲斯民除害去惡，豈不誠可罪耶？某嘗謂今之世姑息不得，直須共他理會，庶幾善弱可得存立。道夫。

或問：爲政者當以寬爲本，而以嚴濟之。曰：某謂當以嚴爲本，而以寬濟之。

❶「覆」，萬曆本作「覈」。

《曲禮》謂「涖官行法，非禮，威嚴不行」，須是令行禁止。若曰令不行，禁不止，而以是爲寬，則非也。人傑。

古人爲政，一本於寬，今必須反之以嚴。蓋必如是矯之，而後有以得其當。今人爲寬，至於事無統紀，緩急予奪之權皆不在我。下梢却是姦豪得志，平民既不蒙其惠，又反受其殃矣。若海。

今人説寬政，多是事事不管。某謂壞了這「寬」字。人傑。

平易近民，爲政之本。僩。

爲政如無大利害，不必議更張。則所更一事未成，必鬨然成紛擾，卒未已也。至於大家，且假借之。故子産引《鄭書》曰「安定國家，必大焉先」。人傑。

問：爲政更張之初，莫亦須稍嚴以整齊之否？曰：此事難斷定説，在人如何處置，然亦何消要過於嚴？今所難者，是難得曉事底人。若曉事底人，歷練多，事纔至面前，他都曉得依那事分寸而施以應之，人自然畏服。今人往往過嚴者，多半是自家不曉，又慮人欺己，又怕人慢己，遂將大拍頭去拍他，要他畏服。若自見得，何消過嚴？便是這事難。又曰：難！難！僩。

因言處置天下事直是難，救得這一弊，少間就這救之之心又生那一弊。如人病寒，下熱藥，少間又變成燥熱。及至病熱，下寒藥，少間又變得寒。到得這家計壞了，更支捂不住。僩。

問：州縣間寬嚴事既已聞命矣。若經世一事，向使先生見用，其將何先？曰：亦只是隨時。如壽皇之初是一樣，中間又是一樣，只合隨時理會。問：今日之治，奉行祖宗成憲。然是太祖皇帝以來至今，其法亦有弊而當更者。曰：亦只是就其中整理，如何便超出做得？如薦舉，如科場，如銓試，就其中從長整理。問：向説諸州廂禁軍與屯戍大軍更互教閲，如何？曰：亦只是就其法整理。既而歎曰：法度尚可移，如何得人心變易，各人將他心去行法。且如薦舉一事，雖多方措置隄防，然其心只是要去私他親舊，應副權勢，如何得心變。説了，德明起稟云：數日聽尊誨，敬當銘佩，請出。整衣拜辭，遂出；再入，拜於床下。三歌扶掖，❶先生俯身顰眉，動色言曰：後會未期。朋友間多中道而畫者，老兄却能拳拳于切己之學，更勉力廣充，以慰衰老之望。德明復致詞拜謝而出，不勝悵然。前一日，先生云：朋友赴官來相别，某病如此，時事又如此，後此相見，不知又如何。道中追念斯言，不覺涕下。伯魯進求一言之誨，先生云：歸去且與廖丈商量。昨日説得已詳，大抵只是如此。稱丈者，爲丈夫。○伯魯言也。○德明。

問治亂之機。曰：今看前古治亂，那裏是一時做得，少是四五十年，多是一二百年醖釀，方得如此。遂俛首太息。賀孫。

❶「歌」，朝鮮本作「哥」。

朱子語類卷第一百九

朱子六

論取士

古人學校教養、德行道藝、選舉爵祿、宿衛征伐、師旅田獵，皆只是一項事，皆一理也。

召穆公始諫厲王，不聽而退居于郊，及厲王出奔，國人欲殺其子，召公匿之。國人圍召公之第，召公乃以己子代厲王之子，而宣王以立。因歎曰：便是這話難說。古者公卿世及，君臣恩意交結素深，與國家共休戚，故患難相爲如此。後世相遇如塗人，及有患難，則涣然離散而已。然今之公卿子孫亦不可用者，❶只是不曾教得，故公卿之子孫莫不驕奢淫泆。不得已而用草茅新進之士，舉而加之公卿之位，以爲苟勝於彼而已。然所恃者，以其知義理，故勝之耳。若更不知義理，何所不至！古之教國子，其法至詳密，故其才者既足以有立，而不才者亦得以薰陶漸染，而不失爲寡過之人，豈若今之驕騃淫奢也哉！陳同父課藁中有一段論此，稍佳。僩。

賓問：人才須教養。明道章疏須先擇學官，如何？曰：便是未有善擇底人。某嘗謂天下事不是從中做起，須得結子頭是當，然後從上梳理下來，方見次序。德明

❶「亦」，朝鮮本作「有」。

問：聞先生嘗言「州縣學且依舊課試，太學當專養行義之士」。曰：却如此不得。士自四方遠來太學，無緣盡知其來歷，須是從鄉舉。德明。

吕與叔欲奏立四科取士：曰德行，曰明經，曰政事，曰文學。德行則待州縣舉薦，下三科却許人投牒自試。明經裏面分許多項目，如《春秋》則兼通三《傳》，《禮》則通三《禮》，《樂》則盡通諸經所説樂處。某看來，樂處説也未盡。政事則如試法律等及行移决判事。又定爲試辟，未試則以事授之，一年看其如何，辟則令所屬長官舉辟。器遠云：這也只是法。曰：固是法，也待人而行，然這却法意詳盡。如今科舉，直是法先不是了。今來欲教吏部與二三郎官盡識得天下官之賢否，❶定是了不得這事。賀孫。

因論學校，曰：凡事須有規模。且如太學，亦當用一好人，使之自立繩墨，遲之十年，日與之磨煉，方可。今日學官只是計資考選用，又學識短淺，學者亦不尊。向可學曰：❷神宗未立三舍前，太學亦盛。曰：《吕氏家塾記》云：「未立三舍前，太學只是一大書會。」當時有孫明復、胡安定之流，人如何不趨慕。可學。

林擇之曰：今士人所聚多處，風俗便不好。故太學不如州學，州學不如縣學，縣學不如鄉學。曰：太學真箇無益，於國家教化之意何在？向見陳魏公説，亦以爲可罷。義剛。

❶「吏」，原作「束」，今據朝鮮本、萬曆本改。
❷「向可學曰」，朝鮮本作「向某云」。萬曆本「向」作「尚」，屬上讀。

祖宗時，科舉法疏闊。張乖崖守蜀，有士人亦不應舉。乖崖去尋得李畋出來舉送去。如士人要應舉時，只是着布衫麻鞋，陳狀稱：「百姓某人，今聞朝廷取士，如何如何，來應舉，連投所業。」太守略看所業，方請就客位，換襴幞相見，方得就試。只一二人，試訖舉送。舊亦不糊名，仁宗時方糊名。揚。

商鞅論人不可多學爲士人，廢了耕戰，此無道之言。然以今觀之，士人千人萬人不知理會甚事，真所謂游手。只是恁地底人，一旦得高官厚禄，只是爲害朝廷，何望其濟事？真是可憂！因云：云云。舊時此中赴試時，只有四五千人，今多一倍。因論吕與叔論得取士好。因論其集上代人章表之類，文字多難看，此文集之弊。揚因謂：去了此等好。曰：然。因歎：與叔甚高，可惜死早。使其得六十左右，直可觀，可惜善人無福。兄弟都有立。一兄和叔，做《鄉約鄉儀》者。更直截死早。揚。

康節謂「天下治則人上行，天下亂則人上文」。太祖時，人都不理會文；仁宗時，人會説。今又不會説，只是胡説。因見時文義，甚是使人傷心。揚。

因説「子張學干禄」，曰：如今時文，取者不問其能，應者亦不必其能，只是盈紙便可得。推而上之，如除擢皆然。禮官不識禮，樂官不識樂，皆是吏人做上去。學官只是備員考試而已，初不是有德行道藝可爲表率，仁義禮智從頭不識到尾。國家元初取人如此，爲之奈何！明作。

三舍人做《乾元統天義》，説乾元處云「如目之有視、耳之有聽、體之有氣、心之有神」，云云。如今也無這般時文。僩。

今人作經義，正是醉人説話。只是許多説話改頭換面，説了又説，不成文字。僩。

今人爲經義者，全不顧經文，務自立説，心麄膽大，敢爲新奇詭異之論。方試官命此題，已欲其立奇説矣。又出題目定不肯依經文成片段，都是斷章牽合，是甚麽義理。三十年前人猶不敢如此，只因一番省試出「上天之載，無聲無臭，儀刑文王」三句，後遂成例。當時人甚駭之，今遂以爲常矣。遂使後生輩違背經旨，争爲新奇，迎合主司之意，長浮競薄，終將若何，可慮，可慮！王介甫《三經義》固非聖人意，然猶使學者知所統一。不過專念本經，及看注解，而以其本注之説爲文辭，主司考其工拙，而定去留耳。豈若今之違經背義，恣爲奇説，而無所底止哉？當時神宗令介甫造《三經義》，意思本好。只是介甫之學不正，不足以發明聖意，爲可惜耳。今爲經義者，又不若爲詞賦。詞賦不過工於對偶，不敢如治經者之亂説也。聞虜中科舉罷，即曉示云：後舉於某經某史命題，仰士子各習此業。使人心有所定止，專心看一經一史，不過數舉，則經史皆通。此法甚好。今爲主司者，務出隱僻題目，以乘人之所不知，使人弊精神於檢閲，茫然無所向方，是果何法也！僩。

時有報行遣試官牽合破碎出題目者，或曰：如此行遣一番，也好。曰：某常説不當就題目上理會，這箇都是道術不一，所以如此。所以王介甫行《三經字説》，説是一道德、同風俗。是他真箇使得天下學者盡只念這物事，更不敢别走作胡説，上下都有箇據守。若是有才者，自就他這腔子裏説得好，依舊是好文字；而今人却務出暗僻難曉底題目，以乘人之所不知，却如何教他不杜撰，不胡説得？或曰：若不出難題，恐盡被人先牢籠做了。❶曰：莫管他。自家依舊是取得好文字，不悞遠方觀聽。而今却都是杜撰胡説，破壞後生心術，這箇乖。某常説：今日學校科舉不成法。上之人分明以盜賊遇士，士亦分明以盜賊自處，動不動便鼓譟作鬧，以相迫脅，非盜賊而何？這箇治之無他，只是嚴挾書傳義之禁，不許繼燭，少間自沙汰了一半。不是秀才底人，他亦自不敢來。雖無沙汰之名，而有其實。既不許繼燭，他自要奔。去聲。無緣更代得人筆。或曰：恐難止遏。今只省試及太學補試，已自禁遏不住。曰：也只是無人理會。若捉得一兩箇，真箇痛治，人誰敢犯？這箇須從保伍中做起，却從保正、社首中討保明狀，五家爲保，互相保委。若不是秀才，定不得與保明。若捉出詭名納兩副三副卷底人來，定將保明人痛治，人誰敢犯？某嘗説：天下無難理會底事，這般事只是黑地裏脚指縫也來得出夾，❷不知如何得恁地無人理會。又曰：今日科舉考試也無法不通看。或曰：解額當均否？曰：固是當均。或曰：看來不必立爲定額，但以幾名終場卷子取一名足矣。曰：不得。少間便長詭名納卷之弊，依舊與他立定額。只是從今起，照前三舉内終場人數計之，就這數内立定額數。三舉之後，又將來均一番。如此，則多少不至相懸絶矣。因説混補，曰：頃在朝時，趙丞相欲行三舍法，陳君舉欲行混補，趙丞相不肯，曰：「今

❶「被」，原作「彼」，今據朝鮮本、萬曆本改。

❷「來」，四庫本作「求」。「夾」，萬曆本、四庫本作「來」。

此天寒粟貴，若復混補，須添萬餘人，米價愈騰踊矣。」某曰：「爲混補之説者固大謬，爲三舍之説亦未爲得也。未論其他，只州郡那裏得許多錢穀養他。蓋入學者既有舍法之利，又有科舉之利，不入學者止有科舉一塗，這裏便是不均。利之所在，人誰不趨？看來只均太學解額於諸路，便無事。如今太學解額，七人取兩人。便七人取一人也由我，十人取一人也由我，二十人、三十人、四十人取一人也只由我。而今自立箇不平放這裏，如何責得人趨？」或問：恩榜無益於國家，可去否？曰：此又去不得。去之則傷仁恩，人必怨。看來只好作文學助教闕，立定某州文學幾員，助教幾員，隨其人士之多少以定員數。如宗室宮觀例，令自指射占闕，相與受代，莫要教他出來做官。既不傷仁恩，又無老耄昏濁、貪猥不事事之病矣。杜佑《通典》中説釋奠處有文學助教官。因説禄令，曰：今日禄令更莫説，更是不均。且如宮觀祠禄，少間又盡指占某州、某州。蓋州郡財賦各自不同，或元初立額有厚薄，或後來有增減，少間人盡占多處去。雖曰州郡富厚，被人炒多了也供當不去。少間本州本郡底不曾給得，只得去應副他處人矣。因又説經界，或曰：初做，也須擾人。曰：若處之有法，何擾之有？而今只是人人不曉，所以被人瞞説難行。間有一兩箇曉得底，終不足以勝不曉者之多。若人人都教他算，教他法量，他便使瞞不得矣。打量極多法，惟法算量極易，自紹興間秦丞相舉行一番以至今。看來是蘇綽以後，到紹興方得行一番。今又多弊了。看來須是三十年又量一番，庶常無弊。蓋人家田産只五六年間便自不同，富者貧，貧者富，少間病敗便多，飛產匿名，無所不有。須是三十年再與打量一番，則乘其弊少而易爲力，人習見之，亦無所容其姦矣。要之，既行，也安得盡無弊？只是得大綱好，其間寧無少弊處？只如秦丞相紹興間行，也安得盡無弊？只是十分弊，也須革去得九分半，所餘者一分半分而已。今人却情願受這十分重弊壓在頭上，都不管。及至纔有一人理會起，便去搜剔那半分一分底弊來瑕疵之，以爲决不可行。如被人少却百貫千貫却不管，及被人少却百錢千錢，便反倒要與理會。今人都是這般見識。而今分明是有箇天下國家，無一人肯把做自家物事看，不可説著。某常説：天下事所以終做不成者，只是壞於懶與私而已。懶，則士大夫不肯任事。有一樣底説，我只認做三年官了去，誰能閑理會得閑事，閑討煩惱！我不理會，也得好好做官去。次則豪家上户群起遮攔，恐法行則奪其利，盡用納税。惟此二者爲梗而已。又曰：事無有處置不得者。事事自有箇恰好處，只是不會思量，不得其法。只如舊時科舉無定日，少間人來這州試了，又過那州試；州裏試了，又去漕司試，無理會處。不知誰恁聰明，會思量，定作八月十五日，積年之弊，一朝而革，這箇方喚做處置事。聖人所以做事動中幾會，便是如此。又曰：凡事須看透背後去。因舉掌云：且如這一事，見得這一面是如此，便須看透那手背後去方得。如國手下棊，一着便見得數十著以後之著。若只看這一面，如何見得那事幾，更説甚治道？僩。

包顯道言科舉之弊，先生曰：如他經尚是就文義上説，最是《春秋》不成説話，多是去求言外之意，説得不成模樣。某説道，此皆是「侮聖人之言」，却不如王介甫樣，❶索性廢了較强。又笑云：常有一人作隨時變通論，皆説要復古。至論科舉要復鄉舉里選，却説須是歇二十年却行，要待那種子盡了方行得。説得來也是。義剛。

器遠問：今士人習爲時文應舉，如此須當有箇轉處否？曰：某舊時看，只見天下如何有許多道理恁地多。如今看來，只有一箇道理，只有一箇學。在下者也着如此學，在上者也着如此學。在上若好學，自見道理，許多弊政亦自見得須要整頓。若上好學，便於學舍選舉賢儒，如胡安定、孫明復這般人爲教導之官，又須將科目盡變了，全理會經學，這須會好。今未説士子，且看朝廷許多奏表，支離蔓衍，是説甚麽。如誥宰相，只須説數語戒諭，如此做足矣。敬之云：先生常説「表奏之文，下諛其上也；誥勑之文，上諛其下也」。賀孫。

問：今日科舉之弊，使有可爲之時，此法何如？曰：也廢他不得，然亦須有箇道理。又曰：更須兼他科目取人。

今時文賦却無害理，經義大不便，分明是「侮聖人之言」。如今年三知舉所上劄子，論舉人使字，理會這箇濟得甚？今日亦未論變科舉法。只是上之人主張分別善惡，擢用正人，使士子少知趨向，則人心自變，亦有可觀。可學問：歐陽公當時變文體，亦是上之人主張？曰：渠是變其詭怪。但此等事，亦須平日先有服人方可。

舜功問：歐陽公《本論》亦好，但末結未盡。曰：《本論》精密却過於《原道》，《原道》言

❶「王」，原作「土」，今據朝鮮本、萬曆本改。

語皆自然,《本論》却生受。觀其意思,乃是聖人許多憂慮做出,却無自然氣象,下篇不可曉。德粹云:以拜佛,知人之性善。先生曰:亦有説話。佛亦教人爲善,故渠以此觀之也。可學。

今科舉之弊極矣!鄉舉里選之法是第一義,今不能行,只是就科舉法中與之區處,且變着如今經義格子,使天下士子各通五經大義。一舉試《春秋》,一舉試三《禮》,一舉試《易》、《詩》、《書》,禁懷挾。出題目,使寫出注疏與諸家之説,而斷以己意。策論則試以時務,如禮、樂、兵、刑之屬,如此亦不爲無益。欲革奔競之弊,則均諸州解額,稍損太學之額。太學則罷月書季考之法,皆限之以省試,獨取經明行修之人。如此,亦庶幾矣。木之。

因言今日所在解額太不均,先生曰:只將諸州終場人數,與合發解人數定便了。又不是天造地設有定數,何故不敢改動?也是好笑。浩。

或言太學補試,動一二萬人之冗。曰:要得不冗,將太學解額減損,分布於諸州軍解額少處。如此,則人皆只就本州軍試,又何苦就補試也。燾。

臨别,先生留飯,坐間出示理會科舉文字,大要欲均諸州解額,仍乞罷詩賦,專經學論策,條目井井,云:且得士人讀些書,三十年後恐有人出。泳。

乙卯年,先生作《科舉私議》一通,付過看。大概欲於三年前曉示,下次科場以某經、某子、某史試士人。如大義,每道只六伯字,其餘兩場亦各不同。後次又預前以某年科場,别以某經、某子、某史試士人,蓋欲其逐番精通也。過欲借録,不許。過。

先生言時文之謬云：如科舉後便下詔，今番科舉第一場出題目在甚經内，論題出在甚史内，如《史記》、《漢書》等，廣説二書，策只出一二件事。庶幾三年之間，專心去看得一書。得底固是好，不得底也逐番看得一般書子細。胡泳。

先生云：禮書已定，中間無所不包。某常欲作一科舉法，今之詩賦實爲無用，經義則未離於説經。但變其虚浮之格，如近古義，直述大意。立科取人，以《易》、《詩》、《書》爲一類，三《禮》爲一類，《春秋》三《傳》爲一類。如子年以《易》、《詩》、《書》取人，則以前三年舉天下皆理會此三經；卯年以三《禮》取人，則以前三年舉天下皆理會此三《禮》；午年以《春秋》三《傳》取人，則以前三年舉天下皆理會此《春秋》三《傳》。如《易》、《詩》、《書》稍易理會，故先用此一類取人。如是周而復始，其每舉所出策論，皆有定所。如某書出論，某書出策，如天文、地理、樂律之類，皆指定令學者習，而用以爲題。賀孫云：此法若行，但恐卒未有考官。曰：須先令考官習之。賀孫。

李先生説：今日習《春秋》者，皆令各習一《傳》，并習誰解，只得依其説，不得臆説。先生曰：六經皆可如此，下家狀時，皆令定了。揚。

今人都不曾讀書，不會出題目。《禮記》有無數好處，好出題目。揚。

科舉種子不好。謂試官只是這般人。○揚。

張孟遠以書來論省試策題目，言今日之弊在任法而不任人。孟遠謂：今日凡事，傷不能守法。曰：此皆偏説。今日乃是要做好事，則以礙法不容施行。及至做不好事，即便越法不顧，只是不勇於爲善。

必大。

科舉是法弊。大抵立法，只是立箇得人之法。若有奉行非其人，却不干法事，若只得人，便可。今却是法弊，雖有良有司，亦無如之何。王嘉叟云：朝廷只有兩般法：一是排連法，今銓部是也；一是信采法，今科舉是也。畬。

問：今之學校，自麻沙時文册子之外，其他未嘗過而問焉。曰：怪它不得，上之所以教者不過如此。然上之人曾不思量，時文一件，學子自是着急，何用更要你教。你設學校，却好教他理會本分事業。曰：上庠風化之原，所謂「季考行藝」者，行尤可笑，只每月占一日之食便是。先生笑曰：何其簡易也。曰：天下之事，大正則難，如學校間小正須可。曰：大處正不得，小處越難。才動着，便有掣肘，如何正得？琮。

因説科舉所取文字多是輕浮，不明白着實。因歎息云：最可憂者，不是説秀才做文字不好，這事大關世變。東晉之末，其文一切含胡，是非都没理會。賀孫。

有少年試教官，先生曰：公如何須要去試教官？如今最没道理，是教人懷牒來試討教官。某嘗經歷諸州，教官都是許多小兒子，未生髭鬚。入學底多是老大底人，如何服得他？某思量，須是立箇定制，非四十以上，不得任教官。又云：須是罷了堂除及注授教官，却請本州鄉先生爲之。如福州，便教林少穎這般人做，士子也歸心，他教也必不苟。又云：只見泉州教官却老成，意思却好。然他教人也未是，如教人編抄甚長編文字。又曰：今教授之職，只教人做科舉時文。若科舉時文，他心心念念要争功名，若不教他，你道他自做不做？何待設官置吏費廩禄教他做？也須是當職底人怕道人不曉義理，須是要教人識些。如今全然無此意，如何恁地！賀孫。

坐中有説赴賢良科。曰：向來作時文應舉，雖是角虛無實，然猶是白直，却不甚害事。今來最是喚做賢良者，其所作策論更讀不得。緣世上只有許多時事，已前一齊話了，自無可得説。如笮酒相似，第一番淋了，第二番又淋了，第三番又淋了。如今只管又去許多糟粕裏只管淋，有甚麽得話？既無可得話，又只管要新。最切害處，是輕德行，毁名節，崇智術，尚變詐，讀之使人痛心疾首。不知是甚世變到這裏，可畏！可畏！這都是不祥之兆，隆興以來不恁地。自隆興以後，有恢復之説，都要來説功名，❶初不曾濟得些事。今看來，反把許多元氣都耗却。❷管子，孔門所不道，而其言猶曰「禮義廉耻，是謂四維」。如今將禮義廉耻一切掃除了，却來説事功。賀孫。

葉正則、彭大老欲放混補，廟堂亦可之，但慮艱食，故不果行。二人之意，大率爲其鄉人地耳。廟堂云「今日太學文字不好」，却不知所以不好之因。便使時文做得十分好後，濟得甚事？某有一策：諸州解額，取見三舉終場最多人數，以寬處爲準，皆與添上。省試取數却不增，其補試却用科舉年八月十五日引試。若要就補，須舍了解試始得。如此，庶幾人有固志，免得如此奔競喧閧。閎祖。

説趙丞相欲放混補，歎息云：方今大

❶「來」，朝鮮本作「求」。
❷「耗」，原作「秏」，今據朝鮮本、萬曆本改。

倫，恁地不成模樣。身爲宰相，合以何爲急？却要急去理會這般事，如何恁地不識輕重。此皆是衰亂之態。只看宣和末年，番人將至，宰相説甚事，只看《實録》頭一版便見，且説太學秀才做時文不好，你道是識世界否？如今待補取士，有甚不得？如何道恁地便取得人才，如彼便取不得人才？只是亂説。待補之立，也恰如擲骰子一般，且試采，擲得便得試，擲不得便不得試，且以爲節制。那裏得底便是，不得底便不是？這般做事，都是枉費氣力。某嘗説均解額，只將逐州三舉終場人數，用其最多爲額，每百人取幾人，太學許多濫恩一齊省了。元在學者，聽依舊恩例。諸路牒試皆罷了，士人如何也只安鄉舉，如何自家却立箇物事，引誘人來奔趨？下面又恁地促窄，無入身處。如何又只就微末處理會！若均解額取人數多，或恐下梢恩科數多，則更將分數立一長限。以前得舉人，却只依舊限，有甚不得處？他只説近日學中緣有待補，不得廣取，以致學中無好文字。不知時文之弊已極，雖鄉舉又何嘗有好文字鱠炙人口？若是要取人才，那裏將這幾句冒頭見得？只是胡説。今時文日趨於弱，日趨於巧小，將士人這些志氣都消削得盡。莫説以前，只是宣和末年三舍法纔罷，❶學舍中無限好人才，如胡邦衡之類，是甚麽樣有氣魄！做出那文字是甚豪壯！當時亦自煞有人。及紹興渡江之初，亦自有人才。那時士人所做文字極麄，更無委曲柔弱之態，所以亦養得氣宇。只看如今秤斤注兩，作兩句破頭，如此是多少衰氣！賀孫。

❶「罷」，原作「能」，今據萬曆本改。

或問：趙子直建議行三舍法：補入縣學；自縣學比試，入於州學；自州學貢至行在補試，方入太學。如何？曰：這是顯然不可行底事。某嘗作書與說，他自謂行之有次第，這下梢須大乖。今只州縣學裏小小補試，動不動便只是請囑之私。若更把這箇爲補試之地，下梢須至於興大獄。子直這般所在，都不詢訪前輩。如向者三舍之弊，某嘗及見老成人說，劉聘君云：縣學嘗得一番分肉，肉有内舍、外舍多寡之差。偶齋僕下錯了一分，學生便以界方打齋僕，高聲大怒云：「我是内舍生，如何却只得外舍生肉？」如此等無廉耻事無限，只是蔡京法度如此。嘗見胡珵德輝有言曰：「學校之設，所以教天下之人爲忠爲孝也。國家之學法，始於熙寧，成於崇觀。熙寧之法，李定爲之也；崇觀之法，蔡京爲之也。李定者，天下之至不孝者也；蔡京者，天下之至不忠者也。豈有不忠不孝之人，而其所立之法可行於天下乎？」今欲行三舍之法，亦本無他說，只爲所取待補多濫裂，真正老成士人，多不得太學就試，太學緣此多不得人。然初間所以立待補之意，只爲四方士人都來就試，行在壅隘，故爲此法。然又須思量，所以致得四方士人苦死都要來赴太學試，爲甚麽？這是箇弊端，須從根頭理會去。某與子直書曾云：若怕人都來赴太學試，須思量士人所以都要來做甚麽。皆是秀才，皆非有古人教養之實，而仕進之途如此其易。正試既優，又有舍選，恩數厚，較之諸州或五六百人解送一人，何其不平至於此！自是做得病痛如此，不就這處醫治，却只去理會其末。今要好，且明降指揮，自今太學並不許以恩例爲免。若在學人援執舊例，則以自合新補入爲始。❶他未入者，幸得入而已，未暇計此。太學既無非望之恩，又於鄉舉額窄處增之，則人人自安鄉里，何苦都要入太學？不就此整理，更説甚？高抑崇，秦相舉之爲司業，抑崇乃龜山門人，龜山於學校之弊煞有説話，渠非不習聞講論，到好做處却略不施爲。秦本惡程學，後見其用此人，人莫不相慶，以爲庶幾善類得相汲引。後乃大不然，一向苟合取媚而已。學校以前整頓固難，當那時兵興之後，若從頭依自家好規模整頓一番，豈不可爲？他當時於秦相前，亦不敢説及此。賀孫。

因論黃幾先言，曾於周丈處見虜中賦，氣脉厚，先生曰：那處是氣象大了，説得出來，自是如此，不是那邊人會。揚。

❶「合」，萬曆本作「今」。